BAEDEKER

P

PROVENCE

Côte d'Azur

»

Es tut nicht gut
zu arbeiten, wenn
die Zikade singt.

Provenzalisches Sprichwort

baedeker.com

HINTERGRUND

ERLEBEN UND GENIESSEN

PRAKTISCHE INFORMATIONEN

ANHANG

PREISKATEGORIEN

Restaurants
Preis für ein dreigängiges Menü

€€€€	über 80 €
€€€	40–80 €
€€	25–40 €
€	bis 25 €

Hotels
Preis für ein Doppelzimmer mit Dusche/Bad, ohne Frühstück

€€€€	über 250 €
€€€	150–250 €
€€	100–150 €
€	bis 100 €

MAGISCHE MOMENTE

ÜBERRASCHENDES

Zucker, Mandeln, kandierte Melonen, mehr braucht man nicht für ein Calisson d'Aix.

D
DAS IST ...

die Provence

Fünf große Themen rund um den Südosten Frankreichs. Lassen Sie sich inspirieren!

Die Römer haben die Arena von Arles hinterlassen. Wenn hier die Férias stattfinden, ist die Provence »am provenzalischsten«. ►

COWBOYS DER CAMARGUE

Der weite Himmel und die Steppe verfließen zu einer flirrenden Fata Morgana. Nur wenige schmale Straßen erschließen die topfebene amphibische Landschaft. Einsam liegen die Mas, die weiß getünchten Höfe der Stier- und Pferdezüchter. Hier sind die Gardians zu Hause.

◄ Wasser und Weite in der Heimat der Gardians

OBEN: Kleines Rennen zur Ferrade, dem Brandmarken im Korral. Nach der Einweisung und einiger Übung können auch Reiteleven daran teilnehmen.

UNTEN: Urtümliche Kraft besitzt das meist wild lebende Camargue-Pferd, eine kleine, starke, genügsame Rasse, deren Herkunft im Dunkeln liegt; bekannt war es schon in vorchristlicher Zeit. Genauso lang ist es schon ein Begleiter des Menschen, als Last- und Arbeitstier ebenso wie als Reitpferd. Und sein freundliches Wesen macht heute auch ganz ungeübten Menschen einen Ausritt möglich.

REITEN WIE EIN GARDIAN

Auf dem Rücken der Camargue-Pferde erlebt man die herbe, urtümliche Landschaft besonders intensiv. Die Besitzer der Manade Saliérène, Françoise und André Peytavin, sind Rinder- und Pferdezüchter. Dementsprechend geht es hemdsärmelig, aber herzlich zu. »Stage Gardian« heißt der einwöchige Reitkurs, bei dem man lernt, wie ein Camargue-Cowboy im Sattel zu sitzen. Manade Saliérène, Mas de Capellane, Saliers (D 37)
Tel. 04 66 87 45 57
Weitere Anbieter von Reitkursen und Info zur Camargue unter www.promenades-a-cheval.com, www.saintesmaries.com.

ZWISCHEN DEM GRAND RHÔNE und dem Petit Rhône ist das Mündungsdelta tischeben. Bei Mistral geht alles in Deckung. Bäume und Sträucher bieten keinen Schutz vor dem brutalen Nordwind, der hier noch einmal so richtig aufdreht. Den Flamingos im Étang du Fangassier scheint das nichts auszumachen. Zu Zehntausenden nisten sie im Frühjahr auf den Schlammbänken des Salzsees. Birdwatcher können sich den zwischen Austerngrau, Lachsrosa und Grellrot changierenden Vögeln von Saintes-Maries-de-la-Mer über die Digue à la Mer nähern, einen Deich, der das fragile System von Salzteichen vor dem Meer schützt.

Die wahren Herren

An der Landspitze von Beauduc endet der Deichweg. Wasser links, Wasser rechts, dazwischen von Gischt und Salz ausgelaugtes Treibholz. Mehr »Land's End« geht nicht. Dann, wie aus heiterem Himmel, preschen weiße Pferde vorbei. Niemand ist zur Stelle, um die temperamentvollen Schimmel zu zähmen. Denn echte Camargue-Pferde leben in Freiheit. Herrscher über die 1000 km² große Weite von Salzseen, Reisfeldern, Salinen und Sümpfen bleiben **die »gardians«**, die Cowboys der Camargue. Und das auch auf dem Asphalt. Hoch zu Ross treiben Gardians auf der Landstraße von Le Sambuc zum Étang de Vaccarès eine Herde schwarzer Stiere vor sich her. Unter den Hufen bebt der Asphalt. Die Autos müssen warten.

»C'est cool«

Geritten wird im Stil der **Monte camarguaise**, auf einem Sattel mit hohem Vorder- und Hinterzwiesel; dadurch hat man einen sehr sicheren Sitz. Die Zügel werden locker mit der linken Hand geführt, die Beine sind gestreckt und bis zum Knie fest ans Pferd gedrückt. Ein Höhepunkt ist das Zusammentreiben der Kälber zur Ferrade, dem Brandmarken. Dazu müssen die Tiere im kreisrunden Holzgatter vereinzelt werden. »Ganz ruhig, c'est cool«, beschwichtigt Reitlehrerin Ludivine von der Manade Saliérène ihre Schützlinge, »ihr müsst nur ein weites Spalier bilden, damit die Viecher nicht auf dumme Gedanken kommen und jedes Kalb in der Box landet.« Das klingt ganz einfach, und das ist es dann auch.

BLÜHENDE PARADIESE

In kaum einer anderen Region Frankreichs blüht es so üppig wie in der Provence. Denn seitdem Briten im 18. Jahrhundert hier ozeanische Drachenbäume, syrischen Hibiskus und indische Magnolien gepflanzt haben, hat der »Gartenspleen« Generationen von Provenzalen infiziert. Besuchern geht es nicht anders.

Viel Geduld hat es gebrauht, damit der Pavillon de Galon so aussieht, wie er heute seine Besucher erfreut. ▶

EIN GARTEN verlangt viel Geduld, auch in der sonnenreichen Provence. Im Sommer 2022 machte eine Jahrhunderthitze selbst uralten, tief verwurzelten Platanen zu schaffen. Und dann der Mistral! Im Winter 1956 fielen Zigtausende Olivenbäume dem eisigen Nordwind zum Opfer. Oder man hat mit Ungeziefer zu kämpfen, etwa mit dem Roten Rüsselkäfer, der die Palmen an Cannes' Croisette zu Fall brachte.

Wie man ein Paradies schafft

Fünf Jahre lang haben Bibi und Guy Hervais im Gelände des **Pavillon de Galon** den Gräsern und Wildblumen beim Wachsen zugeschaut. Sie notierten, wo die Wiese schon Anfang Juni Hüfthöhe erreichte. Zeichneten auf Plänen die Stellen ein, wo in der Augusthitze alles Grün verbrannte. Bibi schickte Schafe über das Land, um es vom Wildwuchs zu befreien. Die beiden entschieden sich für einen »falschen französischen Garten«.
Die klassische Aufteilung des **Jardin français** in von Buchs und Rosmarin eingefasste »Gartenzimmer« behielt das Paar bei, auf starre Symmetrien und akkurate Parterres wurde aber verzichtet. Die Gartenzimmer sind mal rund, mal quadratisch, mal rechteckig, die Buchsbaumzwillinge an den Durchgängen in unterschiedliche Formen geschnitten. Scheinbar banale Sträucher wie der Sommerflieder wechseln ab mit botanischen Besonderheiten wie der Négrette de Porquerolles, einer alten provenzalischen Feigenart von der Insel vor Hyères.

Eine Dame aus Kanada

Als eine der ersten Gartenkoryphäen meldete sich Louisa Jones zur Besichtigung an. Der Besuch der Kanadierin, die dem südfranzösischen Garten zu Rang und Ansehen verholfen hat, kam einem Ritterschlag gleich – es folgte die ministeriell geförderte Aufnahme in den handverlesenen **Kreis der »Jardins Remarquables«**, der »Bemerkenswerten Gärten« Frankreichs. Nicht weniger als 45 davon liegen in der Region Provence-Côte d'Azur (www.parcsetjardins.fr).

IM GARTEN WOHNEN

Nicht nur im Pavillon de Galon in Cucuron (www.pavillondegalon.com) kann man morgens mit Blick in den Garten seinen Café au lait trinken. So luxuriös wie in den drei Suiten des barocken Landschlösschens bettet man sich zwar nicht überall, das Wichtigste ist aber ohnehin die Lage zwischen Beeten und Terrassen. Charmante Chambres d'hôtes und Ferienwohnungen mit Garten listen auch die »Gîtes de France« (www.gites-de-france.com, Séjours à thèmes | Jardin et Potager).

Pavillon de Galon: So schön kann ein »falscher französischer Garten« sein.

Als Louisa Jones sich in den 1980er-Jahren vornahm, die Gärten im unteren Rhône-Tal zu sichten, wurde ihr beschieden, dass es im Süden »keine echten Gärten« gebe. »Garten«, darunter verstand man damals üppig blühende »mixed borders«, deren Pracht in den Ziergärten Englands und Westfrankreichs das Auge erfreut. Die Gärten Südfrankreichs aber seien traditionell keine Lust- oder Zier-, sondern Bauern- und Nutzgärten mit Obstbäumen, Gemüsebeeten und landwirtschaftlichen Nutzpflanzen wie Lavendel oder Rosmarin.

Jones ließ sich nicht beirren. In wenigen Jahren konnte die ehemalige Dozentin der University of Washington in Seattle über 300 Gärten zwischen Nîmes und Menton begutachten. In ihrer zweiten Karriere als Gartenjournalistin schrieb sie zwei Dutzend Bücher über die Gärten in der Provence (www.louisajones.fr). Ihre Botschaft ist angekommen. Heute stehen um die **80 Parks und Gärten** den Besuchern offen (www.parcsetjardinspaca.com).

Im April in ungeraden Jahren wird das »Festival des Jardins de la Côte d'Azur« unter einem jeweils neuen Motto gefeiert (festivaldesjardins.departement06.fr). In den Gärten zwischen Cannes, Nizza, Grasse und Antibes gibt es für die Sinne eigentlich keine Auszeit. Denn schon im April blüht der Süden in voller Pracht.

DES LANDES GANZE FÜLLE

Es gibt kaum einen Ort, in dem nicht an einem oder mehreren Tagen Markt gehalten wird. Besonders zwei Dinge zeichnen die provenzalischen Märkte aus: für die Gegend typische Produkte von Erzeugern, die nur das anbieten, was aus ihren Obstgärten, Ställen und Feldern kommt.

Verlockendes Angebot auf dem Markt von Aix-en-Provence ▶

LE BOSS
Chèvre
NATURE

SO GUT WIE ÜBERALL sind die bunten Wochenmärkte unbedingt einen Besuch wert. Die Markthallen in Antibes, Avignon, Cannes und Menton offerieren ihr üppiges Angebot fast täglich (außer montags). Der Wochenmarkt in Arles zählt zu den größten und schönsten der Provence; in Nizza ist der Cours Saleya der wohl fotogenste Markt, in Marseille ist der Marché Capucins im Noailles-Viertel ein Tipp für Gewürze und Spezialitäten aus Nordafrika.
In der heißen Jahreszeit kommen noch die **»Marchés nocturnes«** hinzu, die erst abends stattfinden, wenn die Hitze abgeklungen ist. Das schont zum Beispiel zarte Zucchiniblüten und den empfindlichen Ziegenfrischkäse.

Ein Spitzenkoch kauft ein

Samstags verwandelt sich **Arles** in die längste Marktmeile der Provence. Bis zu 600 sinnenbetörende Stände versetzen die Stadt in einen Ausnahmezustand. Tellines, daumennagelgroße Muscheln von den Stränden der Camargue, sind zu schimmernden Haufen aufgetürmt. Man kauft sie »dessablées«, »entsandet«, das erleichtert die Zubereitung. Mit Knoblauch und Olivenöl kurz in der Pfanne geschmort ein Genuss! Violettbraune Violets, die die Taucher am Cap d'Agde von den Felsen geschabt haben, liegen wie Juwelen in einer Spanholzschatulle – man isst die jodhaltigen, bitteren Muscheln roh, mit etwas Zitronensaft. Daneben hat eine Fischersfrau Couteau-Muscheln zu Bündeln geschnürt, frische Langustinen liegen im glitzernden Eisbett.
Dann Auftritt: **Jean-Luc Rabanel**, der Ausnahmekoch mit grauer Mähne und Knollennase à la Depardieu. Er herrscht über ein gastronomisches Imperium aus Gourmettempel, flottem Bistro und Meeresfrüchtebar. Wenn er an einem Stand stehen bleibt, kommt das einem Ritterschlag gleich. Das weiß Gemüsebauer Yannick Perez, bei dem Rabanel ein halbes Dutzend Tomatensorten findet; das weiß auch Jinno Raitetsu. Der Japaner baut bittere Goya-Gurken, Sojabohnen und purpurne Shiso-Kresse an. Rabanel zählt zu den Stammkunden, denn: »Der Markt ist für mich als Inspirationsquelle unersetzbar.«

Sonnenwarm auf den Markt

Es geht aufs Land südlich von Carpentras. Der **»Marché paysan« von Velleron** hat zwischen Mont Ventoux und Durance einen Ruf wie Donnerhall. Von weither strömen die Kunden zum Gelände südlich des Orts an der vielbefahrenen D31. Es gibt charmantere Orte in der Provence, kein Zweifel, aber kaum eine bessere Auswahl an Obst und Gemüse. Nur Produzenten bekommen in Velleron einen Standplatz, so will es das Statut. Noch sonnenwarm kommt auf den Markt, was auf den fruchtbaren Böden des Pays des Sorgues geerntet wird. Auberginen leuchten fliederblau oder schimmern milchweiß. Goldgelbe Muscattrauben duften verführerisch. Zebra-, Ananas- und Cornu-des-Andes-Tomaten haben die typische ledrige Haut von Freilandgemüse. Honigsüße Canteloup-Melonen sind zu Bergen aufgeschichtet. Gelbrosa gefleckte Coco-de-Paimpol-Bohnen, knackiger Mangold und Knoblauchzöpfe gehen durch die schwieligen, braungebrannten Hände der Bauern.
Marktzeiten: April–Sept. Mo.–Sa. 18 bis 20, Okt.–März Di., Fr., Sa. 16.30–18 Uhr.

VOM MARKT AUF DEN TELLER

Zu jedem Markt gehört mindestens ein Bistro in strategisch bester Lage. Hier kehren die Marktbeschicker ein, hier trifft man sich nach dem Markt. Unsere Favoriten für gute Cuisine du marché: in Arles das Bistro Greeniotage (Mo./Di. geschl., www.rabanel.com), der lockere Ableger des Sternerestaurants Le Greenstronome (links im Bild Patron Rabanel), und in Velleron das Le Glacier an der D1 südwestlich des Orts (Mo.–Mi. geschl.).

GROSSES THEATER

Weltberühmte Regisseure und experimentierfreudige Newcomer bringen beim Festival d'Avignon Jahr für Jahr ein fulminantes Programm auf die Bühne – und das seit inzwischen über 75 Jahren. Schließlich ist das Publikum das so gewohnt.

◄ Auch die Comédie française ist regelmäßig zu Gast in Avignon.

Eine Bühne für alle – am buntesten ist das Theaterfestival auf den Straßen.

SCHON die Zahlen für den Jubiläumsjahrgang vor der Pandemie lassen den Rang des renommiertesten Theaterfestivals der Welt erkennen: nicht weniger als 100 Ensembles, 1416 Inszenierungen, 125 Spielorte und 128 000 Zuschauer.

Theater ohne Grenzen

Im Sommer 1947 brachte Jean Vilar, Direktor des Théâtre National Populaire in Paris, im Ehrenhof des Palais des Papes drei Stücke auf die Bühne; zugleich wurde im Papstpalast Avantgardekunst präsentiert. Dazu eingeladen hatten der Dichter **René Char** und der Kunstbuchverleger **Christian Servoz** – die Geburtsstunde eines Theaterfestivals, das von Anfang an auch für andere Kunstformen offen war. 1967 führte Jean-Luc Godard den Film »La Chinoise« auf, kurz danach ebnete Maurice Béjart dem modernen Tanz den Weg auf die Bühnen. Das Festival erlangte schnell internationale Berühmtheit. Innnerhalb der Mauern des Papstpalasts hat nahezu jeder Große des internationalen Theaterlebens sein Bestes gegeben, Schauspielerlegenden wie Gérard Philipe und Jeanne Moreau, Regisseure wie Bob Wilson und Peter Brook.

»In« oder »Off«?

Was 1947 mit 4818 Zuschauern begann, ist zum Megaevent geworden, das die Stadt an der Rhône für einen Monat in einen Ausnahmezustand versetzt. Lange vor der offiziellen Eröffnung pflastern Theaterplakate die Wände, hängen an Straßenlaternen. In den Hotels ist keine Bettritze mehr frei, die Restaurants bleiben bis tief in die Nacht geöffnet. Im Morgengrauen besetzen die Theatertruppen ein paar Quadratmeter Straße, Platz, Park, um ab elf Uhr das auserkorene Terrain zu bespielen. Kompanien wechseln einander im Zweistundentakt ab. Ebenso oft werden neue Plakate hochgezogen und Handzettel verteilt. Besucher stehen jeden Tag vor der Qual der Wahl. Die Gretchenfrage bleibt »In« oder »Off«? Denn seit 1966 macht das Festival Off mächtig Konkurrenz. Im Gegensatz zu den an feste Spielorte gebundenen Aufführungen des In macht sich das Off in der ganzen Stadt breit. Motto: **Platz ist auf der kleinsten Bühne**, auch wenn es nur zwei Quadratmeter in einem Hof sind. Hitzig wird über die Inszenierungen diskutiert, über die Stars der Académie Française geklatscht. Zuschauer machen sich mit Kissen und Picknickkörben zu einer zwölfstündigen Inszenierung auf, ein Marathon, der in Avignon niemanden schreckt. Anders als etwa die Drohung von Olivier Py, 2014–2022 Festivalleiter, Avignon zu verlassen, wenn der Front National bei den Kommunalwahlen siegen sollte. Oder die Frage, ob die miserabel bezahlten Bühnenarbeiter und freien Künstler streiken dürfen, weshalb 2014 die Eröffnungsvorstellungen ausfielen. Derweil versprühen die Ventilatoren auf den Caféterrassen einen feinen Wassernebel, der die Gemüter abkühlt. Seit September 2022 lenkt mit Tiago Rodrigues nun zum ersten Mal ein nichtfranzösischer Leiter die Geschicke des großartigen Festivals.

DAS GEDÄCHTNIS DES THEATERMARATHONS

25 000 Bücher, Filme von spektakulären Aufführungen, Interviews auf Video, Kostüme, Manuskripte, Fotos und Mitschnitte lassen in der Maison Jean-Vilar die Geschichte des Festival d'Avignon Revue passieren.
8 Rue de Mons, Montée Paul-Puaux, www.maisonjeanvilar.org
Geöffnet während des Festivals (ca. 5.–23. Juli, nicht 14. Juli)
tgl. 11–20 Uhr. Außer bei Sonderausstellungen ist der Eintritt frei.

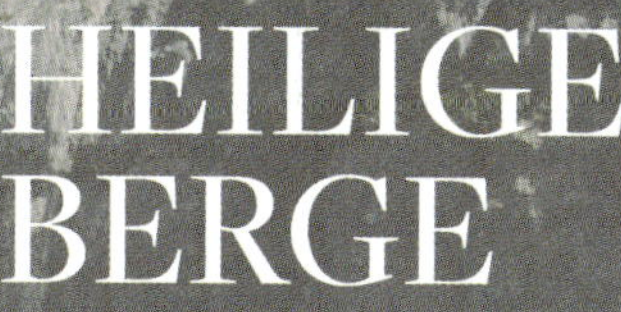

HEILIGE BERGE

Seit dem hohen Mittelalter pilgern die Provenzalen: auf die Sainte-Victoire, weil fromme Eremiten sich damals in die Höhlen am Berg zurückzogen, und zur Sainte-Baume, weil die Büßerin Maria Magdalena in der Grotte dort lange gelebt haben soll.

◄ In die Grotte von Sainte-Baume soll sich Maria Magdalena zurückgezogen haben.

EIN NETZ von Fernwanderwegen durchzieht die Provence. Ein Klassiker: der GR 9, der dem Kamm der »heiligen« **Montagne Sainte-Victoire** folgt und dann zum zweiten heiligen Berg der Provence führt, der **Montagne Sainte-Baume**. Der trockene Winter mit klarer Luft, das milde Frühjahr, der späte Herbst – die Jahreszeiten setzen kaum Grenzen für diese Wanderung. Nur im Hochsommer können die Wege wegen Brandgefahr gesperrt sein.

Auf dem Königsweg

Der Aufstieg auf die Montagne Sainte-Victoire zu **Beginn der dreitägigen Wanderung** auf dem rot-weiß markierten »Sentier de Grande Randonnée« gerät schweißtreibend. Unten im Tal, groß wie eine Streichholzschachtel das Schloss von Vauvenargues, das Picasso 1958 kaufte. Der Wind heult über Krüppelkiefern und Buchsbäume hinweg. Mit jeder Kehre auf den gut 1000 m hohen Walfischbuckel hinauf schlägt der Puls flotter. Am schwindelerregenden Abgrund wandert man über den schmalen Kamm weiter, vorbei am eisernen Croix de Provence und der Orientierungstafel am Pic des Mouches.

Südlich von Puyloubier haben Bagger eine Wunde gerissen, rot leuchten die **Tuileries de Marseille** aus dem Grün der Garrigue. Viel Zeit zum in die Grube Schauen, in der der Ton für die Dachziegel der Provence gewonnen wird, bleibt nicht: Über 25 km lang ist die heutige Etappe. Den Anfang machen Lavendelfelder und Rebzeilen. Olivenbäume setzen silbriggraue Tupfer in die Ebene, über der sich die Sainte-Victoire verabschiedet. Wieder und wieder hat Cézanne den Berg aus dieser Perspektive gemalt, insgesamt 60 Mal. Genauso oft geht der Blick zurück, bis ein Pfirsichbaum mit rot-weißem Balken den Weg nach Trets weist.

Am letzten Tag ist der Himmel so stahlblau und glasklar, wie es nur der Mistral bewerkstelligen kann. Ein Tag für die dicke Jacke, denn auf dem kahlen **Saint-Pilon**, dem 994 m hohen Gipfel der Sainte-Baume, hat der grimmige Wind freies Spiel. Mindestens einmal im Leben pilgert jeder gute Provenzale zur heiligen Grotte, die sich in der Felswand in 886 m Höhe öffnet. Maria Magdalena – die neutestamentliche Büßerin – soll hier 33 Jahre lang gelebt haben. Schon die französischen Könige sind hierher gepilgert, weshalb dieser Abschnitt des GR 9 auch **»Chemin des Rois«** genannt wird. Der Aufstieg zur Grotte ist wegen des schattigen Walds auch im Sommer ein Vergnügen.

Die Backen sind knallrot, die letzten Sträucher weichen grauweißem Fels, aus dessen Ritzen Rosmarin und Thymian sprießen: Der Gipfel der Sainte-Baume ist erreicht. Im Norden thront die beeindruckende Mauer der Sainte-Victoire über einem Teppich von Wäldern und Reben, im Osten trumpfen die Ausläufer der Alpen auf, im Süden gleißt die Bucht von La Ciotat: ein Blick von fast gewalttätiger Schönheit.

Etappen

1. Tag: Vauvenargues-Cabassols – Puyloubier (16 km, ca. 6 Std.)
2. Tag: Puyloubier – Saint-Zacharie – Nans-les-Pins oder Hostellerie de la Sainte-Baume (26–28 km, 7–8 Std.)
3. Tag: Nans-les-Pins – Signes (16 km, 6 Std.)

Karten: Institut Géographique National TOP 25 (1:25 000), www.ign.fr
Info: Verlauf des GR 9 unter www.gr-infos.com (»Cucuron – Saint-Zacharie« und »Saint-Zacharie – Port Grimaud«)

HÜTTENZAUBER

Das Licht geht um 22.30 Uhr aus, die Etagenbetten in den 3- bis 8-Personen-Zimmern sind spartanisch ausgestattet. Hüttenwirt und Wanderführer Daniel Gorgeon ist ein Original, die Stimmung ausgelassen. Wer mit schlichtem Komfort inklusive Gemeinschaftsdusche und -küche leben kann, ist in einer »Gîte d'étape« prima aufgehoben. Die in Puyloubier an der Südflanke der Montagne Sainte-Victoire liegt mitten im Dorf, Bettzeug und Decke werden gestellt. Info: www.gite-dgorgeon.com

WEIN-LAND PRO-VENCE

Als vor 2600 Jahren Griechen aus Kleinasien in die Provence kamen, brachten sie auch Reben mit. Heute versorgt die Wiege des französischen Weinbaus die Nation mit fruchtig-frischem Rosé. Was nicht heißt, dass man auf exzellente Weiß- und Rotweine verzichten müsste. Gelegenheiten zum Probieren gibt es genug.

◄ Unterhalb der Dentelles de Montmirail gedeihen die Trauben für Weine aus Vacqueyras, Gigondas und Beaumes-de-Venise.

OBEN: Régine Sumeire ist eine der Winzerinnen und Winzer, die für die Qualitäts-Renaissance des Rosés in der Provence stehen.

UNTEN: Auch auf Château Barbeyrolles setzt man im Weinberg auf biodynamische Methoden: Bodenbearbeitung mit dem Pferd, Lese von Hand, Düngung mit Mist, Begrünung nach der Lese.

HEUTE zählt man in der Region eine stattliche Reihe von AOPs (Appellations d'Origine Protégée), ein Label, das Herkunft und Erzeugermethoden garantiert. Die älteste AOP der Provence wurde schon 1936 für den eleganten weißen Wein von Cassis etabliert.

Die Rosé-Revolution

Die eigentliche Revolution im provenzalischen Weinbau fand erst ein halbes Jahrhundert später statt. »Als ich vor dreißig Jahren anfing, meine Weine auf

Messen vorzustellen, wusste niemand, wo der Luberon liegt«, erinnert sich **Jean-Pierre Margan vom Château La Canorgue** bei Bonnieux. Es war die Zeit, als die Provence für billigen Rosé und schlichten Rotwein stand. Jean-Pierre dünnte seine Syrah-, Grenache-, Mourvèdre- und Cinsault-Reben aus, verzichtete auf Pestizide und chemische Dünger. Gelesen wird nur von Hand. Der Erfolg blieb nicht aus: Medaillen und Urkunden pflastern die Wände seines Verkaufsraums. Und das Magazin »Le Nouvel Observateur« hat ihn unter Frankreichs 500 beste Winzer gewählt.

»Madame Rosé«

Den Löwenanteil unter den AOP der Provence stellen mit 80 % die Côtes de Provence und unter diesen der Rosé mit 90 %. Was nicht zuletzt auf das Konto von **Régine Sumeire vom Château Barbeyrolles** geht, alias »Madame Rosé«. Pétale de Rose, Rosenblatt, heißt ihre Cuvée aus Grenache, Mourvèdre, Cabernet Sauvignon und Ugni Blanc, die in keinem Sternerestaurant der Provence fehlen darf. Von leichter Frucht, fast wasserhell ist dieser Rosé, dabei sehr konzentriert. »Die sanfte Pressung verleiht der Pétale de Rose den blassen Ton«, erklärt Régine. Ihr Weg zum Erfolg war lang. Sie studierte, promovierte in Geschichte. In den Semesterferien half sie auf dem elterlichen Weingut Château de la Tour de l'Évêque. Bald hatte sie ihre eigene Meinung, wie der verrufene Symbolwein der Provence zu rehabilitieren wäre. Mit einer **Vendange verte** etwa, bei der ein Teil der grünen Trauben weggeschnitten wird, um dem Wein die volle Kraft der Rebe und des Terroirs zugute kommen zu lassen. Mit kurzer Einmaischung und sanfter Pressung, vor allem mit viel Experimentierfreude. All dies konnte sie in ihrem Château auf der Presqu'île de Saint-Tropez verwirklichen. Immer wieder wird etwas im Keller verbessert: eine neue Presse, Inox-Tanks mit Taille, die sie in Kalifornien gesehen hat. Nur eines macht ihr Ärger: »Wildschweine«, erklärt sie beim Spaziergang durch die Rebzeilen, »fressen mir regelmäßig die Trauben weg.« Da wird sie noch einiges ausprobieren müssen.

URLAUB AUF DEM WEINGUT

Von der Terrasse oder vom Pool in die Weinberge schauen, abends unter majestätischen Platanen ein Gläschen vom Wein des Hauses genießen? Vielleicht im Weinberg auch selbst Hand anlegen? Alles ist auf provenzalischen Weingütern möglich, die in ihren Chambres d'hôtes oder Ferienwohnungen Gäste beherbergen (▶ S. 386/387). Weitere schöne Adressen sind etwa die Domaine Nestuby bei Cotignac nördlich von Brignoles (▶ S. 105) und die Domaine de Saint-Ferréol bei Barjols (www.domaine-de-saint-ferreol.fr).

T
TOUREN

Durchdacht, inspirierend, entspannt

Mit unseren Tourenvorschlägen lernen Sie die besten Seiten der Provence kennen.

Pässereiche Seealpen: am Aufstieg von Escarène zum Col de Braus ▶

TOUR 1
★Vaison-la-Romaine
★★Orange
Carpentras
★★Pont du Gard
★★Avignon
Apt
★Saint-Rémy-de-Provence
★★Arles
★★Aix-en-Provence
★Saintes-Maries-de-la-Mer
Martigues
★★Marseille
★Saint-Maximin-la-Sainte-Baume
Abbaye de Sénanque
Abbaye de Silvacane
Croix de Provence
Aqueduc de Roquefavour
Réserve Naturelle de Camargue
Mont Ventoux
Montagne du Luberon
Montagne de Lure
Baronnies
Plaine de la Camargue
Plaine de la Crau
Dentelles de Montmirail
Gorges de la Nesque
Étang de Vaccarès
Étang de Berre
Golfe de Beauduc
Golfe de Fos
Golfe du Lion
Mer Méditerranée
Chaîne de l'Estaque
Château d'If
Ile Pomègues
Ile de Jarre
Ile de Riou
Calanques
Sémaphore
Montagne Ste-Victoire
Nîmes
Cavaillon
Salon-de-Provence
Istres
Gordes
Roussillon
Sault
Manosque
Forcalquier
Pertuis
Cassis
La Ciotat
Aubagne

TOUR 3
TOUR 2
Colmars
Gorges de Daluis
Entrevaux
Le Broc
Vence
Gréolières
Cagnes-sur-Mer
Comps-sur-Artuby
Castellane
Moustiers-Sainte-Marie
Gorges du Verdon
Grasse
Cannes
Draguignan
Abbaye de Thoronet
Saint-Tropez
Toulon
Nizza
Monaco
Antibes
Barcelonnette
Digne-les-Bains
Reserve Naturelle du Lauzanier
Parc National du Mercantour
ITALIEN
Mont Pelat 3051
Grande Séolane 2909
Sommet de Denjuan 2403
Montagne de la Blanche
Montagne du Cheval Blanc
Montagne du Cheiron
Grand Plan de Canjuers
Lac de Ste-Croix
Barrage de Castillon
Massif de l'Esterel
Corniche de l'Esterel
Massif des Maures
Côte d'Azur
Mer Méditerranée
Iles de Lérins
Iles d'Hyères
Ile du Levant
Ile de Port-Cros
Ile de Porquerolles
Fréjus
St-Raphaël
Ste-Maxime
Hyères
Le Lavandou
Brignoles
20 km
©BAEDEKER

IN DER PROVENCE UNTERWEGS

Côte d'Azur Die Mittelmeerküste ist in erster Linie ein Reiseziel **für Sonnenanbeter**. Wer zur Hochsaison an die Côte d'Azur fährt, muss die Strände mit vielen anderen teilen. Und dies, obwohl sie zwischen Menton und Cannes – begleitet von dichter Bebauung – oft sehr schmal sind und unterhalb der Durchgangsstraße liegen; meist sind es Kiesstrände, was aber viele dem feinen Sand vorziehen. Erst südwestlich von Fréjus/Saint-Raphaël werden die Strände breiter und sandig. Die schönsten Sandstrände findet man um Saint-Tropez und bei Hyères auf der weit ins Meer vorspringenden Halbinsel Giens. Traumhafte Buchten besitzt die unter Naturschutz stehende Insel Porquerolles. Abends spielt die Côte d'Azur ihren zweiten Trumpf aus: das legendäre Nachtleben, das – insbesondere in Nizza, Cannes, Monaco, Juan-les-Pins und Saint-Tropez – seinem Ruf gerecht wird, jedoch keineswegs nur den »Schönen und Reichen« vorbehalten ist.

Provence Die »klassische« Provence befriedigt andere Bedürfnisse, auch wenn es in der Camargue und südlich von Marseille lange Sandstrände gibt. In diesen Teil Südfrankreichs reist man, um eine zauberhafte Land-

Der Lavendel ist auf dem Plateau de Valensole ein ständiger Begleiter.

schaft zu genießen und atmosphäre- und traditionsreiche Orte zu erleben, seien es **alte Städte** mit lebhafter Kulturszene (die Liste der Events ist unendlich) oder **verträumte Dörfer**. Insbesondere Avignon ist im Juli, bei seinem berühmten Festival, ein echter »Hotspot«. Eine große Rolle spielen natürlich auch die hervorragende Küche der Provence und ihre exzellenten Weine. Große Anziehungskraft übt die Region auf die Freunde antiker Altertümer aus, denn in Südfrankreich sind die Relikte der Römerzeit so zahlreich und gut erhalten wie an wenigen anderen Orten in Europa. Zu nennen sind da besonders Orange (Theater, Triumphbogen), Arles (Amphitheater), Vaison-la-Romaine, die Ausgrabungen der griechisch-römischen Stadt Glanum bei Saint-Rémy und nicht zuletzt der großartige Pont du Gard. Auch das Mittelalter hat zahlreiche eindrucksvolle Zeugnisse hinterlassen, allen voran den mächtigen Papstpalast in Avignon. Die Kathedralen in Saint-Gilles und Arles sind ebenso sehenswert wie die berühmten Zisterzienserklöster Senanque, Silvacane und Le Thoronet oder die Ruinen der Abtei Montmajour, beeindruckend auch die vollständig erhaltenen Festungsmauern von Aigues-Mortes. Eine Reihe von Museen – v. a. in Aix, Antibes, Arles, Nizza, Saint-Tropez, Saint-Paul-de-Vence – präsentiert die für die Region berühmten Künstler des 19. und 20. Jh.s, auch wenn der Bestand nicht allzu groß ist. Neben den vielen kulturellen Highlights bietet die Provence selbstredend ein unendliches Betätigungsfeld für Wanderer, Radfahrer und sonstige Fans von Betätigung in wunderbarer Natur.

HIGHLIGHTS IM WESTEN

Länge: ca. 630 km | **Dauer:** 1 – 2 Wochen

Tour 1

Eine Tour der Superlative – sie versammelt vieles von dem, was man landläufig mit der Provence verbindet: großartige Landschaften vom Mont Ventoux über den Luberon bis zur Camargue, altehrwürdige, atmosphärereiche Städte wie Aix, Avignon und Arles, großartige Zeugnisse der Geschichte wie den Papstpalast in Avignon und die Abtei Sénanque.

Von Vaison-la-Romaine zum Luberon

Ein guter Ausgangspunkt ist ❶ ★ **Vaison-la-Romaine** im Nordwesten der Region, ob man von der Autoroute de Soleil (A 7) im Rhône-Tal kommt oder aus Richtung Grenoble – Nyons. Das schlichte Städtchen zeigt gleich, was das Land so bietet: eine schöne alte Haute

★ Vaison-la-Romaine
Carpentras
Apt
★★ Aix-en-Provence
★★ Marseille
Martigues
★ Saintes-Maries-de-la-Mer
★★ Arles
★ Saint-Rémy-de-Provence
★★ Pont du Gard
★★ Avignon
★★ Orange
Mont Ventoux
Dentelles de Montmirail
Gorges de la Nesque
Montagne du Luberon
Baronnies
Plaine de la Camargue
Plaine de la Crau
Réserve Naturelle de Camargue
Étang de Vaccarès
Étang de Berre
Chaîne de l'Estaque
Abbaye de Sénanque
Abbaye de Silvacane
Aqueduc de Roquefavour
Golfe du Lion
Golfe de Fos
Golfe de Beauduc
Mer Méditerranée
Château d'If
Ile Pomègues
Ile de Jarre
Ile de Riou
Calanques
20 km
©BAEDEKER

Ville, eindrucksvolle Reste der römischen Stadt, einen lebhaften Wochenmarkt. Von hier aus lernt man die **Dentelles de Montmirail** kennen, mit ihren Kalkzacken und **renommierten Weinorten** wie Gigondas, Séguret und Beaumes-de-Venise. Von Malaucène 10 km südöstlich geht es auf den kahlen, 912 m hohen ★★**Mont Ventoux**, ein echter »Höhepunkt« der Provence. Dann kurvt man durch die Lavendelfelder des Plateau de Vaucluse nach Sault und westlich durch die tief eingeschnittenen ★**Gorges de la Nesque** nach ❷ **Carpentras**, die alte Hauptstadt des Comtat Venaissin und Trüffelmetropole; ihr besonderer Schatz ist die älteste erhaltene Synagoge Frankreichs. In der Tat »brunnenreich« ist **Pernes-les-Fontaines** 6 km südlich am Weg nach ★**L'Isle-sur-la-Sorgue**; dieses verdankt sein hübsches Bild den Kanälen, die früher eine vielfältige Industrie mit Wasser und Energie versorgten. Nach einem Streifzug durch die Antiquitätenläden macht man den Abstecher nach ★**Fontaine-de-Vaucluse** (7 km), berühmt für die Quelle der Sorgue in einem Felsenkessel sowie als Rückzugsort des Renaissance-Dichters Petrarca. Dann holt man leicht nach Süden aus zum hochgelegenen ★★ **Gordes**, das als einer der schönsten Plätze Frankreichs gilt, deswegen aber auch seine Seele verloren hat. Überwältigenden Eindruck macht die ★★ **Abtei Sénanque**, eines der Zisterzienserklöster des 12. Jh.s in der Provence, die 4 km nördlich in einem abgeschiedenen Tal liegt. Fährt man auf der D 2 von Gordes nach Osten, liegt rechts auf dem Felsen die berühmte Ocker-Stadt ★**Roussillon**. Einen Steinwurf entfernt ist das Städtchen ❸ **Apt**, dessen Zentrum sich – anders als die Dörfer im sich südlich erhebenden ★★**Luberon** – ursprünglichen ländlichen Charme erhalten hat. Bonnieux, Lacoste und Ménerbes und andere Orte haben sich zu »Bilderbuchdörfern« herausgeputzt und sind eine kleine Runde wert.

Vom Luberon nach Marseille

Durch die **Combe de Lourmarin**, die den Petit vom Grand Luberon teilt, nimmt man den Weg weiter nach Süden; auch hier gibt es interessante Dörfer und beeindruckende Schlösser. Wer seine Beine gebrauchen will, geht auf den 1125 m hohen **Mourre Nègre** und genießt dort den Ausblick. Jenseits der Durance, bei La Roque-Anthéron, treffen Sie auf die ★★ **Abtei Silvacane**, das »jüngste« Zisterzienserkloster der Provence. Nun auf der landschaftlich schönen D 543 nach Süden Richtung Aix zur D 10; hier sollte man den Abstecher westlich zum hochgelegenen **Ventabren** machen (großartiger Ausblick), bevor man den Aquädukt von Roquefavour passierend ❹ ★★**Aix-en-Provence** erreicht, die alte Hauptstadt der Provence. Wer Zeit hat, sollte unterwegs die Ziegelei in **Les Milles** besuchen, das Deportationslager der 1940er-Jahre, das 2012 als Gedenkstätte eröffnete; sonst sollte es bei der Weiterfahrt nach Marseille auf dem Programm stehen. Für Bergfreunde ist eine Besteigung der ★★**Montagne Sainte-Victoire** östlich von Aix obligatorisch (Croix-de-Provence,

Im hübschen Séguret am Hang der Dentelles de Montmirail erwarten Sie renommierte Domänen zur Weinprobe.

945 m). Auf der D 8n oder der A 51 steuert man dann, mit Blick auf eindrucksvolle kahle Bergketten, 5 ★★ **Marseille** an, die große alte Stadt am Mittelmeer.

Von Marseille durch die Camargue

Im Nordwesten geht Marseille in **L'Estaque** über, einst Hafen- und Industrieort; erhalten blieb die Rolle als Wochenendziel der Marseiller. Die D 568 und dann die D 5 führen durch die pittoreske **Chaine de l'Estaque** und entlang ihrer Südküste mit schlichten Bade- und Fischerorten. Am Canal de Caronte, der den Zugang vom Golfe de Fos zum Étang de Berre herstellt, liegt 6 **Martigues**, das im Zentrum einige hübsche Partien besitzt. Auf der N 568 geht es durch die riesigen Industrie- und Hafenanlagen von Port-de-Bouc und Fos; bei La Feuillane biegt man auf die D 268 ab nach **Port Saint-Louis** an der Mündung des Grand Rhône, den man weiter nördlich per Fähre nach **Salin-de-Giraud** überquert. Hier türmt sich das Salz zu Bergen, das in den Verdunstungsbecken gewonnen wird. Lagunen mit Flamingos, schilfbestandene Sümpfe und Sanddünen kennzeichnen die eigentümliche Landschaft der ★★ **Camargue**, die man – den Étang de Vaccarès umrundend – auf den Straßen D 36/D 37/D 570 durchquert; Ziel ist 7 ★ **Saintes-Maries-de-la-Mer**, der größte Ort der Camargue, berühmt für die Wallfahrten der Gitanes.

Von Saintes-Maries nach Vaison

Nachdem man 30 km westlich von Saintes-Maries die gewaltigen Stadtmauern von ★ **Aigues-Mortes** bewundert hat, bringt die D 570 nach 8 ★★ **Arles**, der heimlichen Hauptstadt der Provence mit herrlicher Atmosphäre und eindrucksvollen Baudenkmälern aus Antike und Mittelalter. Van Gogh malte hier über 300 Bilder, zu sehen sind einige in der Fondation van Gogh als Leihgabe. Von Arles fährt man weiter nach Nordosten zu den malerischen Alpilles; interessante Punkte unterwegs sind die Ruinen der **Abtei Montmajour** und die **Moulin de Daudet**, bevor man ★★ **Les Baux** erreicht, die legendäre, in Ruinen liegende Stadt der Ritter und Troubadoure, heute ein romantischer (und frequentierter) Platz. Nur wenige Kilometer nördlich erwarten die Ausgrabungen der keltisch-griechisch-römischen Stadt Glanum und die psychiatrische Klinik ★ **Saint-Paul-de-Mausole**, die 1889/1890 Vincent van Gogh beherbergte. Nach dem atmosphärereichen Landstädtchen 9 ★ **Saint-Rémy-de-Provence** steht nun die Antike auf dem Programm. Bei **Tarascon**, der Stadt des »Guten Königs René« mit dessen imposantem Schloss, überquert man die Rhône nach Beaucaire im Languedoc und steuert eines der großartigsten römischen Bauwerke an, den 10 ★★ **Pont du Gard**, der bei Remoulins das Tal des Gardon überspannt. In Villeneuve geht's wieder über die Rhône zur alten Papstresidenz 11 ★★ **Avignon**, wohl die »Sehnsuchtsstadt« der Provence schlechthin. Die letzte Etappe beginnt mit einem in der Weinwelt klangvollen Namen: **Châteauneuf-du-Pape**. 10 km nördlich, im Städtchen 12 **Orange**, ist noch einmal Großartiges aus römischer Zeit zu bewundern: das ★★ Theater, eines der größten und besterhaltenen, und den sog. ★ Triumphbogen an der Ausfallstraße nach Norden (N 7). Wer nach Vaison-la-Romaine zurückkehren will, biegt wenig später rechts auf die D 976 ab; in **Sérignan-du-Comtat** arbeitete bis 1915 der geniale Verhaltensforscher J.-H. Fabre in seinem »Harmas« (Museum). In Sainte-Cécile-les-Vignes wechselt man auf die D 8, die über die bekannten **Weinorte Cairanne und Rasteau** Vaison erreicht.

ZWISCHEN BLAUER KÜSTE UND PROVENCE VERTE

Länge: ca. 500 km | **Dauer:** 10 – 14 Tage

Kurvige Straßen entlang der herrlichen Küste, die in Farben schwelgt: rote Felsen, blaues Meer, grüne Vegetation. Im Sommer sind die Badeorte natürlich proppenvoll, doch haben sie Maß bewahrt und lassen auch der Natur Platz. Viel – erstaunlich grüne – Natur erlebt man im bergigen Var, dazu traditionsreiche, tatsächlich recht echt gebliebene alte Dörfer. Tour 2

Von Marseille an der Küste entlang nach Cannes

Von 1 ★★ **Marseille** führt Sie die D 559 südöstlich über den Col de la Gineste zum Hafenstädtchen **Cassis**, einem beliebten Ausflugs- und Ferienort. Am Weg liegen die grandiosen ★★ **Calanques**. Hinter Cassis wartet ein weiteres großartiges Erlebnis, die ★★ **Corniche des Crêtes** entlang der höchsten Steilküste Frankreichs (Cap Canaille 363 m, Grande Tête 399 m), dann am kühnen Bec d'Aigle vorbei hinunter zum schlichten Hafenort **La Ciotat**. Durch die Rebhänge um Bandol erreicht man **Sanary-sur-Mer**, berühmt als Exil deutscher Geistesgrößen; von hier wäre ein Ausflug nördlich zum 429 m hohen Gros Cerveau und/oder zum Cap Sicié zu empfehlen. 2 **Toulon**, der größte Militärhafen Frankreichs, hat sich vom Aschenputtel der Côte d'Azur zur erlebenswerten Stadt mit provenzalischem Flair gemausert. Von Hyères, dem ältesten Kurort der Côte d'Azur, lohnt sich die Runde über die **Halbinsel Giens**, evtl. mit einer Schiffstour nach Porquerolles oder Port-Cros. Einen Stopp wert ist das herausgeputzte **Bormes-les-Mimosas**, bevor man die **Corniche des Maures** (D 559) unter die Räder nimmt: Bis La Croix-Valmer führt sie an der herrlichen Küste des ★ **Massif des Maures** entlang, sie passiert Korkeichenwälder und kleine Badeorte mit schönen Stränden und bezaubert mit fantastischen Ausblicken. Man sollte auch einen Ausflug in das Massiv nicht versäumen, von Bormes im Westen oder von Cogolin/Grimaud im Osten zum **Monastère de la Verne** oder nach La Garde-Freinet. Von La Croix-Valmer nimmt man den kleinen Um-

weg östlich über den serpentinenreichen Col de Callebasse (D 93) und **Ramatuelle**, vorbei am berühmten Pampelonne-Strand, nach 3 ★★ **Saint-Tropez**; das hübsche Hafenstädtchen lebt von seiner Legende – im Sommer ein Riesen-Rummelplatz. Den Golfe de Saint-Tropez umrundend, vorbei am synthetischen, doch angenehmen Ferienort **Port-Grimaud** und dem familiären Badeort **Sainte-Maxime**, führt die D 559 an der Küste weiter nach Fréjus; das Städtchen am Fuß des Massif de l'Esterel ist besonders für die Zeugnisse aus römischer Zeit und die Kathedrale bekannt, aber auch für die Strände. Die letzte Etappe vor Cannes bewegt sich im ★ **Massif de l'Esterel**; die erst 100 Jahre alte Küstenstraße zwischen Saint-Raphael und La Napoule (D 559) umrundet bzw. überwindet immer wieder malerische Kaps aus rotem Porphyr, der mit dem tintenblauen Meer und der Vegetation großartig harmoniert. Vom Badeort Agay aus kann man auch die Bergstraße um den Pic de l'Ours wählen, die prachtvolle Ausblicke eröffnet; oder man erklimmt hinter Anthéor den Pic du Cap Roux, den besten Aussichtspunkt des Esterel. An der Pointe de l'Esquillon eröffnet sich der Blick über die Bucht von Napoule mit Cannes bis zu den Seealpen. Jenseits der Mündungsebene der Siagne erreicht man dann das mondäne 4 ★ **Cannes**.

Von Cannes nach Marseille

Von **Cannes** geht's weg von der Küste ins bergige Hinterland. Über das mittelalterliche **Mougins** – teurer Villenvorort von Cannes – erreicht man die berühmte Parfümmetropole 5 ★**Grasse** an den Ausläufern der Alpes Provençales; drei Hersteller und ein Museum geben Einblick in das aromatische Metier. Südwestlich von Grasse breitet sich das Pays de Fayence aus: Terrassen mit Olivenbäumen, Mimosen, Weinberge, malerische Bergdörfer. Eines der schönsten und touristischsten, Fayence (hat aber nichts mit Keramik zu tun), erreicht man über die D 562. ★**Seillans** und **Bargemon** sind ebenfalls einen Blick wert; dann westlich über die D 19 zur D 955 und weiter nach Süden in die dramatischen **Gorges de Châteaudouble**, die der Fluss Nartuby geschaffen hat (berühmte Kletterwände); machen Sie in Châteaudouble auf der Place du Purgatoire Pause, bevor Sie nach 6 **Draguignan** weiterfahren, Hauptort der »Dracénie«, der südlichen Charme und einiges Sehenswerte besitzt. Das einst von Templern befestigte **Lorgues** 13 km weiter südwestlich ist noch nicht zu Tode restauriert, kulinarisch ist man hier in der Trüffelregion des Oberen Var, die sich bis zum Verdon zieht. Nun steht ein architektonisches und spirituelles Juwel der Provence auf dem Programm, die Abtei ★★ **Le Thoronet** (D 562 nach Südwesten, nach 9 km abbiegen und den Argens überqueren), wohl das faszinierendste, weil strengste der provenzalischen Zisterzienserklöster. (Wohnlicher ist das Schloss von Entrecasteaux 14 km nördlich.) Vorbei am Lac de Carcès (D 13) fährt man wieder nördlich zum wunderhübschen, an einer Felswand mit Wohnhöhlen gelegenen **Cotignac**; flanieren Sie den

6X GUTE LAUNE

Das hebt die Stimmung!

1. CABRIO ODER LIEBER ENTE?

Das Dach öffnen oder die Seitenfenster hochklappen, die Sonnenbrille aufsetzen – und dann Landschaft und Leben in einem 2CV oder einem **edlen alten Cabrio** genießen. (▶ S. 46)

2. BUNTE STOFFE

Bringen Sie mehr Farbe in den Alltag – mit einem fantastisch bunten Stück zum Anziehen oder Tragen von **Souleiado**. Außer in Tarascon finden Sie Filialen in einigen größeren Städten. (▶ S. 297)

3. VERSTECKT

Etwas Anstrengung muss sein, damit die **Plage Mala** eine gewisse Exklusivität bewahrt. Von der Allée Mala nahe dem Bahnhof Cap d'Ail führen 100 Stufen hinunter zu dieser wunderbaren Bucht mit kristallklarem türkisblauem Wasser und zwei Restaurants. (▶ S. 102)

4. STÖRRISCH?

Ein sanftmütiges, doch eigenwilliges **Grautier** trägt nicht nur das Gepäck, es gibt Ihrer Wandertour eine besondere Dimension: Verbundenheit, Gemeinsamkeit. (▶ S. 359, 360)

5. GENÜSSE

für Kopf und Gaumen vereinen sich im **»Les Arcenaulx«**: Speisen Sie fein in der Atmosphäre einer gediegenen alten Buchhandlung – in Marseille. (▶S. 210)

6. WUNDER-ZUG

Einfach in Nizza **in den Zug steigen**: Erleben Sie die großartige Strecke durch die Berge des Mercantour und des »Tals der Wunder«, ihre Orte und unterschiedlichen Landschaften. (▶ S. 225, 229 ff.)

platanenbestandenen Boulevard hinauf und erstehen Sie ein Gelee aus Quitten, nach denen der Ort benannt ist. Die D 560 bringt dann nach **Barjols** mit seinen Brunnen und ehemaligen Gerbereien; weiter auf der D 560 südwestlich durch das malerische enge Vallon de Font-Taillade, vor Brue-Auriac passiert man einen beeindruckenden Taubenturm. Schließlich erreicht man das verschlafene Landstädtchen 7 ★ **Saint-Maximin-la-Sainte-Baume**, das im Becken eines verschwundenen Sees liegt; unübersehbar, auch ohne Türme, ist hier die einzige größere gotische Kirche der Provence. Dann auf der D 560 südwestlich über Nans-les-Pins auf schmalem, kurvigem Sträßchen (D 80) nach Plan-d'Aups und zum ★ **Massif de la Sainte-Baume** mit ungewöhnlichem Laubwald; dann steht der Gang hinauf zur **Heiligen Grotte** auf dem Programm, vielleicht auch ganz hinauf zum Saint-Pilon. Die Serpentinen des Col d'Espigoulier führen dann hinunter nach Gémenos und **Aubagne**, dem Geburtsort von Marcel Pagnol, Sitz der Fremdenlegion und bekannt für Keramik; nördlich ragt die mächtige Bastion des Garlaban (710 m) auf, der in den herrlichen Marcel-Pagnol-Filmen »mitspielt«. Über die D 2/D 4 fährt man nach **Marseille** hinein, in beeindruckender Szenerie: dicht gestaffelte riesige Wohnmaschinen vor hoch aufragenden Felsen.

DAS WILDE HINTERLAND DER CÔTE D'AZUR

Länge: 415 km | **Dauer:** 3–4 Tage

Tour 3

Der gebändigte Var und der wilde Verdon begleiten Sie auf der Tour durch das gebirgige Hinterland der Côte d'Azur. Wilde Schluchten, einsam gelegene Bergnester und wehrhafte Städtchen ziehen seit über 100 Jahren Künstler und Kunsthandwerker an.

Von Nizza nach Colmars

Von 1 **Cagnes** bzw. dem Flughafen Nice-Côte d'Azur fährt man auf der Corniche du Var (D 18) zum früheren Weindorf La Gaude (bei Vence, das man auf dem Rückweg besucht). Vorbei an einer Templer-Burg aus dem 14. Jh., in der die Schauspielerin Viviane Romance residierte, erreicht man **Saint-Jeannet**, ein Ziel für Kletterer, die sich an der 400 m hohen Südwand des Baou erproben. Bummeln Sie durch den Ort, sehen Sie sich die Kirche Saint-Jean-Baptiste (1666) an oder wandern Sie in gut einer Stunde auf den **Baou** (807 m), um die fantastische Fernsicht zu genießen, von den Alpen über Antibes und die Îles de Lérins bis zum Massif de l'Esterel. Wenn Sie bleiben möchten, bietet sich das Frogs' House an (►S. 391). Das nächste Ziel ist **Gattières**, ein Labyrinth malerischer Gassen mit grandioser Aussicht auf die Seealpen. Die D 2209 folgt dem Var bis Carros, dessen alte Häuser sich um das Schloss drängen – deutlich schöner als der moderne Teil. Hinter Carros wird das Land wilder und einsamer. ❷ **Le Broc**, einst Sommerfrische von Bischöfen, besitzt einen schö-

REISEN WIE DAMALS

Die Landschaft stilvoll in einem alten Cabrio oder Coupé an sich vorbeiziehen lassen, z. B. in einem Jaguar E, einem Mercedes 190 SL oder einer Alfa Giulia? Oder doch lieber im 2 CV nostalgisch-gemütlich durchs Land schaukeln? Hier bekommen Sie das passende Vehikel: Rent A Classic Car in Nizza (rentaclassiccar.com, Tel. 09 54 00 29 33); Deuche Forever in Le Thor (Tel. 06 60 05 84 47, location-deuche-forever.com); Provence 2 CV Location in Saumane-de-Vaucluse (2cv-provence-location.fr, Tel. 06 45 61 38 63); Authentique Expérience in Carpentras (Tel. 06 89 15 93 40, authentique-experience.com).

nen Hauptplatz mit Laubengängen und Brunnen. Auf der D 1 durchqueren Sie die einsame Montagne du Chiers, erreichen **Rocquesteron** und folgen dann der D17 über Sigale nach **Puget-Théniers** und der D 6202 zum pittoresken Städtchen ❸ **Entrevaux**. Hinter dem mächtigen Stadttor mit Zugbrücke über den Var hat die Bergfeste ihr mittelalterliches Gepräge erhalten, besonders bei den Fêtes Médiévales im August. Nun können Sie aus einem atemberaubenden Duo wählen, den ★★ **Gorges du Cians** (östlich) und den ❹ ★ **Gorges de Daluis** (westlich), dort windet sich die tollkühne D902/D2202 zwischen rotbraunen Felswänden durch die Schlucht. Auf halber Strecke nach Guillaumes lohnt der Pont de la Mariée einen Stopp: Von der Brücke soll sich einmal eine Braut aus Liebeskummer in den Tod gestürzt haben, heute lassen sich dort Bungeejumper gesichert 80 m in die Schlucht fallen (www.saut-elastique.com). Von **Guillaumes** nun weiter auf der D 2202 nach **Saint-Martin d'Entraunes**; hier verlassen Sie den Var und fahren auf der serpentinenreichen D78/D2 über den Col des Champs (2095 m) nach ❺ **Colmars**, dem alten befestigten Grenzort am Oberlauf des Verdon.

Und in Nizza dann an der Promenade des Anglais absteigen: etwa im Hotel West End, einem Juwel von 1842

Von Colmars zu den Gorges du Verdon

Auf dem Weg zum nächsten Höhepunkt sind auf der D 908/955 nach Süden 50 km zurückzulegen. Hinter 6 **Castellane** beginnen bei der Clue de Carejuan die eindrucksvollen, berühmten ★★**Gorges du Verdon**. Hinter dem Aussichtspunkt ★★**Point Sublime** machen Sie zunächst die Schleife der atemberaubenden Route des Crêtes, dann folgen Sie der D 952 nach 7 **Moustiers-Sainte-Marie**, das mit seiner Kapelle am Fels zu kleben scheint und für Keramik berühmt ist. Am besten besuchen Sie das Dorf vor 11 Uhr, wenn die Ausflugsbusse eintreffen, oder am Abend, wenn das letzte Licht der Sonne die Fassaden glühen lässt. Einen Badestopp kann man am Lac Sainte-Croix eingelegen, der am Weg zur Südseite der Gorges du Verdon liegt: Die ★★**Corniche Sublime** eröffnet neue grandiose Blicke in die Gorges, besonders vom Aussichtspunkt Balcons de la Mescla. Bald danach erreicht man 8 **Comps-sur-Artuby** mit dem seit 1727 von der Familie Bain geführten Grand Hôtel Bain, eine wunderbare schlichte Auberge mit ausgezeichneter Küche (Tel. 04 94 76 90 06).

Von den Gorges du Verdon an die Küste

D21 und D2 bringen nordöstlich nach 9 **Gréolières**; kurz dahinter erschließt die nur 4 m breite D 6 die **Gorges du Loup**: Zwischen grauen Felswänden schäumt der Fluss dahin, der von der Quelle in 1300 m Höhe kaum 50 km bis zur Küste zurücklegt, besonders eindrucksvoll zur Schneeschmelze im Frühjahr. In Le Pont du Loup können Sie sich bei der berühmten Confiserie Florian eindecken, dann geht's weiter auf der D 2210 nach ★**Tourrettes-sur-Loup** und nach 10 ★★ **Vence** mit seiner ummauerten Altstadt, engen Gassen und lauschigen Plätzen. Noch berühmter ist ein kleines Wehrdorf 5 km weiter südlich: **Saint-Paul-de-Vence**, das Maler wie Bonnard, Modigliani und Soutine in den 1920er-Jahren für sich entdeckten. Die Künstler wohnten in einer einfachen Herberge, wo sie mit ihren Werken bezahlten und so die »Colombe d'Or« zur In-Adresse machten. Kurz vor Saint-Paul-de-Vence hat das Kunsthändlerpaar Marguerite und Aimé Maeght mit der ★★ **Fondation Maeght** eine Galerie für Kunst des 20. Jh.s geschaffen, die zu den aufregendsten des Landes gehört. Bei **Cagnes** erreicht man wieder die Küste. Weiter östlich Richtung Nizza macht das Einkaufszentrum Cap 3000 mit seinen über 150 Läden auf sich aufmerksam; weniger Konsumfreudige lassen sich, östlich des Var beim Flughafen, im **Musée des Arts Asiatiques** von Kenzo Tange in geografisch wie kulturell ferne Welten entführen.

Z

ZIELE

Magisch, aufregend, einfach schön

Die Reiseziele sind alphabetisch geordnet. Sie haben die Freiheit der Reiseplanung.

Provenzalische Atmosphäre verströmt die Place de l'Hôtel de Ville in Aix-en-Provence ►

COIFFURE
SNACK

AIGUES-MORTES

Région: Languedoc-Roussillon | **Département:** Gard
Höhe: Meereshöhe | **Einwohner:** 8700

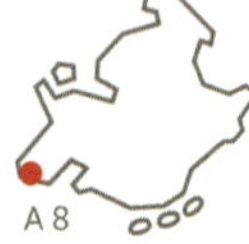

Mächtige, geradezu zyklopische Mauern umschließen die im 13. Jahrhundert auf dem Reißbrett geplante Stadt. Hier, am Westrand der Camargue, zwischen Sümpfen, Lagunen, Kanälen und Salzbecken, kann man noch ahnen, wie kriegerisch die Zeiten damals waren.

Festung in der Camargue

Im Sommer drängen sich hier die Besucher, inner- und außerhalb der Stadtmauern findet man jede Menge Restaurants und Cafés, Hotels und Privatzimmer. Zwei Kanäle, der Chenal Maritime und der Canal du Rhône à Sète, verbinden Aigues-Mortes, die »Stadt der toten Wasser«, mit dem Meer, weshalb auch Hausbooturlauber die Stadt ansteuern. Daneben sorgen die Salinen in der Umgebung und die Produktion des Vin de sable (Sandwein) für Leben. Gegründet wurde Aigues-Mortes, das heute 8 km von der Küste entfernt ist, tatsächlich als Hafenstadt: König Ludwig IX. der Heilige kaufte um 1240 den Platz und ließ den **einzigen Hafen des Königreichs am Mittelmeer** anlegen; 1248 brach er hier mit seiner Flotte zum sechsten Kreuzzug auf. Während des Baus der Stadtmauer von 1266 bis Ende des 13. Jh.s zählte man an die 15 000 Einwohner, fast doppelt so viel wie heute. Schon Mitte des 14. Jh.s setzte der Niedergang ein, da die Fahrrinnen versandeten, doch blieb die Stadt noch bis Ende des 15. Jh.s, als Marseille »königliche Stadt« wurde, ein wichtiger Handelsplatz.

Wohin in Aigues-Mortes?

Ein starkes Stück Mittelalter

Altstadt

Der Mauerring – die Seiten sind 567, 497, 301, 269 m lang – besitzt 15 Türme und 10 teils turmbewehrte Tore und ist gänzlich begehbar. Innerhalb der Mauer verläuft eine Straße, auf der die Verteidiger rasch an jede Stelle gelangten; schön ist auch der Gang außen um den Mauerring. Besonders beeindruckt die Südwestfront, an der die Kais lagen, heute breiten sich hier rot gefärbte Salinenbecken aus. Zentrum der Stadt ist die Place Saint-Louis mit Restaurants, Tourismusbüro und der schlichten gotischen Kirche Notre-Dame-des-Sablons (13. Jh.; Fenster von C. Viallat, 1991). Einen Blick wert sind auch die Chapelle des Penitents Blancs (1668) und die Chapelle des Penitents Gris (um 1607), Letztere besitzt eine prachtvolle Altarwand aus weißem und polychromem Carrara-Marmor; sie ist die Kopie (1838) des in der Revolution zerstörten Originals aus dem 17. Jahrhundert.

Stierhatz vor der mächtigen Porte de la Marine bei der Fête Votive – die Tiere überleben.

Monument der Standhaftigkeit

Tour de Constance

Der mächtigste Turm der Stadtmauer ist die Tour de Constance vor dem Nordeck (der Name geht angeblich auf eine Tochter König Ludwigs VI. zurück; auch als »Turm der Standhaftigkeit« gedeutet) mit 33 m Höhe, 22 m Durchmesser und 6 m dicken Mauern. Er diente meist als Gefängnis: Anfang des 14. Jh.s für Templer, die von Philipp IV. als Ketzer angeklagt worden waren, nach Aufhebung des Edikts von Nantes 1685 für Hugenotten, später für unbeugsame Protestantinnen, zu denen die in Frankreich bekannte Marie Durand gehörte, die 38 Jahre hier verbrachte. Zuletzt wurden hier 1815 Offiziere Napoleons festgesetzt, als Royalisten die Macht in Aigues-Mortes übernahmen. Im **beeindruckend überwölbten Saal** erzählt eine Ausstellung von der Geschichte der Stadt. Das von einer provenzalischen Barbarotte bekrönte Türmchen diente als Leuchtturm, von hier hat man einen schönen Blick auf Stadt und Umland, zu den Cevennen im Norden, den Betonpyramiden von La Grande-Motte im Westen, über die Salinen und die Camargue im Osten.

Mai–Aug. tgl. 10–19, sonst bis 17.30 Uhr | Eintritt mit Stadtmauer 8 €

Die ältesten und größten Salzgärten des Mittelmeers

Salin d'Aigues-Mortes

Die Saline von Aigues-Mortes soll ebenso groß sein wie das Stadtgebiet von Paris! Mit jahrhundertealten und mit modernen Methoden werden in den Verdunstungsbecken jährlich ca. 500 000 t hochwertiges Speisesalz gewonnen – am besten ist das **Fleur de Sel**. Vom Besucherzentrum 1 km südwestlich an der D 979 kann man die Sali-

AIGUES-MORTES ERLEBEN

OFFICE DE TOURISME
Place Saint-Louis, 30220 Aigues-Mortes, Tel. 04 66 53 73 00
www.ot-aiguesmortes.com

Vom Hafen fahren März–Okt. Boote durch die Petite Camargue bis nach Grau-du-Roi, oft mit einem Halt bei einem Mas mit Stieren und Pferden.

Ende Aug.: Fête Saint-Louis (Mittelalterfest). Anf. Okt.: große »Fête Votive« (Stierspiele). Markt Mi./So.vormittag nördlich vor der Altstadt.

LE BISTROT PAIOÙ €€
Von der Stockfischtarte bis zum Stierragout – die Equipe des kleinen, modernen Bistros offeriert eine vorzügliche Regionalküche. Gute Weinkarte.
1 Rue du 4 Septembre
Tel. 04 66 71 44 95
Außerhalb der Saison Di.abend/Mi. geschl.

LA GUINGUETTE €–€€
Typische Küche einer »guinguette«, also eines Ausflugslokals: einfache, aber feine Dinge frisch vom Markt. Mit Tischen an der schönen Gasse im Norden der Altstadt. Nebenan liegt das edle, sehr schöne und gemütliche Hotel Les Templiers (Tel. 04 66 53 66 56, €€€).
25 Rue de la République
Tel. 04 66 51 66 09

LES REMPARTS €€€
Nobles barockes Haus innerhalb der Mauer bei der Tour Constance, fein modernisiert. Sehr angenehm sitzt man auf der Bar-Terrasse am Platz.
6 Place Anatole France
Tel. 04 66 53 82 77
www.remparts-aiguesmortes.fr

LES ARCADES €€
► S. 390

nen mit einem Touristenbähnchen oder dem eigenen/geliehenen MTB kennenlernen. Eine Ausstellung gibt Einblick in die Salzgewinnung sowie die Flora und Fauna der Camargue.

Petit Train: Mitte März–Mitte Nov., 13 € | **MTB:** April–Okt., 34 € (für MTB Anmeldung nötig) | www.visitesalinsdecamargue.com

Auch auf Sand wächst guter Wein

Domaine de Jarras

Eine Spezialität der sandig-salzigen Küstenebenen zwischen Saintes-Maries und Aigues-Mortes sowie Sète und Agde ist der **Vin de sable** (Sandwein), ein Rosé mit charakteristischem Aroma. Von der Saline ca. 1 km weiter in Richtung Le Grau-du-Roi findet man die zum Vranken-Konzern – u. a. Champagner Pommery und Monopole Heidsieck – gehörende Domaine Royal de Jarras mit ihrer sehenswerten Kellerei.

Führungen & Touristenbahn: April–Sept. tgl., Anmeldung Tel. 04 66 51 17 00 | www.domainedejarras.com

★★ AIX-EN-PROVENCE

Département: Bouches-du-Rhône | **Höhe:** 173 m ü. d. M.
Einwohner: 147 000

Prachtvolle Barockpaläste aus honiggelbem Stein begleiten den Cours Mirabeau, mächtige Platanen und plätschernde Brunnen spenden Kühle. Wohl nirgends kommt man der noblen, dennoch angenehm kleinstädtischen Atmosphäre der alten Hauptstadt der Provence näher als hier, etwa in einem Café wie dem berühmten »Deux Garçons«.

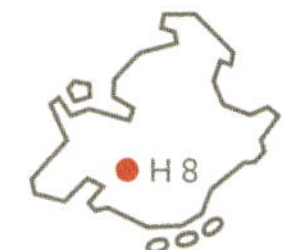

Das leichte Leben des Südens

Dort verkehrten auch der Romancier Émile Zola und **der Maler Paul Cézanne** (1839–1906), ein Sohn der Stadt. Er fühlte sich in Aix und seiner Umgebung wohl, so dass er einen Großteil seines Lebens in der Stadt ansässig blieb, auch wenn er ihre Bewohner unumwunden als Arschlöcher bezeichnete. Heute weiß man, was man an ihm hat; Werke von ihm sind im Musée Granet ausgestellt, einem der bedeutendsten Kunstmuseen der Provence, und in den Boden eingelassene Bronze-Plaketten weisen auf Plätze und Stätten seines Lebens hin (das Tourismusbüro hat einen Prospekt). Aix – gespr. »ex« –, das ca. 30 km nördlich von Marseille liegt, gilt als **eine der beliebtesten Städte** und nach Paris als zweitteuerste Stadt des Landes. Das hat auch damit zu tun, dass das Pays d'Aix zu den attraktivsten Wirtschaftsstandorten Frankreichs zählt, mit Luftfahrttechnik,

Unter den Platanen des Cours Mirabeau ist gut sein.

Mikroelekronik und Nahrungsmittelindustrie. Die 300 Sonnentage im Jahr wissen nicht nur die 40 000 eher gutsituierten Studenten der 1409 gegründeten Universität zu schätzen. »Die« Attraktion im Sommer ist das hochkarätig besetzte **Festival d'Aix:** Oper, Konzert und Ballett genießt man, seit 1948, im Hof des Bischofspalais, heute auch im neuen Grand Theâtre de Provence und an anderen Plätzen.

Mittelpunkt der provenzalischen Dichtkunst

Ein wenig Geschichte

Der Aufstieg begann 121 v. Chr. mit der Zerstörung der keltischen Stadt bei Entremont (►S. 63), danach entstand Aquae Sextiae Saluviorum als erste römische Siedlung in Gallien. Die schon damals weithin bekannten Heilquellen (»Aquae«) und die Lage an der Via Aurelia trugen zur Entwicklung bei. Im 12. Jh. wurde Aix Hauptstadt der

Grafschaft Provence und v. a. unter dem gebildeten und kunstliebenden **»Guten König« René von Anjou** (1409–1480) zum Mittelpunkt der provenzalischen Dichtung. Die große Zeit im 17./18. Jh. – als die prunkvollen Adel- und Bürgerpalais entstanden – endete mit der Französischen Revolution. Aus dem Dornröschenschlaf eines Provinzstädtchens erwachte Aix erst nach dem Zweiten Weltkrieg. In den letzten Jahren hat man im **Viertel Sextius-Mirabeau** attraktiven urbanen Raum geschaffen, mit Shoppingmalls und Kulturtempeln wie dem Grand Theâtre de Provence und der Cité du Livre.

Wohin in Aix-en-Provence?

Prachtmeile unter Platanen

Cours Mirabeau

Für den höchst großzügigen Boulevard wurde um 1650 ein Teil der Stadtmauer geopfert. An seiner Südseite reihen sich noble Palais des 17./18. Jh.s nach italienischen und Pariser Vorbildern, Sitz von Banken, Büros und Läden wie dem feinen Béchard (▶ S. 60). Besonders beeindrucken die **Hôtels particuliers** Villiers (Nr. 2; 1710), Isoard-Vauvenargues (Nr. 10; 1710), Arbod-Jouques (Nr. 19; 18. Jh.) und Maurel de Pontevès (Nr. 38; 1651, Handelsgericht). In der Sonne liegen die Cafés an der Nordseite. Drei **schöne Brunnen** zieren den Cours. Der mittlere, die Fontaine Chaude, wird mit 34 °C warmem Thermalwasser gespeist. Auf der Place du Général-de-Gaulle dominiert die Fontaine de la Rotonde (1860) mit riesigem Wasserbecken, am östlichen Ende – vor der Chapelle des Oblats (1701) – die Fontaine du Roi René (1819), geschaffen von dem bedeutenden klassizistischen Bildhauer David d'Angers: Der König präsentiert eine Traube der Rebsorte Muscat, die er in der Provence eingeführt hatte.

Ein Juwel der Renaissance

Sainte-Marie-Madeleine

Diese Kirche (1691–1703, Fassade 1860) im Nordosten der Altstadt besitzt ein besonderes Kunstwerk: das Mittelteil eines Triptychons (1444, »Mariä Verkündigung«) von Barthélemy d'Eyck, der aus der Malerschule von Avignon kam und am Stundenbuch »Les Très Riches Heures« des Herzogs von Berry mitarbeitete, der prachtvollsten und berühmtesten Illustrierten Handschrift des 15. Jh.s.

Hier ist Highlife – Bummel durch die Altstadt

Place de l'Hôtel de Ville

Auf der Place de l'Hôtel de Ville, mit einem Brunnen von 1755 und vielen Cafés, schlägt das Herz der Altstadt. An der Südseite flankiert ihn die ehemalige **Halle aux Grains** (Kornspeicher) mit prächtigem Giebel von 1761, die Skulpturen symbolisieren Vater Rhône und Mutter Durance; heute gehört sie zur Stadtbibliothek. Das **Hôtel de Ville** (Rathaus) wurde in italienischem Barock 1652–1668 erbaut und in der Französischen Revolution beschädigt. Römische Fundamente be-

AIX-EN-PROVENCE ERLEBEN

OFFICE DE TOURISME

300 Avenue Giuseppe Verdi
13100 Aix-en-Provence
Tel. 04 42 16 11 61
www.aixenprovencetourism.com
Der City Pass für 1–3 Tage umfasst die Benützung der ÖPNV-Busse, Eintritt für Sehenswertes in Aix und Umgebung und andere Vergünstigungen.

Märkte: Lebensmittel: Pl. Richelme, tgl.; Pl. de Gaulle/Pl. Jeanne d'Arc/ Cours Sextius, Di., Do., Sa.; Blumen: Pl. de l'Hôtel de Ville, tgl.; Trödel: Av. V. Hugo, Di., Do., Sa.; Textiles: Cours Mirabeau, Di., Do., Sa.

Juli: Festival International d'Art Lyrique (Oper, Konzerte), Karten Tel. *0820 67 00 57, vom Ausland +33 4 34 08 02 17, www.festival-aix.com
Weitere Veranstaltungen:
Juli/Aug.: Instants d'Été (Open-Air-Kino, gratis). 1. Sept.-So. Segnung der Calissons. Anfang Okt.: Festival de la Chanson Française. Dez. Festival Tous Courts (Internationales Kurzfilm-Festival). Veranstaltungstermine sind in »L'Agenda Culturel« verzeichnet (im Office de Tourisme).

❶ LE PETIT VERDOT €€

Tatar von der Dorade, Daube Camarguaise mit Stierfleisch, Lammschmortopf mit Thymian: Regionale Zutaten werden hier zu interessanten Gerichten der »neuen Hausfrauenküche«. Den Wein – Ausschank auch glasweise – wählen Sie aus über 100 Positionen. Gemütliche, unprätentiöse Bistro-Atmosphäre mit viel Holz.
7 Rue d'Entrecastaux, Tel. 04 42 27 30 12, Mo.–Sa. 19–24 Uhr

❷ LES VIEILLES CANAILLES €€

Das Bistro in der Altstadt steht für gute Weine ebenso wie für gute wechselnde Gerichte, teils mit Zutaten aus dem eigenen Garten.
7 Rue Isolette, Tel. 04 42 91 41 75, Di.–Sa. 12–13.30, 19.30–21.30 Uhr

❸ CHEZ CHARLOTTE €€–€€€

Hier kommen Klassiker aus Großmutters Küche frisch und lecker auf den Tisch. Gelegentlich Konzerte mit einheimischen Musikern.
32 Rue des Bernardines, Tel. 04 42 26 77 56, So./Mo. geschl.

❹ MICKAËL FÉVAL €€€–€€€€

Wollen Sie sich etwas gönnen? Die Gerichte des michelin-besternten Kochs sind wahre Kunstwerke, optisch ebenso wie kulinarisch.
11 Petite Rue Saint-Jean, Tel. 04 42 93 29 60, Di.–Sa. 12–14, 19–22 Uhr

❺ CHEZ NOUS €

In den Restaurants der Place des Cardeurs – bzw. an den Tischen draußen – machen die Aixois Mittagspause. Empfehlenswert ist z. B. das Chez Nous, in dem eine gute, unkomplizierte Bistro-Küche serviert wird.
30 Place des Cardeurs, Tel. 04 42 23 36 07, tgl. geöffnet

❶ ESCALETTO €€

Freundliches, solides Quartier, modern gestaltet. Frühstücken kann man auch auf der Panorama-Dach-

terrasse. Sehr angenehm ist der private Parkplatz.
74 Cours Sextius
Tel. 04 42 26 03 58
www.hotel-escaletto.com

❷ DES AUGUSTINS €€–€€€
Schönes Hotel in einem ehemaligen Kloster, mit großen, luxuriösen Gästezimmern. In einer ruhigen Seitenstraße gelegen.
3 Rue de la Masse
Tel. 04 42 27 28 59
www.hotel-augustins.com

❸ LES QUATRE DAUPHINS €€
Hübsche Zimmer in einem charmanten Bürgerhaus des 18. Jh.s, nahe der lebhaften Place des Quatre Dauphins.
54 Rue Roux-Alphéran
Tel. 04 42 38 16 39
www.lesquatredauphins.fr

❹ CÉZANNE €€–€€€
▶ S. 389

---

sitzt die **Tour de l'Horloge**, ein Stadttor von 1510; die astronomische Uhr erhielt es 1661. Weiter in die Rue G. de Saporta. Im **Musee du Vieil Aix** können Sie die Geschichte von Aix kennenlernen; dann lockt der Laden der **Calissons du Roy René** (Nr. 11; ▶ S. 60). Im Hôtel de Châteaurenard (Nr. 19) ist ein prachtvoll ausgemaltes Treppenhaus von 1654 zu bewundern (zugänglich zu den Bürozeiten). Im Hof des aristokratischen Hôtel de Maynier d'Oppède (Nr. 23, 1757) finden Konzerte des Festivals von Aix statt.
Musee du Vieil Aix: 15. April–14. Okt Mi.–Mo. 10–12.30, 13.30–18, sonst bis 17 Uhr | Eintritt 3,70 €

Cathédrale Saint-Sauveur

Stilmix mit Renaissance-Triptychon
Einst lag hier das römische Forum, dann wurde die Stätte christianisiert – vom 5. bis ins 18. Jh. reicht die Baugeschichte der Erlöserkathedrale, was außen wie innen unübersehbar ist. Das spätgotische Portal (15./16. Jh.) besitzt herrliche geschnitzte Nussbaumtüren von 1510, die allerdings meist hinter Läden verborgen sind. Innen interessant sind das frühchristliche Baptisterium (6. Jh., Taufbecken 4. Jh.) sowie eines der großartigsten Kunstwerke des 15. Jh.s, das **Triptychon »Maria im brennenden Dornbusch«** (um 1476) von Nicolas Froment (1435–1484). Auf dem linken Flügel ist der »Gute König« René zu sehen, einer der beiden Auftraggeber des Werks.
tgl. 8–19 Uhr, Triptychon geöffnet Ostern–Pfingsten, ca. 20. Juni–20. Sept. und Dez.–Dreikönig.

Musée des Tapisseries

Luxuriöses Logis der Erzbischöfe
Die Würdenträger ließen sich's gutgehen, wie das **Bischofspalais** von 1648/1730 erkennen lässt. Großartige Bildteppiche aus der Manufaktur von Beauvais (Picardie) hängen hier, sie entstanden im 17./18. Jh. und stellen u. a. Szenen aus dem Roman »Don Quixote de la Mancha« von Miguel de Cervantes dar. Seit 1948 finden im Hof, unter freiem Himmel, Opern und Konzerte des **Festival d'Aix** statt.
15. Apr.–15. Okt. Mi.–Mo. 10–12.30, 13.30–18, sonst bis 17 Uhr | Eintritt 4 €

VIERZEHN GRAMM SÜSSE VERSUCHUNG

Wer kann ihnen widerstehen, besonders in den herrlichen alten Läden von Béchard (12 Cours Mirabeau) und Brémond (Rue d'Italie)? Süß und ein wenig herb schmecken die echten Calissons, die nur in Aix hergestellt werden. Hauptingredienzien sind – außer Zucker – Mandeln und kandierte Melonen. Sie sollen 1454 kreiert worden sein, als der Gute König René zum zweiten Mal heiratete. Gute Adressen sind auch die Confiserie du Roy René (11 Rue G.-Saporta) und Weibel (2 Rue Chabrier).

Relaxen in schönem Rahmen

Thermes Sextius

Das Thermalbad erstand im 18. Jh. auf den Fundamenten der römischen Thermen des Sextius (2. Jh. n. Chr.), nach der modernen Umgestaltung kann man etwas für die Well-/Fitness und die Schönheit tun (lassen). Hammam und Sauna sind vorhanden, die Gäste des luxuriösen Hotels Aquabella dürfen auch im Außenbecken an der alten Stadtmauer planschen.

55 Cours Sextius | Mo.–Sa. geöffnet | www.thermes-sextius.com

Domizil für die Geliebte des Kardinals

Pavillon de Vendôme

Außerhalb der Stadtmauern ließ der Herzog und spätere Kardinal Louis de Vendôme bis 1667 für Lucrèce de Forbin-Solliès das schöne Palais erstellen. Bemerkenswert ist der Skulpturenschmuck, das Interieur (17./ 18. Jh.) demonstriert den Luxus des Ancien Régime.

Rue de la Molle | Mi.– Mo. 15. April – 15. Okt. 10 –12.30, 13.30 –18, sonst bis 17 Uhr | Eintritt 4 €

Vorbild war das Paris des Königs

Quartier Mazarin

Das schachbrettartig angelegte Viertel südlich des Cours Mirabeau ist charakteristisch für die Stadtplanung des 17./18. Jahrhunderts. Initiator war Michel Mazarin, Erzbischof von Aix und Bruder des berühmteren Kardinals und Politikers. Im Mittelpunkt die atmosphärereiche **Place des Quatre Dauphins** mit Brunnen von 1667. Nach Pariser Art – mit Ehrenhof und Garten – ist das grandiose **Hôtel Caumont** konzipiert: Für sein Domizil gewann der Präsident des Rechnungshofs François de Réauville 1715 keinen Geringeren als Robert de Cotte, den Architekten Ludwigs XIV. Als »Caumont Centre d'Art« ist es Rahmen für Kunstausstellungen, Konzerte etc., auch wird der Film »Cézanne au Pays d'Aix« gezeigt. Und das Café am bzw. im Garten möchte man gar nicht mehr verlassen. Hat man's lieber cool-modern, steuert man die **Passage** an: Eine Calissons-Fabrik wurde zum Esstempel, mit Bistro, Bar, Restaurant, Feinkostladen etc. (10 Rue Villars, www.le-passage.fr). Das **Musée Arbaud** mit schöner Sammlung provenzalischer Keramik des 18. Jh.s ist z. Z. geschlossen.

Hôtel Caumont: tgl. Mai–Sept. 10–19, sonst bis 18 Uhr | Eintritt 6,50 €, mit Ausstellung 14,50 € | **Café:** geöffnet wie Centre d'Art; im Sommer Mitte Juli–Sept. Mi., Sa. Jazz-Soirée

Mekka für Kunstfreunde

Musée Granet

Das Musée Granet (Place Saint-Jean-de-Malte) ist in der Malteser-Komturei ansässig (Palais de Malte, 1676), die Bestände stammen zu großen Teilen aus dem Besitz des Sammlers und Malers François-Marius Granet (1775–1849). Sie umfassen kelto-ligurische Skulpturen aus dem Oppidum von Entremont (▶ S. 63), griechische Reliefs, römische Fragmente, einen frühchristlichen Sarkophag, mittelalterliche Plastiken sowie hervorragende Gemälde: französische Meister des 16.–20. Jh.s – auch zehn Ölbilder sowie Aquarelle, Zeichnungen etc. von **Cézanne** – sowie flämische, italienische und holländische Künstler, u. a. Rembrandt und Rubens. Nördlich stößt an das Palais die Kirche **Saint-Jean-de-Malte** an, die als erster gotischer Bau der Provence gilt (1278). In der **Chapelle des Pénitents Blancs** (»Granet XXe«) wenige Schritte nordöstlich präsentiert das Musée Granet die Sammlung des Schweizer Malers Jean Planque – der auch für die renommierte Basler Galerie Beyeler tätig war – mit Impressionisten und Klassikern der Moderne (Monet, Picasso, Klee u. a.).

Musee Granet & Granet XXe: April–Okt. Di.–So. 10–18, Nov.–März 12–18 Uhr | Eintritt 11 bzw. 6,50 € | museegranet-aixenprovence.fr

Das neue Aix

Quartier Sextius-Mirabeau

Westlich der Place de Gaulle lag einst ein Industrieareal mit dem Güterbahnhof, einer Gießerei und einer Streichholzfabrik. Jetzt frönt man hier dem Konsum und dem Kulturgenuss, auch Büros und Wohnungen (zu atemberaubenden Preisen) wurden erstellt. Die Shop-

Im Château La Coste setzte Tadao Ando klare Formen und Natur aufregend miteinander in Beziehung.

pingmeile der Allées Provençales führt hinaus zum **Grand Théâtre de Provence** (Vittorio Gregotti, 2007): außen gelber Kalkstein, innen alles rot und rund. An der Av. Mozart gegenüber dem Theater starke Kontraste: der **Pavillon Noir** (Rudy Ricciotti, 2006), Heimstatt des Ballet Preljocaj, und die Origami-Schachtel des **Conservatoire Darius Milhaud** (Kengo Kuma, 2013). Die Wände der benachbarten Straßenbrücke wurden ebenfalls zum Kunstwerk: mit Pflanzen an der Nordseite und Wasserfall am Südteil. Schon 1989 eröffnete die **Cité du Livre**; das Kultur- und Medienzentrum beherbergt u. a. die bedeutende Bibliothèque Méjanes, die u. a. 350 000 Bände aus dem 18. Jh. und den Nachlass des Literatur-Nobelpreisträgers Albert Camus im Bestand hat.

www.citedulivre-aix.com

Tempel des Op-Art & Cézannes Vaterhaus

Jas de Bouffan

Ein eigenwilliger schwarz-weißer Bau zieht im westlichen Vorort Jas de Bouffan den Blick auf sich, die **Fondation Vasarely**. In dem 87 m langen, von Victor Vasarely – Hauptvertreter der konstruktivistischen Malerei und des Op-Art – entworfenen Gebäude sind 42 Monumentalwerke (»Intégrations murales«) und 800 Studien des ungarisch-französischen Malers (1908–1997) ausgestellt. Ein wichtiger »Cézanne-Punkt« liegt nicht weit nördlich jenseits der A51, die **Bastide du Jas de Bouffan**. 1859 kaufte Vater Cézanne das verfallende

barocke Anwesen mit seinem Park, bis 1899 schuf Sohn Paul hier nicht weniger als 36 Ölgemälde und 17 Aquarelle.
Fondation Vasarely: 1 Avenue M. Pagnol (Bus 2 bis Vasarely)
tgl. 10–18 Uhr | Eintritt 12 € | fondationvasarely.org
Bastide du Jas de Bouffan: 17 Route de Galice (Bus 8 bis Corsy)
voraussichtlich bis Sommer 2025 geschlossen

Dem Geist Cézannes nachspüren

Atelier Paul Cézanne

Auf der Anhöhe Les Lauves nördlich der Altstadt – damals noch allein auf weiter Flur – richtete der berühmte Maler 1902 sein letztes Atelier ein. Man könnte meinen, Cézanne sei nur eben abwesend, der Garten hat mystisch-malerische Qualitäten.
Av. Paul Cézanne, Anfahrt über Av. Pasteur; Bus 5 | April–Sept. 9.30 bis 12.30, 14–18 (Juni–Sept. durchgehend), sonst bis 17 Uhr (jeweils letzter Zugang); Jan. geschl. | Eintritt 6,50 € | cezanne-en-provence.com

Dinosaurier-Eier

Musée d'Histoire Naturelle

Das Naturkundemuseum zeigt nach Umzug in den Parc Saint-Mitre bis auf Weiteres keine Exponate. Zu seinen Schätzen gehören Dinosaurier-Eier aus dem Bassin von Aix.

Aix, bevor es Aix gab

Oppidum d'Entremont

Etwas Vorstellungskraft erfordern die Ausgrabungen des Hauptorts der Kelto-Ligurer 3 km nördlich von Aix (D 14). Nur etwa 80 Jahre waren der um 180 v. Chr. gegründeten Stadt am Südrand des Plateau de Puyricard beschieden. Interessant sind besonders ein Bodenmosaik und Reste von sog. Beinhäusern. Hier hat man einen schönen Blick auf Aix und die Montagne Sainte-Victoire.
Juni–Sept. Mi.–Mo. 9–12, 14–18, sonst Mo., Mi.–Fr. 9–12, 14–17 Uhr
Eintritt frei

Rund um Aix-en-Provence

Weinberge, Kunst und Architektur

Château La Coste

Bauten und Werke namhafter Künstler, wie Tadao Ando, Alexander Calder, Frank O. Gehry und Andy Goldsworthy, gehen mit der sanften Landschaft eine herrliche Symbiose ein. Auch der Wein selbst soll im richtigen Ambiente reifen: Die Kellerei hat Jean Nouvel beigesteuert. Entspannen Sie auf der wunderbaren Terrasse des Restaurants (von T. Ando), genießen Sie die Produkte des Weinguts und des schlosseigenen »Potager« (Gemüsegarten). Natürlich können Sie auch einkaufen. Zu finden 16 km nördlich von Aix westlich der D 14.
Centre d'Art: März–1. Nov. tgl. 10–19, sonst Mo.–Fr. 10–17, Sa., So. bis 19 Uhr | Eintritt 15 € | **Restaurant:** selbe Zeiten (Küche 12–15 Uhr)
chateau-la-coste.com

Picassos letzte Ruhestätte

Vauvenargues

Im Renaissanceschloss von Vauvenargues (12 km östlich von Aix) schrieb Luc de Clapiers, Marquis de Vauvenargues, im 18. Jh. seine berühmten Maximen. Pablo Picasso erwarb es 1958; hier sind der berühmte Maler und seine zweite Frau Jacqueline Roque bestattet. Es ist nicht zugänglich; selten einmal wird im Sommer eine Führung veranstaltet (beim Tourismusbüro in Aix nachfragen).

Ein mächtiger Felswall – Cézannes Berg

★★ Montagne Sainte-Victoire

Über Vauvenargues ragt die Montagne Sainte-Victoire auf, eines der berühmtesten Motive von Paul Cézanne. Den schönsten Blick auf den 18 km langen Felsriegel (höchster Punkt: Pic des Mouches, 1011 m) hat man von Süden, v. a. in der Umgebung von Trets. Den Aufstieg lohnt ein grandioser Rundblick, von der Camargue über das Massif des Maures bis zu den Alpen im Osten. Von Les Cabassols westlich von Vauvenargues (Parking des Venturiers) geht man auf dem GR 9 in 1.30–2 Std. hinauf zum **Croix de la Provence** (946 m); der steile Weg und Felsgelände machen Bergschuhe und Kondition nötig. Von Juni bis Sept. kann der Zugang wegen Brandgefahr untersagt sein (www.bouches-du-rhone.gouv.fr, www.grandsitesaintevictoire.com). In 900 m Höhe passiert man die Ruine des Priorats Notre-Dame-de-Sainte-Victoire von 1656. Bei Mistral den Gipfelbereich meiden!

Internierungslager in der »Freien Zone«

Les Milles

In der großen Ziegelei des kleinen Orts südwestlich von Aix (D 9, 8 km) waren ab Herbst 1939 bis Mitte 1940 bis zu **3500 Deutsche und Österreicher als »feindliche Subjekte«** interniert, die vor dem Nazi-Regime geflohen waren, darunter Lion Feuchtwanger, Max Ernst und Golo Mann. Dem Lagerkommandanten war es zu verdan-

Lohn der Mühe: der Ausblick vom Gipfel Croix-de-Provence

ken, dass ein Teil flüchten konnte. Nach dem deutschen Einmarsch 1940 wurde es zum Sammellager für Juden vor der Deportation nach Auschwitz, darunter auch von der Vichy-Regierung nur zu gern ausgelieferte Juden und Antifaschisten. Im Speisesaal der Wachleute sind Wandmalereien deutscher Künstler erhalten.
tgl. 10 - 19 Uhr | Eintritt 9,50 € | www.campdesmilles.org

Ein echter Höhepunkt

Ventabren

Hoch über dem reizvollen Tal des Arc, 15 km westlich von Aix, liegt Ventabren, ein malerisches, von einer Burgruine überragtes **Village perché**. Von der Burg reicht die prachtvolle Aussicht von der idyllischen Tallandschaft im Norden über den Étang de Berre bis Martigues im Süden. Doppelt genießt man auf der Terrasse des michelinbesternten Restaurants »Dan B. | La Table de Ventabren« (Tel. 04 42 28 79 33). – Mit bester Hausfrauenküche und herzlicher Betreuung erfreut das »Mas des Vignes« an der D 19 nach Coudoux (Tel. 04 42 52 07 36, Di./So.abend und Mi. geschl.). Wer von Süden nach Ventabren kommt, unterquert den imposanten **Aqueduc de Roquefavour**; 83 m hoch und 375 m lang, erbaut 1842–1847 nach dem Vorbild des Pont du Gard, erzielt er doch nicht dessen grandiose Wirkung.

ANTIBES · JUAN-LES-PINS

Département: Alpes-Maritimes | **Höhe:** 0 - 163 m | **Einwohner:** 74 700

Eine alte provenzalische Stadt mit viel Atmosphäre, eine herrliche Halbinsel mit großartigen Villen und exklusiven Luxushotels, ein in den 1920/30er-Jahren berühmter Strandspielplatz für die mehr oder weniger reiche und exzentrische Prominenz: Mit dem Dreiklang Antibes, Cap d'Antibes und Juan-les-Pins vereint die Halbinsel östlich von Cannes alles, was die Côte d'Azur ausmacht.

Was macht man mit einem schönen, von Pinien beschatteten Sandstrand? Ein Investor setzte 1908 ein Casino dorthin, und 20 Jahre später brummte das Highlife, nicht unwesentlich befördert durch die Jazzgrößen, die ebenfalls glamourös Ferien machen wollten. Und so zählt das **Festival Jazz à Juan**, das seit 1960 in der Pinède Gould stattfindet, zu den wichtigsten seiner Art. Gegründet wurde Antibes im 5. Jh. v. Chr. von Massalia (Marseille) aus, und zwar als Antipolis, also »die Stadt gegenüber« von Nikaia Polis (heute Nizza). 1388 kam Nizza an Savoyen, weshalb Antibes zur Grenzfeste ausgebaut wurde.

Ab 1550 entstand das Fort Carré, das im 17. Jh. wie die Stadtbefestigung erweitert wurde. Eine gewisse Rolle spielt noch die berühmte Rosenzucht von Antibes (»capitale de la rose«); die überseeische Billigkonkurrenz und die Umwidmung in begehrtes Bauland wird ihr jedoch über kurz oder lang den Garaus machen.

Wohin in Antibes?

Atmosphäre zwischen Markthalle und Picasso-Burg

Altstadt

Das Herz der Altstadt südlich des Vieux Port schlägt auf der typisch provenzalischen Place Nationale. Im **Musée Peynet** sind Zeichnungen des auch hierzulande bekannten »Malers der Verliebten« und anderer Humoristen zu sehen. Unbedingt erleben: die **Markthalle** aus dem 19. Jh. östlich der Place Nationale (Cours Massena). Am Meer liegt erhöht – mit schönem Ausblick – die **Burg** der Grimaldi (13./16. Jh.), in dem Picasso 1946 einige Monate arbeitete; das **Musée Picasso** zeigt hier entstandene Arbeiten, außerdem Werke bedeutender Zeitgenossen wie Ernst, Miró, Calder, Léger und Modigliani. Die Kirche **Immaculée Conception** nördlich der Burg war im Mittelalter Bischofskirche; ihre Highlights sind ein Eichenholzportal von 1710, ein vielteiliges Altarbild von Ludovico Brea (1515, »Leben Jesu«) und eine Christusfigur von 1447. Das Langhaus wurde im 17. Jh. erneuert, der Rest stammt aus der Romanik (12. Jh.). Am Ufer spaziert man südlich zur **Bastion Saint-André**, einem Teil der Vauban'schen Befestigung; das Archäologische Museum dokumentiert hier v. a. die griechische und römische Geschichte der Stadt.

Musee Peynet: Di.–So. 10–12.30, 14–18 Uhr | Eintritt 3 € | **Musée Picasso:** Di.–So. 15. Juni–15. Sept. 10–18/17, sonst 10–13, 14–18 Uhr Eintritt 8 € | **Musée d'Archéologie:** Di.–So. 15. Juni–15. Sept. 10–12, 14–18, sonst 10–13, 14–17 Uhr | Eintritt 3 €

Rund um Antibes

Die exklusivste Halbinsel der Côte d'Azur

Halbinsel Garoupe

Villen und Gärten – videoüberwacht – nehmen die rund 4 km lange Landzunge bis zum **Cap d'Antibes** ein, seit dem 19. Jh. residiert(e) hier Prominenz wie Jules Verne, Onassis und der russische Oligarch Abramowitsch. Die Küste ist meist in Privatbesitz, es gibt nur wenige allgemein zugängliche Strände. Der schönste, die Plage de la Salis, liegt an der Ostseite der Schmalstelle. Vom Hafen nebenan bringt der Chemin du Calvaire aufs **Plateau de la Garoupe**, beim Leuchtturm (1948, nicht zugänglich) hat man eine grandiose Aussicht. Fotos, Modelle und Votivtafeln erinnern in der Kapelle Notre-Dame-de-Bon-Port (13./16. Jh.) an die Nöte der Fischer. Den prachtvollen **Jardin**

Eine Burg am Meer (mit Werken von Picasso), ein Jachthafen und eine hübsche Altstadt – hier hat man alles beieinander.

Thuret weiter westlich legte der Botaniker Gustave Thuret ab 1857 an. In einem riesigen Park an der Südwestspitze zieht das Hotel du Cap-Eden-Roc, erbaut von Charles Garnier, seit 1870 die Hautevolée an. Weiter westlich thront die Batterie du Graillon auf dem Kap; in der einstigen Festung bringt der **Espace Mer et Littoral** die Lebenswelt der Mittelmeerküste näher. Einen Blick hinter die Kulissen der großen Welt gestattet die **Villa Eilenroc** ganz im Süden der Halbinsel, auch sie von Charles Garnier entworfen (1867), mit großem Park und Rosengarten. Der seltsame Name? Rückwärts gelesen ergibt er den Vornamen der damaligen Hausherrin.

Jardin Thuret: Mo.–Fr., im Sommer 8–18, sonst 8.30–17.30 Uhr
Espace Mer et Littoral: 15. Juni–15. Sept. Di.–Sa. 10–18.30 Uhr
Villa Eilenroc: Mi. und Sa. 10–16 Uhr | Eintritt 2 €

Strandurlaub comme il faut

Juan-les-Pins

Der einst mondäne Villenort ist heute ein familiäres, frequentiertes und quirliges Seebad mit 2 km langem Sandstrand. Zwischen den Art-Déco-Villen und Beton-Hotelkästen ist noch eine schöne, »echte« Atmosphäre zu erleben, die berühmtesten Hotels sind das Belles Rives und das Juana aus den 1920er-/1930er-Jahren. Das notorisch intensive Nachtleben kulminiert im berühmten **Jazzfestival** im Juli. Hübsch ist der Gang entlang der Küste nach Golfe-Juan (ca. 5 km).

ANTIBES ERLEBEN

OFFICES DU TOURISME

Place Guynemer, 06600 Antibes
Tel. 04 22 10 60 10
Palais des Congrès, 60 Chemin des Sables, 06160 Juan-les-Pins
Tel. 04 22 10 60 01-1
www.antibesjuanlespins.com

Juni: Voiles d'Antibes (Regatta mit alten Jachten), Fest Saint-Pierre mit Prozession und Fischerbootekorso; Juli: Fêtes de Notre-Dame-de-Bon-Port, Jazz à Juan (Karten bei den Tourismusbüros, www.jazzajuan.com); Aug.: Festival Pyromelodique (Feuerwerk an mehreren Tagen).

Antibes: Markthalle am Cours Masséna, Di.–Sa. 6–13, Juni–Aug. auch Mo. 6 – 13.30 Uhr; Trödelmarkt: Place Nationale, Do., Sa. 7 – 17.30 Uhr.

LES VIEUX MURS €€–€€€

Provenzalisch-marine Gerichte kredenzt das modern-plüschige Restaurant auf der Stadtmauer. Herrliche Terrasse am Meer.
Antibes, 25 Promenade Amiral de Grasse, Tel. 04 93 34 06 73
tgl. ab 12 und 19 Uhr geöffnet

LE FIGUIER DE SAINT-ESPRIT €€€€

Erstklassige Adresse in der Altstadt nördlich der Kathedrale. Raffinierte, köstliche mediterrane Küche.
Antibes, 14 Rue Saint-Esprit
Tel. 04 26 85 37 93
Okt.–Juni Di., Mi. geschl., Juli–Sept. Mo./Mi.mittags, Di. geschl.

TI TOQUES €–€€

Wohl das preiswerteste der guten Restaurants in Juan. Einfallsreiche Karte, von den frischen Kleinigkeiten vorweg bis zu den verführerischen Desserts. Modern-schlichtes Ambiente.
Juan-les-Pins
9 Av. Louis Gallet
Tel. 04 92 90 25 12

BISTROT TERRASSE €€–€€€

Im legendären Hotel Juana speist man stilvoll mit Blick auf die Bucht von Cannes: erschwinglich im »Paseo« (tgl.), elegant in der 200 m entfernten »Passagere« (abends geöffnet, in der Nebensaison nur Mi. bis So.). 25. Okt.– 26. Dez. geschlossen.
Juan-les-Pins, 25 Av. G. Gallice
Tel. 04 93 61 08 70
www.hotel-juana.com

LE MAS DJOLIBA €€€

Ruhig südwestlich der Altstadt gelegenes, kleines Landhaus aus den 1920er-Jahren mit Garten und Swimmingpool. Gediegene Atmosphäre.
Antibes, 29 Avenue de Provence
Tel. 04 93 34 02 48
www.hotel-djoliba.com

LE MIRAMAR €€–€€€

Unprätentiöses Haus, schön am Ostufer der Garoupe-Halbinsel gelegen, mit angenehmer Atmosphäre. Klimatisierte Zimmer mit Blick zum Meer oder zum Garten. Zum Strand sind es wenige Schritte.
Cap d'Antibes
67 Chemin de la Plage Jammot
Tel. 04 93 61 52 58
www.hotel-miramar-antibes.com

RELAIS DU POSTILLON €–€€

► S. 389

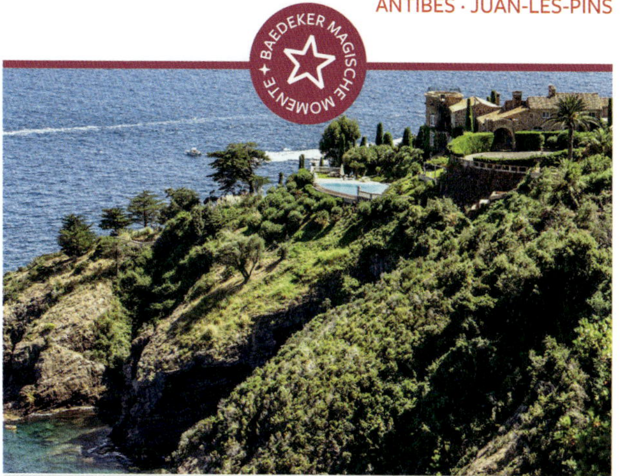

DABEI SEIN IST (FAST) ALLES

Die theoretische Möglichkeit, eine »Celebrity« zu erspähen, lockt viele auf die Halbinsel Garoupe. Dann mal so tun, als ob man dazugehört: etwa frühmorgens in einer kleinen Bucht eine Runde schwimmen, auf den Uferwegen joggen, bei Sonnenuntergang auf einem Bootssteg die Beine baumen lassen. Und ganz locker mit »Bonjour« bzw. »Bonsoir« grüßen ...

Mittelalterliches plus Keramik & Glas

Biot

Biot (gesprochen »biót«), ca. 10 km nördlich von Antibes malerisch am steilen Hang gelegen, ist seit Langem fest in der Hand von Kunsthandwerkern. Keramik ist ein großes Thema im Musée d'Histoire et de Céramique, Glas kann man in der Verrerie de Biot praktisch erleben; ihr Markenzeichen sind die Luftblasen im Glas. Die Kirche Sainte-Madeleine (12./15. Jh.) besitzt schöne Altarbilder der Schule von Nizza, u. a. eine großartige Rosenkranzmadonna (1505) von Ludovico Brea. Ca. 450 Werke des französischen Malers und Bildhauers besitzt das 1960 eröffnete **Musée Fernand Léger.** Das große Mosaik an der Front wurde 1948 für das Niedersachsenstadion in Hannover angefertigt, war der Stadt damals aber zu teuer.

Musée Léger: Zu Fuß 20 Min. südöstlich des Orts, von der D 4 beschildert | Mi.–Mo. Mai–Okt. 10–18, sonst bis 17 Uhr | Eintritt 7,50 €

Vallauris

▶ Cannes

ARLES

Département: Bouches-du Rhône | **Höhe:** 10 m ü. d. M.
Einwohner: 51 000

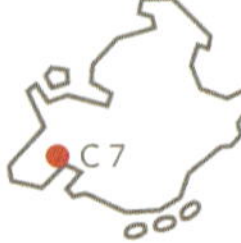

Stolz präsentieren sich die Hirten der Camargue im Festtagshabit auf ihren weißen Pferden, ebenso die prächtig gewandeten schönen Frauen von Arles: Am 1. Mai feiern die Gardians – seit über 500 Jahren – ihr großes Fest, mit einem Zug durch die Stadt, mit einer Messe und einem »Grand Spectacle« in den Arènes als krönendem Abschluss.

Das Tor zur Camargue

Bevor die Rhône ins Mittelmeer fließt, teilt sie sich in die Arme Grand Rhône (östlich) und Petit Rhône (westlich), die die ▶Camargue umschließen. Südlich dieses Punkts liegt an einer Biegung des Grand Rhône das sonnendurchglühte, vom Mistral gezauste Arles mit seinen schmalen mittelalterlichen Gassen. Traditionen werden hochgehalten und allerlei Feste gefeiert; zwischen Ostern und September ziehen die **Férias und Courses camarguaises** mit ihrer spanischen Atmosphäre viele tausend Zuschauer an. Der **Markt** am Samstagvormittag auf den Boulevards des Lices und Clemenceau gilt als einer der größten und schönsten der Provence. Von einer großen Vergangenheit zeugen beeindruckende **römische und mittelalterliche**

Man trifft sich auf der hübschen Place du Forum.

Baudenkmäler, die zum UNESCO-Welterbe gehören. 1888/1889 lebte der niederländische Maler **Vincent van Gogh** in Arles; obwohl von Depressionen gebeutelt, porträtierte er die Stadt und ihre Umgebung in über 300 Werken, die zu seinen bekanntesten zählen. Spuren von ihm gibt es allerdings kaum: Sein Gelbes Haus an der Place Lamartine wurde im Zweiten Weltkrieg zerstört, das Café de la Nuit rekonstruiert; der Pont de Langlois existiert nicht mehr. An entsprechenden Plätzen sind Tafeln mit Reproduktionen aufgestellt, die Fondation van Gogh präsentiert immerhin Werke aus anderen Museen.

Die Stadt bei den Sümpfen

Interessantes aus der Geschichte

Das kelto-ligurische Arlath – die »Stadt bei den Sümpfen« – wurde 46 v. Chr. römische Kolonie und löste Massilia (Marseille) als wichtigsten Hafen der Region ab. Im 5. Jh. wurde die Stadt zum politischen Schwergewicht: Kaiser Konstantin machte es zum Zentrum seines Reichs, 314 fand hier das erste Konzil im Westen des Römischen Reichs statt, und 395 wurde Arles Präfektur für ganz Gallien, Spanien und Britannien. Ab dem 10. Jh. gehörte es zum Königreich Burgund (Arelate) und ab 1032 zum Heiligen Römischen Reich, Kaiser Friedrich I. Barbarossa ließ sich 1178 in Saint-Trophime zum König von Arelate krönen. 1481 fiel Arles mit der Provence an Frankreich.

Wohin in Arles?

Brot und Spiele, zum Ersten ...

Arènes

Für die Stierspiele ist das römische Amphitheater der ideale Platz. Um 90 v. Chr. errichtet, war es eines der größten in Gallien (▶Baedeker Wissen S. 78). Eine Besichtigung außerhalb der Ferias ist möglich, lohnt sich aber nicht. Den Turm über dem Eingang kann man ersteigen, er eröffnet einen reizvollen Blick über Altstadt und Arena.

Mai–Sept. 9–19, März, April, Okt. bis 18, Nov.–Febr. 10–16.30 Uhr
Eintritt mit Théâtre Antique 9 €

... und zum Zweiten

Théâtre Antique

Auch im römischen Theater findet **allerlei Unterhaltendes** statt, wie Popkonzerte, die Fêtes d'Arles, das Festival des Suds und das Filmfestival Péplum. Erbaut um 25 v. Chr. unter Kaiser Augustus, war es mit ca. 10 000 Plätzen so groß wie das in ▶ Orange. Schon im frühen Mittelalter wurde als Steinbruch benutzt, u. a. für den Bau der Stadtmauer. Von der Bühnenmauer blieben nur einige Säulenstümpfe und zwei einigermaßen vollständige Säulen erhalten, original ist der Boden der Orchestra. Weitere Funde sind im Musée Arles Antique (▶S. 77) ausgestellt, der bedeutendste allerdings, die »Venus von Arles« (in Wirklichkeit eine Diana), im Pariser Louvre.

Öffnungszeiten und Eintritt siehe Arènes

ARLES ERLEBEN

OFFICE DE TOURISME

9 Blvd. des Lices, 13200 Arles
Tel. 04 90 18 41 20
www.arlestourisme.com
www.arles.fr
Der Pass Liberté (12 €) gilt für 2 Museen und 4 Sehenswürdigkeiten, der Pass Avantage (16 €) für alle.

Ostern: Féria de Pâques. 1. Mai: Fête des Gardians (Fest der Hirten). Anf.-Mitte Mai: Festival de la Photo de Nu. Mitte Mai: Jazz in Arles.

Ab 1. Juni-So.: Grandes Fêtes d'Arles (vielfältige Folklore). 1. Juli-So.: Fête du Costume. Juli/Aug., Mi./Fr.: Courses Camarguaises. Mitte Juli: Les Suds (Musik der Welt). Anf. Juli: Rencontres de la Photographie, mit Ausstellungen bis ca. 20. Sept. Um den 10. Sept.: Féria du Riz. Arènes Info & Karten: Tel. *0891 70 03 70, www.arenes-arles.com

Am Samstag ist Markt auf den Boulevards des Lices und Georges Clemenceau, einer der größten und schönsten der Provence.

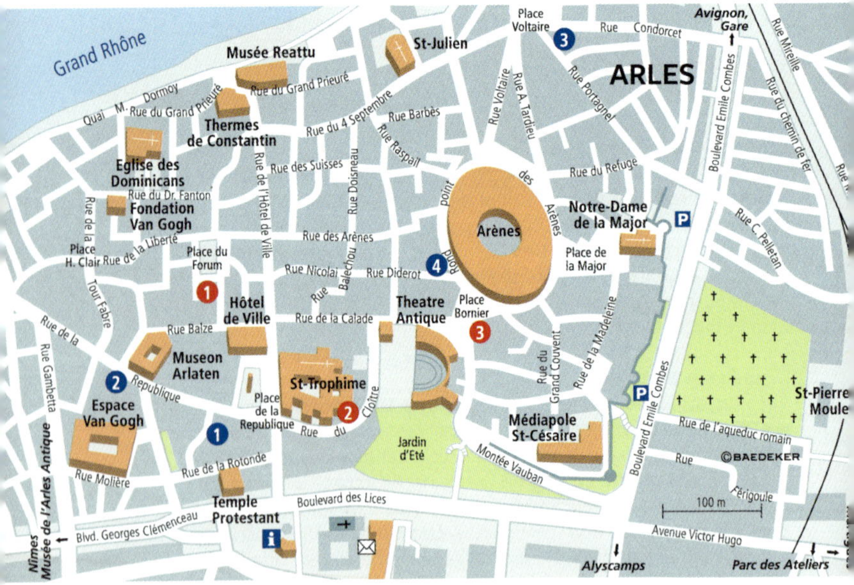

ARLES

©BAEDEKER

1 Le Greenstronome
2 Jardin des Arts
3 Les Piques ou Rien
4 Saveurs et Terroirs

1 Nord Pinus
2 Hôtel du Cloître
3 Les Calendal

❶ LE GREENSTRONOME €€€€
Unvergesslich, optisch wie geschmacklich, ist die super-kreative Bio-Gemüse-Küche (es gibt aber nicht nur Vegetarisches). Weniger kostspielig essen Sie mittags, oder Sie leisten sich das Menü »Inspirations«. Wenige Schritte entfernt das zugehörige, deutlich erschwinglichere Bistrot »Le Greeniotage« (21 Rue des Carmes).
7 Rue des Carmes
Tel. 04 90 91 07 69
Mo., Di. geschl.

❷ JARDIN DES ARTS €–€€
Informell-modernes Restaurant in einem Kreuzgang des 13. Jh.s, im Sommer speist man im wunderbaren Innenhof. Feine Gerichte in französisch-italienischem Stilmix.
38 Rue de la République
Tel. 04 90 96 10 36
So. & Mo. mittags geschl.,
Okt.–Mai ganztägig

❸ LES PIQUES OU RIEN €€
Auf der Tageskarte des Bistros unweit des römischen Amphitheaters stehen kleine Gerichte und Fingerfood zur Auswahl, frisch zubereitet aus regionalen Zutaten.
53 Rue Condorcet
Tel. 04 86 32 29 44
Mo., So.abend, Di.mittag geschl.

❹ SAVEURS ET TERROIRS €
Lust auf einen Imbiss, ohne banal und zu teuer abgespeist zu werden? Vom Brot der Bäckerei Soulier bis zu Tomaten und Olivenöl ist alles bestens. Außer Sandwiches/Panini gibt es Traditionelles wie Croque Monsier, dazu eine Terrasse in toller Umgebung.
24 Rond Point des Arenes
Tel. 06 26 79 05 99, tgl. geöffnet

❶ NORD PINUS €€€–€€€€
Traditions- und atmosphärereiches, intimes Hotel am typischsten Platz der Stadt. Mit Bar und Restaurant.
14 Place du Forum
Tel. 04 65 88 40 404
www.nord-pinus.com

❷ HÔTEL DU CLOÎTRE €€–€€€
Etwas Besonderes – unkonventionell gestaltete Zimmer. Sehr ruhig gelegen. Das tolle Frühstück können Sie auch im stimmungsvollen Innenhof nehmen. Ein Bijou ist auch die Dachterrasse. Ebenso »bunt« wohnen Sie im etwas teureren Partnerhotel L'Arlaten (20 Rue Sauvage, €€€).
18 Rue du Cloître
Tel. 04 65 88 30 30
www.hotelducloitre.com

❸ LE CALENDAL €€–€€€
► S. 389

Repräsentation nach Art des Königs

Place de la République

Die schöne Place de la République akzentuiert ein 15 m hoher, aus Kleinasien stammender Marmor-Obelisk; er wurde im Amphitheater gefunden und 1676 hier aufgestellt. An der Nordseite das ebenfalls 1676 eröffnete, prachtvoll klassizistische **Hôtel de Ville**; der Turm vom Vorgängerbau hatte das Mausoleum in Glanum (►S. 280) zum Vorbild. Die Eingangshalle besitzt ein technisch einzigartiges, sehr flaches Gewölbe; an der Konstruktion war Jules Hardouin-Mansart beteiligt, der »Erste Architekt« Ludwigs XIV. Hier liegt auch der Zugang zum Kryptoportikus (►S. 75). Leckeres süßes und herzhaftes Gebäck kann man sich in der Bäckerei und Pâtisserie Maison Soulier holen.

Eine herrliche Bilderbibel, in Stein gehauen

★★ Saint-Trophime

Rechts des Rathauses ist die bedeutendste romanische Fassade der Provence zu bewundern. Das prächtige **Portal** (12. Jh.) gehört zur einstigen Kathedrale Saint-Trophime (erbaut 1152–1180), die angeblich schon 606 begründet wurde und einem griechischen Apostel gewidmet ist, der in der Provence missionierte. Antikes zeigt sich noch in seiner Form als Ehrenbogen. Im Tympanon sitzt Christus als Weltenrichter in der Mandorla, umgeben von den vier Evangelistensymbolen. Der Fries darunter, mit den zwölf Aposteln, setzt sich links und rechts im Jüngsten Gericht fort (links Auserwählte, rechts Verdammte); an den Kapitellen darunter links die Verkündigung, rechts die Geburt Jesu. An den Seiten zwischen den Säulen und im Gewände zwischen den Pilastern stehen Heilige und Apostel; ganz innen an den Frontseiten links der hl. Trophimus, der von Engeln die Mitra erhält, rechts wird der hl. Stephanus gesteinigt.

Das **Innere** zeigt hingegen schlichte Formen. Das hohe, nur 6 m breite Mittelschiff (12. Jh.) besticht durch gotische Proportionen; das Querschiff ist noch romanisch (11. Jh.). Von Mitte des 15. Jh.s datiert der Chor mit Umgang und Kapellenkranz. Schöne Aubussons (17. Jh.) an den Wänden stellen Szenen aus dem Marienleben dar.

Durch den Hof des Bischofspalasts gelangen Sie in den außerordentlich schönen **Kreuzgang**. Nord- und Ostflügel (romanisch, 12. Jh.) sind bedeutender als Süd- und Westflügel (14. Jh.). Ungewöhnlich: Die Pfeilerarkaden werden nicht von Entlastungsbögen überfangen, was den Kreuzgang lichter und eleganter macht. Die reich skulptierten Pfeiler und Kapitelle des älteren Teils stammen von mehreren Künstlern, darunter Benedetto Antelami (um 1150–1230), einer der wenigen romanischen Bildhauer Italiens, die namentlich bekannt sind. Thematisch ist der Nordflügel der Passion und alttestamentlichen Szenen gewidmet, der jüngere Ostflügel der Kindheit Jesu.

Kirche: tgl. 9–18, Nov.–Febr. 10–17 Uhr | Eintritt frei
Kreuzgang: Öffnungszeiten wie Arènes, S. 71 | Eintritt 6 €

Provence anno dazumal

Museon Arlaten

In die alte Welt der Provence tauchen Sie hier ein: Mobiliar, Trachten und Gerätschaften gehören zur bedeutendsten Sammlung zur **regionalen Alltagskultur**. Gegründet wurde das »Museum von Arles« – wie der Name besagt – 1899 von Frédéric Mistral, dem Dichter und Bewahrer des Provenzalischen (▶ S. 350). Er stiftete das Geld aus seinem Literatur-Nobelpreis, um dem Museum ein Heim zu geben. Dieses, das Palais de Laval-Castellane (1505), gilt als hervorragendes Beispiel für ein **provenzalisches Adelspalais der Frührenaissance**. Kunstwerke und Exponate aus Archäologie, Naturkunde, Numismatik etc. erhellen weitere Facetten der provenzalischen Welt.

25 Rue de la République | Di.–So. 9.30–18 Uhr | Eintritt 8 €
www.museonarlaten.fr

Bei den Ferias geht niemand in ein Restaurant ...

Vom Hospital zum Kulturzentrum

Espace van Gogh

Vincent van Gogh lebte 1888/1889 für 15 schaffensreiche Monate in Arles. Hier zog er mit Paul Gauguin zusammen, um eine Künstlerkolonie zu realisieren. Seine Depression verschlimmerte sich jedoch, und 1888 schnitt er sich nach einem Streit mit Gauguin einen Teil des linken Ohrs ab. Er wurde in das **Hôtel-Dieu** (Hospital) eingeliefert, in dem er berühmte Werke schuf. Der Bau aus dem 16. Jh., nach Gemälden van Goghs restauriert, ist heute ein Kulturzentrum mit Mediathek, Café und atmosphärereichem Innenhof.

Das Wohnzimmer von Arles

Place du Forum

Mit seinen Cafés und dem Hotel Nord-Pinus, das schon viele Berühmtheiten gesehen hat (► S. 73), ist die platanenbestandene Place du Forum einer der beliebtesten Punkte der Stadt. Das Café, das van Gogh ins Bild setzte (► S. 339), wurde nach dem Zweiten Weltkrieg wiedererrichtet (»Café La Nuit«, kein Muss); in stolzer Pose blickt Frédéric Mistral von seinem Sockel. An der Südseite des Platzes lag der Markt- und Versammlungsplatz der römischen Stadt; sein am besten erhaltener Rest ist der **Kryptoportikus** (Cryptoportique), ein teilweise unterirdischer Bogengang von 89 × 59 m Größe in Hufeisenform, angelegt um 40 v. Chr. zum Ausgleich der Geländeneigung. Zugänglich ist er vom Hôtel de Ville (Rathaus).

Öffnungszeiten wie Arènes, S. 71 | Eintritt 4,50 €

Van Goghs Vermächtnis

Fondation van Gogh

Klar, dass viele Künstler sich mit van Gogh auseinandersetzten. Im Hôtel Léautaud de Donines (15.–18. Jh.) versammelt die Fondation Vincent van Gogh derlei Werke, dazu Ausstellungen mit moderner Kunst und **Gemälden von van Gogh** als Leihgaben verschiedener

Museen. Von der Dachterrasse hat man einen schönen Blick über die Stadt bis zur Abbaye de Montmajour.
35 Rue du Docteur-Fanton | Ende April–Sept. 11–19, sonst Di.–So. 10–18 Uhr, Jan./Febr. geschl. | Eintritt 10 €

Badekultur alter Zeiten

Thermes de Constantin

Eine bedeutende römische Stadt wie Arelate besaß natürlich repräsentative Thermen. Von der palastartigen Anlage aus dem 4. Jh. sind noch das Caldarium (Warmbad) sowie Teile der Hypokausten (Fußbodenheizung) und des Tepidariums (Warmluftraum) erhalten.
Öffnungszeiten wie Arènes, S. 71 | Eintritt 5 €

Wunderbare Schatzkammer

Musée Réattu

Das atmosphärereiche Museum in der Malteser-Komturei (15.–17. Jh.) an der Rhône – eine Perle unter den Stadtmuseen Frankreichs – ging aus der Sammlung des unterschätzten Malers Jacques Réattu (1760–1833) hervor: Zeichnungen und Gemälde provenzalischer Künstler des 18./19. Jh.s sowie der klassischen Moderne, großenteils eine Schenkung von Pablo Picasso. Besonders interessant sind die **Fotogalerie** (u. a. Bresson, Clergue, Man Ray, Brassaï, Doisneau) und die feinen **Zeichnungen von Picasso** selbst.
März–Okt. Di.–So. 10–18, sonst bis 17 Uhr | Eintritt 6 €

Kleine-Leute-Viertel mit Flair

La Roquette

An der Rhône westlich des Altstadtkerns lebten Fischer, Schiffsleute und Hafenarbeiter, später legale und illegale Immigranten. Heute ist es schick, in den hübschen zwei- bis dreistöckigen, teils luxussanierten Häuschen aus dem 17. Jh. zu wohnen.

Campus für Kultur und Fotografie

LUMA

Ein »Zentrum für Kunst, Menschenrechte und Umwelt« entstand südöstlich der Altstadt: Die Bahnwerkstätten, die von 1845 bis 1984 existierten, ließ die Schweizer Mäzenin Maja Hoffmann für ihre Fondation LUMA mit Millionenaufwand umbauen. Frank O. Gehry entwarf das Wahrzeichen, das 56 m hohe, bizarre Arts Resource Center, dessen Alu-Paneele das Licht der Umgebung spiegeln (www.luma-arles.org). Weitere Ausstellungsbauten im Parc des Ateliers gestaltete Stararchitektin Annabelle Selldorf um. Gegenüber dem Turm an der Avenue Victor Hugo hat die Fotografie-Hochschule (**École Nationale de la Photographie**), die einzige in Frankreich, 2019 ihr neues Domizil bezogen; ihre Ausstellungen sind höchst sehenswert.

Letzte Ruhe auf ungewöhnliche Art

Alyscamps

Eine besondere Atmosphäre besitzen die »Elysischen Felder« südöstlich der Altstadt. Eine römischer Friedhof wurde, gemäß der Legende des hl. Trophimus, »christianisiert«. Im Mittelalter brachte

man die Toten zur Bestattung von weit her; **Dante** erwähnt sie in seinem »Höllengesang«. Später wurden die Toten in Fässern, mit Geld versehen, auf der Rhône nach Arles auf den Weg gebracht, wo sie von berufsmäßigen Leichenfischern bestattet wurden. Reichere Familien ließen ihre Toten über Land transportieren und in Steinsarkophagen beisetzen. An der stimmungsvollen »Allée des Tombeaux« (Gräberstraße) stehen nur noch schmucklose Särge des frühen Mittelalters, die spätrömischen Sarkophage sind im Musée Arles Antique (s. u.) zu sehen. Ein lauschiger (und im Sommer kühler) Platz ist die Kirche Saint-Honorat (12. Jh.) am Ende der Allee, von der der Chor und Kapellen aus dem 15.–18. Jh. erhalten sind.
Öffnungszeiten wie Arènes, S. 71 | Eintritt 5 €

Antikes hinter blauem Glas

Musée Arles Antique

Südwestlich der Altstadt liegt an der Rhône ein riesiges blaues Glasdreieck: Der spektakuläre Bau des Peruaners Henri Ciriani (1995) ist der Geschichte von Arles und Umgebung gewidmet, von der Vorzeit bis zum Ende der Antike. Der bedeutendste Fund aus der römischen Kaiserzeit, die Venus aus dem Theater, ist nur in Kopie vorhanden (Original im Pariser Louvre). Die Nordflügel enthalten Architekturteile, Kaiserporträts und Gegenstände des täglichen Lebens sowie einen 31 m langen Lastkahn aus dem 1. Jh., der 2004 in der Rhône entdeckt wurde. Der Südflügel beherbergt spätrömische Sarkophage, die **bedeutendste Sammlung antiker Sarkophage** nach den Vatikanischen Museen. Den Phaedra-Hippolyt-Sarkophag (3. Jh.) schmücken Szenen der Sage: Phaedra verliebt sich in ihren Stiefsohn Hippolyt und wird von ihm verschmäht; Phaedra verleumdet ihn bei seinem Vater Theseus, der ihn mit Poseidons Hilfe tötet. Ein Prunkstück ist auch der Trinitätssarkophag (um 330–350) mit Szenen des Alten Testaments und Wundern Jesu sowie Büsten der Beigesetzten.
Presqu'île du Cirque-Romain (Bus A vom Bahnhof und den Arènes, 1 €) | Mi.–Mo. 9.30–18 Uhr | Eintritt 8 €

Klappbrücke mit kleinem Fehler

Pont de Langlois

Die durch van Goghs Gemälde berühmte Zugbrücke existiert nicht mehr. Die Brücke an der Montcalde-Schleuse (Chemin Maillanen, 1,5 km südlich, nahe der D 35), die von den Tourismusunternehmen als Van-Gogh-Brücke »verkauft« wird, wurde 1960 von Port-de-Bouc hierher versetzt; auch der Ort ist nicht »original«.

Rund um Arles

Ausflüge

Arles ist ein idealer Ausgangspunkt für Touren durch die ▶Camargue mit ▶Aigues-Mortes und ▶Saintes-Maries-de-la-Mer sowie durch die Alpilles nach ▶ Les Baux.

RÖMISCHES AMPHITHEATER

Die Arènes d'Arles nehmen den höchsten Punkt der Stadt ein. Die Wahl dieses exponierten Standorts war wahrscheinlich ein politisches Statement: Mit dem monumentalen, 136 m langen und 107 m breiten Bau wurde der Gedanke der Weltherrschaft des Imperiums für die Ewigkeit in Stein gemeißelt. Im Mittelalter entstand in der Arena eine kleine Stadt. Heute ist sie »die« Stierkampfstätte der Provence, »Courses camarguaises« begeistern die Zuschauer ebenso wie die »Corridas« nach spanischer Art..

1 Mittelalterliche Stadt
Nach dem Zusammenbruch des römischen Imperiums wurde das Theater zur Festung umgebaut. Im Mittelalter entstand in seinem Inneren eine kleine Stadt. Im 19. Jh. versetzte man das Amphitheater weitgehend wieder in seinen Ursprungszustand. Dafür konnte man sich an eine Zeichnung aus dem 17. Jh. halten, die eine Vorstellung davon vermittelte, wie es einmal aussah.

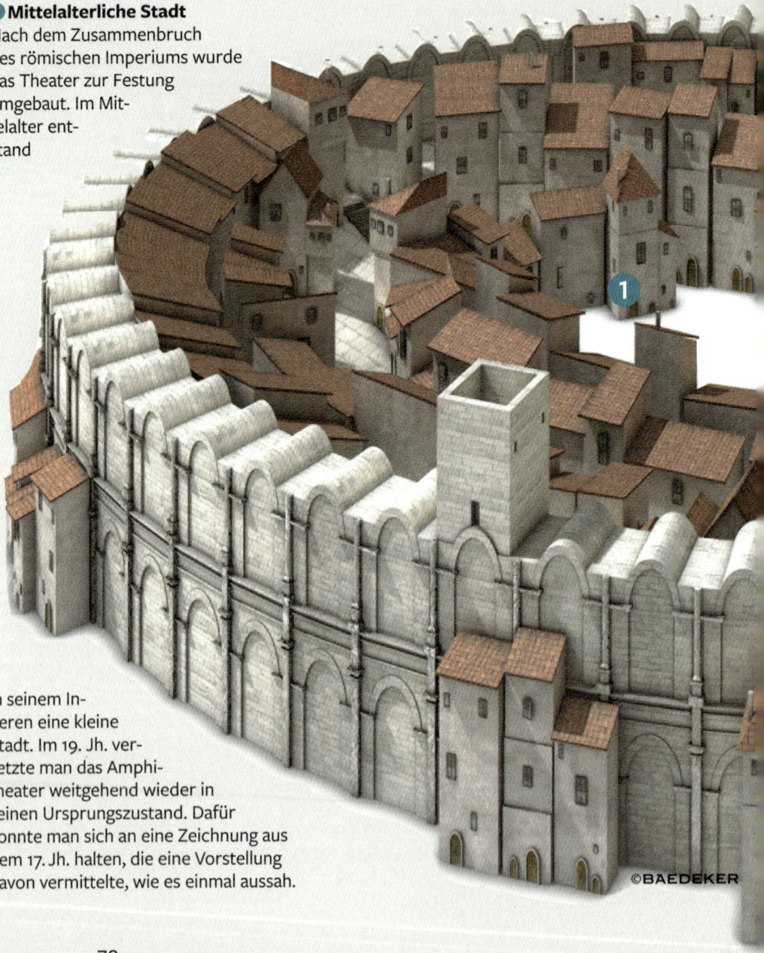

1

❷ Wachttürme
Die mittelalterliche Stadt war durch Wachtürme gesichert. Als man den ursprünglichen Zustand des Amphitheaters wiederherstellte, blieben drei Türme von der Rekonstruktion ausgenommen.

❸ Arkaden
Das Amphitheater ist etwa so groß und ebenso gestaltet wie das im nahen Nîmes. Eine zweigeschossige, ursprünglich dreigeschossige Arkadenstellung mit 60 Achsen umschließt das Oval. Die Attika, die in Nîmes noch erhalten ist, ist in Arles verschwunden. Während die untere Zone einfache Pfeilervorlagen mit Kämpfergesimsen aufweist, wurden für die folgende Etage feinere korinthische Halbsäulen verwendet. Hinter den Arkaden umzieht ein Korridor das Oval. Die Arena enthielt 34 in vier Ränge unterteilte Stufen mit 20 070 Sitz- und 800 Stehplätzen. Durch eine hohe Ringmauer wurden die Zuschauer vom Geschehen auf dem Kampfplatz getrennt.

Mächtige Abtei vor den Toren von Arles

Montmajour

Eindrucksvolle Architektur in Harmonie mit der Natur – van Gogh ließ sich 1888/1889 davon inspirieren: Wie eine Burg liegt auf einem Bergrücken 5 km nordöstlich von Arles die einstige Benediktinerabtei Montmajour (Mont-Major), im Jahr 949 gegründet und im Mittelalter ein bedeutendes Wallfahrtsziel; der Papst hatte dem Kloster ein Partikel vom Kreuz Christi geschenkt, was diesem reiche Einnahmen bescherte. Anfang des 18. Jh.s wurde, da die Gebäude weitgehend verfallen waren, ein neuer Komplex in Angriff genommen; doch war 1785/1786 der **Abt Kardinal Rohan** in die berühmte »Halsbandaffäre« verwickelt – ein Komplott, um Königin Marie-Antoinette zu kompromittieren –, und das Kloster wurde geschlossen.

Die mächtige romanische **Krypta** (12. Jh.) bildet die Unterkonstruktion der Oberkirche und ist z. T. in den Fels gehauen. Nicht vollendet wurde die karge **Kirche**. Der **Kreuzgang** mit einem Ziehbrunnen dürfte gleich alt sein wie die Kirche; doch zeigt nur noch der Ostflügel romanische Züge. Die Rundbögen sind durch Doppelsäulen drei- bzw. vierfach unterteilt; die reich skulptierten Kapitelle und die Konsolen für die Gewölberippen sind vergleichbar mit Saint-Trophime in Arles, jedoch weniger figürlich gestaltet. Vom 26 m hohen zinnenbekrönten Donjon (1369) hat man einen herrlichen Blick. Westlich der romanischen Gebäude liegen die Ruinen der **barocken Erweiterungen**. Die riesige Anlage – 135 m lang geplant, ausgeführt wurden 90 m – wurde 1703 begonnen. 1726 zerstörte ein Brand die fertigen Teile. Wiederherstellung und Weiterbau kamen 1736 zum Erliegen. Im Sommer finden hier Ausstellungen der **Rencontres de la Photographie** statt (▶ S. 72); die Empfangsräume hat Rudy Ricciotti gestaltet – siehe MuCEM in ▶ Marseille und Musée Cocteau in ▶ Menton.

Juni – Sept. tgl. 10 – 18.30, April, Mai bis 17 Uhr, Okt.–März Mo. geschl. | Eintritt 6 €

Pilgerort der provenzalischen Seele

Moulin de Daudet

Ein Wallfahrtsort, auch wenn die Geschichte dahinter erfunden ist ... 5 km nordöstlich von Montmajour, bei **Fontvieille,** stehen vier Windmühlen, darunter die aus den »Lettres de mon moulin« von Alphonse Daudet berühmte **Moulin Ribet**. Doch war die 1814 erbaute Mühle damals eine Ruine, und die »Lettres« entstanden in Paris. Die Mühle ist tgl. zugänglich, vom Platz hat man einen schönen Ausblick. Daudet gewidmet ist eine Ausstellung in Fontvieille im **Château de Montauban**, in dem der Dichter als Gast der Eigentümer wohnte. Der lohnende Sentier des Moulins (Rundweg, 1 Std.) erschließt Ort und Landschaft. In der Tour des Abbés (um 1350) sind im Sommer Werke des zu Unrecht wenig bekannten Schweizer Malers Carl Walter Liner (1914–1997) zu sehen, der aus dem Appenzellerland stammte und den Turm erwarb. Südlich unterhalb der Moulin de

Daudet (D33) liegen die Reste des **römischen Aquädukts von Barbegal**, der eine am Hang gelegene Getreidemühle – eigentlich waren es 16 in zwei Reihen – mit Wasser versorgte (5 Min. zu Fuß).

Château de Montauban: April – Juni, Sept. Mi.–So. 10–13, 14.30 – 18 Uhr | Eintritt 5 €

Plaine de la Crau

Lebendige Steinwüste

Auf den ersten Blick erscheint sie öde und vegetationslos, bei näherem Hinsehen enthüllt sich aber ein faszinierender Lebensraum für seltene Tiere und Pflanzen. Die Rede ist von den **Coussouls**, dem steppenartigen Südteil der Crau, wie die ca. 550 km² große, von den Schotterablagerungen der Durance gebildete Ebene südöstlich von Arles genannt wird. Ihr Nordteil, die **Crau verte,** wird schon seit dem 16. Jh. bewässert und kultiviert, ihr begehrtes Heu ist als »Foin de Crau AOC« geschützt. Vom Winter bis in den Juni weiden 150 000 Merinoschafe in den Coussouls, dann werden sie in die kühleren Alpen verfrachtet. Bedroht ist die Crau durch die Industrie, als Müllplatz von Marseille und durch »naturliebende« Touristen. Im lebhaften Ort Saint-Martin-de-Crau informiert das **Écomusée de la Crau**, dort erhält man auch die Zugangserlaubnis zum 5 km langen Lehrpfad »Draille des Coussouls«. Er beginnt in der Schäferei Peau de Meau, dem Zentrum der »Réserve Naturelle Nationale Coussouls de Crau« bei Vergières 8 km südlich von Saint-Martin.

Écomusée de la Crau: Di.–Sa. 9–17 , So. 9–12, 12.45–17 Uhr, Juli, Aug. So. geschl. | Eintritt 5 €, Lehrpfad 3 €, Kombikarte 7 €
www.reserve-crau.org, www.cen-paca.org

Diese Windmühle inspirierte Daudet zu seinen heiter-ironischen Geschichten.

STIERKAMPF AUF PROVENZALISCH

Der Stierkampf nach spanischer Art zählt auch in Frankreich zu den heiß umstrittenen Themen. Tierschützer wollten ihn 2012 verbieten lassen, was der Verfassungsrat jedoch ablehnte. Die Alternative: Bei der provenzalischen Spielart ist der Stier der Star, nicht das Opfer.

Unter den heroischen, nicht immer harmonischen Klängen eines Paso doble – meist das berühmte »Auf in den Kampf, Torero« aus »Carmen« – ziehen die Matadores, Peones und Picadores in die Arena ein. Das ernste, gemessene Schauspiel des Paseo eröffnet das streng reglementierte, dreistufige Ritual der **spanischen Corrida**, mit dem der Stier zu Tode gebracht werden soll (»mise à mort«). Der Stierkampf gehört zum Einflussbereich der spanischen Kultur, der etwa bis zur Rhône reicht; und so liegen die provenzalischen Arenen ganz im Westen, etwa ab einer Linie von Carpentras bis Salon. Die französische Stierkampf-Saison beginnt mit der **Feria de Pâques** (Osterferia) in Arles, ein riesiges Fest, das 50000 Zuschauer in die antike Arena und zehnmal so viele Besucher in die Stadt zieht; beschlossen wird sie Mitte September mit der nicht weniger großen Feria des Vendanges in Nîmes.
In der Provence können Sie Corridas außer in Arles auch in Saint-Martin-de-Crau, Saintes-Maries-de-la-Mer, Saint-Gilles und Tarascon sowie in Beaucaire erleben.

Hier unterliegt meist der Stier ...

Der Star ist der Stier

Wenn Sie diese Art des Kampfs zwischen Mensch und Tier für barbarisch halten, werden Sie mit der prozenzalischen Form, der **Course camarguaise**, d'accord gehen können. Hier gibt es keinen »Kampf«, und allenfalls der Mensch kann lädiert werden – auf der offiziellen Website www.ffcc.info werden nicht nur die Termine des Jahres und die Orte genannt, sondern auch die Verletzten dokumentiert!.
Der Stier – von der kleineren Rasse der Camargue – trägt zwischen den mächtigen, prachtvoll geschwungenen Hörnern eine bunte, mit Wollschnüren befestigte Kokarde, die ihm der weiß gekleidete »raseteur« entreißen soll; danach kommen auch die um die Hörner gewickelten Schnüre dran. Eine Viertelstunde haben die Raseteurs (»Streifer«; meist sind fünf bis zehn im Ring) Zeit, sich die Trophäen zu

… während bei der Course camarguaise die Trümpfe beim »taureau« liegen.

holen und sich in Sicherheit zu bringen, oft genug mit einem Sprung über die Barriere. Die Aktionen werden laufend über Lautsprecher kommentiert und je nach akrobatischer Leistung mit Punkten bewertet, die Musikkapelle gibt gegebenenfalls einen Tusch dazu. Gefragt sind hier also – außer der guten Portion Mut – Wendigkeit, rasche Reaktionen und Kenntnis der Eigenschaften des Stiers, im Allgemeinen wie im Besonderen. Denn der Camargue-Stier ist athletisch, leicht, schnell und intelligent, und er kann von einem Kampf zum anderen lernen! Wenn bei der Corrida der Matador der vergötterte Star ist, so ist es bei der Course camarguaise der Stier. Auf den Plakaten erscheinen die Namen der Stiere immer deutlich größer als die der Kämpfer; eine Karriere kann zehn Jahre andauern, in denen der Stier immer »besser« wird, und nicht selten wird ihm ein Grabstein gesetzt. Der Beste eines Jahres wird mit dem Titel »**Biòu d'Or**« (Goldener Stier) geehrt, der Traum eines jeden Züchters. Auch für die Kämpfer ist das gefährliche Spiel ein Profi-Sport geworden, mit einer ganzen Reihe von Auszeichnungen, von der »Trophée de l'Avenir« für den jüngsten Nachwuchs bis zur »Trophée des As« für die Elite. Genauso wichtig ist das Beiprogramm. Beim Encierro am Vormittag dürfen sich die ganz mutigen Laien in den Straßen selbst an den freilaufenden Stieren erproben. Höchst eindrucksvoll demonstrieren die **Gardians** – Männer und überraschend viele Frauen – ihr Können auf den Camargue-Pferden, beim Auftrieb (bandido) der Stiere zur Arena und beim Nach-Hause-Treiben (abrivado). Auf einer langen Straße – in Arles der Boulevard Victor Hugo – treiben die Gardians dichtgedrängt in einer wilden Jagd die Stiere in einer Reihe von Varianten vor sich her; bei einer besonders schwierigen und gefährlichen soll ein Stier ganz in der Reitertruppe eingeschlossen werden!

Und natürlich sind die Ferias von Arles jenseits des Stierkampfs einfach ein riesiges Fest, mit Musik und Tanz. Die Bars haben bis Mitternacht geöffnet, man trifft sich und freut sich miteinander des Lebens.

★★ AVIGNON

Département: Vaucluse | **Höhe:** 21 m | **Einwohner:** 90 600
Hauptstadt des Départements

Unterm nächtlichen Himmel, vor den düsteren, dramatisch illuminierten Mauern des Papstpalasts, nimmt in Shakespeares »Richard III.« das Schicksal seinen Lauf, während im Théâtre Laurette die Chansons von Jacques Brel das Leben des berühmten Sängers Revue passieren lassen.

Alle Wege führen nach Avignon

Über 1500 Darbietunge von klassischem und experimentellem Theater über Jazz und Weltmusik bis zu ziemlich verrückten Performances zählt das Programm des **Festival d'Avignon** im Juli auf. Beim »In« (seit 1947) und dem alternativen »Off« (seit 1966) wird die ganze Stadt zur Spielstätte; ihre altehrwürdigen Bauten bieten großartige Bühnen, in den Straßen wird bis spätnachts Theater gespielt und Musik gemacht. An der atmosphärereichen Universitäts- und Départementshauptstadt an der Rhône führt kein Weg vorbei, weshalb sich vom zeitigen Frühjahr an Besucher aus aller Herren Länder hier drängen. Für Attraktivität sorgen neben dem Festival die beeindruckende **Papstresidenz** und der **Pont Saint-Bénézet**. Im großen denkmalgeschützten Stadtareal verliert man sich in verwinkelten Gässchen und verschwiegenen Plätzen – und staunt über Bausünden.

Das Babylonische Exil der Kirche

Etwas Geschichte

Schon lange hatten sich die Päpste und die französischen Könige im Kampf um die geistliche und höchst lukrative weltliche Macht der Kirche beharkt, als der Franzose Bertrand de Got im Jahr 1305 in Lyon als **Papst Clemens V.** inthronisiert wurde. Um den Intrigen in Rom zu entgehen, ließ er sich 1309 vor den Toren der päpstlichen Grafschaft Venaissin nieder. Damit begann das Babylonische Exil der Kirche; nach Clemens V. (1305–1314) residierten in Avignon Johannes XXII. (1316–1334), Benedikt XII. (1334–1342), Clemens VI. (1342–1352; er kaufte die Stadt dem Haus Anjou ab), Innozenz VI. (1352–1362), Urban V. (1362–1370) und Gregor XI. (1370–1378). Zur folgenden Zeit der Kirchenspaltung hatten die Gegenpäpste Clemens VII. (1378–1394) und Benedikt XIII. (1394–1424) bis um 1403 hier ihren Sitz. Die Kurie war ein riesiges **Verwaltungs- und Wirtschaftsunternehmen** mit etwa 600 Beamten, der Hofstaat beschäftigte um die 1000 Bedienstete, den europaweiten Geldverkehr besorgten Bankiers v. a. toskanischer Gesellschaften. Die Stadt, mit 30000 Einwohnern eine der größten in Europa, wurde ein blühendes Kunstzentrum, aber auch ein Sumpf des hemmungslosen Luxus und Lasters; **Francesco Petrarca** bezeichnete sie als eine »Kloake«, in der »der

Ein Signal gegen Rom: der Papstpalast, gestern wie heute Avignons Zentrum

Unrat des ganzen Universums zusammengeflossen zu sein scheint« (Petrarcas Familie lebte ab 1311 in Avignon). Die aus Italien stammenden Künstler, v. a. Simone Martini aus Siena, begründeten die bedeutende **Malerschule von Avignon**. Mit dem Comtat Venaissin blieb Avignon im Besitz der römischen Kurie, bis sich die »Papstburg« in der Revolution 1791 Frankreich anschloss.

★★ Palais des Papes · Papstpalast

Öffnungszeiten ▶ S. 90

Eines der großartigsten Zeugnisse gotischer Architektur

Baugeschichte

Die Geschichte des Papstpalasts begann mit Papst Johannes XXII. Er wählte den Palast des Bischofs von Avignon, seines Neffen Arnaud de Via, zum Amtssitz und ließ ihn erweitern. Der von Benedikt XII. in Auftrag gegebene Ost- und Nordostbau (Palais Vieux, Alter Palast) sowie der unter Clemens VI. fertiggestellte Westbau (Palais Nouveau, Neuer Palast) bestimmen im Wesentlichen das heutige Aussehen des wehrhaften Komplexes. Die späteren Päpste ließen nur kleinere Ergänzungen und Erweiterungen vornehmen. Im Ehrenhof, unter freiem Himmel, fand 1947 die erste Aufführung des **Theaterfestivals** statt, und bis heute ist er die Hauptspielstätte.

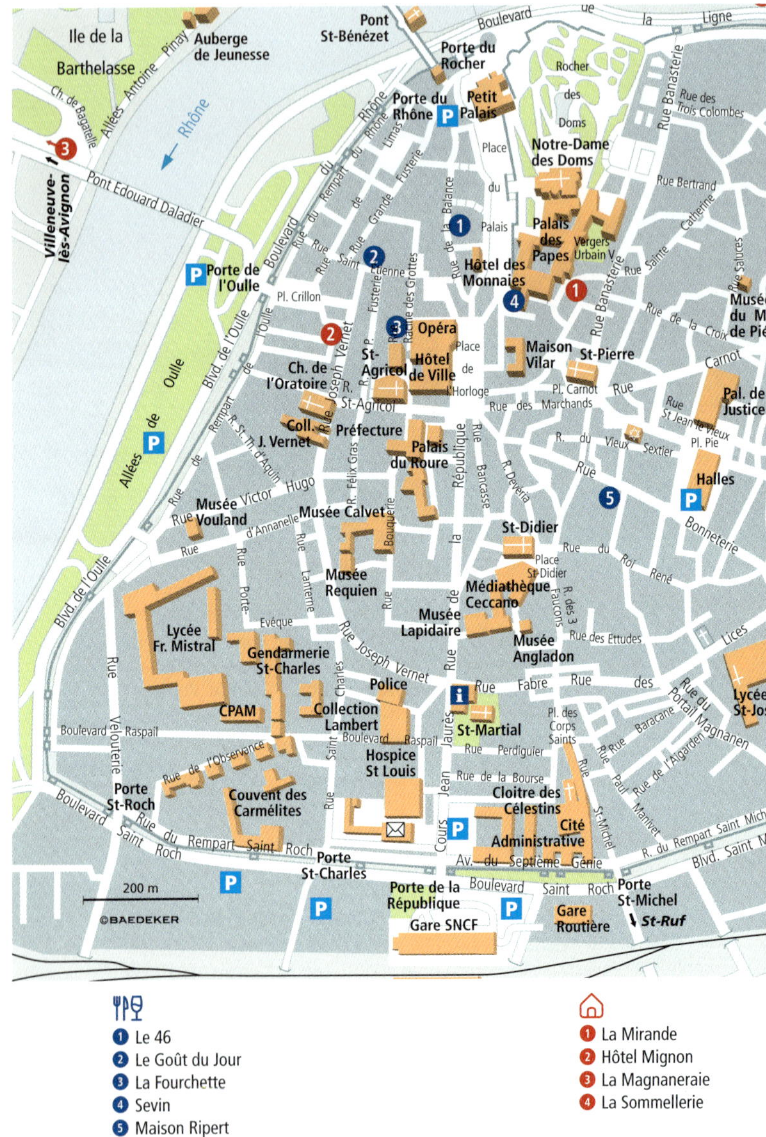

🍴🍷

1 Le 46
2 Le Goût du Jour
3 La Fourchette
4 Sevin
5 Maison Ripert

🏠

1 La Mirande
2 Hôtel Mignon
3 La Magnaneraie
4 La Sommellerie

AVIGNON ERLEBEN

OFFICE DE TOURISME

41 Cours J. Jaurès, 84000 Avignon
Tel. 04 32 74 32 74
www.avignon-tourisme.com
www.avignon.fr

Mit dem Auto die Altstadt meiden! Man parkt am besten am Boulevardring außerhalb der Stadtmauer, sonst auf den Plätzen Les Italiens nordöstlich der Altstadt oder der Île Piot nordwestlich jenseits der Rhône (kostenlos, auch der Zubringerbus). Ausflugsschiffe fahren westlich der Altstadt ab (Allée de l'Oulle).

AVIGNON CITY PASS

Mit diesem Pass für einen (24 €) oder zwei Tage (32 €) gibt es Ermäßigung fürs Parken, beim Eintritt in Museen und Sehenswürdigkeiten sowie für Rundfahrten und Ausflüge.

Das **Festival d'Avignon** im Juli ist Frankreichs größtes und bedeutendstes. Festival In: Theater/Tanz v. a. im Hof des Papstpalasts. Das Festival Off gibt mit ca. 1400 Veranstaltungen Künstlern aller Art ein Forum. Karten früh ordern (ab Mitte April). Festival In: www.festival-avignon.com, Tel. 04 90 14 14 14. Festival Off: www.festivaloffavignon.com, Village du OFF, 1 Rue des Écoles.
Ende Jan.: Cheval Passion. Pfingsten: Antiquitätenmarkt. 14. Juli: Fête Nationale. Ende Juli/Anf. Aug.: Jazzfestival. Letzter Aug.-Sa.: Ban des Vendanges mit Festzug durch die Rue de la République und Ball auf dem Rocher des Doms. Okt.: Blues-Festival. 30. Nov./1. Dez.: Andreasmarkt.
Termine in »Rendez-vous d'Avignon« (beim Office de Tourisme, gratis).

Gute Läden findet man in der Rue de la République sowie westlich von ihr in der Rue Saint-Agricol und in der eleganten Rue J. Vernet. Lebensmittel in der Markthalle (Place Pie, Mo. geschl.), Wochenmarkt Sa.vormittag Blvd. Limbert. Flohmarkt So. vormittag auf der Place des Carmes.

❶ LE 46 €€

Trotz der Lage ist das moderne Bistro keine Touristenfalle. Gute französische bzw. provenzalische Küche und gut bestückte Weinbar.
46 Rue de la Balance
Tel. 04 90 85 24 83
So., Mi. geschl.

❷ LE GOÛT DU JOUR €€–€€€

Einfallsreiche Küche mit Produkten der Saison, auch interessante Fischgerichte. In altem, modern gestaltetem Gemäuer, moderate Preise.
20 Rue Saint-Etienne, Tel. 04 32 76 32 16, Di./Mi. geschl.

❸ LA FOURCHETTE €€

Feines, gemütliches Lokal ohne Chichi mit ebensolcher französischer Küche. Bester Gegenwert. Reservieren.
17 Rue Racine, Tel. 04 90 85 20 93
Sa., So. & ca. 1.–24. Aug. geschl.

❹ SEVIN €€€

Eines der besten und schönsten Restaurants der Stadt, in einem noblen Palais aus dem 14. Jh. gleich beim Papstpalast, modern gestaltet.
10 Rue de Mons, Tel. 04 57 70 00 29
Juli, Aug. tgl., sonst Mi., Do. geschl.

❺ MAISON RIPERT €–€€
In der alten Bäckerei pflegt das junge Team eine »Cuisine Bistronomique« – aus südfranzösischer Tradition, teils kreativ präsentiert. Große Weinkarte.
28 Rue Bonneterie, Tel. 04 90 27 37 97, Mi., So. geschl.

Unterkunft für das Festival d'Avignon spätestens 6 Monate vorher buchen. In dieser Zeit verlangen die Hotels 10–30 % höhere Preise.

❶ LA MIRANDE €€€€
Exklusiv wohnt man in dem 700 Jahre alten »Denkmal« voller Stil und Charme. Entsprechend schönes, hochklassiges Restaurant (Mo.–Mi. geschl.) mit zauberhaftem Garten.
4 Place de l'Amirande, Tel. 04 90 14 20 20, www.la-mirande.fr

❷ HÔTEL MIGNON €
Bestens gelegenes schlichtes Haus mit hübschen kleinen Zimmern und gutem Komfort.
12 Rue Joseph Vernet
Tel. 04 90 82 17 30
www.hotel-mignon.com

❸ NAJETI LA MAGNANERAIE €€€
Großzügige Gemächer in einem würdigen Haus aus dem 15. Jh., das Restaurant Le Mûrier pflegt eine provenzalisch inspirierte Küche. Herrliche Terrasse, mit Swimmingpool.
Villeneuve-lès-Avignon
37 Rue Camp-de-Bataille
Tel. 04 90 25 11 11
www.magnaneraie.najeti.fr

❹ LA SOMMELLERIE €€
Charmantes provenzalisches Herrenhaus am Westrand der berühmten Weinberge. Mit gutem Restaurant (So./Mo. geschl.) – der Weinkeller ist dem Platz angemessen – und Pool. 4 km westlich an der D 17 gelegen.
2268 Route Roquemaure
Châteauneuf-du-Pape
Tel. 09 70 35 60 29
www.hotel-charme-vaucluse.com

L'ATELIER €€
► S. 390

Mehr Festung als Kirche

Hauptfassade

Die Ostseite der Place du Palais beherrscht die Fassade des **Palais Nouveau,** eher weltliche Festung als Zentrum geistlicher Macht. Die unregelmäßige Front wird im unteren Teil durch große Spitzbogen gegliedert; über dem Eingangsportal zwei achteckige Türme mit spitzen Helmen. Rechts wird die Front von der **Tour de la Gache**, links von der **Tour d'Angle** (Eckturm) flankiert. Nicht versäumen: Vom Café im Eckturm und von der »Terrasse der Würdenträger« ganz oben hat man einen herrlichen Ausblick. Etwas zurückgesetzt schließt links das **Palais Vieux** an, das in voller Höhe gleichfalls durch Wandpfeiler und Spitzbogen gegliedert ist. Die äußerste Gebäudeecke nimmt die mächtige **Tour de la Campane** mit ihrem Zinnenkranz ein.

Leer, aber beeindruckend

Inneres

Die Ausstattung des Palasts ist bis auf Reste von Skulpturen und Fresken verlorengegangen, dennoch macht er innen mächtig Eindruck. Hinter der **Porte des Champeaux**, dem Eingangsportal hinter der Freitreppe, durchquert man die **Grande Cour**, den großen Ehrenhof, um den sich der alte und der neue Gebäudeteil gruppieren. In

der linken hinteren Ecke des Hofs liegt der Zugang zum **Konsistoriumssaal** (Consistoire), hier fanden Empfänge statt. In dem 11 × 48 m großen Saal sind Reste einiger Fresken von Simone Martini erhalten; die an die Längswand anstoßende **Chapelle Saint-Jean**, der untere Teil des Kapellenturms, ist ebenfalls mit Fresken ausgestaltet (Szenen aus dem Leben Johannes des Täufers und Johannes des Evangelisten). Die erstaunlich gut erhaltenen Wandmalereien (1346 bis 1348) werden dem Italiener Matteo Giovannetti zugeschrieben, dem Nachfolger Simone Martinis als künstlerischer Leiter am Papsthof. Im unteren Wandbereich wurden die Fresken von den Soldaten der Kurie abgeklopft und als Souvenirs verscherbelt.
Gegenüber vom Eingang zum Konsistoriumssaal liegt der **Kreuzgang** Benedikts XII., 1339/1340 völlig erneuert; hier stand vorher der Palast Johannes' XXII. Über eine Treppe erreicht man die gedeckte Galerie (man achte auf den Wechsel zwischen doppelten und wesentlich kleineren, hoch gelegenen einfachen Fenstern).
Der ehemalige **Festsaal** (Grand Tinel) liegt über dem Konsistoriumssaal und hat auch dessen Abmessungen; das hölzerne Gewölbe ist neuzeitlich. Von dem Gang, der von der linken Saalecke zum **Tour des Cuisines** (Küchenturm, mit 18 m hoher achteckiger Abzugshaube!) führt, hat man einen schönen Blick über die Altstadt.
Vom Festsaal geht es in die Paramentenkammer, den Vorraum zum päpstlichen **Schlafgemach**; die Gobelins aus dem 18. Jh. zeigen z. T. Motive Raffaels aus den Stanzen des Vatikans. Das Schlafzimmer in der **Tour des Anges** (Engelsturm) ist besonders schön ausgestattet: Fliesenfußboden, bemalte Balkendecke und vollständig bemalte Wände, v. a. Ranken auf blauem Grund, in den Fensternischen Vogelkäfige.
In der **Tour de la Garde-Robe** mit dem einstigen Arbeitszimmer Clemens' VI. liegt die **Chambre du Cerf** (Hirschzimmer) nach den Szenen der Wandgemälde, vor allem Jagd und Fischfang. Die Bodenfliesen sind nach alten Mustern wiederhergestellt.
Über eine Treppe erreicht man die Nordsakristei mit Repliken zahlreicher Grabmäler von Kardinälen und anderen Würdenträgern. Die **Grande Chapelle** (Große Kapelle, Chapelle Clémentine), ein mächtiger einschiffiger Raum mit Kreuzrippengewölbe, wird für Ausstellungen genutzt. Von ihr aus betritt man die **Loggia** mit großem Maßwerkfenster zum Hof (Fenêtre de l'Indulgence, Fenster der Vergebung): Hier zeigte sich der Papst nach seiner Wahl den Gläubigen, von hier aus erteilte er dem Volk den Segen.
Über die breite überwölbte Treppe geht es wieder ins Erdgeschoss. Der unter der Chapelle Clémentine gelegene zweischiffige **Grande Audience** (Audienzsaal) wurde von Matteo Giovannetti mit Wandgemälden (1352, Propheten und Sibyllen) geschmückt, von denen jedoch nur Reste erhalten sind. Der **Kleine Audienzsaal** (Garderobe) wurde im 17. Jh. mit Grisailleornamenten ausgestattet; der anstoßende Saal der Palastwache dient heute als Kassenraum.

PALAIS DES PAPES

Die Place du Palais wird von einem der größten mittelalterlichen Paläste der Welt beherrscht. Weithin sichtbar überragen seine wuchtigen Mauern die Stadt. Mit dem Bau des Palais Vieux machte Papst Benedikt XII. der Welt unmissverständlich klar, dass er nicht an eine Rückkehr nach Rom dachte. Sein Nachfolger, Clemens VI., vergrößerte die Residenz auf das Doppelte.

März–5. Nov. tgl. 9–19, Febr. 10–18, sonst 10–17 Uhr. Letzter Einlass 1 Std. vor Schließung. Eintritt 12 €, mit Pont Saint-Bénézet 14,50 €.
Im Eintritt inbegriffen ist der Histopad, der mit GPS-gestützter Virtual Reality den Palast bis ins kleinste Detail lebendig macht.
www.palais-des-papes.com

1 Palais Nouveau
Die Fassade des Neuen Palasts von Papst Clemens VI. ist im unteren Teil durch Spitzbögen gegliedert. Zwei Türmchen kennzeichnen den Eingang (Porte des Champeaux). Der Innenhof ist Hauptschauplatz des Theaterfestivals.

2 Palais Vieux
Der Alte Palast Benedikts XII. mit der Tour de la Campane und der Tour de Trouillas (hinten). Der spitze Kamin vor Letzterer kennzeichnet die Küche.

3 Grand Tinel
Im Großen Festsaal fanden die großen Bankette statt, mit denen die Kardinalserhebungen und Papstkrönungen gefeiert wurden. Das 1413 durch Feuer zerstörte Holzgewölbe wurde rekonstruiert.

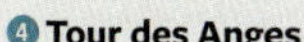

❹ Tour des Anges
Der 1335 vollendete Turm der Engel präsentiert sich als wehrhafter Bergfried: mit fensterlosen Untergeschossen, Zinnen und Pechnasen. Das Schlafzimmer der Päpste wurde um 1336 mit Weinranken und Eichenblättern auf blauem Grund ausgemalt.

❺ Chambre du Cerf
Das mit Tier- und Jagdszenen gestaltete Hirschzimmer in der Tour de la Garde-Robe, am Übergang vom Alten zum Neuen Palast, war das Arbeitszimmer von Papst Clemens VI.

❻ Grande Chapelle
In der 52 m langen, 15 m breiten und 20 m hohen Großen Kapelle fanden Messen und große Zeremonien statt. Am prächtigsten waren natürlich die Papstkrönungen. Unter ihr liegt – mit denselben Abmessungen – die zweischiffige Grande Audience, die das päpstliche Gericht beherbergte. Ihre Fresken von Matteo Giovannetti (1352) stellen Propheten des Alten Testaments dar.

Wohin noch in Avignon?

Hier zelebrierte der Bischof

Kathedrale Notre-Dame-des-Doms

Außer dem Papst hatte Avignon auch einen Bischof. Neben dem Palais Vieux führt eine Freitreppe hinauf zu seiner Kirche (12. Jh., im 14. bis 16. Jh. erweitert). Die Marienfigur auf dem Turm (um 1430) wurde erst 1859 aufgesetzt. Über dem Hauptportal sind Zeichnungen für Fresken von Martini zu sehen, die sich hier befanden (Original im Papstpalast). Im barockisierten Inneren interessant die romanische Kuppel, der italienische Bischofsthron (12. Jh.) aus Marmor, der einstige Hauptaltar aus dem 6. Jh. und das spätgotische Grabmal für Papst Johannes XXII. in der Schatzkammer. Im schönen Park hinter der Kathedrale, hoch über der Rhône, kann man sich ergehen und das **berühmte Panorama** genießen: mit dem Pont Saint-Bénézet, dem Fluss und der Insel Barthelasse sowie am anderen Ufer Villeneuve-lès-Avignon, in der Ferne leuchtet weiß der Mont Ventoux.

»Sur le pont d'Avignon on y danse …«

Pont Saint-Bénézet

Wer kennt dieses alte Kinderlied nicht – der Pont Saint-Bénézet (Pont d'Avignon) ist wohl die berühmteste Brücke Frankreichs, und ebenfalls UNESCO-Welterbe. Es war ein unerhörtes Unterfangen, über die breite Rhône eine steinerne Brücke zu bauen, und so reagierten Obrigkeit und Bürgerschaft mit Spott und Hohn, als im Jahr 1177 der Hirte Bénézet (Benedikt) behauptete, von Engeln den Auftrag dazu bekommen zu haben. Dann habe er, gemäß der Legende, einen riesigen Felsbrocken aufgehoben – ein Wink von ganz oben! So wurde die Brücke in nur acht Jahren errichtet, mit 22 Bögen und 915 m Länge. Hochwasser und Kriege setzten ihr immer wieder zu, im 17. Jh. wurde sie ganz aufgegeben. Vier Bögen sind noch erhalten, darauf steht die zweistöckige **Chapelle Saint-Nicolas**, unten romanisch, oben gotisch und mit Glockengiebel versehen. Zum Pont Saint-Bénézet gelangt man durch die **Porte du Rocher** in der Stadtmauer; dort illustriert eine Ausstellung mit Multimediaschau die Geschichte der Brücke.

Öffnungszeiten wie Papstpalast | Eintritt 5 €, mit Papstpalast 14,50 €

Die Rhône erleben

Die Rhône und ihre Ufer

Avignon lebte lange Zeit vom und mit dem Fluss. Die Überschwemmungen waren häufig zerstörerisch, was der Pont Saint-Bénézet demonstriert. Man kann am Ufer promenieren und eine **Schiffsfahrt** unternehmen; östlich des Pont Saint-Bénézet setzt der »Bac à traille« gratis zur grünen Insel **Barthelasse** über, dem großen Freizeitrevier mit Radwegen, Campingplätzen, Freibad und Ausflugslokalen.

Die Papststadt hatte ihre Feinde

Stadtmauern

Ein vollständig erhaltener Mauerring umgibt die Altstadt, errichtet ab 1349 unter Papst Innozenz VI. bis 1376 unter Gregor XI. In die fast

BLAUE STUNDE

Der Blick auf Avignon ist zum Niederknien, besonders bei Sonnenuntergang. Hin kommt man mit der Fähre, die nördlich der Altstadt hinüber zur Insel Barthelasse und zum Restaurant Le Bercail ablegt (162 Chemin des Canotiers, Tel. 04 90 82 20 22, März–5. Nov. tgl. geöffnet). Auch in Villeneuve jenseits der Rhône findet sich ein ähnliches Plätzchen am Fluss, die Guinguette du Vieux Moulin nahe dem Turm Philippe-le-Bel (5 Rue du Vieux-Moulin, Tel. 04 90 94 50 72, Mo. geschlossen).

5 km lange Mauer sind acht Tore und 39 Türme eingefügt, im 19. Jh. wurden die Bauten restauriert. Zugänglich ist nur das kurze Stück vom Pont Saint-Bénézet bis zum Rocher des Doms.

Schatzkammer alter Meister

Musée du Petit Palais

Die Nordseite der Place du Palais bildet das Petit Palais, ein gotischer Wehrbau (14. Jh.), einst Sitz des Erzbischofs von Avignon. Er beherbergt die **reichste Sammlung früher italienischer Kunst in Frankreich** nach dem Louvre; mit 300 Werken des 14.–16. Jh.s liefert die Sammlung Campana einen nahezu lückenlosen Überblick über die Malerei vom Mittelalter bis zur Renaissance (u. a. Crivelli, Botticelli, Ludovico Brea, Carpaccio, Ghirlandaio). Natürlich sind auch Werke der Schule von Avignon ausgestellt, v. a. von Simone Martini (ca. 1280–1344) und Matteo Giovannetti (ca. 1300–1370).
Mi.- Mo. 10 - 13, 14 - 18, Juni-Sept. bis 19 Uhr | Eintritt frei

Entlang der großen Nord-Süd-Achse

Vom Papstpalast durch die Rue de la République

Die ungewöhnliche Fassade gegenüber dem Papstpalast gehört zum **Hôtel des Monnaies**, einst die Münze. Das Barockgebäude von 1609 zeigt sich ganz italienisch: mit Rustikaquadern, Fruchtgirlanden, Tierfiguren und dem Wappen des aus dem Haus Borghese stammenden Papstes Paul V., dessen Vizelegat hier als Stadtherr residierte. Mit ihren Restaurants und Cafés unter schattenspendenden Platanen ist die **Place de l'Horloge** südlich des Papstpalasts der richtige Ort zum Relaxen. Vor der Opéra sitzt ein sinnierender Molière, auf dem Uhrtum (14. Jh.) des Rathauses von 1845 schlagen lebensgroße Figuren, sog. Jacquemarts, die Stunden. Von hier führt die **Rue de la République**, die Haupt- und Einkaufsstraße der Altstadt, nach Süden. Lohnender Abstecher östlich zur gotischen Kirche **Saint-Didier** (14. Jh.), die in ihrer Strenge die provenzalische Romanik fortführt. Sie beherbergt eines der frühesten Renaissancekunstwerke in Frankreich, das Marmorrelief »Kreuztragung« von Francesco Laurana. Der italienische Künstler, der ab 1476 in Frankreich arbeitete, schuf es 1478–1481. In der Taufkapelle wurden Fresken des 14. Jh.s freigelegt.

Römische Mosaiken und antike Plastik präsentiert das **Musée Lapidaire**, das zum Musée Calvet (s. u.) gehört: u. a. die keltische Steinfigur einer »Tarasque« aus Noves (3. Jh. v. Chr.). Untergebracht ist es in der beeindruckenden barocken Jesuitenkirche, die eine Brücke mit dem 1564 gegründeten Jesuitenkolleg (Gymnasium) verbindet.

Das einzige Werk van Goghs, das ständig in der Provence hängt – »Eisenbahnwaggons in Arles« von 1888 –, ist im **Musée Angladon** zu sehen. In dem Palais aus dem 18. Jh. residierte das Stifterehepaar; der erste Stock ist als feines Domizil eingerichtet, im Erdgeschoss die Galerie mit Werken von Cézanne, Manet, Sisley, Picasso und anderen.

Musée Lapidaire: 27 Rue de la République, Di.–So. 10–13, 14–18, Juni–Sept. bis 19, Nov.–Febr. bis 17 Uhr | Eintritt frei

Musee Angladon: 5 Rue Laboureur, Di.–So., Nov.–März Di.–Sa. 13–18 Uhr | Eintritt 8 €

Edel einkaufen, Edles ansehen

Westliche Altstadt

Die Kirche **Saint-Agricol** (1326) hinter dem Rathaus besitzt Gemälde von Mignard und Parrocel. Wenige Schritte südöstlich beherbergt das **Palais du Roure** (1469) ein hübsches kleines Museum für provenzalische Kultur. Weiter westlich die elegante **Rue Joseph Vernet** mit edlen Läden, Restaurants und barocken Palästen (Nr. 58, 83, 87). Nahe der Porte Saint-Dominique zeigt im hübschen Hôtel de Villeneuve-Esclapon das **Musée Louis Vouland** Interieur des 17./18. Jh.s und provenzalische Kunst von Ende des 19./Anf. 20. Jh.; beachtlich sind auch die Chinoiserien und die Elfenbeinplastiken. Die **Collection Lambert** im Hôtel Caumont (18. Jh.) umfasst ca. 350 Werke der 1960er- bis 1990er-Jahre, v. a. Minimal Art, Konzeptkunst, Land Art (z. B. Twombly, LeWitt, Judd, Kiefer).

Musee Vouland: 17 Rue V.-Hugo | Di.-So. 14-18 Uhr, Febr. geschl. Eintritt 6 € | www.vouland.com
Collection Lambert: 5 Rue Violette | Juli, Aug. tgl. 11-19, sonst Mi.-Fr. 13-18, Sa., So. 11-18 Uhr | Eintritt 10 € | www.collectionlambert.com

Schätze aus Kunst und Natur

Musée Calvet

Ein ganzes Kaleidoskop von Werken diverser bildender Künste, Zeiten und Kulturkreise präsentiert das Musée Calvet, mit das bedeutendste Museum der Stadt. Es ging aus der Sammlung des in Avignon geborenen Arztes Esprit Calvet (1729–1810) und den städtischen Sammlungen hervor und ist seit 1833 im schönen Hôtel de Villeneuve-Martignan (um 1750) zu Hause. Neben Stelen des 4. Jh.s v. Chr., ägyptischen Schätzen, Skulpturen seit der Antike, provenzalischen Meistern des Mittelalters und Werken des in Avignon geborenen Joseph Vernet begeistern **großartige Gemälde des 16.–20. Jh.s** aus Frankreich, Italien und Nordeuropa: etwa die Brueghels, J.-L. David (»Tod von J. Barra«), Mignard (»Die Jahreszeiten«), Claudel, Soutine, Vlaminck, Bonnard, Corot, Manet. Die Natur der Provence lernt man nebenan im charmant nostalgischen **Museum Requien** kennen. Unter den geologischen, paläontologischen und botanischen Sammlungen ist besonders das Herbarium berühmt.
Musee Calvet: 65 Rue J. Vernet, Mi.-Mo. 10-13, 14-18, Juni-Sept. bis 19, Nov.-Febr. bis 17 Uhr | Eintritt 7 € | **Museum Requien:** 67 Rue J. Vernet, Di.-Sa. 10-13, 14-18 Uhr | Eintritt frei

Zwischendurch ein Päuschen in der Rue des Teinturiers

Viertel zum Relaxen

Östliche Altstadt

Ein Gewirr verwinkelter Gassen und Häuser aus dem 17./18. Jh. mit schön gestalteten Portalen prägen das charmante Viertel **Banasterie** östlich des Papstpalasts; Cafés und kleine Restaurants laden hier ein. Einen Blick wert ist die ab 1358 erbaute Kirche **Saint-Pierre** an der Place Carnot. Die ungewöhnliche spätgotische Fassade (um 1520) schließt oben gerade ab, ihre Flamboyant-Ornamente sind nur aufgesetzt. Auf den großartigen Renaissance-Portalflügeln (1551) aus Nussholz sind u. a. der hl. Hieronymus, der Erzengel Michael und die Verkündigung dargestellt; prachtvoll ausgestatteter Chor (17. Jh.). Modern – mit begrünter Wand – tritt die **Markthalle** auf der Place Pie auf (geöffnet Di.–So. 6–14 Uhr). Die Rue de la Bonneterie südlich der Markthalle geht im Südosten in die **Rue des Teinturiers** (»Färberstraße«) über. Für besonderes Flair sorgt dort das Flüsschen Sorgue mit Wasserrädern, die bis Ende des 19. Jh.s Energie für die Herstellung der bunten »Indiennes«-Stoffe lieferten. Cafés und Antiquariate, kleine Läden und Restaurants ziehen viel Volk an, besonders natürlich zur Festivalzeit. Vorschlag für den Rückweg: Durch die Rue de la Masse zur schmalen Rue du Roi René mit prächtigen Palais aus dem 17./18. Jh. und weiter zur Kirche Saint-Didier.

Villeneuve-lès-Avignon

gute Alternative

Von Avignon führt eine Brücke über die Insel Barthelasse nach Villeneuve-lès-Avignon (12 800 Einw., www.villeneuvelezavignon.fr). Zur Zeit der Päpste residierten hier Kardinäle in herrlichen Palästen; auch heute ist das verschlafene Städtchen ein guter Standort, im Sommer findet man hier eher eine Bleibe. Im 13./14. Jh. wurde die Stadt vom französischen König Philipp dem Schönen als Festung gegen Avignon ausgebaut, und sie ist immer noch »Ausland« – sie gehört zur Region Languedoc-Roussillon. An der Rhône sicherte ein Bollwerk das Nordende des Pont Saint-Bénézet; davon erhalten die **Tour Philippe-le-Bel** (1307), die einen fantastischen Blick auf Avignon gewährt.

Meisterwerk der Malerschule von Avignon

Musée Pierre de Luxembourg

Am Parkplatz an der Av. de Gaulle findet man das Tourismusbüro. Wenige Schritte von hier (3 Rue de la République) beherbergt das Musée Pierre de Luxembourg das grandiose **Gemälde Krönung der Jungfrau Maria**, das Enguerrand Quarton 1453 für die Kartause von Villeneuve schuf. Die Muttergottes steht im Zentrum, flankiert von Gottvater und Christus, die identisch (spiegelbildlich) dargestellt sind. Neben den Verdammten und den Auserwählten sind Jerusalem und Rom zu sehen, die auf das Alte bzw. das Neue Testament verweisen. Während der Goldgrund und die hierarchisch gestaffelte Perspektive noch mittelalterlich anmuten, kündet sich im räumlichen

Über Avignons Nachbarin Villeneuve thront die Trutzburg der französischen Könige.

Aufbau und in der Landschaftsdarstellung die Renaissance an. Ein weiteres Highlight ist eine Madonna (14. Jh.) aus bemaltem Elfenbein, vermutlich aus Nordfrankreich, ein Meisterwerk der spätgotischen Bildschnitzerei in Frankreich.

Di.– So. Mai–Okt. 10 – 12.30, 14 – 18, Febr.– April, Nov., Dez. 14 – 17 Uhr (Mi. auch 10 – 12), Jan. geschl. | Eintritt 4,50 €

Kloster eines Schweigeordens

Chartreuse du Val-de-Bénédiction

Papst Innozenz VI. gründete 1356 die Kartause, die bald größer war als ihr Mutterkloster, die Grande Chartreuse in der Dauphiné. Das Centre National des Écritures du Spectacle veranstaltet hier Ausstellungen und Konzerte. In der Kirche – mit Ausblick durch die zerstörte Apsis auf das Fort – das **Grabmal von Innozenz VI.** (1362). Eine kleine Kapelle wurde von Matteo Giovannetti um 1355 sehr schön ausgemalt. Nördlich der Klosterkirche der Kleine Kreuzgang (Petit Cloître) und der Große Kreuzgang (Cloître du Cimetière, 12. Jh.), an den die Mönchszellen anstoßen. Ein Mönchshaus wurde originalgetreu hergerichtet. Eine Oase der Ruhe sind auch die Terrassen des guten Restaurants, eine mit Blick über die Stadt.

April–Sept. 9.30 –18.30, Okt.– März 10–13, 14–17 Uhr | Eintritt 8 €
www.chartreuse.org | Restaurant: Ende Mai – Aug. 11.30 –23.30 Uhr, Café: Mi., Sa. 10–12.30, 14–18.30, Do. 14–20, So 14–18.30 Uhr

Bollwerk des französischen Königs

Fort Saint-André

Will man von der Kartause zur Festung gehen, muss man Erstere nördlich umrunden. Zwei mächtige Rundtürme flankieren das Tor zu dem Bau, der um 1370 von den Königen Johann II. und dessen Sohn

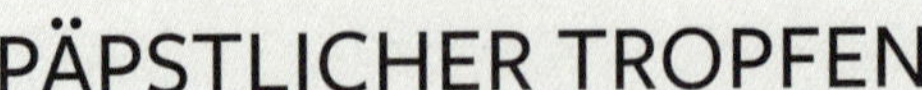

PÄPSTLICHER TROPFEN

Châteauneuf-du-Pape ist das Zentrum einer reinen Weinbaugegend, denn für eine andere landwirtschaftliche Verwendung ist der alte Schwemmboden der Rhône mit seinen großen Kieselsteinen nicht geeignet. Wie gut für den Rotwein, der zu den großen Kreszenzen Frankreichs zählt.

Im 14. Jh. wählte der in Avignon residierende Papst Johannes XXII. den Ort zu seiner Sommerresidenz und ließ sich auch einen Weinberg anlegen. Heute werden hier auf 3130 ha Fläche jährlich etwa 100000 hl Wein erzeugt; über 90 % davon sind Rotwein, aber auch die exzellenten Weißen lohnen die Entdeckung. Der Rotwein muss 12,5 % Alkohol enthalten, tatsächlich aber sind es meist 13–15 %. 13 Rebsorten sind zugelassen – den Hauptanteil hat Grenache –, sodass der Charakter des Weins je nach Kellerei recht unterschiedlich ausfällt. Normalerweise ist der **Châteauneuf-du-Pape** ein mächtiger, körperreicher Wein, der mindestens vier, fünf Jahre zur Reife braucht. Man erzeugt aber auch, durchaus mit Erfolg, einen leichteren und schlankeren Wein, der jünger getrunken werden kann. Von Châteauneuf ging 1894 der Anstoß zur Reglementierung der Weinqualität und der Herkunftsbezeichnungen in Frankreich aus, 1936 erhielt er als erster die AOC. Natürlich laden viele Häuser zu Weinprobe und Kellerbesuch ein. Am einfachsten sucht man das **Vinadea** auf, das – teils in alten, weitläufigen Kellern – Weine von ca. 100 Gütern zu Verkostung und Kauf präsentiert (8 Rue Maréchal Foch, über Mittag und So. geschl.).
Eine interessante Sammlung zum Weinbau und seiner Geschichte zeigt das Musée du Vin des **Weinguts Brotte** (Av. Saint-Pierre de Luxembourg, tgl. ab 9 Uhr, über Mittag geschl., Eintritt frei).
Weinfreunde aus aller Welt kommen am 1. April-Wochenende zum Salon »**Les Printemps de Châteauneuf-du-Pape**«, die große Fête de la Véraison feiert man am 1. August-Wochenende. Angeboten werden Weinseminare, geführte Wanderungen und mehr, das Restaurant La Sommellerie (► S. 88) hat im Herbst Weinmenüs auf der Karte.
www.chateauneuf.com

Karl V. angelegt wurde. Er eröffnet eine prächtige Aussicht auf Villeneuve, Avignon, Mont Ventoux, Luberon und die Alpilles. Die mächtigen Mauern umschlossen auch ein Dorf, eine Benediktinerabtei und zwei romanische Kirchen. Die im 10. Jh. gegründete Abtei hatte im 13./14. und im 17. Jh. ihre Blütezeiten; heute ist der Abtspalast ein schönes **Kulturzentrum**, das Konzerte und Ausstellungen veranstaltet. Nicht nur modebewusste Damen werden sich die wunderbare Sammlung von Haute Couture der 1920er-/1930er-Jahre mit Genuss ansehen, dann laden Gärten zum Flanieren bei großartigem Ausblick.

Fort: Juni–Sept. 10–13, 14–18, Okt.– Mai 10–13, 14–17 Uhr | Eintritt 6 € | www.fort-saint-andre.fr | **Abtei:** Mai–Sept. Di.–So. 10–18, März, April, Okt. 10–13, 14–17/18 Uhr | Eintritt Garten 9 €, mit Führung im Abtspalast 14 € | www.abbayesaintandre.fr

Rund um Avignon

Kein Rosé, dennoch »der« Wein der Rhône

Châteauneuf-du-Pape

Weinfreunde lassen den weltberühmten kleinen Weinort Châteauneuf-du-Pape nicht aus, der 15 km nördlich von Avignon in der sanft gewellten Landschaft östlich der Rhône liegt. Er gruppiert sich um einen rebenbestandenen Hügel mit den Resten der Burg, die sich Papst Johannes XXII. 1317–1333 erbauen ließ. In ihrem Keller hat die »Échansonnerie des Papes« (Weinbruderschaft) ihren Sitz. Näheres im »Baedeker Wissen« ▶ linke Seite.

Stadt der »Papstjuden«

Cavaillon

Durch weite Gemüse- und Melonenfelder gelangen Sie in das ruhige Landstädtchen Cavaillon (25 800 Einw.), das 25 km südöstlich von Avignon an der Durance und am Westrand der Montagne du ▶ Luberon liegt. Hier werden die Feldfrüchte vermarktet und von der Konservenindustrie verarbeitet; auf dem Wochenmarkt am Montag auf der Place du Clos stapeln sich die süßen Canteloup-Melonen, und Mitte Juli wird die »Feria du melon« gefeiert. Sogar in einem Altarbild in der romanischen Kathedrale **Saint-Véran** (11./13. Jh.) sind die Produkte der Region verewigt. In der schönen barocken Ausstattung der Kirche ragen Gemälde von Pierre Mignard heraus (1650/60). An der Apsis schöne Kapitelle; beachtenswert auch der romanische Kreuzgang. »Das« Highlight Cavaillons ist jedoch die herrliche **Synagoge** aus dem Rokoko (1774; Rue Hébraïque). Ab dem 14. Jh. fanden aus dem katholischen Königreich Frankreich vertriebene Juden im päpstlichen (!) Comtat Venaissin Asyl – um den Preis erniedrigender Maßnahmen und Sondersteuern. In der Kapelle des alten Krankenhauses (Cours Gambetta) präsentiert das **Musée de l'Hôtel Dieu** Exponate v. a. aus gallorömischer Zeit und Gerät aus dem Hospital des 17./18. Jh.s. Die Place du Clos ziert der einzige **römische Bau**, zwei Bögen vom Eingang eines Gebäudes am Forum (1. Jh.). Ins Ende des 19. Jh.s versetzt an diesem Platz die prächtige Brasserie »Fin de Siècle« von 1899, gut ist auch das Bistro du Clos am Ostende der Place du Clos (37 Cours Bournissac). Für einen schönen Blick über Cavaillon empfiehlt sich der Gang von der Place du Clos auf die **Colline Saint-Jacques** mit der gleichnamigen Kapelle (12. Jh.).

Saint-Véran: Mai-Sept. Mo.-Sa. 14-18, sonst bis 17 Uhr
Synagoge: Führungen Mai - Sept. Mi.- Mo. 9.30-11.30, 14-17, Okt.- April Mo., Mi.- Sa. 10, 11, 14-16 Uhr | Eintritt 5 €
Hôtel Dieu: Mai-Sept. Mo., Mi.- Sa. 14-18 Uhr | Eintritt 3 €

★★ BEAULIEU-SUR-MER

Départ.: Alpes-Maritimes | **Höhe:** Meereshöhe | **Einwohner:** 3800

Einst wählte man das zwischen Nizza und Monaco gelegene Beaulieu für den Winteraufenthalt, wenn man einen ruhigen Standort den lebhaften Nachbarorten vorzog. Im milden Klima gedeihen Orangen und Zitronen, an der palmengesäumten Uferpromenade ist der Geist der Belle Époque noch spürbar und am Hafen verkaufen die Fischer ihren Fang.

Ein echt »schöner Platz«

Eine Phalanx beeindruckender gezackter Felswände macht Beaulieu zum wärmsten Platz in ganz Frankreich. Der eher ruhige, angenehme Badeort besitzt einen echten Fischerhafen; zwei Buchten mit Stränden – Petite Afrique und Baie des Fourmis – laden ein, den Freizeitkapitänen stehen zwei Jachthäfen zur Verfügung.

Wohin in Beaulieu und Umgebung?

»Folie« eines exzentrischen Freizeitarchäologen

Villa Kérylos

An der Baie des Fourmis (Ameisenbucht) thront am Wasser die Villa Kérylos, die Nachbildung eines Landsitzes des 2./1. Jh.s v. Chr., wie er auf der Insel Delos gestanden haben soll. In dem opulenten Architekturdenkmal, erbaut zwischen 1902 und 1910, residierte der betuchte Jurist und Archäologe **Théodore Reinach** (1840 bis 1928)wie ein Athener Bürger – in edlem, quasi-originalem Ambiente, erbaut exakt nach alten Mustern, die neuzeitliche technische Ausstattung wurde geschickt verborgen.

Mai - Aug. tgl. 10-18, sonst bis 17 Uhr | Eintritt 11,50 €

Traumlage an der Corniche

Èze

Auf der Fahrt nach Monaco auf einer der grandiosen Corniches de la Riviera (Moyenne oder Grande) passiert man 4 km nordöstlich von Beaulieu die zweiteilige Siedlung Èze. **Èze-Village** thront mit seiner Burgruine kühn auf einem Felsen, 430 m über dem Meer bei nicht einmal 1 km Abstand von diesem. Es entstand als Schutzsiedlung und ist noch von Mauern aus dem 17. Jh. umgeben. In den schmalen Gassen warten Kunsthandwerker und Parfümerien, Ableger der Betriebe im nahen ▶ Grasse, auf locker sitzende Geldbeutel der vielen Touristen. Am Morgen und am Abend ist es noch/wieder ruhig, also am schönsten ... Besuchen Sie auch den **Jardin Exotique**, zumal man von der Burgterrasse einen herrlichen Blick auf die Riviera hat.
An der Küste liegt das einstige Fischerdorf **Èze-Bord-de-Mer** mit langem, schmalem Kiesstrand. Friedrich Nietzsche, der sich von Dezember 1883 bis April 1884 erstmals an der Riviera aufhielt, entwarf in Èze den dritten Teil seines »Also sprach Zarathustra«. Der »Sentier de Nietzsche« verbindet die Teilorte: abwärts 45 Min., aufwärts beschwerliche 1.30 Stunden (sonst nimmt man den Bus 83).

Halbinsel der Hautevolée

Saint-Jean-Cap-Ferrat

Südlich von Beaulieu springt das Cap Ferrat mit dem exklusiven Villenort Saint-Jean-Cap-Ferrat weit ins Meer vor. Prominenz wie Gregory Peck, Somerset Maugham und der belgische König Leopold II. hatten hier ihre Domizile, auch heute strahlt der frühere Fischerort Noblesse

Einzigartig thront Èze-Village über dem Meer. Es geht 430 m fast senkrecht hinab.

BEAULIEU ERLEBEN

OFFICE DE TOURISME

Place G. Clemenceau, 06310 Beaulieu-sur-Mer, Tel. 04 93 01 02 21
www.otbeaulieusurmer.com

LA CHÈVRE D'OR €€€€

Seit 1953 eine der besten Adressen an der Côte d'Azur. Das atemberaubende Panorama ist ein angemessener Rahmen für die erstklassige Küche. Mittags gibt es ein »preiswertes« Menü (140 €), abends muss man 250–300 € ansetzen (ohne Getränke). Wer nach dem Diner nicht mehr fahren will, kann hier luxuriös wohnen (Relais & Châteaux). Preisgünstiger speist man im Restaurant Nid d'Aigle (1 Rue du Chateau, Tel. 04 93 41 19 08, Juli, Aug. Do.–Di. 12–21, sonst So.–Do. 12–17 Uhr).
Èze-Village, Rue du Barri
Tel. 04 92 10 66 61, geöffnet von Anfang März bis Anfang Nov.,
www.chevredor.com

LE HAVRE BLEU €–€€

Gediegenes modernisiertes Haus aus der Belle Époque. Die hübschen Zimmer haben teils Terrasse oder Balkon. Exzellentes Frühstück, freundliche Betreuung. Zum Strand braucht man etwa 10 Minuten.
Beaulieu-sur-Mer
29 Blvd. Maréchal Joffre,
Tel. 04 93 01 01 40
www.lehavrebleu.com

aus. Auf dem Küstenwanderweg kann man die Pracht bestaunen. Beim 33 m hohen Leuchtturm an der Spitze des Caps hat man einen fantastischen Ausblick. Hauptattraktion aber ist die **Villa Ephrussi de Rothschild**: Ab 1905 ließ sich die Baronin Béatrice Ephrussi de Rothschild – aus der berühmten Bankiersdynastie – eine Villa im Stil der italienischen Renaissance bauen und einen der schönsten Gärten der Côte d'Azur anlegen. Alle 20 Minuten sprudeln die Brunnen zu Musik, und ab Mai stehen die Rosen in üppigster Blüte. Allein schon wegen ihres **Caférestaurants** wäre die Villa einen Besuch wert.

Villa Ephrussi: tgl., Juli, Aug. 10–19, Febr.–Juni, Sept., Okt. bis 18, Nov.–Jan. Mo.–Fr. 14–18, Sa., So. 10–18 Uhr | Eintritt 16 €
www.villa-ephrussi.com

Ein verstecktes Juwel

Cap d'Ail

Die Villen, die sich östlich von Èze nahe ▶ Monaco am steilen Hang der Tête de Chien zwischen Pinien und Appartementburgen verteilen, lassen alten und neuen Wohlstand erkennen. Die zerklüftete Felsküste unterhalb der stark befahrenen Corniches besitzt schöne Badebuchten, die **Plage Mala** (nur über Treppen zugänglich) im Westen dürfte eine der attraktivsten der Riviera sein. Machen Sie den Gang auf dem **Zöllnerpfad**, der die Buchten miteinander verbindet; im Osten kann man bis nach Monaco spazieren. Einen Blick wert sind die Tour Sarrasine und das Freilichttheater mit Mosaiken von Jean Cocteau.

BRIGNOLES UND DIE PROVENCE VERTE

Département: Var | **Höhe:** 215 m | **Einwohner:** 17 600

Im Hinterland der Côte d'Azur findet man einen überraschend wasserreichen, grünen Landstrich, die »Provence Verte«. Ihr Hauptort, gleichzeitig Wirtschafts- und Verwaltungszentrum des Mittleren Var, ist das lebhafte, an der A8 gelegene Städtchen Brignoles – sicher kein Mussziel, aber eine Stippvisite wert.

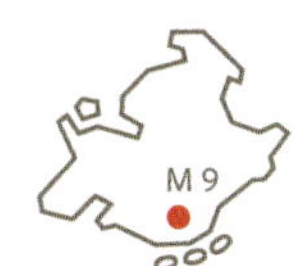

Unter dem Namen »Provence Verte« haben sich 43 Gemeinden zwischen dem Massif de la Sainte-Baume (▶Saint-Maximin-la-Sainte-Baume) und ▶ Draguignan zusammengeschlossen, um den naturnahen Tourismus abseits der Massen zu fördern – kaum 100 km von der überlaufenen Küste entfernt. Hier kann man durch Weinberge und stille Dörfer streifen, wunderbare Wanderungen unternehmen, auf dem Flüsschen Argens paddeln, auf dem Fahrrad die Landschaft genießen oder in griffigen Kalkwänden klettern.

Wohin in Brignoles und seiner Umgebung?

Eine schlichte Provinzstadt

Brignoles

Hübsche Details aus Mittelalter und Renaissance entdeckt man bei einem Streifzug, besonders an der Rue des Lanciers und der Place Parrocel. Im Grafenpalast (13.–15. Jh.) lässt das **Musée des Comtes de Provence** den Alltag Revue passieren, außerdem sind hier der angeblich älteste christliche Sarkophag und Gemälde regional bedeutender Künstler ausgestellt, so von dem »Schlachtenmaler« J. Parrocel (1648–1704) und von F. Montrenard (1849–1926).

Mai–Sept. Mi., Sa., So. (in den Ferien Mi.–So.) 14–18 Uhr, sonst sonst bis 17 Uhr, Ende Dez.–Jan. geschl. | Eintritt 4 €

Dorf der Santons

Le Val

Zur Provence gehören die Santons, ein Zentrum dieser handbemalten (Heiligen-)Figuren aus Holz oder Ton ist das Dorf Le Val 6 km nördlich von Brignoles (Museum). Am 1. Sept.-Wochenende feiert man bei der Foire à la Saucisse die Wurst in allen Variationen.

Das erste »Biodorf« Frankreichs

Correns

Das idyllisch am Flüsschen Argens 10 km nördlich von Le Val gelegene Correns drängt sich um die Festung Gibron, Renaissancehäuser säumen seine Gassen. Es setzt ganz auf alternatives Wirtschaften:

Unter der schmalen Brücke in Correns plätschert der glasklare, blaugrüne Argens.

Diverse Güter und die Kooperative machen biologische Weine, Bauern verkaufen ihre Produkte auf dem Markt am Freitagvormittag; am 3. Aug.-Wochenende ist Fête de la Bio. Seit dem Mittelalter wird der **Pardon** gefeiert, ein Pilgerfest, und zwar dann, wenn der 3. Mai ein Freitag ist (wieder 2024). Die unscheinbare Kirche besitzt einen für die Provence einzigartigen geschnitzten und vergoldeten Hauptaltar mit einer Glorie (18. Jh.). Westlich von Correns hat sich der Argens eine eindrucksvolle Schlucht eingeschnitten, das **Vallon Sourn**, ein Dorado für Kajakfahrer und eines der beliebtesten Klettergebiete des Landes mit Routen von leicht bis halsbrecherisch. Das linke Ufer wurde zum Schutz der Natur für Besucher gesperrt.

Immer Leben auf dem Cours

Cotignac

Städtisch mutet Cotignac (2100 Einw., 23 km nordöstlich von Brignoles) mit seinem platanengesäumten zentralen Cours Gambetta an; hier reihen sich Cafés und Restaurants, Di. und Fr. ist Markt, So. »brocante«. Der obere Teil des Orts schmiegt sich an eine 80 m hohe Felsklippe. Die Place de la Mairie zieren einer der schönsten Kirchtürme des Haut Var (1496) und das fast ebenso alte Haus des Prince de Condé, heute ein feines Chambre d'hôtes (Tel. 06 76 84 47 26).

Noch ein Idyll

Carcès

Im weiten Tal des Argens mit seinen Rebenfeldern, über der Einmündung des Flusses Caramy, liegt 17 km nordöstlich von Brignoles das hübsche Carcès mit mittelalterlichem Kern und den Resten einer Burg. Eine Besonderheit im Gassengewirr sind die unwöhnlichen, mit Keramikziegeln aus Salernes (18. Jh.) verkleideten Fassaden.

Wasserreiche Stadt der Gerber

Barjols

28 Brunnen und 12 Waschhäuser zählt man in diesem alten Städtchen 22 km nordwestlich von Brignoles. Drei Flüsschen und eine Quelle ermöglichten die Ansiedlung von Gerbern im 17. Jh., bis in die 1960er-Jahre florierte das Gewerbe. In die Industriebauten im östlichen Quartier Réal zogen Künstler und Kunsthandwerker, die Maison de l'Eau informiert über die Bedeutung des Wassers für die Region. Den Hauptplatz ziert eine der dicksten Platanen der Provence – mit mit mehr als 6 m Umfang. 1014 wurde die Kollegiatkirche Notre-Dame-de-l'Assomption begründet. Von der Stadtmauer sind Reste und vier Tore erhalten (u. a. Tor des Marquis de Pontevès, 16. Jh.). Seit über 660 Jahren feiert Barjols zwei Dinge: Ein Ochse bewahrte einst vor dem Hunger, und etwas später, 1349, fanden die Reliquien des Stadtpatrons hier ihre letzte Ruhestatt. An einem Wochenende um den 17. Januar zieht man singend und tanzend in (!) die Kirche zur Messe (»Les Tripettes«). Und alle drei Jahre verspeist man dann einen Ochsen (»Grande Saint-Marcel avec le Bœuf«, wieder 2021).

PROVENCE VERTE ERLEBEN

PROVENCE VERTE – MAISON DU TOURISME

Carrefour de l'Europe, 83170 Brignoles, Tel. 04 94 72 04 21
www.la-provence-verte.net
www.visitvar.fr

HOSTELLERIE DE L'ABBAYE €€€€

Bei der sehenswerten Abtei Celle (12. Jh.) 3 km südwestlich von Brignoles liegt das zauberhafte, stilvolle Haus aus dem Imperium von Alain Ducasse. Die mediterran geprägte Küche genießt man auch im wunderbaren Hof. Komfortable, ein wenig plüschige Gästezimmer.
La Celle, 10 Place du Général de Gaulle, Tel. 04 98 05 14 14
Jan. geschl., das Restaurant in der Nebensaison Di. & Mi.
www.abbaye-celle.com

AUBERGE DE CORRENS €

Ein hübscher Platz: Das Restaurant ist ebenso liebevoll eingerichtet wie die Zimmer. Zu guter regionaler (Bio-) Küche lädt die schöne Terrasse am kleinen Park, in dem auch der Swimmingpool zu einer Runde einlädt.
Correns, 34 Place Général de Gaulle (14 km nördlich von Brignoles), Tel. 04 94 59 53 52
Mitte Dez.–Mitte Febr. geschl.
www.aubergedecorrens.fr

CHÂTEAU NESTUBY €–€€

Eine Bastide aus dem 19. Jh. wurde zum Weingut, ein Flügel ist für Gäste reserviert: geschmackvoll-romantische Zimmer mit Blick auf die Reben. Mit kleinem Spa auf der Dachterrasse und Pool.
Cotignac, 4540 Route de Montfort (6 km südlich von Cotignac)
Tel. 04 94 04 60 02
www.nestuby.com

Provenzalische Keramik

Varages

Das Dorf am Nordrand der Provence Verte, wenige Kilometer nordwestlich von Barjols, ist bekannt für schöne Keramik. Ein **Museum** illustriert die Tonverarbeitung seit dem 17. Jh. (Maison Gassendi), im Atelier nebenan kann man unter Anleitung selbst Fayencen herstellen und bemalen. Eine kleine Geschirrfabrik bietet Führungen durch die Produktion an.

Musée des Faïences: Juli, Aug. Di.nachmittag-So. 10 - 12, 15 - 19, sonst Mi.- So. 14 - 17 Uhr | Eintritt 2,50 €

★★ CAMARGUE

Départ.: Bouches-du-Rhône | **Fläche:** ca. 1450 km² | **Einwohner:** 8500

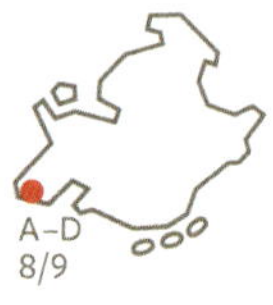

Unter blauem, vom Mistral blankgeputztem Himmel strahlt das Grün der Reisfelder, grasen in den Sumpfwiesen kleine schwarze Stiere und weißgraue Pferde, glitzern die Salzlagunen, in denen graziös rosa Flamingos staken. Und an den schier unendlichen Sandstränden frönt man sommers dem Wind- bzw. Kitesurfen oder einfach dem süßen Nichtstun.

Eine einzigartige Lebenswelt

Das tischebene, auf den ersten Blick abweisend monotone **Mündungsdelta der Rhône** ist eine ganz besondere Landschaft. Man lernt sie am besten zu Fuß, per Rad oder auch hoch zu Ross kennen. Dafür sollte man sich jedoch nicht die Sommermonate aussuchen, wenn sich die Touristen drängen und die Hitze unerträglich ist; die beste Zeit für das Naturerlebnis – insbesondere die Vogelbeobachtung – ist zwischen September und Mai; die Camargue ist eine bedeutende Etappe für Zugvögel aus vielen, teils seltenen Arten.
Eine unberührte Naturlandschaft darf man aber nicht erwarten. Seit antiken Zeiten wird der nördliche Teil der Camargue landwirtschaftlich genutzt, heute mit Hilfe großer Bewässerungsanlagen. Im 19. Jh. wurden die Rhône-Arme eingedeicht und die »Digue à la Mer« angelegt, die das Delta vom Meer abschließt. Im Osten sorgen die gigantischen Industrie- und Hafenareale von Fos-sur-Mer, im Westen die Feriensiedlungen Port-Camargue und La Grande-Motte an der Mündung des Petit Rhône für ganz andere Bilder. Wirtschaftlich spielt der Tourismus die wichtigste Rolle – die berühmten schwarzen Stiere und die weißen Pferde sind heute friedlich grasende Kulissen bzw. dienen zum Vergnügen der Gäste. Daneben werden Merinoschafe gehalten und Wein angebaut (Vin de sable). Um den Lebensraum für Tiere und Pflanzen zu erhalten, wurde 1970 der heute gut

Typisch für den Nationalpark Camargue: rosa Flamingos.

1000 km² große **Parc Naturel Régional de Camargue** eingerichtet (www.parc-camargue.fr); 130 km² davon, die Mitte des Deltas, stehen ganz unter Naturschutz (www.reserve-camargue.org).

Eine fragile Landschaft

Gliederung

Die Camargue – benannt nach dem aus Arles stammenden römischen Senator Annius Camars – umfasst die **Grande Camargue** zwischen Grand Rhône und Petit Rhône, in die sich der Strom bei ▶Arles teilt, und die zum Languedoc gehörende **Petite Camargue** westlich des Petit Rhône. Weiter östlich, zwischen dem Grand Rhône und dem Étang de Berre, dehnt sich die wüstenartige **Crau** aus, eine Ebene aus eiszeitlichen Schottern der Durance (▶Arles). Seit Jahrtausenden lagert der Fluss Geröll, Sand und Erde ab, so dass sich das Land ins Meer vorschiebt: ▶Aigues-Mortes, als Hafenstadt gegründet, ist heute 6 km vom Meer entfernt. Dafür bröckeln andere Bereiche der Küste ab, das etliche Kilometer landeinwärts erbaute ▶Saintes-Maries-de-la-Mer liegt heute am Wasser. Den meernahen südlichen Teil beherrschen dürre Salzflächen und Dünen, auf denen Schirmpinien, Wacholder und Tamarisken, rotes Salzkraut und Strandnelken wachsen; dazwischen liegen **Étangs** – mehr oder weniger salzighaltige Lagunen – und schilfbestandene Sümpfe, in denen sich an die 300 Arten Wasser- und Sumpfvögel tummeln.

Wahrzeichen der Camargue

Stiere, Pferde, Reis

Mit den geschwungenen Hörnern bietet der »König der Camargue«, der muskulöse schwarze **Stier**, ein prächtiges Bild. Zwei Rassen werden gehalten, der angestammte »taureau de Camargue« und der um 1870 eingeführte spanische Kampfstier; ersterer spielt in der unblu-

DIE CAMARGUE ERLEBEN

OFFICES DES TOURISME

▶**Arles**, ▶**Saintes-Maries-de-la-Mer**, ▶**Aigues-Mortes**
Salin-de-Giraud, Rue Tournayre
Tel. 04 42 86 89 77

TIPPS

Von April bis weit in den Oktober ist ein Mückenschutzmittel unabdingbar. Zu allen Zeiten, besonders in Herbst und Winter, macht der Wind das Radfahren oft zur Herausforderung. Beliebt sind Touren zu Fuß, mit dem Rad und hoch zu Ross – genügend Wasser mitnehmen! Ein Fernglas für die Vogelbeobachtung sollte mindestens 12-fach vergrößern. Im Auto nichts zurücklassen.

L'ESTRAMBORD €

Ein typisches »Restaurant am Straßenrand«, ohne Chichi, dafür mit vorzüglicher Küche der Region, z. B. Tellines (Plattmuscheln) mit Aïoli, Pieds et paquets oder Daube, zu äußerst angenehmen Preisen.
Le Sambuc (25 km südlich von Arles), 7 Route de l'Abrivado (D36), Tel. 09 70 35 25 51
Geöffnet So.–Fr. nur mittags

LA TELLINE €€

In gemütlichem Wohnzimmerambiente werden Spezialitäten der Camargue serviert, wie gegrillter Fisch, Steak vom Stier und Tellines. Gute Auswahl südfranzösischer Weine. Auf der anderen Seite des schönen Gartens das zugehörige, recht edle Chambres d'hôtes (€€, Tel. 04 90 97 00 76, www.masdelaforge.fr).
Villeneuve-Camargue (an der D36b), Tel. 04 90 97 01 75

LE MAS DE PEINT €€€€

Aus einem alten Bauernhof wurde ein charmant rustikales, luxuriöses Haus der Châteaux & Hotel Collection. Feine Küche mit Zutaten aus eigener Produktion. Das große Veranstaltungsprogramm reicht vom Ausritt über die Course à la cocarde bis zum Flamenco-Abend.
Le Sambuc, Route de Salin de Giraud (D36), Tel. 04 90 97 20 62
www.masdepeint.com

Eine große Zahl von »Mas« (Bauernhöfen) beherbergt Gäste, z. T. wird man auch nach Camargue-Art bekocht. Viele vermieten Fahrräder und/oder Pferde bzw. führen Touren durch.

MAS DU PETIT ROMIEU €

Chambres d'hôtes in einem schlichten, stilvollen Haus mit hübschen Zimmern. Den Gästen stehen eine gut ausgestattete Küche und ein Speisesaal mit Kamin zur Verfügung. Sehr schön sitzt man vor dem Haus im Grünen. Fahräder werden gratis zur Verfügung gestellt.
Villeneuve-Gageron (15 km südlich von Arles), Zufahrt von der D36b 1,5 km südlich von Villeneuve, Tel. 04 90 97 00 27
www.lepetitromieu.com

tigen Course camarguaise die Hauptrolle, letzterer in den Corridas nach spanischer Art (▶S. 82). Beide sind auch anderweitig zu »genießen«: als vorzügliches aromatisches Fleisch, das als AOP Taureaux de Camargue geschützt ist. Das weiße, genügsame und ausdauernde **Cheval Camargue** diente über Jahrhunderte der Landwirtschaft, v. a. als »das« Fortbewegungsmittel der Gardians. Seine Besonderheit: Als einzige Pferderasse kann es auch unter der Wasseroberfläche grasen. Den hochgeschätzten **Reis der Camargue** (IGP) bekommt man in verschiedensten Sorten, weiß, rot oder schwarz, als Rund- oder Langkornreis. Vermutlich brachten die Araber den Anbau Ende des 13. Jh.s von Spanien mit; seit 1980 wird er intensiv betrieben, um der Versalzung entgegenzuwirken. Die Camargue bestreitet 98 % der französischen Produktion und 30 % des nationalen Verbrauchs.

Rundfahrt, die erste

Von Arles nach Saintes-Maries-de-la-Mer

Von **Arles** durchquert die D 570 Sonnenblumen-, Reis- und Rebenfelder, dann nehmen Halophyten – an den salzigen Boden angepasste Pflanzen – zu. Alles über die Kulturlandschaft und ihre Geschichte erfährt man im **Musée de la Camargue,** der ehemaligen Schäferei Mas du Pont de Rousty, und auf einem 3,5 km langen Lehrpfad. Bei **Albaron** (Pumpstation für die Bewässerung; der Turm ist der Rest einer Festung des 13. Jh.s) zweigt von der D 570 die D 37 zum Étang de Vaccarès ab (s. u.); die D 570 führt weiter nach Saintes-Maries-de-la-Mer. Nach ca. 10 km überrascht die **Domaine du Château d'Avignon**, ein Bürgerschloss des 18. Jh.s, das der Marseiller Weinhändler Louis Noilly-Prat – sein Wermut ist heute weltbekannt – 1893 erwarb und luxuriös ausbaute. Noch intakt ist die Wasserpumpe, mit der er die Felder bewässerte. Nach 7 km folgt der **Parc Ornithologique du Pont de Gau** (Vogelschutzpark); hier sind Vogelarten zu beobachten, die in der Camargue beheimatet sind oder hier auf ihrem Zug Station machen. Von **▶Saintes-Maries-de-la-Mer** sollte man einen Gang auf der Digue à la Mer unternehmen (s. u.), bevor man nach Albaron zurückfährt (zunächst auf der weiter östlich verlaufenden D 85 a durch die Reisfelder am Étang de l'Impérial).

Musee de la Camargue: April–Sept. tgl. 9–18, Okt.–März 10–17 Uhr Eintritt 7 € | **Château d'Avignon:** nur bei kulturellen Veranstaltungen zugänglich, der Park April – Sept. Mi.–So. | Eintritt frei | **Parc Ornithologique:** Zugang April–Sept. 9 –19/18 , sonst 10 – 18 Uhr | Eintritt 8 € | www.parcornithologique.com

Rundfahrt, die zweite

Von Méjanes zur Plage de Piémanson

In Méjanes kann man die **Domaine Ricard** kennenlernen (https://mejanes-camargue.fr/). Der 600 ha große, traditionsreiche Betrieb – Besitz des bekannten Pastis-Herstellers – baut Reis an und züchtet Stiere; und bietet ein großes Programm für Touristen: Touren per pedes, zu Pferd, per Rad oder Touristenbähnchen sowie Stier-Pferde-Shows.

FATA MORGANA

Saintes-Maries-de-la-Mer nähert man sich am besten zu Fuß, eine Wallfahrt, für die man kein Gitan sein muss: auf der Digue à la Mer auf sandigem Weg, vom Mistral heftig gezaust, in Salzluft und flirrendem Licht – und dann taucht die Silhouette der wehrhaften Kirche Notre-Dame am Horizont auf.

Dann führt die D 37 am **Étang de Vaccarès** entlang, der größten Lagune der Camargue: ca. 60 km² groß (je nach Wasserstand), bis 2 m tief. Bei Villeneuve zweigt die D 36 b ab, eine sehr reizvolle Strecke entlang des Ostufers. In **La Capelière** informiert ein Besucherzentrum mit Lehrpfaden und Beobachtungsstationen über das Naturschutzgebiet (Di. geschl.). In den Salzgärten von **Salin-de-Giraud** wird durch Verdunsten aus Meerwasser Salz gewonnen. 2 km südlich des Orts ragen mächtige Salzhalden auf; von einem Hügel hat man einen guten Blick auf die Salzberge und die Verdunstungsbecken, deren Wasser durch Algen bunt gefärbt ist. Der Ort selbst entstand im späten 19. Jh. mit dem Bau chemischer Fabriken (am Grand Rhône liegt das große Solvay-Gelände); die identischen, schachbrettmäßig angeordneten Backsteinhäuser lassen das Muster nordfranzösischer Bergarbeiterstädte erkennen.

Zwischen dem eingedeichten Grand Rhône und den Salinen verläuft die Straße weiter nach Südosten. Wo sie vom Grand Rhône abbiegt, erwartet die **Domaine de la Palissade**, eine Station des Conservatoire du Littoral, zu geführten Wanderungen und Ausritten auf Camargue-Pferden (www.palissade.fr). Die Straße endet bei der 7 km langen **Plage de Piémanson**, dem traumhaften, feinsandigen »Strand von Arles« (bisher ohne Infrastruktur), ein Dorado fürs Windsurfen und anderes Sommervergnügen. Nachdem hier lange Zeit sommers an die 15000 Menschen campierten und ihren Müll hinterließen, ist das wilde Campen seit 2016 verboten. Ein 5 ha großer Parkplatz wurde geschaffen, ein Campingplatz ist geplant. In **Port Saint-Louis** hat man von der trutzigen Tour Saint-Louis (1737) auf der anderen Seite des Flusses einen großartigen Blick. Zurück nach Arles auf der D 36, wobei man die **Maison du Riz** passiert: Auf dem traditionsreichen Reisbauernhof erfährt man alles über das feine Getreide, das neben anderen Produkten auch im Laden angeboten wird. Bei Salin-de-Giraud kann man mit der Fähre (Bac de Barcarin) zur D 35 bzw. N 568 durch die Crau wechseln.

Maison du Riz: April–Okt. So.–Fr. 9.30–12.30, 14–18 Uhr | Eintritt 5 €

Durch »Flamingo-Land« zum Surf-Hotspot

Nach Beauduc

Ganz abseits, am »Ende der Welt« ca. 10 km westlich von Salin-de-Giraud, findet man mit dem 6 km langen Strand von **Beauduc** einen weiteren Surf-Hotspot. Die Fahrt dorthin ist beschwerlich (von der D 36 nördlich von Salin-de-Giraud über La Bélugue; Kfz-Breite max. 2,10 m), dafür führt sie durch »Flamingo-Land«: Vom April bis Mitte Juli ziehen hier Zehntausende der rosa Vögel ihren Nachwuchs auf. Entlang dem Étang du Galabert erreicht man den Leuchtturm **Phare de la Gacholle**; von dort sind es 12 km – zu Fuß 4–5 Std., mit dem Rad ca. 2.30 Std. – über die 1857/58 angelegte Digue à la Mer (Deich) nach ►Saintes-Maries-de-la-Mer.

Zur Abwechslung: große alte Kunst

Saint-Gilles

Kunstfreunde vervollständigen ihre Camargue-Tour mit dem Besuch von Saint-Gilles westlich von Arles, einem alten Pilgerort am Weg nach Santiago de Compostela. Seine mittelalterliche Kirche **Saint-Gilles**, genauer die Westfassade mit ihren drei Portalen, gilt als ein Hauptwerk der Romanik in Südfrankreich (UNESCO-Welterbe). Die sehr plastischen, lebhaften figürlichen Darstellungen gehören stilistisch in die südfranzösische Tradition, wahrscheinlich aber sind die Portale, die vom frühen 12. bis ins 13. Jh. datieren, das Werk mehrerer Künstler aus ganz Frankreich. Die über die ganze Breite reichende Portalwand wird durch klassisch gestaltete Säulen und kannelierte Pilaster unterteilt. Zu sehen sind: in den Tympana (von links) die Heiligen Drei Könige, Christus in der Mandorla, Kreuzigung (besonders realistisch); in den Friesen darunter die Passion; in der Portalzone die Apostel; ganz unten zu Seiten des Hauptportals links Kain und Abel, rechts ein bogenspannender Zentaur und Bileam mit seiner Eselin. Diese Darstellung der Passion gilt als **erster geschlossener Skulpturenzyklus des Abendlands**.

Die große **Krypta** beherbergt das Grabmal des hl. Ägidius (Saint-Gilles). Das Innere der dreischiffigen Kirche ist von gotischen Formen geprägt, für die Zeit aber überraschend breit. Der Chor aus dem 12. Jh. wurde im 17. Jh. zerstört. Zu ihm gehörte die **Vis** (»Schraube«), mit der Wendeltreppe drinnen bewiesen die Steinmetze ein unglaubliches Können. Eine Gasse führt vom Vorplatz geradeaus zur **Maison Romane**, einem Wohnhaus aus dem 12. Jh.; hier werden u. a. ein frühchristlicher Sarkophag, Relieffragmente und Volkskundliches präsentiert. Essen gehen? Im Restaurant »Jardin Secret« in der Avenue Griffeuille südlich des alten Stadtkerns wird man nicht enttäuscht.

Saint-Gilles: Mo.–Sa. 9.30–12.30, 14–18, So. 14–18, im Winter bis 17.30 Uhr | **Maison Romane:** Di., Do., Fr. 14–17.30 Uhr | Eintritt 2 €

★ CANNES

Départ.: Alpes-Maritimes | **Höhe:** Meereshöhe | **Einwohner:** 72 400

Aus dem Cannes-Programm: Am mehr oder weniger kostspieligen Strand den Tag mit erfüllendem Nichtstun verbringen. Oder an der Croisette, auf einem der berühmten blauen Stühlchen, das Schauspiel der Selbstdarsteller verfolgen. Und abends in der verwinkelten Altstadt Le Suquet schick essen gehen ...

Treff der Hautevolee

Mehr exklusive Hotels, exzentrische Restaurants und schicke Boutiquen gibt es an der Côte d'Azur nirgends. Der Aufstieg der am Golfe de la Napoule liegenden Stadt zum Hotspot der Gesellschaft – damals noch im Winter – begann mit dem britischen Schatzkanzler Lord Brougham, der 1834 wegen der in Nizza grassierenden Cholera in Cannes bleiben musste; um 1860 wurde die berühmte Croisette angelegt. Heute beeindruckt die Zahl der Ferraris und Rolls, der massiv gesicherten Villen, der silberhaarigen Gäste und der Schönheitsinstitute. Das überaus milde Klima (im Winter 9,8 °C mittlere Tagestemperatur), die subtropische Vegetation und der schöne, größtenteils künstlich angelegte Strand machen Cannes zum attraktiven Reiseziel; nach Paris ist die Stadt das zweitwichtigste Kongresszentrum Frankreichs. Im Mai kulminiert der Hype um die erst- oder zweitklassige Prominenz beim **Filmfestival**. Überraschenderweise aber ist unter den Hotels und Restaurants für alle Geldbeutel etwas dabei, große kostenlose Strände findet man westlich der Altstadt. Im Sommer, besonders Juli und August, sollte man jedoch nicht hierherkommen – wie wäre es mit dem Januar oder Februar, wenn sich der Himmel klar und tiefblau wölbt und man die Croisette fast ganz für sich hat?

Abendstimmung am Alten Hafen von Cannes

Wohin in Cannes?

Die Schaumeile von Cannes

Boulevard de la Croisette

Cannes, das ist zunächst die »Croisette« mit luxuriösen Hotels – ihr Flaggschiff das 1911 eröffnete Carlton –, teuren Geschäften und dem Strand. Den haben sich die Badeanstalten der Hotels und Clubs aufgeteilt; so man als Normalmensch Zutritt hat, kostet der Spaß pro Tag ab 20 €. Sehr kleine öffentliche Abschnitte findet man am West- und Ostende. Und am Alten Hafen hockt der scheußliche »Bunker« (so die populäre Bezeichnung), das 1982 eröffnete **Palais des Festivals**, in dem die Filmfestspiele, Kongresse und Messen stattfinden. Vor ihm haben über 200 Filmgrößen ihren Handabdruck hinterlassen. Im Osten wird die Bucht von der Landzunge La Croisette mit Jachthafen und dem Palm Beach Casino von 1929 abgeschlossen.

Shoppen am Wasser

Vieux Port

Im Alten Hafen drängen sich, neben einigen Fischerbooten, die glamourösen Jachten; auch fahren hier die Boote zu den Îles de Lérins ab. Die hübschen platanenbestandenen **Allées de la Liberté** an seiner Nordseite quellen Di.–So. morgens vor Blumen über; im Nordwesteck das Hôtel de Ville (Rathaus) von 1876 und nördlich von diesem das Einkaufszentrum mit dem erlebenswerten **Marché Forville** (1870). Östlich von diesem, um den Straßenzug Rue Félix-Faure/Rue d'Antibes, reihen sich die in aller Welt bekannten Luxusgeschäfte.

Das Cannes früherer Zeiten

Altstadt

Schmale Gassen und Treppen führen hinauf nach **Le Suquet** auf dem 67 m hohen Mont Chevalier. Im 2. Jh. v. Chr. sollen die Römer hier das Castrum Marsellinum errichtet haben, nach dem 11. Jh. entstand um die Burg des Klosters Lérins eine kleine ummauerte Stadt. Der Wachtturm von 1385 – von hier hat man einen fantastischen Ausblick – gehört zum **Musée des Explorations du Monde**, das v. a. Landschaftsmalerei des 19. Jhs. zu den Themen Cannes und Riviera, mediterrane Altertümer und volkskundliche Exponate ausstellt, darunter eine hervorragende Sammlung von Musikinstrumenten aus aller

Welt. Nördlich des Turms die Kirche Notre-Dame-de-l'Espérance (1648) in provenzalischer Gotik; zu beachten die Madonna (17. Jh.) auf dem Hochaltar sowie eine Holzstatue der hl. Anna (um 1500).

Musée des Explorations du Monde: Juli, Aug. tgl. 10–19, sonst Di. bis So. 10–13, 14–17 Uhr (Juni–Sept. Mi. bis 21 Uhr) | Eintritt 6,50 €

Zwischen Meer und Villen

Boulevard du Midi

Von Le Suquet verläuft am Meer der Boulevard Jean-Hibert nach Westen zum schönen Square Mistral; daran schließt der 3 km lange Boulevard du Midi an – unterhalb der öffentliche Sand-Kies-Strand,

CANNES ERLEBEN

OFFICE DE TOURISME

Palais des Festivals, 06400 Cannes
Tel. 04 92 99 84 22
www.cannes-france.com
www.cannes.com

Mai: Filmfestival (www.festival-cannes.com). In diesen 12 Tagen ist der Wettbewerb um die »Palme d'Or« Anlass für einen gigantischen Medienrummel. Karten gibt's nur für akkreditierte Insider, für alle zugänglich und gratis sind die Openair-Vorstellungen des Cinéma de la Plage. Um den 20. Juli: Nuits du Suquet (Klassikkonzerte). Mitte Juli–Ende Aug. Festival d'Art Pyrotechnique (ein Feuerwerk pro Woche). Anf. Aug.: Jazz à Domergue. Aktuelle Termine nennt die App »Cannes Agenda«.

1 BRUNO OGER €€–€€€€

Der geniale Bruno Oger gilt als einer besten Köche Frankreichs. Die Villa Archange auf den Höhen des nördlichen Stadtteils Le Cannet bietet nobles provenzalisches Ambiente. Echt preisgünstig speist man, bei tollem Ausblick, im Bistrot des Anges.
Cannes-Le Cannet, Rue de l'Ouest
Tel. 04 92 18 18 28
Villa Di.–Sa. abends, Fr./Sa. auch mittags geöffnet; Bistrot Mo.–Sa. mittags & abends

2 MOULIN DE MOUGINS €€€€

Gut 2 km südöstlich von Mougins ist der edle Schlemmertempel zu finden, auch ohne Michelin-Stern eine Institution an der Côte. Das Ambiente ist zauberhaft. Angemessen luxuriöse Suiten und Gästezimmer.
Mougins, 1028 Av. Notre-Dame-de-Vie (D 3)
Tel. 04 93 75 78 24
So./Mo. geschl.

3 LA CAVE €€–€€€

Beliebtes, schmuckes Bistrot mit einsehbarer Küche, in der hervorragend herzhaft provenzalisch gekocht wird. Karte mit großen Weinen aus ganz Frankreich.
Cannes, 9 Blvd. de la République
Tel. 04 93 99 79 87
Sa.mittag, So., Mo.mittag geschl.

4 AUX BONS ENFANTS €€

Gemütliches Bistro seit 1933, mit provenzalischer Haufrauenküche.
Cannes, 80 Rue Meynadier
So. geschl., keine Kreditkarten
Reservieren persönlich, online oder unter Tel. 07 68 99 17 89 (AB, man ruft zurück)

5 LE POMPON €€

Frische, täglich wechselnde Marktküche in einem modernen Bistro unweit des Palais des Festivals, die »petit plats« sind zum Teilen gedacht.
4 Rue Émile Négrin
Tel. 04 93 30 31 23
So., Mo. geschl.

Beim Filmfestival und bei großen Kongressen ist es praktisch aussichtslos, spontan ein Hotelzimmer zu finden. Preiswerte Hotels sind eher dünn gesät.

1 HOTEL AMERICA €€€

Wenige Schritte von der Promenade gelegenes, gepflegtes Haus. Für die Lage und den Komfort ausgezeichnetes Preis-Leistungs-Verhältnis.

16 Rue Notre Dame
Tel. 04 93 06 75 75
www.hotel-america.com

❷ CANNES RIVIERA €€–€€€
Marilyn begrüßt in Großformat: Hotel der Best-Western-Gruppe, eine neuzeitlich gestaltete Insel der Ruhe. Spa mit Sauna und Dach-Pool.
16 Blvd. d'Alsace
Tel. 04 97 06 20 40
www.cannes-riviera-hotel.com

❸ IDÉAL SÉJOUR €–€€
Hübsche Villa aus dem 19. Jh., zu Fuß 20 Min. vom Zentrum ruhig gelegen. Moderne, etwas gewollt gestaltete Zimmer. Mit Bibliothek und hübschem kleinem Garten zum Relaxen.
6 Allée du Parc des Vallergues
Tel. 04 93 39 16 66
www.ideal-sejour.com

❹ CARLTON €€€€
► S. 390

oberhalb das Quartier Anglais mit prächtigen Villen –, der zur Corniche de l'Esterel (Corniche d'Or) führt.

Feines Viertel mit Aussicht

Am östlichen Stadtrand zieht sich der reizvolle Stadtteil La Californie den Hang hinauf, in dem Picasso 1955 die Villa Fenelon kaufte. Sehenswert ist hier die Russische Kirche von 1894 (Blvd. Alexandre-III). Der markante, unschöne Turm des 325 m hoch gelegenen Observatoire de Super-Cannes (1953) ist Ruine und nicht zugänglich.

La Californie

Rund um Cannes

Auf dem Cannes-Programm steht ein Ausflug zu den Îles de Lérins, die 4 km südöstlich zwischen dem Golfe de la Napoule und dem Golfe Juan liegen. Schiffe fahren vom Alten Hafen im Halbstunden-/Stundentakt (auch von Nizza, Monaco, Saint-Tropez und anderen Orten).

Îles de Lérins

Sonne, Meer, dann noch der Duft der Pinien – auf der Île Saint-Marguerite

SCHWEIGEN AUF DER INSEL

Zwar legen die Zisterzienser kein Schweigegelübde ab, gesprochen wird dennoch kaum. Auf Saint-Honorat können sich Männer wie Frauen für 2–7 Tage in spartanische Klausen zurückziehen; gegessen wird schweigend, nachts herrscht absolute Stille. Internet gibt es natürlich nicht. www.abbayedelerins.com

Hauptinseln sind Sainte-Marguerite und Saint-Honorat, auf beiden kann man schön baden. Sainte-Marguerite ist meist trubelig und touristisch, die Klosterinsel Saint-Honorat deutlich ruhiger; auf Letzterer sollte man sich einigermaßen dem Ort entsprechend verhalten.

Eiland der Eisernen Maske

Sainte-Marguerite

Eukalyptus- und Kiefernwälder bestimmen das Bild der 3 km langen und bis 1 km breiten Île Sainte-Marguerite , der größten Insel der Gruppe. An ihrer Nordküste steht das **Fort Royal** (17. Jh.), das lange als Gefängnis diente; gegen Ende des 17. Jh.s lebte hier der geheimnisumwitterte Gefangene mit der »Masque de fer« (Eiserne Maske), der die Fantasie von Schriftstellern und Filmregisseuren befeuerte. Marcel Pagnol sah in ihm den Zwillingsbruder von Ludwig XIV. (so auch der Film mit Leonardo Di Caprio 1998), für Voltaire war er ein unehelicher älterer Bruder des Sonnenkönigs. Lust auf eine besondere, ganz einfache Unterkunft? Im Fort beherbergt die Association Cannes Jeunesse an Wochenenden außerhalb der Schulferien Einzelgäste und Familien (www.cannes-jeunesse.fr).

Fort & Musée du Masque de Fer: Juni–Sept. tgl. 10–17.45, April, Mai Di.–So. 10.30–13.15, 14.15–17.45, sonst bis 16.45 Uhr | Eintritt 6,50 €

Reif für die Insel?

Saint-Honorat

Rund 700 m südlich von Sainte-Marguerite liegt die 1,5 km lange und bis 400 m breite Klosterinsel Saint-Honorat. Das **Kloster Lérins** soll der hl. Honoratus gegründet haben, der Bischof von Arles († 429); schon im 5./6. Jh. war es ein Zentrum der Gelehrsamkeit, im Mittelalter gehörte es zu den bedeutendsten Klöstern Europas. Heute leben hier etwa 20 Zisterziensermönche. Außer der Kirche (um 1870) ist das am Wasser stehende **Château Saint-Honorat** zugänglich, 1073 zum Schutz vor Sarazenen erbaut, mit schönem doppelstöckigem Kreuzgang (14./16. Jh.); von oben hat man einen herrlichen Ausblick. Von den sieben Kapellen der Insel sind noch Saint-Sauveur, ein frühchristlicher Bau mit 10 m Durchmesser, und die Chapelle de la Trinité erhalten, eine frühmittelalterliche Friedhofskapelle. Mittags kann man im Restaurant La Tonnelle einen Imbiss nehmen und auch den besonderen (und teuren) **Wein der Insel** probieren: Auf 8,5 ha wachsen unter speziellen geologischen und klimatischen Bedingungen weiße und rote Rebsorten (excellencedelerins.com).

Die Burg eines amerikanischen »Künstlers«

Mandelieu-La Napoule

Der Doppelort Mandelieu-La Napoule liegt 5 km westlich von Cannes zu Füßen des Massif du Tanneron. Am Wasser der malerische Badeort La Napoule-Plage; die Burg am Badestrand, ursprünglich 14. Jh., hat Henry Clews ab 1918 zur etwas verrückten Heimstatt seiner etwas seltsamen Skulpturen umgestaltet; schöner Garten. Vom nahen Hügel San Peïre mit Kapellenruine (131 m; zu Fuß 45 Min.) gute Aussicht auf die Küste mit ihren Appartementtürmen und Jachthäfen.

Europas größter Mimosenwald

Massif du Tanneron

Im Februar verwandeln Mimosen den Tanneron zwischen Mandelieu und dem Stausee Lac de Saint-Cassien in ein leuchtend gelbes Blütenmeer. Die Akazienart australischen Ursprungs beginnt im Januar am Südhang zu blühen, wo das Gelb mit dem tiefblauen Meer wunderschön harmoniert. Um 1870 pflanzten Gärtner einiger Villen die ersten Bäumchen. Die Mimosen haben es an der Côte d'Azur so gut, dass sie einheimische Pflanzen verdrängten. Im Ort **Tanneron** auf dem gleichnamigen Bergzug züchten Gärtnereien Mimosen (Führungen für Besucher); Anfang Februar feiert man das Mimosenfest.

Keramik und Picasso

Vallauris

Über 80 Keramikateliers und eine Biennale für künstlerische Keramik bestimmen das Leben in Vallauris 5 km nordöstlich von Cannes. Einst hieß es »Vallis Aurea« (»Goldenes Tal«) und gehörte dem Kloster Lérins. 1501 wurden – nachdem die Pest den Ort entvölkert hatte – 70 Töpferfamilien aus Genua hier angesiedelt. Das Kloster – im 12. Jh. zur Burg ausgebaut, 1569 zerstört und im Stil der Renaissance wieder aufgebaut – beherbergt das **Musée de la Céramique**. In der romani-

BAEDEKER ÜBERRASCHENDES

6X DURCHATMEN

Entspannen, wohlfühlen, runterkommen

1. KLÖSTERLICH

Nur eine gute Viertelstunde liegt zwischen dem lauten Leben in Cannes und der Abgeschiedenheit der **Abbaye de Lérins auf der Insel Saint-Honorat:** Schweigen, in sich gehen, auf sich hören. (▶ S. 119)

2. ZUFLUCHT BEI DER KUNST

Nach **Saint-Tropez** kommt man nicht gerade der Ruhe wegen, aber es könnte zu viel werden: Dann können Sie im **Musée de l'Annonciade** bei gemalten Szenen aus dem kühlen Norden wieder Luft holen. (▶ S. 282)

3. ATEMPAUSE

Die schmale, kurvige Straße am **Col de Turini** fordert die ganze Aufmerksamkeit, weshalb man *doucement* fährt und unbedingt einen Halt einlegt: für den Gang hinauf zur großartig gelegenen italienischen Kapelle **Notre Dame de la Menour** bei Sospel. (▶ S. 229)

4. RUHE DES ZEN

Japanischer Garten in Monaco: Ein japanisches Teehaus, Wasserläufe und Teiche mit Karpfen und Enten, das Ganze unter herrlichen ostasiatischen Bäumen – eine wunderbare kleine Oase. (▶ S. 245)

5. EXOTISCH

400 Arten von Zitrusfrüchten, Baumfarne aus Vietnam, Pfefferbäume und Lotosblumen: Flanieren Sie geruhsam durch die prachtvollen Gärten am Panorama-**Boulevard de Garavan in Menton**. (▶ S. 235)

6. EINE ANDERE WELT

Alles Nötige im Rucksack, stabile Schuhe an den Füßen – das genügt für einen Gang in der Einsamkeit des waldreichen, abgeschiedenen Bergzugs **Massif des Maures** zur bzw. rund um die Chartreuse de la Verne. (▶ S. 221, 224)

schen Kapelle (um 1220) des »Château« schuf Picasso 1952–1959 das monumentale Gemälde **»Krieg und Frieden«**, den Kirchplatz (Di.–So. vormittags ist Markt) ziert die Picasso-Plastik »Mann mit Schaf«. Picasso hatte 1946 in Vallauris das Keramiker-Ehepaar Ramié kennengelernt und sich für dieses künstlerische Handwerk begeistert; 1948–1955 lebte er hier in der Villa Galloise.

Musée de la Céramique & Musée Picasso/Kapelle: Juli, Aug. 10–12.30, 14–18, sonst Mi.–Mo. 10–12.15, 14–17 Uhr | Eintritt 6 €

Picasso & Co. auch hier

Mougins

Ca. 5 km nördlich von Cannes glänzt Mougins (20 200 Einw.), ein befestigtes Bergdorf, mit meist teuren Restaurants (berühmt die Moulin de Mougins) und noch mehr Kunstgalerien. Picasso lebte und arbeitete von 1961 bis zu seinem Tod 1973 in der Villa »Notre-Dame-de-Vie«. Das **Centre de la Photographie** zeigt wechselnde Foto-Ausstellungen.

Centre de la Photographie: April–Sept. Mi.–Mo. 11–19, Okt.–März Mi.–So. 13–18 Uhr | Eintritt 6 €

CARPENTRAS

Département: Vaucluse | **Höhe:** 102 m | **Einwohner:** 29 900

In der weiten Ebene zwischen dem ▸Mont Ventoux und ▸Avignon gedeihen Obst und Gemüse im Überfluss. In Carpentras werden die Schätze der Felder und Obstgärten vermarktet, im Winter wird die Stadt zur Metropole einer weiteren, hochbegehrten Delikatesse: Die Vaucluse ist der bedeutendste Trüffellieferant Frankreichs.

Schon in römischer Zeit als Carpentoracte bedeutend, war der Ort von 1320 bis zur Französischen Revolution 1789 Zentrum der päpstlichen Grafschaft (Comtat) Venaissin. Darauf verweisen die vielen aufwendig gestalteten Häuser aus dem 17./18. Jh. in der Altstadt, die allerdings in keinem guten Zustand ist. Ein weiteres interessantes Faktum: Ab 1326 genossen aus dem königlichen Frankreich vertriebene Juden den Schutz der Päpste (»Juifs du Pape«); sie konnten in Carpentras, Cavaillon und Avignon in eigenen Vierteln wohnen. Die Synagoge von Carpentras ist die älteste in Frankreich, die noch genutzt wird. Doch waren die Juden, wie üblich, vielfachen Schikanen ausgesetzt, etwa damit, dass sie ein Schandmal tragen und für die christlichen Feste aufkommen mussten.

CARPENTRAS ERLEBEN

OFFICE DE TOURISME

374 Av. Jean Jaurès
84200 Carpentras
Tel. 04 90 63 00 78
www.ventouxprovence.fr
www.carpentras.fr

1. Febr.-So.: Trüffelfest. Mitte April: Erdbeerfest. Ende Juni–Anf. Aug.: Trans'Art (Musik und vielfältige andere Unterhaltung). 23. Juni abends: Fête de Saint-Jean. Anf. Aug.: Festival des Musiques Juives.

Fast konspirativ wird auf dem Trüffelmarkt begutachtet und gehandelt.

Großer Markt am Fr.vormittag in der Innenstadt. Trödelmarkt So. ab 11 Uhr an den Allées J. Jaurès. Ende Nov.: Foire Saint-Siffrein. Trüffelmarkt: Von ca. 20. Nov. bis Anf. März freitags vor dem Hôtel-Dieu und dem Office de Tourisme.

CHEZ SERGE €–€€

Eines der ersten Restaurants der Stadt (reservieren): Das Ambiente vereint Einfaches und Elegantes, die Küche das Beste der Region (auch Trüffel), der riesige Weinkeller große Namen aus ganz Frankreich – alles zu sehr fairen Preisen. Ein Bijou ist die Veranda im ersten Stock.
Carpentras, 90 Rue Cottier
Tel. 04 90 63 21 24, tgl. geöffnet

AU FIL DU TEMPS €€

Im ruhigen Ort mit seinen unzähligen Brunnen 7 km südlich von Carpentras überrascht das Bistro mit coolem Skandi-Chic und raffinierter Küche.
Pernes-les-Fontaines, 51 Place Louis Giraud, Tel. 04 90 30 09 48
So., Mo. geschl., Di.–Do. nur abends

LES REMPARTS €€

Allein der Platz! – auf der Stadtmauer mit herrlichem Blick übers Tal … Die feine provenzalische Küche steht dem nicht nach (reservieren ist immer sinnvoll). Mit sehr hübschen, preiswerten Zimmern (€).
Venasque, 36 Rue Haute (11 km südöstlich von Carpentras)
Tel. 04 90 66 02 79

LE COMTADIN €–€€

Stadtpalais von Ende des 18. Jh.s mit provenzalischem Ambiente und modernem Best-Western-Komfort. Für den Apéritif gibt es eine schöne, intime Dachterrasse.
Carpentras, 65 Blvd. A. Durand,
Tel. 04 90 67 75 00
www.le-comtadin.com

Wohin in Carpentras?

Gotische Kathedrale mit römischen Resten

Saint-Siffrein

Die Stadtmitte wird dominiert von einer der wenigen gotischen Kathedralen der Provence, erbaut 1404–1519. Die Westfassade blieb unvollendet. Die **Porte Juive**, das Südportal (um 1480) in schönem Flamboyant, war den konvertierten Juden zugewiesen. Im Giebelfeld ist eine Kugel zu sehen, an der Ratten nagen; angeblich soll das die Welt darstellen, die der Sünde und dem Irrglauben ausgesetzt ist. Im reich ausgestatteten Inneren glänzt die Chorapsis mit einer großartigen Glorie aus vergoldetem Holz (1694). Zum sehenswerten Kirchenschatz gehört eine Trense, die angeblich Konstantin dem Großen gehörte und mit einem Nagel vom Kreuz Christi gemacht wurde. An der Nordseite der Kathedrale sind die Reste eines **römischen Ehrenbogens** (1. Jh.) erhalten; an seinen Schmalseiten sind Siegestrophäen und Gefangene dargestellt, deren Kleidung sie als Germanen und Armenier ausweist. Möglicherweise spielt dies auf den Sieg des Kaisers Augustus über diese Volksstämme an.

Repräsentative Gerichtsstätte

Palais de Justice

Nördlich stößt der Justizpalast an, 1640 in italienischem Barock als Bischofssitz errichtet. Prunkvoll ausgestattete Räume, u. a. das Zimmer des Bischofs, Sitzungssaal und Gerichtssaal.

Tribunal de Grande Instance: Mo.–Fr. 9–12, 14–17 Uhr

Prachtvolles Haus des mosaischen Glaubens

Synagoge

Die Synagoge gegenüber dem Hôtel de Ville, ein schlichter Bau von 1367, wurde im Lauf der Zeit mehrfach erneuert. In überbordender Louis-Quinze-Pracht gestaltet ist der über zwei Stockwerke gehende Kultraum (18. Jh.). Im Erd- und Untergeschoss liegen die Mikwe (Ritualbad) und die Bäckerei, die bis ins 20. Jh. in Betrieb war.

Mo.–Fr. | Eintritt 7 € | https://synagoguedecarpentras.fr/

Kleiner Gang durch die Altstadt

Außerdem sehenswert

Nördlich beim Hôtel de Ville lädt die Markthalle zum Einkauf. Dann westlich durch die arkadengesäumte Rue des Halles zur Tour de l'Horloge (15. Jh.); am Weg geht es links in die glasüberdachte **Passage Boyer** von 1848 – ein Hauch von Paris, früher jedenfalls. Weiter nördlich ist mit der 27 m hohen Porte d'Orange das einzige Tor der Stadtbefestigung des 14. Jh.s erhalten.

Kulturelle Schätze

Museen

Das imposante **Hôtel-Dieu** (1750–1761) am Südrand der Altstadt – gegenüber dem Tourismusbüro – ließ J.-D. Inguimbert (1683–1757) erstellen, Beichtvater des Papstes Clemens VII. und Bischof von Carpentras. Die prachtvolle Apotheke aus dem 18. Jh. mit Arzneitöpfen aus Moustiers-Keramik ist z. Z. nicht zugänglich, dafür gibt es hier jetzt eine moderne Mediathek, auch die berühmte **Bibliothèque Inguimbertine** des Bischofs wurde der Allgemeinheit zugänglich gemacht. Der Bestand des einstigen Musée Comtadin-Duplessis – Sammlungen zur Volkskunde der Region und Werke heimischer Maler wie Duplessis und Lebrun, außerdem italienischer und niederländischer Künstler – geht peu à peu an das **Musée Sobirats** (112 Rue du Collège) über, das im Hôtel de Châteauvieux (18. Jh.) herrliches Interieur und Kunsthandwerk präsentiert.

Musée Sobirats: Führungen April - Sept. Mi.- Mo. 10 -12, 14 - 18 Uhr Eintritt 6 € | **Hôtel-Dieu:** Place Aristide-Briand, Di.- Fr. 12 -18, Sa. 14-18, So. 9 -12 Uhr

Rund um Carpentras

»La Perle du Comtat«

Pernes-les-Fontaines

Das idyllische mittelalterliche Städtchen 6 km südlich von Carpentras ist stolz auf seine **36 Brunnen**. Sehr schön die Partie an der Nesque mit der wuchtigen Porte Notre-Dame (14./15. Jh.), der Brücke und der Chapelle N.-D.-des-Graces. Im **Ferrande-Turm** sind großartige gotische Fresken mit historischen Szenen erhalten (um 1285); Führung veranstaltet das Tourismusbüro (https://porteduventoux.com).

Perfekt erhaltenes Mittelalter

Venasque

Eines der »schönsten Dörfer Frankreichs«, 7 km südöstlich von Carpentras auf schmalem Bergkamm am Rand des Plateau de Vaucluse gelegen. Von 968 bis 1320 war Venasque Hauptort des Comtat Venaissin, das nach dem Ort benannt ist. Die Kirche Notre-Dame aus dem 12./13. Jh. besitzt ein schönes Gemälde aus der Schule von Avignon (»Kreuzigung«, 1498); das Baptisterium ist möglicherweise **eines der ältesten sakralen Bauwerke Frankreichs**, errichtet im 5./6. Jh. auf einem römischen Venus-Tempel. Die besten Zeiten für einen Besuch und ein Wanderung sind Frühjahr und Herbst.

Tiefer Schnitt ins Plateau de Vaucluse

★ Gorges de la Nesque

Die dramatische Schlucht der Nesque erreicht man von Carpentras östlich (D 942 nach Villes-sur-Auzon, 17 km) oder von Sault über die D 942 nach der Fahrt über den ▶ Mont Ventoux (wie hier beschrieben). Die Gorges mit ihren grauen und hellbraunen Felswänden beginnen einige Kilometer hinter dem pittoresken mittelalterlichen Dorf Monieux. Die Straße führt hoch über der Nesque entlang und erreicht nach ca. 6 km einen Aussichtspunkt (Belvédère); gegenüber des mächtigen Rocher du Cire (872 m). Am Ausgang der Schlucht öffnet sich ein fantastischer Blick auf die landwirtschaftlich intensiv genutzte Ebene um Carpentras am Fuß des Mont Ventoux.

CÔTE BLEUE

Département: Bouches-du-Rhône

Frühmorgens im Hafen von Carro sind die Fischer damit beschäftigt, den Fang zu sortieren und Klarschiff zu machen. Erst um halb acht beginnt der Verkauf, doch haben sich schon kundige Käufer versammelt, um sich ihr Mittagsmahl auszusuchen.

Nur wenige ausländische Touristen verschlägt es an die malerische Küste der **Chaîne de l'Estaque** westlich von Marseille, die Marseillais hingegen schätzen sie als Ausflugsziel. Am Étang de Berre, der großen Lagune nördlich der Chaîne, kontrastieren große Industriegebiete und der Flughafen im Osten mit unerwartet hübscher Szenerie im Norden und Westen.

Wohin an der Côte Bleue?

Berühmter Malerort, Ausflugsziel der Marseillais

L'Estaque

Ca. 8 km nördlich des Alten Hafens von ▶ Marseille liegt L'Estaque, das in der Malerei einen klangvollen Namen hat. Nachdem Cézanne ab 1870 Licht und Landschaft in über 30 Bildern festhielt, haben sich auch andere Maler hier betätigt, von Dufy über Braque bis Macke. Etwa zur selben Zeit kam Industrie hinzu, die die jahrhundertealte Rolle als Hafen und die angestammten Ziegeleien ergänzte. Die Industrie ist weitgehend verschwunden, dafür sorgen die Wochenend-Ausflügler und die Sportbootwerften für Leben. Dennoch hat sich der Ort volkstümlichen Charme erhalten (man lasse sich von der Küstenstraße nicht abschrecken), auf dem »Chemin des Peintres« (Infotafeln) kann man den Malern und ihren Sujets folgen und bei »chichi-fregi« und »panisse« (süße bzw. salzige Beignets aus Weizen- oder Kichererbsenmehl) den Blick aufs Meer genießen.

»Blaue Küste«

Chaîne de l'Estaque

Das zerklüftete Kalkmassiv der Chaîne de l'Estaque trennt den Étang de Berre vom Meer. Mit Klippen, Calanques und Stränden erstreckt sich die Côte Bleue von L'Estaque über 30 km bis Lavéra; sehr hübsch ist die Zugfahrt von Marseille aus. Orte und Strände sind unspektakulär und familiär. An Sommer-Wochenenden – dann sollte man sowieso den Zug nehmen – ist die Zufahrt zu einigen Plätzen wie dem Fischerhafen **Niolon** und zu den Calanques gesperrt. **Carry-le-Rouet** besitzt einen Jachthafen und einen netten Strand; besonders hübsch Le Rouet-Plage am Ausgang des reizvollen Vallon d'Aigle. Östlich des Orts die schöne Calanque des Anthénors und die kleine Bucht von

CÔTE BLEUE ERLEBEN

OFFICE DE TOURISME
Rond-point de l'Hôtel de Ville
13500 Martigues
Tel. 04 42 42 31 10
www.martigues-tourisme.com

Von Marseille-St-Charles fahren TER-Züge an der Küste entlang (1/2- bis 2-stündlich, Halt an jedem Bahnhof).

Rogen von Seeigeln, dazu ein Glas provenzalischer Weißwein – ein seltener Genuss! Zu Jahresbeginn frönt die Blaue Küste bei den »**Oursinades**« ihrem Lieblingsgericht: an den drei letzten Jan.-Sonntagen in Sausset-les-Pins, am 1., 2. und 3. Febr.-Sonntag in Carry-le-Rouet. Und gegen Ende Februar/Anfang März feiert Fos-sur-Mer sein Seeigelfest.

LA COUR DU THÉÂTRE €
Im gemütlichen Restaurant des modernen Théâtre des Salins schwelgt man in den Aromen des Südens, von der Tintenfisch-Bourride bis zum Lamm aus der Crau.
Martigues, 19 Quai Paul-Doumer
Tel. 04 42 09 61 88, geöffnet
Mo.–Sa. mittags, Mi.–Sa. abends

AUBERGE DU MÉROU €€–€€€
Fantastischer Blick übers Meer auf Marseille, kombiniert mit moderner, dabei bodenständiger Küche »Land & Meer«. Recht edles Ambiente. Mit sehr preiswerten Zimmern (€).
Le Rove, Calanque de Niolon
Tel. 04 91 46 98 69
In der Saison tgl. geöffnet, sonst So.- & Mo.abend geschl.

PARADOU MEDITERRANÉE €€–€€€
Sehr angenehmes Best-Western-Hotel am Hafen, die Gästezimmer (meist zum Meer) verfügen über einen Balkon. Gutes Restaurant mit Terrasse – alles mit Blick aufs Meer.
Sausset-les-Pins, Le Port
Tel. 04 42 44 76 76
www.paradou.fr

Méjean. Reizvoll auf der Höhe über dem großen, frequentierten Strand Anse du Verdon liegt **La Couronne**. 2 km südlich ragt das Cap Couronne auf, von dem man über die Küste bis Marseille sehen kann. Den kleinen Hafen von **Carro** sollte man morgens besuchen.

Klein-Venedig zwischen Meer und Étang

Martigues

Wo der Canal de Caronte den Golfe de Fos mit dem Étang de Berre verbindet, liegt Martigues (48 500 Einw.). Trotz der Industrie in der Umgebung hat sich die Stadt einiges Kolorit bewahrt; das Zentrum auf der »Île« – erreichbar über eine Klappbrücke – nennt sich »provenzalisches Venedig«. Fischerboote und bunte Häuser machen den Canal Saint-Sébastien vor der Kirche Sainte-Madeleine (17. Jh.) und den Winkel »Miroir aux Oiseaux« besonders hübsch. Im Südteil der Altstadt (Jonquères), neben der Kirche Saint-Genest (17. Jh.), die großartig barock ausgestaltete **Chapelle de l'Annonciade** (1671): vergoldete Täfelung, Illusionsmalerei und im venezianischen Stil bemalte Holzdecke. Das **Musée Ziem** im nördlichen Stadtteil Ferrières präsentiert Werke des Landschaftsmalers Félix Ziem (1821–1911) und bekannterer Zeitgenossen wie Dufy und Derain. 5 km westlich beginnt mit dem Ölhafen **Lavéra** die größte Hafen- und Industrieanlage Südeuropas mit über 100 km² Fläche, die bis zum Grand Rhône reicht. Hier beginnt eine 769 km lange Erdöl-Pipeline nach Karlsruhe.

Chapelle de l'Annonciade: Rue du Dr Sérieux | Mi.–Sa. 14–18, Do. und Sa. auch 10–12 Uhr | Eintritt frei | **Musée Ziem:** 11 Blvd. du 14 Juillet Juli, Aug. Mi.–Mo. 10–12, 14–18, sonst Mi.–So. 14–18 (zwischen den Ausstellungen 2–3 Wochen geschl.) | Eintritt frei

Idylle abseits

Étang de Berre

Südlich und östlich des 155 km² großen, bis 10 m tiefen Étang de Berre breiten sich große Industriebetriebe und der Flughafen Marseille Marignane aus. Dagegen überrascht der nördliche und westliche Teil – ein kleines Wunder – mit recht ursprünglichen, stillen Orten und einer sanften Landschaft, die an oberitalienische Seen erinnert (▶ Salon-de-Provence, S. 288).

DRAGUIGNAN

Département: Var | **Höhe:** 181 m | **Einwohner:** 39 400

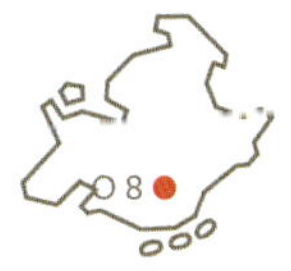

Mit Feldsteinen befestigte Terrassen tragen silbriggrüne Olivenbäume für aromatisches Öl, sattgrüne Rebstöcke liefern würzigen Rosé. Zum Fest der Düfte trägt die Garrigue mit Rosmarin und Wacholder ebenso bei wie mit Honig, Ziegenkäse und Trüffeln. Wehrhafte alte Bergdörfer vor tiefblauem Himmel vervollständigen das Mosaik der »echten Provence« in der Dracénie, dem wenig bekannten Landstrich zwischen dem Tal des Argens und dem Pays du Verdon.

Sein Zentrum ist das knapp 30 km nordwestlich von Fréjus gelegene Draguignan, ein typisches Landstädtchen und eine der bedeutendsten Garnisonen Frankreichs. Hinter dem Namen der Stadt und ihres

Land des Drachens

Umlands, der Dracénie, steckt eine Legende: Im 5. Jh. soll Hermentarius, der erste Bischof von Antibes, einen Drachen (»dragon«) getötet haben, der das Land verwüstete. Das Untier ziert denn auch das Stadtwappen. In der Revolution wurde Draguignan – anstelle des royalistisch gesinnten Toulon – 1797 Präfektur, erst 1974 gab es die Rolle wieder an die viel bedeutendere Hafenstadt ab.

Wohin in Draguignan und Umgebung?

Große Niederländer in der Provinz

Draguignan

Der Altstadt gruppiert sich um einen Felsen mit einem Uhrturm von 1662 (schöner Ausblick). Das **Musee d'Art et d'Histoire** im südwestlichen Viertel (9 Rue de la République), in einem modernisierten Ursulinenkonvent aus dem 17. Jh., besitzt echte Kostbarkeiten: einen Rembrandt (»Kind mit Seifenblase«) und einen Frans Hals (Kücheninterieur), dazu Gemälde von C. A. van Loo, J. Parrocel,

DRAGUIGNAN ERLEBEN

OFFICE DE TOURISME
2 Av. Carnot, 83300 Draguignan
Tel. 04 98 10 51 05
https://tourisme.dracenie.com

LA TABLE DE MARTINE €–€€
So unprätentiös wie das gemütliche Ambiente ist die kleine Karte, freuen Sie sich auf eine aromenreiche Küche des Südens. Mit Tischen draußen.
Draguignan, 18 Place du Marché
Tel. 04 94 68 00 09
Mi., Sa.- und So.abend geschl.

CHEZ BRUNO €€€€
Das prachtvolle Restaurant von Clement Bruno ist eine Trüffel-Kultstätte, die vier Menüs sind um verschiedene Trüffelsorten komponiert. Mit luxuriösen Gästezimmern.
Lorgues, 2350 Route des Arcs, Le Plan (D 10, 3 km südwestlich von Lorgues), Tel. 04 94 85 93 93
15. Juni.–15. Sept tgl., sonst Di. bis So.mittag offen (reservieren).

L'OUSTAOU €€–€€€
Modern-buntes Etablissement in einer Poststation des 18.Jh.s in der Ortsmitte, herzerwärmende Küche der Jahreszeiten. Schöne Terrasse.
Flayosc (6 km westl. von Drag.), 5 Place Joseph Brémond, Tel. 04 94 70 42 69, Di., Mi. geschl., im Sommer reservieren

LA VIEILLE BASTIDE €
Schlichte Zimmer in provenzalischen Farben, teils mit Fenstertür zur Terrasse. Das schön restaurierte Bauernhaus hat auch einen wunderbarem Garten mit Swimmingpool. Üppiges Frühstück, eigener Parkplatz gratis.
Flayosc, 306 Chemin du Peyron
Tel. 04 98 10 62 62

L'ATELIER €€
▸ S. 390

Ziem und Renoir sowie eine Skulptur von Camille Claudel. Vom Landleben alter Zeiten erzählt das **Musée des Arts et Traditions Populaires** (15 Rue Roumanille). Die für eine Kleinstadt breiten Alleen südlich der Altstadt legte Baron Haussmann an, Präfekt der Jahre 1849/1850, der später das Stadtbild von Paris so grundlegend veränderte. Das **Musée de l'Artillerie** am Ostrand der Stadt dokumentiert die Geschichte der französischen Artillerie vom 15. Jh. bis heute.

Musee d'Art: wegen Renovierung geschl. | **Musée des Arts et Traditions Populaires:** Di.–Sa. 10–12.30, 14–18 Uhr | Eintritt 3,50 €
Musée de l'Artillerie: Av. Grande Armée (D59), Quartier Bonaparte 15. Jan.–15. Dez. So.–Mi. 9–12, 13.30–17.30 Uhr | Eintritt frei

Olivenöl und ein berühmtes Trüffelrestaurant

Lorgues

Das Städtchen 13 km südwestlich von Draguignan, ein Zentrum der Oliven- und Öl-Produktion, wurde durch das »Chez Bruno« weithin bekannt (▶ links). Die erlebenswerte Altstadt prunkt mit prächtigem platanenbestandenem Boulevard. In der hochgelegenen, halbfertig wirkenden Collegiale Saint-Martin (1729) mit klassizistischer Fassade ein prächtiger Hauptaltar ligurischer Art aus polychromem Marmor und eine Marmor-Madonna (1694), die dem bedeutenden Marseiller Bildhauer Pierre Puget zugeschrieben wird.

Schlichtes Schloss mit Le-Nôtre-Garten

Entrecasteaux

Entrecasteaux 16 km nordwestlich von Lorgues ist ein typisch provenzalisches Dorf mit schmalen Gassen. Sein einfaches Schloss aus dem 17. Jh. war Sitz von François de Grignan, dem Schwiegersohn der Madame Sévigné (▶ Grignan). Der heutige Hausherr führt durch das Schloss, das er liebevoll mit altem Mobiliar ausstaffiert hat. Den Park entwarf der »Versailles-Gärtner« Le Nôtre.

Château: Ostern–Juni So., Juli–Sept. So.–Fr. 16 Uhr, Aug. auch 11.30 Uhr | Eintritt 10 €

»Dorf im Himmel der Provence«

Tourtour

Ein altes Dorf mit einen charmanten großen Hauptplatz – Tourtour, ca. 20 km nordwestlich von Draguignan Richtung Aups gelegen, beherbergt im Sommer Hunderte Urlauber. Viele besitzen eine Wohnung in den Bruchsteinhäusern zwischen dem Vieux Château und dem Kirchlein Saint-Denis, über ein Dutzend Galerien warten auf Käufer. Grandios ist der Blick über die Hügel des südlichen Var.

Hochburg der Trüffel

Aups

Am Fuß der Verdon-Berge ca. 30 km nordwestlich von Draguignan liegt ein wunderbar ursprüngliches Bergstädtchen, ein weiteres Zentrum der Trüffel (▶S. 131). Nicht nur im Café am Hauptplatz hat sich seit Jahrzehnten nichts verändert; nach dem Trüffelmarkt Ende Nov.– Ende Febr. (Do. ab 9.30 Uhr) wird dort der Handel begossen.

Alt und charmant – Tourtour ist zu Recht ein beliebter Sommer-Zweitwohnort.

Beim Trüffelfest am 4. Januar-So. zeigen trüffelsuchende Menschen, Hunde und Schweine ihr Können; in der **Maison de la Truffe** im Hospice Saint-Jacques (17. Jh.) erfährt man viel Interessantes. Berühmt ist auch der provenzalische Markt am Mi.- und Sa.vormittag. Einen Blick kann man in das dem Maler Simon Segal (1898–1969) gewidmete Museum und in die Stiftskirche Saint-Pancrace (1503) werfen.

Surrealismus und Renaissance-Schnitzaltar

Seillans

Über Bargemon schlängeln sich gut 30 km Straße von Draguignan nordöstlich durch eine liebliche Landschaft zum hochgelegenen mittelalterlichen Dorf Seillans, dessen Häuser sich um die mächtige Burg (11. Jh.) scharen. Bis heute bilden die Außenmauern der Häuser die Befestigung, manche Gassen sind gerade mal zwei Menschen breit. Der deutsche Maler **Max Ernst**, ein Hauptvertreter des Surrealismus (1891–1976), hat hier mit seiner Frau, der Malerin Dorothea Thanning, die letzten zwölf Jahre seines Lebens verbracht. 1994 vermachte Letztere der Stadt 71 Werke von Ernst. In der Klosterkirche sind einige Werke und persönliche Gegenstände ausgestellt, darunter das Käfigbett des Paars. Auf der Place de la République steht Ernsts Plastik »La Génie de la Bastille«. Die romanische Kapelle **Notre-Dame de l'Ormeau** (12. Jh.) 2 km südöstlich des Orts besitzt **eines der schönsten sakralen Kunstwerke der Provence**, einen aus Nussholz geschnitzten, farbig gefassten Altaraufsatz von 1540 mit Szenen aus dem Leben der Jungfrau Maria.

Notre-Dame de l'Ormeau: Führungen Do. 16.30 Uhr, Anmeldung Tel. 04 94 76 01 02 oder contact@paysdefayence.com

Le Thoronet ▶ dort

SCHWARZE DIAMANTEN

Auf dem Trüffelmarkt in Aups, dem größten des Départements Var, haben die Verkäufer vor dem Gemeindehaus ihre Schätze ausgebreitet. Die Kunden nehmen andächtig mysteriöse schwarze Klumpen aus den Tüten, beschnüffeln sie von allen Seiten, halten inne, drücken sie vorsichtig, riechen nochmal an den offensichtlich magischen Knollen.

Der Preis steht fest: 800 € für ein Kilo. Je nach Qualität und Ernte kann es auch mehr oder weniger sein. Schnell wechseln Geldscheine den Besitzer. Misstrauische Blicke der eingeschworenen Gemeinschaft mustern die wenigen Fremden, die sich in der eisigen Morgendämmerung auf den Marktplatz gewagt haben. Drei Amerikanerinnen haben sich auf die weite Reise über den Atlantik gemacht, um das Geheimnis des schwarzen Goldes zu ergründen. »Fantastic« ruft die eine, »unbelievable« die andere. »In Italien machen sie ganz komplizierte Gerichte aus den Trüffeln, aber hier ist es ganz einfach, so bodenständig, so wunderbar«, schwärmt die Dritte. In Georgia kennt man diesen Geruch nicht, der sich tief in den archaischen Teil des Unterbewusstseins gräbt, etwa dort, wo der Jagdtrieb und die anderen Instinkte unserer frühzeitlichen Existenz sitzen.

Auf der »Jagd«

»Wenn dich diese Leidenschaft gepackt hat, lässt sie dich nie mehr los«, versucht Jean-Pierre eine Erklärung, während sein wuscheliger Hund wie wild auf der Rückbank herumspringt. »Siehst du, wie sie sich freut«, fragt Herrchen, während er seinen alten Citroën über die steinigen, gefrorenen Feldwege lenkt. Am Ziel springt der »Schatz«, wie er seine Pyrenäenschäferhündin nennt, sofort aus dem Auto und fängt wie wild an zu scharren. Schwanzwedelnd buddelt sie sekundenschnell ein gut 20 cm tiefes Loch in den Boden. Jean Pierre greift hinein und strahlt über das ganze Gesicht. Er hat eine kinderfaustgroße Knolle gefunden. Jean-Pierre dankt dem Baum, indem er einige seiner Blätter in das kleine Erdloch legt, es wieder schließt und sich vor dem Stamm verneigt.

Für den legendären Gastrosophen Brillat-Savarin waren die Trüffeln »schwarze Diamanten«.

Angebot und Nachfrage

»Die Gesetze der Wirtschaft kennen Sie doch«, erklart Madame B. auf dem Markt in Aups den Kult um die Trüffel, während sie ein Bündel Scheine einsteckt und den leergekauften Stand abbaut. »Alles, was rar ist, ist teuer.« Dennoch ärgert sich Madame B., die Bäuerin aus dem Nachbardorf, dass »man daraus ein Luxusgericht für Reiche gemacht hat«. Schließlich sei die **Rabasse**, wie die Trüffel hier in der Provence heißt, ein Produkt der Erde.

Für die Trüffelsuche ist man auch in der Provence »auf den Hund gekommen«. Nur selten werden noch Schweine für diese Arbeit eingesetzt.

Und: »Die Erde ist uns gegeben, damit wir sie lieben. Wir lieben die Hunde und sie geben uns ihre Liebe zurück, und so finden wir zusammen die Rabasse.«

Hund statt Schwein

Hunde suchen Trüffeln, um ihrem Herrchen oder Frauchen eine Freude zu machen. Schweine suchen Trüffeln, weil sie sie fressen wollen. Ihr Geruch ähnelt dem Sexualduftstoff des Ebers, weshalb geschlechtsreife Schweine auf ihn stark reagieren. So hat der Mensch beim Schwein oft das Nachsehen. Fast nur noch auf den Trüffelmessen, etwa im Januar in Aups, zeigen Einheimische, wie man mit Schweinen die »schwarzen Diamanten« der Provence sucht.

Eine Pilzkrankheit

Jean-Pierre hat eine Reihe Bäume entlang der »Hartmannschen Linien« gepflanzt, die sich in Wellen durch die Landschaft schwingen. An diesen Energielinien, so etwas wie Erdmeridiane, gedeihen die Trüffeln seiner Erfahrung nach am besten. »Die Bäume«, weiß Jean-Pierre, »sprechen miteinander.« Deshalb dürfe man nie einen Baum fällen, in dessen Nachbarschaft ein anderer Trüffeln hat. Die Trüffel ist ein Pilz, der unter bestimmten Bedingungen Steineichen besiedelt, seltener Korkeichen und Nussbäume. An den Wurzeln bilden sich die Knollen. Im italienischen Piemont findet man die weiße **Alba-Trüffel** (*Tuber magnatum*), in der Provence die fast genauso teure **Schwarze Trüffel** (*Tuber melanosporum*) und die **Wintertrüffel** (*Tuber brumale*). Erntezeit ist von November bis März. Im Sommer gibt es die innen weiße **Sommertrüffel** (*Tuber aestivum*), die nur die Hälfte kostet, allerdings auch lange nicht so intensiv riecht und schmeckt. In jüngerer Zeit wird zunehmend die chinesische Trüffel importiert, die für Feinschmecker nicht in Frage kommt.

Versuche, die teuren schwarzen Knollen zu züchten, sind bisher gescheitert. Doch weiß man, dass man der Natur unter die Arme greifen kann. Einige Regeln beachten die Bauern in der oberen Provence seit vielen Jahren: »Ein Drittel macht das Wetter, ein Drittel der Boden und ein Drittel der Baum«, erklärt Philippe De Santis, eine zentrale Figur unter den etwa 300 Trüffelbauern im Département. Er pflanzte in regelmäßigen Abständen Steineichen, die er mit dem Trüffelpilz geimpft hatte. Wenn der Boden leicht kalkig, das Gelände trocken und sonnig ist, zur rechten Zeit die richtige Menge Regen fällt und man das Grundstück von Gestrüpp frei hält, dauert es fünf, sieben, zehn oder mehr Jahre, bis man – mit Glück – die erste Trüffel ernten kann.

Immer frisch gehobelt

Fachleute erkennen eine gute Trüffel am Geruch, an ihrer festen, aber nicht harten Konsistenz und an der feinen weißen **Marmorierung** in ihrem schwarzen Inneren. Gereinigt werden die Knollen erst unmittelbar vor der Zubereitung mit einer kleinen Bürste. Ihren Geschmack entfalten sie am besten, wenn sie ganz frisch hauchdünn gehobelt werden.

Einige Daten & Zahlen

1915 lieferten Frankreichs Bäume und Böden rund 1000 t Trüffeln, gegenwärtig sind es trotz der vielen »Plantagen« maximal ca. 50 t (importiert werden noch einmal über 50 t). Noch vor Italien und Spanien ist Frankreich der größte Produzent der Knollen weltweit. Ca. 80 % der französischen Trüffelernte kommen aus der Region Provence-Alpes-Côte d'Azur, den größten Teil davon liefern die Départements Vaucluse (Grignan/Carpentras) und Var (Aups und Umgebung) sowie der Südwesten der Alpes de Haute-Provence. Das berühmte »Trüffelrestaurant« Bruno in Lorgues verarbeitet jedes Jahr, nach eigenen Angaben, etwa 6 t (!) Trüffeln.

Das größte **Trüffelfest** im Département Drôme findet in Saint-Paul-Trois-Châteaux am 2. Februar-Wochenende statt. Über 3000 Eier und 30 kg Trüffeln werden dort zu einer riesigen »brouillade« verbraten. In Saint-Paul-Trois-Châteaux gibt es auch ein **Trüffelmuseum** (Maison de la Truffe et du Tricastin, bei der Kathedrale).

Die mit Eichenblatt und Trüffelknolle gekennzeichnete, über 100 km lange **Route de la Truffe** im Département Var verbindet, von Nordwesten nach Südosten, das Dorf Vinon am Verdon mit Vidauban am Argens. Unterwegs kann man zahlreiche Trüffelrestaurants, -feste und -märkte besuchen.

Damit Trüffeln ihr Aroma richtig entwickeln, brauchen sie einen Geschmacksträger. Besonders geeignet sind dafür Eigelb und Butter (auch Olivenöl und Sahne werden verwendet). Das Ergebnis ist die köstliche »brouillade«.

INFO

Var Tourisme (▶ S. 399) sowie auf
www.fft-truffes.fr
www.truffe-noire.info
www.truffle-and-truffe.com

★ FONTAINE-DE-VAUCLUSE

Département: Vaucluse | **Höhe:** 80 m | **Einwohner:** 570

Kristallklares, durch die Wasserpflanzen grün leuchtendes Nass sprudelt glitzernd dahin, nachdem es – zuzeiten in gewaltigen Mengen – den Quelltopf an der Felswand verlassen hat. Wasserläufe und Quellen sind in der Provence selten, umso schöner mutet das bewaldete Tal der Sorgue an.

Abgeschiedene Idylle

Eine malerische Szenerie, die größte Quelle Europas und der Humanist Francesco Petrarca machten den Platz knapp 30 km östlich von Avignon berühmt. Er verdankt seinen Beinamen der herrlichen Lage in einem geschlossenen Talkessel (lateinisch »vallis clausa«, wovon der Name des Départements herrührt) 7 km östlich von L'Isle-sur-la-Sorgue (s. u.). **Petrarca** (1304–1374), geboren im italienischen Arezzo, lebte ab 1311 mit seiner Familie in der Papstresidenz Avignon; von 1337 bis 1349 hatte er hier den festen Stützpunkt für sein literarisches Schaffen und seine diversen Reisen. Papiermühlen nützten die Energie des Wassers, die letzte schloss 1968.
Weil die Szenerie so exzeptionell schön ist, ist der Ort mit Souvenirläden gespickt und im Sommer, besonders am Wochenende, dem Infarkt nahe; ab 10 Uhr werden Parkgebühren erhoben (also frühmorgens oder außerhalb der Saison kommen). Für ein Picknick eignet sich die kleine Insel, die durch den Garten des Petrarca-Museums zu erreichen ist.

Petrarca und Papier

Spaziergang durch den Ort

Die Place de la Colonne in der Ortsmitte umgeben Restaurants (überall gibt's Forellen) und Bars, eine Säule (1804) erinnert an Petrarca. In der Krypta der romanischen Kirche **Saint-Véran** (12. Jh.) ist der hl. Véran beigesetzt, im 6. Jh. Bischof von Cavaillon. Der Legende nach soll er einen Drachen bezwungen haben, der die Bauern plagte. Im angeblichen **Wohnhaus Petrarcas** am rechten Flussufer erinnert ein kleines Museum an den Dichter, außerdem an den Dichter und Widerstandskämpfer René Char (1907–1988).
In einer ehemaligen Papierfabrik am Weg zur Quelle dokumentiert das sehr interessante **Musée d'Histoire Jean Garcin 39–45** die deutsche Besetzung und die Résistance in der Vaucluse. In der **Papiermühle Vallis Clausa**, signalisiert durch ein Mühlrad, wird nach

Schwarzwald? Schweiz? Weder noch. Man kann verstehen, dass Petrarca hier Zuflucht nahm und Muße fand.

FONTAINE-DE-VAUCLUSE ERLEBEN

OFFICE DE TOURISME
84800 Fontaine-de-Vaucluse
4 Route de Cavaillon
84800 Isle-sur-la-Sorgue
13 Place F. Buisson
Tel. 04 90 38 04 78
islesurlasorguetourisme.com

LA FIGUIÈRE €
Charmanter, ruhiger Platz im Grünen: am Weg zur Quelle gelegenes provenzalisches Haus aus dem 19. Jh., im Sommer schätzt man die schattige Terrasse. Gute traditionelle Küche. Mit schlichten, netten Zimmern.
Fontaine-de-Vaucluse, 3 Chemin de la Grangette, Tel. 04 90 20 37 41, Okt.–Febr. sowie Mo. und So.abend geschl., lafiguiere-provence.fr

LA BALADE DES SAVEURS €€
Die Restaurants an den romantischen Kanälen sind nicht alle top. Hier wird man nicht enttäuscht: Feine Küche mit regionalem Akzent, angenehme Preise und freundliches Ambiente.
L'Isle-sur-la-Sorgue, 3 Quai Jean Jaurès, Tel. 04 90 95 27 85
Mo./Di. geschl.

HOTEL DU POÈTE €€–€€€
Außen eine schlichte Mühle aus dem 19. Jh., umgeben von Platanen, Bach und Pool, innen komfortabel und hübsch mit Retro-Charme gestaltet.
Fontaine-de-Vaucluse, zwischen der Ortsmitte und der Sorgue.
Tel. 04 90 20 34 05
www.hoteldupoete.com

LE MAS DE CURE-BOURSE €–€€
Stattliche Poststation aus dem 17. Jh. unter hohen Bäumen, mit charmanten Zimmern und Swimmingpool. Ganz hervorragend isst man im Restaurant bzw. auf lauschiger Terrasse.
L'Isle-sur-la-Sorgue, 120 Chemin de la Serre (3 km südwestlich des Zentrums), Tel. 04 90 38 16 58
www.masdecurebourse.com

alten Verfahren schönes Papier gefertigt (und verkauft). Von der Ruine der Burg aus dem 13. Jh. hat man eine schöne Aussicht.
Musée Petrarca & Musée d'Histoire: April–Sept. Do.–Mo. 11–13, 14–18 Uhr | Eintritt 5 bzw. 7 €, Kombikarte 9 €

Unergründlicher Quelltopf

★ Quelle der Sorgue

Am Fuß einer 240 m hohen, senkrecht aufragenden Felswand tritt in einem Quelltrichter das Wasser zutage, das auf dem Plateau de Vaucluse im Kalkgestein versickert. Entsprechend den Niederschlägen schwankt die Schüttung der Quelle – die größte Europas – erheblich, maximal erreicht sie **120 000 Liter pro Sekunde**. Am eindrucksvollsten ist sie in der Schneeschmelze im Frühjahr, zuzeiten plätschert das Flüsschen etwas dürftig dahin. Zur Quelle der Sorgue geht man von der Ortsmitte ca. 800 m im engen, grünen Tal, begleitet von jeder Menge Souvenirkitsch. Eher enttäuschend ist der »Monde Souterrain«, der von den geologischen Verhältnissen und der Erforschung des Quelltopfs erzählt (Vortrag in Frz.; Nachbildung einer Höhle).

Sénanque und Gordes

Zu Fuß zum berühmten Kloster

Das Kloster Sénanque und das Dorf ▶ Gordes liegen in Luftlinie nur 4 km östlich, auf der Straße jedoch gut 20 km. Rüstige Wanderer nehmen den GR 6/97 unter die Stiefel, für die 11 km bis Sénanque muss man 3–4 Std. rechnen, plus 3 km/45 Min. nach Gordes.

L'Isle-sur-la-Sorgue

Stadt der Kanäle und Antiquitäten

Nach dem Trubel in Fontaine-de-Vaucluse tut die Atmosphäre dieses hübschen, lebendigen Städtchens (19 500 Einw.) gut. An der Sorgue, die mit ihren Kanälen für ein kleines Venedig sorgt, lieferten an die 70 Wasserräder Energie für die Leder-, Papier- und Textilindustrie, 15 sind noch erhalten. Berühmt ist L'Isle – neben Paris-Saint-Ouen – als die **Antiquitäten-Metropole Frankreichs** mit über 350 nicht billigen Läden (meist Do./Fr.–So./Mo. geöffnet), der Passage du Pont, dem Antiquitätenmarkt am Sonntag und mehreren Messen, die wichtigsten an Ostern und Mitte August. Von den Lebensmittelmärkten seien die am Do.- und So.vormittag sowie der schwimmende Markt am 1. Aug.-So. genannt. Überreich ausgestattet ist die 1672 geweihte Kirche **Notre-Dame-des-Anges**: In der Französischen Revolution wurden hier die konfiszierten Kunstwerke aus fünf Klöstern vereinigt und so eines der beeindruckendsten Barockensembles in Südfrankreich geschaffen.

Alles appetitlich und verlockend beim »Schwimmenden Markt« in L'Isle.

6X ERSTAUNLICH

Hätten Sie das gewusst?

1. SAFRAN

Alles Handarbeit – für 100 g des charaktervollen Gewürzes müssen 20 000 Blüten gepflückt werden! Seit mehreren Jahren wird am Mont Ventoux von einigen Landwirten wieder Safran angebaut, etwa bei **»L'Aube Safran« in Le Barroux.** (▶ **S. 308**)

2. MERCEDES

Ein Auto von Daimler-Benz? Nein, so hieß die Tochter des Autohändlers Emil Jellinek, der auf dem **Cimetière du Château in Nizza** bestattet ist. Er hat ihren Namen zur weltberühmten Marke gemacht. (▶ **S. 251**)

3. EFFEKTVOLL

Als die Zuschauer den Zug auf sich zufahren sahen, packte sie Panik: Im Bahnhof von **La Ciotat** drehten die Brüder Lumière ihren ersten Film, ihr **Eden Théâtre** ist das älteste noch existierende Kino der Welt. (▶ **S. 220**)

4. ÜBERWÄLTIGEND

Die »Kornblumen« und ein meterhoher Bücherstapel signalisieren das überreiche Sortiment der **Librairie Le Bleuet in Banon**, überdies ein rühriges Kulturzentrum mit Lesungen. (▶ **S. 141**)

5. EXZENTRISCH

Mit dem nötigen Kleingeld ausgestattet, lebte Théodore Reinach als »griechischer« Dandy in der aufwendig nachgebauten **Villa Kérylos in Beaulieu** – natürlich an einem großartigen Platz. (▶ **S. 100**)

6. SKI HEIL

In den Seealpen frönen viele dem Sport im Schnee, aber wie wär's mal mit dem **Mont Serein** am Mont Ventoux als einem Highlight beim extravaganten Winterurlaub in der Provence? (▶ **S. 248**)

★★ FORCALQUIER

Départ.: Alpes-de-Haute-Provence | **Höhe:** 550 m | **Einwohner:** 5100

Weithin sichtbar signalisiert ein ehedem mit einer Bastion bekrönter Hügel das Städtchen mit seiner authentischen, recht morbiden Altstadt. In den Straßen lassen noble Hôtels aus dem 15.–18. Jh. bedeutende Geschichte erahnen. Und am Montagvormittag zieht der größte Markt der Haute-Provence die Menschen an.

Auf der Burg – nur Ruinen sind von ihr erhalten – residierten die Grafen von Forcalquier, die entlang der Durance zwischen Manosque, Gap und Embrun herrschten. Sie behaupteten sich gegen die Grafen der Provence, bis Raymond Bérenger V. im 12. Jh. beide Territorien erbte. Ihm gelang es, seine vier Töchter mit Königen zu verheiraten, weshalb Forcalquier sich mit dem Titel »Stadt der vier Königinnen« schmückt. Auch später bewiesen die Bürger die »echt provenzalische« Widersetzlichkeit: beim Staatsstreich Napoleons III. und im Zweiten Weltkrieg als Zentrum der Résistance. In den 1960/1970er-Jahren brachten Künstler und Aussteiger frischen Wind in die Stadt.

Wohin in Forcalqier und Umgebung?

Kulturkino und unzüchtige Brunnenfiguren

Altstadt und Zitadelle

Der erwähnte Markt hat sein Zentrum auf der **Place du Bourget** am Nordwestrand der Altstadt (gute Cafés und Restaurants); das Kino in der Kapelle des Visitantinnen-Konvents spielt in der lokalen Kultur eine zentrale Rolle. Über dem Platz ragt die romanisch-gotische Kathedrale **Notre-Dame-du-Bourguet** (12./13. Jh.) mit mächtigem Vierungsturm auf, das Uhrtürmchen kam erst im 17. Jh. mit den Seitenschiffen dazu. Ihre eindrucksvolle Orgel (urspr. 1629) können Sie Aug.–Mitte Sept. So. 17.30 Uhr akustisch erleben. Von der Stadtbefestigung ist noch die Porte des Cordeliers erhalten, im jüdischen Viertel nebenan gilt ein Haus aus dem 13. Jh. als Synagoge. Weiter westlich die schöne **Place Saint-Michel** mit einem Renaissance-Brunnen (Kopie, 1976) – sehen Sie sich seine Figuren genauer an! Die Rue Saint-Mary und die Rue de la Citadelle führen zum Gipfel mit den Resten der Burg und einer kitschigen Kapelle von 1875, deren Carillon sonntags um 11.30 Uhr ertönt. Der Ausblick ringsum ist exzellent.

Riechen und schmecken lernen

Was ist noch interessant?

Die Franziskaner gründeten 1236 ihren **Couvent des Cordeliers** am Nordfuß des Stadthügels, erhalten sind u. a. das eingewölbte Skriptorium, die Bibliothek mit originaler Holzdecke und der schön gestal-

FORCALQUIER ERLEBEN

OFFICE DE TOURISME

13 Place du Bourguet, 0430o Forcalquier, Tel. 04 92 75 10 02, www.haute-provence-tourisme.com

AUX DEUX ANGES €

Sehr kleines (reservieren!), gemütliches Restaurant: Mutter, Sohn und Tochter verwöhnen mit bodenständiger Hausfrauenküche – auf der Tafel stehen v. a. Lammgerichte. Freundliche Betreuung.
Forcalquier, 3 Place Saint-Michel
Tel. 04 92 75 04 36
Mo.abend, Di. geschl.

LA CAMPAGNE ST LAZARE €€€

Bio & regional, vegetarisch & vegan – »Gesund essen macht Spaß« ist das Credo der jungen Patronne. Ebenso wunderbar wie ihre Kreationen ist das Drumherum (z. B. Restaurant mit Terrasse, Pool). Auch sehr feine Zimmer und Appartements.
Forcalquier, Ancienne Route de Dauphin, Tel. 04 92 75 48 76
April–Sept. Do.–Sa., So.mittag, Reservierung obligatorisch.

COCOTTE €

Eines der »Bistrot de Pays«, die eine ehrliche Küche des Landes mit ebensolchen Zutaten (möglichst bio) pflegen. 6 km östlich von Forcalquier.
Pierrerue, Rue de la Ferraille
Tel. 04 92 75 33 00, So., Mi. sowie Mo.-, Di.abend geschl..

LE MAS DU PONT ROMAN €€

Mane ist eine Miniaturausgabe von Forcalquier, und nahe der Laye (mit romanischer Brücke) empfängt das provenzalische Haus mit gediegenen, antik gestalteten Zimmern, Park und Pool. Man spricht Deutsch.
Mane, Chemin de Châteauneuf
5 km südwestlich von Forcalquier
Tel. 04 92 75 49 46
www.maspontroman.com

tete Kreuzgang. Die **Université Européenne des Senteurs & Saveurs** veranstaltet Kurse Thema ist alles, was duftet und was man draus machen kann, von Kräutern über Parfüm und Kosmetik bis zum Wein; einen entsprechenden Laden gibt es auch (www.uess.fr, www.artemisia-museum.fr). Lassen Sie den **Friedhof** in der Avenue Fontauri) nicht aus; kunstvoll getrimmte Eibenhecken rahmen die monumentalen Mausoleen und Grabstätten ein. Einfache Holzkreuze kennzeichnen das Grab der britischen Familie Drummond, die 1952 im Durance-Tal ermordet wurde; in einem aufsehenerregenden Indizienprozess wurde 1954/56 der Bauer Gaston Dominici verurteilt – mehrfach verfilmt, u. a. als »Affäre Dominici« mit Jean Gabin (1973).

Sauvan

Petit Trianon der Provence

Ein überraschendes Juwel ist ca. 6 km südlich von Forcalquier zu finden: das Schloss Sauvan (1719 – 1729), eines der schönsten klassizistischen Bauwerke der Region, liebevoll detailgenau restauriert.

Die Pétanque -Kugeln klackern auch auf der Place du Bourguet in Forcalquier.

März So., April & 1.–15. Nov. Do., Sa., So., Mai/Juni/Sept. Do.–Mo., Juli/Aug. Mi.–Mo. | Eintritt 11,50 €

Etwas für Sterngucker

Observatoire de Haute Provence

Die Luft der Provence gilt als die sauberste und trockenste in Frankreich, und besonders trifft das hier zu. Südwestlich von Forcalquier leuchten auf der Höhe die weißen Kuppeln des Observatoriums, das das Centre National de la Recherche Scientifique (CNRS) 1937–1958 erbaute. In Führungen sind die Teleskope und Messgeräte zu bewundern, noch interessanter sind die Beobachtungen von Sonne und Sternen, die das Centre d'Astronomie durchführt. Gut nächtigen kann man in Saint-Michel-l'Observatoire im Hotel Galilée (1 Rue de Gerant, Tel. 04 65 10 00 26).

Observatoire: Führungen Mitte April–Juni, Sept., Okt. Mi., Juli/Aug. Di.–Do. 14.30, 15.30, 16.30 Uhr, 5,50 € | Karten im Tourismusbüro Saint-Michel-l'Observatoire, Tel. 04 92 76 69 09 | Anfahrt Juli/Aug. mit Bus (gratis), sonst mit eigenem Kfz | www.obs-hp.fr

Centre d'Astronomie: wechselnde Zeiten, s. www.centre-astro.com und www.saintmichellobservatoire.com.

Bücher und Ziegenkäse

Banon

Der »Ansichtskartenort« mit echt provenzalischem Unterdorf und wehrhaftem Oberdorf (beeindruckendes Stadttor mit Pechnasen) ist für zweierlei berühmt: den in Kastanienblätter gewickelten Ziegenkäse und die Librairie Le Bleuet. Ersteren können Sie u. a. auf dem Markt am Di. probieren (testen Sie verschiedene Reifestadien),

Letztere führt über 100 000 Titel, darunter Krimis von Pierre Magnan – »Laviolette auf Trüffelsuche« spielt u. a. in Banon. Von Forcalquier erreicht man Banon auf der D950 (25 km nordwestlich).

Zentrum des Lavendels mit ungewöhnlicher Burg

Simiane-la-Rotonde

Auch dieses mittelalterliche Dorf – 10 km südwestlich von Banon (D51) gelegen, am Rand des Plateau d'Albion, umgeben von Lavendelfeldern – zieht sich einen Bergkegel hinauf. Oben thront die **Rotonde**, Rest einer Burg der Simiane-Agoult aus dem 12.–16. Jh.: Außen schlicht und abweisend, ist sie innen mit Kreuzrippengewölben, Skulpturen an Kapitellen und Konsolen etc. aufwendig und schön gestaltet. Höhepunkt ist der zwölfeckige Saal mit 5 m hoher Kuppel, ein wunderbarer Rahmen für die Konzerte des **Festival de Musique Ancienne** (1. Aug-Hälfte, festival-simiane.com). In den Straßen mit Galerien und Kunsthandwerk achte man auf schöne Details wie die Laternen und die geschnitzten Portale; die Markthalle (16. Jh.) am Rand des Abgrunds eröffnet einen großartigen Blick.

Rotonde: Mai–Okt. tgl. 10.30–18.30, März, April, Mi.–So. 10.30–13, 14–17.30 Uhr | Eintritt 5,50 €

Abbaye de Ganagobie

Di.–So. 14.30 – 17.15 Uhr | www.abbaye-ganagobie.com

Schönste provenzalische Romanik

Kloster und Plateau

Aus dem Tal der Durance winden sich 4 km Serpentinen 350 m bergauf: Das Kloster Ganagobie ca. 20 km nordöstlich von Forcalquier gilt als eines der schönsten Beispiele provenzalischer Romanik, und es besitzt ein **einzigartiges Mosaik aus dem 12. Jh.**; ebenso beeindruckend ist die Aussicht vom Plateau de Ganagobie. Nach der Gründung eines Klosters und seinem Anschluss an das mächtige Cluny im Jahr 965 entstand im 12. Jh. die heutige Anlage. 1987 übersiedelten die Benediktiner von Hautecombe hierher. Zugänglich ist nur die Kirche, man kann auch einen Blick in den Kreuzgang werfen. Im Laden können Sie aus den vielfältigen Produkten des Klosters wählen.
Lassen Sie einen Spaziergang auf dem Plateau nicht aus. Östlich erreicht man durch eine **Steineichen-Allee** einen Felsvorsprung, von dem man über das Durance-Tal und die Hochebene von Valensole zu den Voralpen um Digne sieht, an klaren Tagen bis zu den Alpen. An prähistorischen Steinsetzungen vorbei geht man zum Westrand, hier blickt man über die Senke von Forcalquier bis zum Luberon.

Mittelalterliche Bilderwelt

Kirche

Das Äußere ist sehr schlicht, nur Wandpfeiler gliedern die Längswände. Merkwürdig das Westportal: In seine Bögen und Gewände wur-

den rundzähnige Bausteine eingefügt, die früher als Dienstprofile dienten. Recht archaisch mutet die Darstellung des Weltgerichts im Tympanon an, die man in der Provence sonst nur in Arles und Saint-Gilles sieht: Christus in der Mandorla umgeben die Symbole der vier Evangelisten, am Türsturz reihen sich die zwölf Apostel. Im sehr nüchternen (früher mit Fresken ausgestatteten) Inneren ist die Empore in der Westwand zu beachten, sie verweist auf Cluny und seine Liturgie, in der dem Gesang im Chor geantwortet wurde. Die modernen Fenster schuf der koreanische Dominikaner Kim En Joong (2006). Der zu großen Teilen rekonstruierte Kreuzgang entstand vermutlich in der 2. Hälfte des 13. Jahrhunderts.
Die Mosaiken in Chor und Querhaus, entstanden zwischen 1135 und 1170, gelten mit knapp 70 m² Fläche (ursprünglich 82 m²) als **größtes romanisches Bodenmosaik in Frankreich**. Die Datierung wird durch eine Inschrift möglich, die den Auftraggeber (Prior Bertrand) und den Künstler (Petrus Trudbert) nennt. Thematik und Darstellung sind von der Antike und den Kreuzzügen inspiriert; den Rahmen bildet das **Thema von Gut und Böse**, der Tradition entsprechend rechts (gut) bzw. links (böse) dargestellt. Neben magischen Symbolen und Tierkreiszeichen dominieren Fabelwesen; in der linken Apsis verfolgt ein Ritter ein Monster, man sieht Kentauren, Einhörner und Elefanten. Im rechten Querhaus der **Kampf des hl. Georg** mit dem Drachen, eine der frühesten Darstellungen des Heiligen als Drachentöter (diese Legende kam erst im 12. Jh. auf), und im Medaillon darüber der Hirsch, ein Symbol für Christus.

Eine recht heidnische Welt bevölkert das romanische Mosaik von Ganagobie.

FRÉJUS · SAINT-RAPHAËL

Département: Var | **Höhe:** 21 m | **Einwohner:** 55 700/35 900

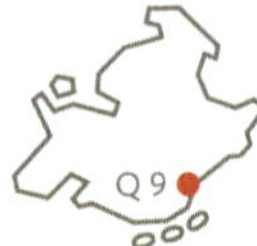

Lange, flache Sandstrände und Jachthäfen sind das Kapital von Fréjus und dem sich nahtlos anschließenden Saint-Raphaël. Reizvoll am Fuß des ▸Massif de l'Esterel gelegen, zählen sie zu den unglamourösen, preisgünstigen Badeorten an der Côte d'Azur, was besonders Familien schätzen. Maritime und andere Sportarten werden dementsprechend in großer Zahl angeboten.

Als touristisches Zentrum der Stadt Fréjus läutete der große Jachthafen Port-Fréjus 1989 eine neue Ära ein; neuzeitliche Mittelmeerarchitektur mit Hotels und Appartementhäusern, mit Läden und Restaurants prägt sein Bild. Einige römische Bauwerke bzw. deren Reste erinnern daran, dass das 49 v. Chr. unter Caesar gegründete »Forum Julii« sich zu einem der größten Kriegshäfen des Mittelmeers entwickelte – erstaunlich: Das Hafenbecken war mit dem Meer durch einen 1200 m langen und 30 m breiten Kanal verbunden. Ab 1915 war Fréjus Stützpunkt der Soldaten aus den Kolonien in Ostasien und Afrika, die sich hier auf den Einsatz im Weltkrieg vorbereiteten; daran erinnern v. a. die Moschee im Stadtviertel Caïs, ein Nachbau derjenigen von Djenné im Sudan, und die Pagode Hông Hiên an der DN 7.

Wohin in Fréjus?

Frühes Zeugnis des Christentums

★ Kathedrale Saint-Léonce

Sehr früh schon, im 4. Jh., wurde Fréjus Bischofssitz. Die Kathedrale, im 11./12. Jh. am Platz eines Vorgängers erbaut, betritt man durch das Südportal in spätgotischem Flamboyant; eindrucksvoll die geschnitzten Renaissance-Türen von 1530, die meist von Läden geschützt werden. Sie stellen Szenen aus dem Marienleben sowie die Apostel Petrus und Paulus dar, die Symbole in den Einfassungen beziehen sich auf die Kämpfe mit den Sarazenen. Von der Vorhalle ist das **Baptisterium** aus dem 4./5. Jh. zugänglich, eines der ältesten christlichen Bauwerke Frankreichs. Ursprünglich gab es nur zwei Türen: Durch die niedrige trat der Täufling gebückt ein, durch die hohe ging er aufrecht hinaus. Die Arkaden im oktogonalen Innenraum werden von acht Säulen getragen; drei Paare aus unterschiedlichem Marmor stammen von römischen Bauten. Die **Kathedrale** besitzt zwei Schiffe, eines romanisch, das andere gotisch. Bemerkenswert das 16-teilige Altarbild von Jacopo Durandi († um 1470) und das Chorgestühl (um 1440). Der zauberhafte **Kreuzgang** zeigt in der Einfassung der Decke einen Zyklus der Apokalypse aus dem 14./15.

Wie wär's mal mit etwas Waghalsigerem?

Jh. – ein schauerliches Bestiarium. An seiner Nordseite führt eine zweiflügelige Treppe nach oben, deren Stufen Sitzbänke des Amphitheaters (s. u.) waren. Im **Musée Archéologique** sind Funde etruskischen, griechischen und römischen Ursprungs zu sehen, u. a. ein schönes römisches Bodenmosaik.

Baptisterium & Kreuzgang: Mai–Aug. tgl. 10–18, sonst 10–13, 14–17 Uhr | Eintritt 6 € | **Musée Archéologique:** Zugang Place Calvini, April–Sept. Di.–So. 9.30–12.30, 14–18, sonst Di.–Sa. 9.30–12, 14–16.30 Uhr | Eintritt 3 €

Ausflug in die Antike

Römische Reste

Das **Amphitheater** (Arènes) aus dem 1. Jh. n. Chr. im Westen der Stadt (Rue H. Vadon) misst 114 × 83 m und bot 10 000 Zuschauern Platz, heute finden hier Popkonzerte etc. statt. An der Place Agricola steht die **Porte des Gaules**. Im Nordosten der Stadt (Avenue du XVe Corps, N 7) sind Reste des römischen **Aquädukts** erhalten, der Wasser aus der Quelle der Siagnole bei Mons (ca. 30 km nördlich) heranführte. Westlich des Aquädukts (Rue G. Bret) liegt das römische **Theater**, in dem im Juli das Theaterfestival »Les Nuits Auréliennes« viele Zuschauer anzieht.

Amphitheater & Römisches Theater: April–Sept. Di.–So 9.30–12.30, 14–18, sonst Di.–Sa 9.30–12, 14–16.30 Uhr | Eintritt 3 € bzw. frei

Cocteaus letztes malerisches Werk

Chapelle Cocteau

Fertiggestellt wurde die achteckige Kapelle Notre-Dame-de-Jérusalem erst nach Cocteaus Tod 1963. Die Ausmalung hat die Passion und die Auferstehung Christi zum Thema, enthält aber auch heidnische

Embleme; unter den Aposteln des Letzten Abendmahls entdeckt man Cocteau selbst sowie seine Muse und große Liebe Jean Marais.
6 km Richtung Cannes (DN 7), April–Sept. Di.–So. 9.30–12.30, 14–18, sonst Di.–Sa. 9.30–12, 14–16.30 Uhr | Eintritt 3 €

Wo F. Scott Fitzgerald den »Großen Gatsby« schrieb

Saint-Raphaël

Der frequentierte Urlaubsort hat eine Vergangenheit als Fischerdorf und, in der Belle Époque gegen Ende des 19. Jh.s, als Treff der Hautevolee. Mit Palmen und Platanen bestandene Promenaden verlaufen am alten Hafen und am Strand; Akzente bilden dort das Spielcasino und die neobyzantinische Kirche (1889). Unter dem Casino fand man Reste einer römischen Villa. In Saint-Raphaël landete Napoleon 1799 nach seinem Ägyptenfeldzug (Gedenk-Pyramide am Hafen), hier schiffte er sich 1814 zur Verbannung auf Elba ein. Im alten Zen-

FRÉJUS & SAINT-RAPHAËL ERLEBEN

OFFICES DE TOURISME
249 Rue Jean Jaurès, 83600 Fréjus Tel. 04 94 51 83 83, www.frejus.fr
Quai Albert 1er, 83700 Saint-Raphaël Tel. 04 94 19 52 52
www.saint-raphael.com

FESTIVAL DE L'AIR
Am letzten Okt.-Wochenende bevölkern fantasievolle Drachen den Himmel über der Base Nature Léotard südwestlich des Port Fréjus.

L'AMANDIER €€
Intimes Lokal in romantischen Gewölben, bei der Kathedrale. Kleine, feine Karte mit mediterranen Gerichten, charmanter Service.
Fréjus, 19 Rue Desaugiers
Tel. 04 94 53 48 77
So., Mo.-/Mi.-/Fr.mittag geschl.

LE MEROU ARDENT €–€€
An der Promenade von Fréjus-Plage und Saint-Raphael gelegen, also »mittendrin« , dennoch ausgezeichnete Küche zu angenehmen Preisen – vor allem Fisch, wie der Name verkündet. Reservieren ist angezeigt.
Fréjus, 157 Blvd. de la Libération, Tel. 04 94 17 30 58
Di./Mi. geschl.

MARIU'S €€
Aus regionalen Zutaten frisch und raffiniert zubereitet kommen nicht nur Fisch und Fleisch aus der Küche, sondern auch Vegetarisches.
Saint-Raphaël, Tel. 04 94 95 14 31, Di., Mi. geschl. sowie Mo., Do., Fr. mittags.

L'OASIS €
Recht stilvolles, dennoch familiäres kleines Hotel, in einer ruhigen Seitenstraße gelegen, mit klimatisierten Zimmern. Zum Strand sind es 150 m.
Fréjus, Impasse J. Charcot
Tel. 04 94 51 50 44
www.hotel-oasis.net

trum steht die Kirche **San Raféu** (12. Jh.), die zum Schutz vor Piraten einen Wachtturm erhielt. Sie ist ein Teil des **Musée d'Archéologie** mit Amphoren, die aus antiken Schiffswracks geborgen wurden – Saint-Raphaël gilt als **Wiege des Tauchsports**, mehrere Tauchschulen stehen zu Verfügung. Westlich des Vieux Port der lange Stadtstrand, östlich von ihm liegen weitere Strände und Bootshäfen, davor im Meer die bizarren Felsen Lion de Terre und Lion de Mer.

Musée: Juli–Sept. Di.–Sa. 10–18, März–Juni, Okt. Mi.–Sa. 9–12.30, 14 bis 17, Nov.–Febr. Di. 14–17, Mi.–Sa. 9–12.30, 14–17 Uhr | Eintritt frei

Rund um Fréjus & Saint-Raphaël

Am Meer entlang

Cap Dramont

An der Côte d'Azur sind viele alte Zöllnerwege als »Sentier littoral« ausgewiesen. So auch zwischen dem Port Santa Lucia in Saint-Raphaël und Agay, der rund ums Cap du Dramont führt. Zerklüftete Felsen und kleine Sandbuchten (Badesachen mitnehmen!) säumen den Weg. Für die 11 km braucht man ca. 4 Std., zurück mit Bus oder Zug.

Zeugen einer Katastrophe

Barrage de Malpasset

Im Tal des Reyran liegen riesige Stahlbetonblöcke verstreut. Sie lassen ahnen, mit welcher Gewalt das Wasser am 2. Dez. 1959 aus dem Stausee zu Tal schoss und 421 Menschen den Tod brachte. Von der Autobahnausfahrt 38 nördlich von Fréjus führt die D 37 nach 3 km zu einem Parkplatz, hier erzählt eine Tafel mit Übersichtsplan mehr.

★★ GORDES

Département: Vaucluse | **Höhe:** 373 m | **Einwohner:** 1670

Von seiner Anhöhe blickt der herrlich gelegene Ort über das weite Tal des Coulon. Kein Wunder, dass er nach der »Entdeckung« durch Künstler und Schriftsteller zum ebenso schicken wie teuren Ferienwohnsitz mutierte. Zu den großen kulturellen Zeugnissen der Provence zählt die nahe Abtei Sénanque.

Im Zweiten Weltkrieg beschädigt und in den 1950er-Jahren teilweise verlassen, begann die Wiederauferstehung des malerischen Orts mit dem Schriftsteller André Lhote und dem Maler Victor Vasarély (▶ S. 62), die zeitweise hier lebten. Heute ist Gordes zu einem Provence-Disneyland überrestauriert, die lokale Wirtschaft lebt, bei ungünstigem Preis-Leistungs-Verhältnis, von der zahlreichen Laufkundschaft; in der Umgebung haben sich einige hochpreisige Etablissements zum Speisen und Nächtigen angesiedelt. Zwischen April und September sollte man Gordes also eher meiden, sonst kann es hier aber sehr schön sein, besonders auch im Winter. Den besten Blick auf den Ort hat man, mit verschiedenen Perspektiven, an der Straße, die von Cavaillon bzw. Roussillon her hinaufführt.

Wohin in Gordes und Umgebung?

Von Vasarély gerettet

Schloss

Zuoberst thront das massige, von Ecktürmen flankierte Schloss, um 1120 erbaut und 1525 umgestaltet – eine mittelalterliche Festung mit Renaissance-Elementen, u. a. einer ingeniösen Wendeltreppe und einem prachtvollen Kamin im großen Saal, einer der größten der Zeit in Frankreich. Victor Vasarély ließ das Schloss in den 1960er-Jahren restaurieren und stellte einige Werke aus. Heute finden hier Ausstellungen und ander kulturelle Veranstaltungen statt.

Juni–Okt. tgl. 10–13, 14–18, sonst Mi.–So. 10–12.30, 13.30–17/18 Uhr
Eintritt 5 €

Gordes, Inbegriff eines provenzalischen Bergdorfs

GORDES ERLEBEN

OFFICE DE TOURISME
Le Château, 84220 Gordes
Tel. 04 90 72 02 75
www.gordes-village.com

AUBERGE DE CARCARILLE €€
Stilvoll-modernes Refugium 2 km östlich von Gordes. Die komfortablen Zimmer verfügen über einen Balkon oder eine Terrasse. Feine, zeitgemäße provenzalische Küche. Mit Pool.
Les Gervais, Route d'Apt (D2)
Tel. 04 90 72 02 63
www.carcarille.com

MAS DES ROMARINS €€-€€€
Kleines, feines Haus im provenzalischen Stil mit Bruchsteinmauern, geschmackvolles Ambiente. Von den Gastzimmern und von der Terrasse – fürs Frühstück und den Sundowner – hat man einen großartigen Ausblick. Nach einer Erfrischung im Pool genießen Sie beste provenzalische Küche (Mo. geschl., Nov.–April auch So.).
Route de Sénanque (D 177)
Tel. 04 90 72 12 13
www.masromarins.com

AUBERGE DE RUSTREOU €
Die hübsche Herberge mitten in Rustrel war im 18. Jh. eine Poststation. Bei freundlicher Betreuuung wohnt man in nett eingerichteten Zimmern, das gemütliche Restaurant in den Gewölben erfreut mit seiner guten Küche der Region.
Rustrel, 3 Place de la Fête
Tel. 04 90 04 90 90
www.rustreou-hotel-apt.fr

Altes bäuerliches Leben

Village des Bories

»Bories« sind Hütten aus mörtellos aufeinandergeschichteten Steinen, meist ohne Fenster, die Dachschräge entsteht als »unechtes Gewölbe« mit vorkragenden Steinplatten. Diese besonders für das Land um Apt typischen Gebäude dienten meist als Weidehütten. Die Bauweise hat schon in der Jungsteinzeit Vorbilder, in der Provence entstanden noch bis zum Beginn des 20. Jh.s solche Bauten, zu deren Errichtung ein erfahrener Handwerker nur einen Hammer benötigte. Die Siedlung 3 km südwestlich von Gordes dürfte die größte und geschlossenste sein, die noch erhalten ist; das älteste Gebäude datiert wohl aus dem 16. Jh. In einigen der Bories ist bäuerliches Gerät aus verschiedenen Epochen ausgestellt; es gibt auch eine Kelter und einen Backofen. Reizvoll ist der Blick nach Süden über das mit Garrigue bestandene Hügelland.
tgl. 9–20 Uhr (im Sommer) bzw. bis Sonnenuntergang | Eintritt 6 €

Öl, Glas und Lavendel

Interessantes in der Nähe

Die **Moulin des Bouillons** 5 km südlich von Gordes (D 148) ist die älteste Ölmühle in Frankreich, die vollständig erhalten ist, mit einem beeindruckenden, 10 m langen und 7 t schweren Pressbaum aus dem 16. Jh. Im selben Park informiert das **Musée du Verre et du**

Vitrail über das Glasmacherhandwerk – seit der Steinzeit bis zu den Entwicklungen der Photovoltaik –, die Glasmalerei und die Geschichte des europäischen Kirchenfensters. Alles über Anbau und Verarbeitung von Lavendel, »der« Duftpflanze der Provence, erfährt man im **Musée de la Lavande** bei Coustellet (7 km südwestlich von Gordes, D2). Die Inhaberfamilie baut selbst echten Lavendel an, diverse Produkte sind zu erstehen.

Moulin des Bouillons/Musee du Vitrail: April–Okt. Mo.–Fr. 10–12, 14–18 Uhr | Kombikarte 7,50 € | **Musée de la Lavande:** tgl. 10–13, 14–18, Juli, Aug. bis 19 Uhr | Eintritt 8 €

Fontaine-de-Vaucluse

▶ dort

Stadt des Ockers

Roussillon

Das Städtchen 10 km östlich von Gordes gilt als eines der schönsten der Provence (▶ Abb. S. 247): Es ist in allen Schattierungen des Farbstoffs gestaltet, der hier abgebaut wurde und Wohlstand brachte, bis die Konkurrenz der synthetischen Pigmente übermächtig wurde. Heute drängen sich hier im Sommer die Touristen (kommen Sie am besten kurz vor Sonnenuntergang). Markt ist am Do.vormittag, Ende Juni wird das prachtvolle Fest Saint-Jean des Couleurs gefeiert.

Von der Rue des Bourgades gehen Sie über die überwölbte Treppe der Rue de l'Arcade, dann über die Place de la Mairie – das gute Café des Couleurs hat auch eine Aussichtsterrasse – durch den hübschen Glockenturm und an der Kirche vorbei zum »Castrum«: Im Norden sehen Sie über das Plateau de Vaucluse zum breitgelagterten Rücken des Mont Ventoux; ringsum ragen aus den Wäldern Ockerfelsen, deren Farbspiel von Violett bis zu hellem Gelbbraun reicht. Beeindruckende Ockerformationen, die **Chaussée des Géants** (Sentier des Ocres), liegen nahe dem südlichen Ortseingang. Achtung: Der feine Ockersand färbt intensiv – man sollte sich nachher andere Schuhe anziehen können, Flecken in der Kleidung gehen mit Wasser und Seife raus. Ebenfalls sehr eindrucksvoll ist das **Val des Fées** südlich des Orts (Blick von der Rue des Bourgades). Arbeiten mit Ocker, mit Gips oder Beton, malen, bildhauern: All das kann man im **Conservatoire des Ocres** in einer ehemaligen Ockerfabrik; im Museum erfährt man alles über die Herstellung des vielseitigen Farbstoffs.

Conservatoire des Ocres: 1,5 km südlich, Route d'Apt (D104) | tgl. April–Okt. 10–13, 14–17 (Juli/Aug. 10–19), Febr., März, Nov., Dez. 14–17 (in Schulferien auch 10–13) Uhr | okhra.com

... und noch mehr farbstarker Sand

Rustrel

Auch der hübsche Ort Rustrel 18 km östlich von Gordes ist für spektakuläre Ockerfelsen bekannt, den **Colorado de Rustrel**. Zu erreichen auf zwei von Rustrel nach Süden führenden Sträßchen.

Weniger ist mehr – die Schönheit von Spiritualität und Funktionalität

★★ Abbaye de Sénanque

Freie Besichtigung mit HistoPad Mo.-Sa. 9.45-11, 13-17, So. 13-17 Uhr | Eintritt 9 € | **Führungen** (nur Frz.) tgl. außer So.vormittag: Jan./Febr. 10.30, 14.15, 15.30, März 10.30, 14.30-16.30, April 10, 10.30, 13.30, 14.30-16.30, 17, Mai 10.10, 10.30, 12.45, 14.30-17, Juni 10.30, 12.45, 14.30-16.30, Juli/Aug. 10, 10.30, 13-17, Sept. 10.30, 12.45, 14.30-16.30, Okt. 10.30, 14.30-16.30, Nov./Dez. 10.30, 14.15, 15.30, 8,50 € | Um angemessene Kleidung wird gebeten. Bei Schnee ist das Kloster nicht zugänglich. | www.senanque.fr

Harmonischer Bau

Geht oder fährt man von Gordes 3 km nördlich durch die Garrigue hinunter ins Tal des Flüsschens Sénancole, überrascht ein eindrucksvolles Bild, besonders zwischen **Ende Juni und Anfang August, wenn der Lavendel blüht**. Einfache geometrische Baukörper, harmonische Proportionen und das nahtlos gefugte Mauerwerk unter dem grauen Schieferdach bestimmen das Äußere der 1148 gegründeten Abtei. Mit ▶Le Thoronet und Silvacane (▶S. 198) bildet sie die »drei provenzalischen Schwestern« der großartigen romanischen Zisterzienserklöster (▶ Baedeker Wissen S. 188). Ihr Name ist vom lateinischen »sine aqua« abgeleitet, »ohne Wasser«, da die Sénancole wenig Wasser führt. Bis auf den im 18. Jh. rekonstruierten Südflügel und das Refektorium ist Sénanque original erhalten.
Mönche aus dem Zisterzienserkloster Mazan (Ardèche) bauten von 1160 bis ins frühe 13. Jh. an der Kirche, der Konvent entstand etwa 1180–1210 (Baubeginn Le Thoronet 1160, Silvacane 1175). Ihre Blü-

tezeit erlebte die Abtei im 14. Jh., als Benedikt XII., ein Zisterzienser, Papst in Avignon war. Durch den wachsenden Reichtumaus vilen Besitzungen zwischen Mont Ventoux/Montagne de Lure und dem Luberon – lockerte sich die Disziplin, was zum Niedergang führte; 1544 wurde das Kloster Opfer eines Waldenseraufstands, in der Französischen Revolution wurde die Anlage verkauft. Nach den Repressalien in der antiklerikalen Dritten Republik siedelten die letzten Mönche auf die Insel Saint-Honorat (▶ Cannes) über; seit 1988 lebt hier wieder eine Zisterziensergemeinschaft. Sie empfängt auch Gäste zu spirituellen Auszeiten.

Nach den Regeln der Zisterzienser...

Besichtigung

... sollten die Wirtschaftsräume am Fluss liegen und die **Kirche** den höchsten Platz einnehmen; das war hier nur durch die unübliche Ausrichtung der Kirche nach Norden zu erreichen. Aufgrund der langen Bauzeit variieren die Bauformen im Inneren, vom Rundbogen zum Spitzbogen. **Keinerlei schmückendes Beiwerk** beeinträchtigt die mächtige Wirkung des Raums, getreu dem zisterziensischen Ideal von einem Leben in Einsamkeit und Einfachheit, mit Gebet und Arbeit. Die zwei kleinen Türen in der Südwand dienten den Laienbrüdern. Außergewöhnlich ist auch die achteckige Kuppel über der Vierung; die meisten Zisterzienserkirchen besitzen nur einen Dachreiter. Die Altäre sind original, einer stammt aus romanischer Zeit und diente als Vorbild für die anderen.

Der **Kreuzgang** wird von Rundtonnen überwölbt. Die **Arkaden** zum Garten bestehen je Flügel aus vier Entlastungsbögen auf rechteckigen Pfeilern, in denen zwei zierliche Doppelsäulen drei kleine Rundbögen tragen (also zwölf Bögen, eine heilige Zahl). Diese Abfolge ist von großer Harmonie; der nur wenig ältere Kreuzgang von Le Thoronet wirkt viel archaischer. Der für ein Zisterzienserkloster reiche Schmuck der **Kapitelle** ist schlicht, aber fein ausgearbeitet.

Im riesigen, fast 30 m langen **Dormitorium** im Obergeschoss des Konvents schliefen die Mönche in ihrer Kleidung auf Strohsäcken. Von hier hatten sie direkten Zugang zur Kirche: Sie versammelten sich – wie heute – täglich 7-mal zur Andacht, davon 2-mal nachts. Unter dem Schlafsaal liegt der **Kapitelsaal,** hier wurden die alltäglichen Dinge besprochen und geregelt. Die Mönche saßen auf den steinernen Bänken, die Kreuzrippen laufen in zwei Pfeilern mit aufwendigen Kapitellen zusammen. Ebenfalls auf der Ebene des Kreuzgangs liegt die **Wärmestube**, der einzige beheizbare Raum des Klosters; er diente der Krankenpflege, für Schreibarbeiten sowie als Aufenthaltsraum. Er besaß zwei Kamine, der erhaltene führt auch durch den Schlafsaal, wo er ein wenig Wärme abgab. Das im 16. Jh. zerstörte, im 17. Jh. wieder nutzbar gemachte **Refektorium** (Speisesaal) kann nicht besichtigt werden, es wurde im 19. Jh. zur Kapelle umgebaut.

★★ GORGES DU VERDON

Département: Alpes-de-Haute-Provence

Die Bilder nehmen den Atem: Zwischen Hunderte Meter hoch aufragenden Felswänden zwängt sich ein leuchtend türkisgrüner Wasserlauf hindurch. Eine wilde Landschaft, die dazu herausfordert, sie in Wanderstiefeln oder einem Kajak kennenzulernen und zu erobern; vielleicht begleitet Sie dabei ein Königsadler. Und fürs Provence-Gefühl sowie für das leibliche Wohl sorgen einige atmosphärereiche Orte.

Die Wanderstiefel schnüren!

Zwischen Castellane und dem Lac de Sainte-Croix durchströmt der Verdon, der wichtigste Nebenfluss der Durance, eine 21 km lange, **grandiose Schlucht** in den Kalkbänken der Haute-Provence – eine der längsten und tiefsten (bis 700 m) Europas. Die etwa 120 km lange Rundfahrt beansprucht mindestens einen ganzen Tag, besser teilt man sie auf zwei Tage auf. Man kann sie im Westen in Moustiers-Sainte-Marie beginnen oder, wie hier beschrieben, im Nordosten in Castellane. Will man nicht die ganze Runde machen, beschränkt man sich auf die dramatischere Südseite. Die Schlucht zählt zu den großen Attraktionen in der Provence: Im Sommer (Juli/Aug.) sind die Orte maximal frequentiert, die Straßen hoch belastet und Staus häufig. Am besten kommt man außerhalb der Hochsaison hierher oder man nützt die frühen Morgenstunden.
Neben den Wanderungen erfreuen sich bei »Normaltouristen« gemütliche Bootsfahrten größter Beliebtheit, sonst tummeln sich hier Wildwasserkanuten und Rafter, Kletterer und Gleitschirmflieger. Radfahrer brauchen ein gerüttelt Maß Kondition. All diese Aktivitäten kann man auch mit professioneller Führung buchen, Veranstalter nennen die Tourismusbüros und die weiteren Infostellen.

Tour um die Gorges du Verdon

Drehscheibe für Verdon-Abenteurer

Castellane

Im Sommer ist das hübsche Städtchen (1500 Einw.) ein beliebter Stützpunkt für Wanderer und Wassersportler, man zählt nicht weniger als 15 Campingplätze – also jede Menge Volk. Zu sehen gibt's die Tour Pentagonale und die malerische Tour de l'Horloge, die von der Ummauerung des 14. Jh.s übrigblieben, auch die teilweise romanische Fontaine aux Lions und die Kirche Saint-Victor (12. Jh.) verdienen einen Blick. Das Markanteste: Über Castellane ragt ein nahezu kubischer Kalkfelsen 184 m hoch auf, bekrönt von der Wallfahrtskapelle **Notre-Dame-du-Roc** (1703). Etwa 30 Min. braucht man für

den familiengeeigneten Anstieg. Auf dem Felsen lag ein keltisches Oppidum, später der Ort Petra Castellana. Im 14. Jh. wurde die Siedlung ins Tal verlegt und mit einer Mauer umgeben.
Von Castellane folgt man der D 952 südwestlich flussabwärts durch die Engstellen Porte de Saint-Jean und Clue du Chasteuil. Bei der Gabelung (12 km) überquert die links abbiegende D 955 den Fluss (Pont de Soleils; Wegweiser »Rive gauche«) und führt weiter südlich durch das reizvolle Hochland. 6 km hinter der Abzweigung hält man sich beim außerordentlich malerisch gelegenen, von einer Burg überragten Örtchen **Trigance** rechts (D 90) bis zur Einmündung in die D 71, dann auf dieser weiter nach Nordwesten.

Fantastische Ausblicke

Corniche Sublime

Die **Balcons de la Mescla** (»mescla« heißt »Mischung«, was sich auf die nahe Einmündung des Artuby bezieht) mit ihrem großartigen Blick in die 250 m tiefe Schlucht sind der erste Höhepunkt der Fahrt. Wenig später überquert man auf einer kühnen, 110 m langen Brücke – 182 m hoch über dem Fluss, ein Hotspot für Bungeespringer – den Artuby, der hier in den Verdon mündet. Weiter verläuft die Straße mit fantastischen Ausblicken hoch über dem Verdon und durch die Tunnels de Fayet. Bei den **Falaises des Cavaliers** liegt neben dem Hotelrestaurant (mit toller Terrasse) eine Aussichtsplattform; danach passiert die Strecke die großartige, 10 km lange **Corniche Sublime:** bis zu 400 m über dem in der Schlucht strömenden Fluss. Nach Umfahren des eindrucksvollen Felszirkus von Vaumale und Überwindung des 964 m hohen Col d'Illoire führt die Straße hinunter zum Stausee **Lac de Sainte-Croix** (s. u.). Die D 19 mündet hier in die D 957, der man nach rechts folgt. Wo der Verdon in den See eintritt, überquert man ihn auf dem Pont de Galetas: Nach rechts haben Sie einen reizvollen Blick in die Schlucht.

Große Badewanne

Lac de Sainte-Croix

Auch auf dem türkis- bis smaragdgrünen, ca. 22 km² großen Stausee kann man mit allem Möglichen herumschippern, vom Hobie Cat bis zum Tretboot. Im Sommer ist das Wasser angenehm warm, Strände und Bootsverleihe findet man zu Seiten der Verdon-Mündung, im Ort Sainte-Croix am Nordufer und im wunderschönen, vom Stausee unbehelligt gebliebenen Dorf Bauduen am Südufer.

Berühmte Keramik unterm Stern

Moustiers-Sainte-Marie

Der Ort (700 Einw.) – eines der »Plus Beaux Villages de France« – liegt beeindruckend vor einer Felswand, in deren Kluft die Wallfahrtskirche Notre-Dame-de-Beauvoir gebaut ist. Eine 135 m lange **Kette**

An der Corniche Sublime öffnet sich immer wieder ein grandioser Blick in die bis 700 m tief eingeschnittene Schlucht des Verdon.

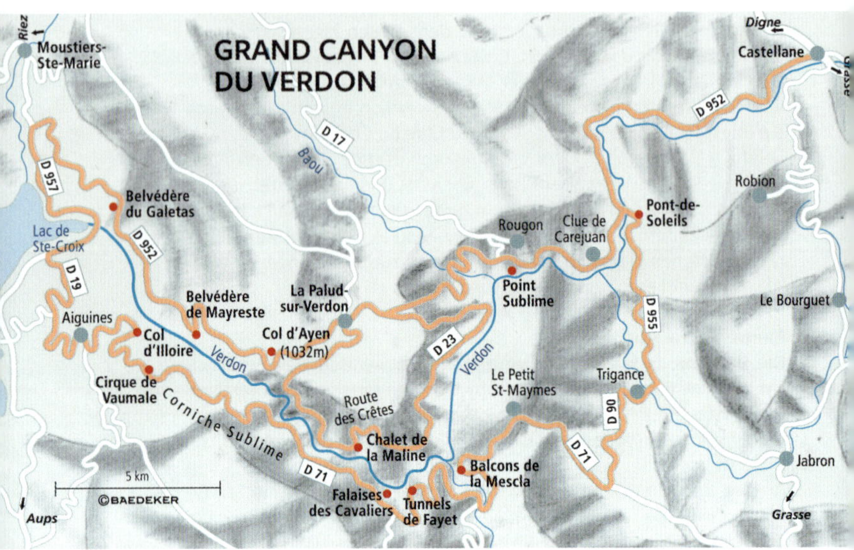

mit vergoldetem Stern, die der glücklich zurückgekehrte Kreuzfahrer Chevalier de Blacas im 13. Jh. gespannt haben soll, hängt über der Kluft (die heutige seit 1996). Ein herrlicher Ausblick lohnt den Aufstieg auf dem Kreuzweg (20 Min.). Für Liebhaber provenzalischer Keramik ist Moustiers ein Muss, die Produktion der berühmten **Faïence** des Orts wurde 1679 aus dem italienischen Faenza eingeführt. Die Kirche Notre-Dame mit Turm in lombardischer Romanik hat ein romanisches Schiff (12. Jh.) und einen schief darangesetzten gotischen Chor (ab 1336; Gestühl 16./18. Jh.). Am Freitagvormittag ist Markt, außerdem sorgen etwa 20 Restaurants fürs leibliche Wohl.

Musée de la Faïence: April–Juni, Sept., Okt. Mi.–Mo. 10–12.30, 14 bis 18, Juli, Aug. bis 19, Nov. Sa./So. 10–12.30, 14–17 Uhr, Dez.–März geschl. | Eintritt 5 €

Ein Belvédère nach dem anderen

Nordufer

Die D 952 erschließt das nördliche Ufer des Verdon. Vorbei am Belvédère du Galetas und über den Col d'Ayen (1032 m) mit dem gleichnamigen Belvédère gelangt man nach **La Palud-sur-Verdon**. Um die Schleife der Route des Crêtes zu fahren, bleibt man zunächst auf der D 952 und biegt nach knapp 1 km rechts auf die D 23 ein; ein Teil der Schleife ist nur in dieser Richtung zu befahren. Die 23 km lange **Route des Crêtes** passiert den Belvédère de Trescaïre, den besonders eindrucksvollen Belvédère de l'Escalès, die Belvédères du Tilleul, des Glacières und de l'Imbut und führt nach La Palud zurück.

GORGES DU VERDON ERLEBEN

OFFICES DE TOURISME

Moustiers: Place de l'Église
Tel. 04 92 74 67 84
www.moustiers.eu
Castellane: Blvd. Saint-Michel,
Tel. 04 92 83 61 14
www.verdontourisme.com

MAISON DES GORGES DU VERDON

La Palud-sur-Verdon, Château
Tel. 04 92 77 38 02
www.lapaludsurverdon.com

PARC NATUREL RÉGIONAL DU VERDON

Moustiers, Domaine de Valx
Tel. 04 92 74 68 00, Sa., So. geschl.
www.parcduverdon.fr

AUBERGE DU TEILLO €€

Hervorragende provenzalisch-französische Küche genießt man in gediegenem, gemütlichem Ambiente – etwas viel Deko. Mit sehr netten, günstigen Zimmern (€).
La Garde (6 km südöstlich von Castellane, D 4085), Tel. 04 92 83 60 88, Mitte Nov.–Ende März sowie So.abend/Mo. geschl.

LA BASTIDE DE MOUSTIERS €€€–€€€€

Michelin-besternte mediterrane Marktküche auf höchstem Niveau mit Zutaten aus dem eigenen Bio-Garten. Im Sommer wird auf der schönen Terrasse eingedeckt.
Moustiers-Sainte-Marie, Chemin de Quinson, Tel. 04 92 70 47 47, Di., Mi. geschl.

NOUVEL HÔTEL DU COMMERCE €–€€

Freundliches Haus aus dem 19. Jh. am Hauptplatz, zeitgemäße Zimmer, teils mit Balkon.
Castellane, Place Marcel Sauvaire
Tel. 04 92 83 61 00, Nov.–Anfang April geschl., www.hotel-du-commerce-verdon.com

LA FERME ROSE €€–€€€

Hübsches Landhaus in italienischem Stil, ca. 1 km in Richtung Sainte-Croix-du-Verdon – noch fußläufig, ein fahrbarer Untersatz ist jedoch von Vorteil. Freundliche große Zimmer, die nach der Farbe der Fliesen im Bad benannt sind. Sehr nette Betreuung.
Moustiers-Sainte-Marie
Tel. 04 92 75 75 75
www.lafermerose.fr

LE MUR D'ABEILLES €€

▶ S. 390

Kaum zu überbietende Aussicht

Point Sublime

Die D 952 führt nun zum wohl großartigsten Aussichtspunkt der Rundfahrt. Vom Parkplatz geht man noch ca. 10 Min. zur Aussichtsplattform, wo sich die »klassische« Ansicht der Verdon-Schlucht bietet. Man steht hier 180 m über der Einmündung des Baou in den Verdon: prachtvoller Blick in den Flussdurchbruch im Couloir Samson. An der D952 liegt die Auberge du Point Sublime, ein gemütlicher Gasthof (Anf. Okt.–Ende April geschl.). Bevor man nach Castellane zurückkehrt, sollte man den Abstecher hinauf zum »Nid d'aigle« **Rougon** mit

Sie sind kein geübter Kajakfahrer? Auf den ruhigen Abschnitten des Verdon können Sie paddeln oder eine Tretbootpromenade unternehmen.

seiner romantischen Burgruine unternehmen (im »Mur d'Abeilles« verspeist man seine Crêpes bei grandiosem Blick). Durch die Engstelle der Clue de Carejuan gelangt man gut 5 km hinter dem Point Sublime zur Straßenteilung beim Pont-de-Soleils und zurück nach Castellane.

Herrliche Wanderungen

Sentier Martel

Eine Reihe von Wanderwegen sind in der Schlucht ausgewiesen. Interessantes zur Natur, zur Orientierung sowie über die Wege und richtiges Verhalten erfährt man u. a. in der Maison des Gorges du Verdon in La Palud. Der Klassiker ist der Sentier Blanc-Martel, benannt nach dem Höhlenforscher **Edouard Martel** (1859–1938), der den Flussabschnitt 1905 als Erster ganz durchquerte. Der Pfad, großenteils mit dem Fernwanderweg GR 4 identisch, verläuft auf dem Grund der Klamm, Zugänge liegen im Norden beim Point Sublime und im Süden beim Chalet de la Maline (Hütte des CAF, Restaurant und Zimmer) an der Route des Crêtes. Für die anspruchsvolle Tour braucht man bei ca. 6 Std. Gehzeit einen ganzen Tag. An- und Rückfahrt mit Sammeltaxis, z. B. von La Palud und Castellane. Feste Schuhe, Proviant, Wasser, Pullover und Anorak sind unentbehrlich, auch eine Taschenlampe, da der Weg durch Tunnel führt. Beachten: Nur bei gutem Wetter gehen, markierte Wege nicht verlassen, den Fluss nur im äußersten Notfall überqueren. Der Aufenthalt unmittelbar am Fluss ist gefährlich, da das Wasser in kürzester Zeit erheblich ansteigen kann; man sollte nicht länger an Plätzen bleiben, die keinen Fluchtweg nach oben bieten.

Shuttlebusse zwischen Castellane und Chalet La Maline, Juli/Aug. tgl., April–Juni, 1.–ca. 15. Sept. Sa./So. | **Taxi:** Taxi Verdon, Tel. 06 68 18 13 13, Trans'Verdon, Tel. 04 92 77 14 20

Spektakulärer Bau, bescheidene Schau

Musée de la Préhistoire

Keine Geringerer als der britische Stararchitekt Norman Foster konzipierte dieses große Museum der Vorgeschichte (2001), das sich elegant in die Umgebung einfügt. In **Quinson** in den Basses Gorges du Verdon, südwestlich des Lac de Sainte-Croix, kann man sich die ferne Vergangenheit der Region vergegenwärtigen: mit dem Nachbau einer Höhle und eines vorgeschichtlichen Dorfs, mit Geräten und anderen Funden aus Stein- und Bronzezeit, mit Mammut und Säbelzahntiger.

Febr.–15. Dez. Mi.–Mo. 10–18/20 Uhr | Eintritt 8 €

★ GRASSE

Département: Alpes-Maritimes | **Höhe:** 333 m | **Einwohner:** 48 700

»Ein Rom der Düfte sei die Stadt, das gelobte Land der Parfumeure, und wer nicht seine Sporen hier verdient habe, der trage nicht zu Recht den Namen Parfumeur.«

R 7

Neues für die Nase

Auf diese überschwengliche Kunde hin war Grenouille, der schreckliche Protagonist der Romans »Das Parfüm« von Patrick Süskind, nach Grasse gegangen. Sonst jedoch war er von dem »zugleich unansehnlichen und selbstbewussten Ort« wenig angetan, und noch bis vor wenigen Jahren Zeit traf dieses Verdikt zu. Das ab dem 13. Jh. florierende Gerberhandwerk nützte das reichlich vorhandene Wasser, im 16. Jh. ging man zum wesentlich angenehmer duftenden Gewerbe der Parfümerie über (▶Baedeker Wissen S. 166). Heute ist man dabei, die schmalen, dunklen Gassen der Altstadt mit ihren lange vernachlässigten, durchaus ansehnlichen Fabrikanten- und Handwerkerhäusern des 17./18. Jh.s zu restaurieren und herauszuputzen. Anders als seine Nachbarn im Hinterland von ▶Cannes besitzt der Ort eine lebendige, »normale« Atmosphäre; die faszinierende Welt der Düfte und das schöne bergige Umland ziehen viele Ausflügler an – das Fahrzeug stellt man am besten in einem Parkhaus ab.

Wohin in Grasse?

Das Wichtigste zuerst

Musée International de la Parfumerie

Von der **Place du Cours** hat man einen herrlichen Blick auf die tiefer gelegenen Teile der Stadt und ins Tal. Ein Muss ist hier das Parfümeriemuseum, das viele Objekte – von der Antike bis heute – zur Geschichte des Parfüms und der Düfte zeigt. Sicher eines der interessantesten: der **Kosmetikkoffer von Königin Marie-Antoinette**, den sie auch auf ihrer Flucht in der Revolution 1791 dabei hatte. Angeschlossen ist ein Forschungs- und Dokumentationszentrum, auf dem Dach ist ein Duftpflanzengarten angelegt.

Mai–Sept. 10–19, sonst bis 18 Uhr | Eintritt 6 €

Meister lasziver Boudoir- und Schäferszenen

★ Villa-Musée Fragonard

Weiter südwestlich ist in einem Palais des 17. Jh.s das Musée Fragonard ansässig. Hierher zog sich **Jean-Honoré Fragonard – der große Rokokomaler** (1732–1806) war ein Sohn der Stadt – zurück, als er durch die Revolution seine aristokratische Kundschaft in Paris verloren hatte. Bemerkenswert ist das Treppenhaus mit Grisaillen von Fragonards Sohn Alexandre-Evariste. Auch im schönen **Hôtel de Villeneuve** sind Werke von Fragonard Père zu bewundern (14 Rue Ossola). Zum Imbiss lädt in der Nähe das sympathische »Café des Musées« ein (1 Rue Ossola).

Villa Fragonard: 23 Blvd. Fragonard, Mai, Juni Sa., So. 13–17.45, Juli, Aug. tgl. 13–18.45 Uhr | Eintritt frei

Grasse hatte auch einen Admiral

Musée de la Marine

François Joseph Paul Comte de Grasse (1722–1788) besiegte im Amerikanischen Unabhängigkeitskrieg 1781 in der Chesapeake Bay die britische Flotte, ein Sieg, der für die künftige Geschichte Nordamerikas große Bedeutung hatte. Dem »Amiral de Grasse« ist dieses Museum gewidmet.

2 Blvd. du Jeu de Ballon, Mai–Sept. Di.–Sa. 10–12, 13–18, sonst bis 17 Uhr, Nov. geschl. | Eintritt frei

Grasse gestern

Musée d'Art et d'Histoire de Provence

An der Rue Mirabeau östlich gegenüber der Aussichtsterrasse fällt das stattliche **Hôtel de Clapiers-Cabris** von 1771 ins Auge. Es beherbergt das Museum für provenzalische Kunst und Geschichte mit historischem Mobiliar, Keramik und stadtgeschichtlicher Sammlung.

2 Rue Mirabeau, Mai–Sept. 10–19, sonst bis 18 Uhr | Eintritt 2 €

Eher Burg als Gotteshaus

Notre-Dame-du-Puy

Von 1244 bis 1790 war Grasse Bischofssitz. Die Kathedrale (12./13. Jh., im 17./18. Jh. erweitert) zeigt lombardische und ligurische Einflüsse, innen kontrastiert das düstere, festungsartige Mauerwerk – überaus massiv und blockhaft sind etwa auch die Gurtbögen in den Kreuzgratgewölben – mit der goldglänzenden barocken Ausstattung. Rechts hängen überraschenderweise drei große Frühwerke von **Peter Paul Rubens** (1601, »Dornenkrönung«, »Kreuzigung«, »Hl. Helena«); sie waren eigentlich für die Kirche Santa Croce in Gerusalemme in Rom gedacht und kamen aus dem Hospiz von Grasse hierher. Die »Fußwaschung« von J.-H. Fragonard in der Sakramentskapelle ist das einzige bekannte religiöse Bild des Malers. Der Werkstatt von

Fischhändler gibt's an der Place Poissonnerie nicht mehr ...

Ludovico Brea wird das Retabel (um 1524) im Chor zugeschrieben, mit dem hl. Honoratius zwischen einem Papst Clemens (VII.?) und dem Bischof Lambert von Vence.
Nördlich gegenüber der Kirche der ehemalige Bischofspalast (ursprünglich 13. Jh.), heute Rathaus. Von der Place du 24-Août, die sich an die Kirche anschließt, hat man einen schönen Blick ins Tal.

Fast wie ein Wohnzimmer

Place aux Aires

Auf dem langgestreckten Platz im Norden der Altstadt – einst das von einem Kanal durchflossene Gerberviertel – wird am Samstagvormittag Markt gehalten, sonst erfreuen sich Einheimische wie Touristen auf den Restaurantterrassen des Daseins. An der Nordseite des Platzes das stattliche **Hôtel Isnard** (1781), das sich der reiche Gerber und Parfümeur Maxime Isnard erstellen ließ.

Rund um Grasse

Grandioser Ausblick

Cabris

Cabris, 8 km westlich hoch über dem Becken von Grasse gelegen und – wie zu erwarten – sehr touristisch geprägt, war ehedem von

GRASSE ERLEBEN

OFFICE DE TOURISME

18 Place aux Aires und 24 Cours Honoré Cresp, 06130 Grasse
Tel. 04 93 36 66 66, www.grasse.fr
www.paysdegrassetourisme.fr

Um den 10. Jan. Trüffelmarkt. Anf. Mai: »Expo Rose« – die ganze Welt der Rosen. 1. Aug.-Wochenende: Fête du Jasmin mit Blumenkorso, Feuerwerk, Wahl der Jasminkönigin.

Märkte: Mi. Cours H. Cresp, Sa. Place aux Aires, Mi., Sa., So. Place aux Herbes. Informationen zu den Parfümeuren und ihren Läden beim Office de Tourisme (▶ auch S. 168) sowie unter www.grasse-shopping.com.

❶ LA FLEUR DE LYS €€

Hier speist man unter gemütlich dekorierten Gewölben. Der Patron verwöhnt mit einfallsreicher moderner Küche auf regionaler Basis, die Dame des Hauses sorgt für freundlichen Service. Gute Weinauswahl.
Grasse, 2 Avenue Chiris
Tel. 07 68 78 61 00
So., Mo. geschl.

❷ BASTIDE SAINT-ANTOINE €€€€

In diesem von einem wunderbaren botanischen Garten umgebenen Haus der Relais & Châteaux ist alles fein und erlesen. Jacques Chibois gilt als einer der besten Köche der Côte d'Azur (ein Michelin-Stern). Mit luxuriösen Zimmern und Suiten.
Grasse, 48 Avenue Henri Dunant (ca. 1,5 km in Richtung Cannes)
Tel. 04 93 70 94 94
www.jacques-chibois.com

❶ LA BELLAUDIÈRE €€

Feines gutbürgerliches Hotel mit fantastischem Ausblick; die Zimmerpreise richten sich nach ihrer Lage. Für die freundliche Atmosphäre sorgt die Inhaberfamilie. Gutes Restaurant, die Terrasse ist ein Juwel.
Grasse, 78 Avenue Pierre Ziller (Route de Nice, 4 km Richtung Villeneuve-Loubet/Nizza)
Tel. 04 93 36 02 57
www.labellaudiere.com

Künstlern geschätzt, wie Albert Camus, André Gide, Antoine de Saint-Exupéry und Jean Marais. Bei den Ruinen der Burg (12. Jh.) hat man den besten Blick; in der für Ausstellungen genutzten Kapelle Sainte-Marguerite ist u. a. ein Flügelaltar (um 1500) bemerkenswert.

Ausflug zum »Wolfssprung«

Gorges du Loup

Von Grasse ist die Rundfahrt (ca. 40 km) durch die Schlucht des Loup zu empfehlen. Zunächst zum reizvollen **Le Bar-sur-Loup**; in der Kirche Saint-Jacques das Tafelbild »Totentanz« (Ende 15. Jh.) und auf dem Altar ein Polyptychon von Ludovico Brea (um 1500) mit dem Apostel Jakob im Zentrum. Die Straße (D 6) durch die Schlucht

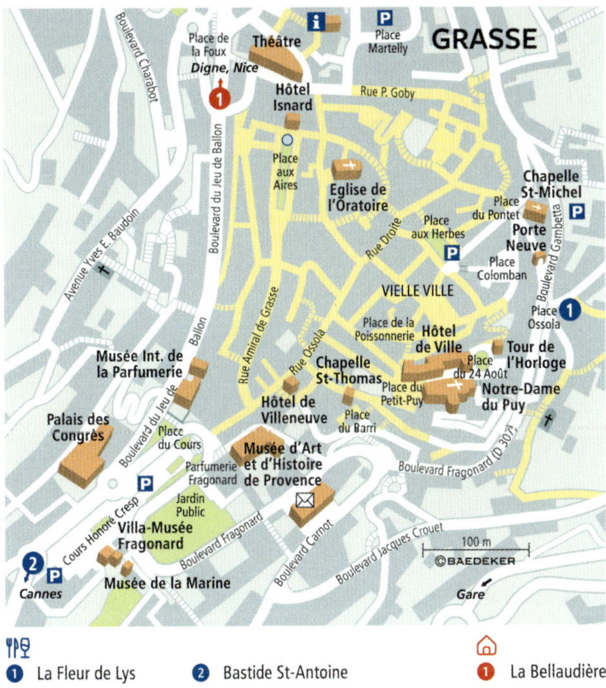

verläuft zwischen bis zu 400 m hohen Felswänden, vorbei an der im ganzen 70 m hohen **Cascade de Courmes** sowie nahe dem 25 m hohen **Saut du Loup**. Bei der Rückfahrt nach Grasse über die D3 passiert man auf einem Serpentinenabschnitt einen Aussichtspunkt (»Surplomb des Gorges du Loup«), von dem man fast senkrecht in die Schlucht hinunter- und zum 1248 m hohen Pic des Courmettes hinaufschauen kann.

Eines der »schönsten Dörfer Frankreichs«

Gourdon

Etwa 15 km nordöstlich, nahe dem Ausgang der Gorges du Loup, thront dieser kleine, ebenfalls sehr touristische Ort 760 m hoch auf steilem Felsen – von hier schweift der Blick über 80 km Küste von Nizza bis Théoule. Die **Burg** aus dem 13./17. Jh. ist nicht zugänglich, die von dem Versailler Gartenarchitekten Le Nôtre angelegten Gärten nur für Gruppen (www.chateau-gourdon.com). In 45 Min. geht man auf dem **atemberaubenden Chemin du Paradis** hinunter nach Pont-du-Loup – zurück braucht man etwas länger: 1.30 – 2 Stunden.

DUFTENDE PROVENCE

Im Hinterland von Cannes liegt auf den ersten Höhen der provenzalischen Alpen die Weltmetropole des Parfüms, Grasse. Schon der Name lässt erkennen, dass hier Blumen üppig wachsen: die Basis für eine auch heute »blühende« Industrie, auch wenn ihre Ausgangsmaterialien inzwischen überwiegend aus dem Ausland stammen.

▶ **Die Destillation von Lavendelöl**
Das wichtigste Verfahren zur Herstellung von Duftölen.

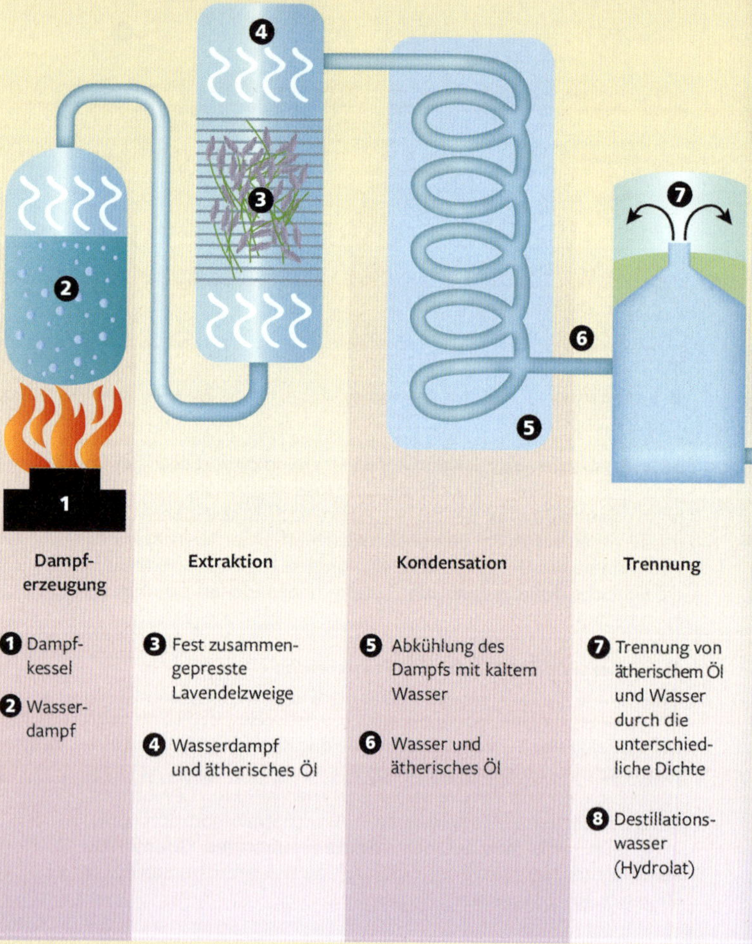

Dampferzeugung

1 Dampfkessel

2 Wasserdampf

Extraktion

3 Fest zusammengepresste Lavendelzweige

4 Wasserdampf und ätherisches Öl

Kondensation

5 Abkühlung des Dampfs mit kaltem Wasser

6 Wasser und ätherisches Öl

Trennung

7 Trennung von ätherischem Öl und Wasser durch die unterschiedliche Dichte

8 Destillationswasser (Hydrolat)

Duftpflanzen der Provence

Lernen Sie die Welt des Parfüms kennen

- Fragonard: Alte Fabrik und Museum (Grasse)
- Fragonard: Fabrique des Fleurs (Grasse)
- Parfümerie Galimard (Grasse)
- Parfümerie Molinard (Grasse)
- La Parfumotec (St-Cézaire-sur-Siagne)
- L'Occitane: Fabrik und Museum (Manosque)

Die bedeutendsten Parfümerien

Im Mittelalter war Grasse eine Stadt der Gerber. Um den Ziegengeruch des feinen Handschuhleders zu übertönen, behandelten sie es mit Balsamen, und als im 16. Jh. Katharina von Medici die Mode parfümierter Handschuhe einführte, gingen sie ganz zur Parfümherstellung über.

Galimard
gegründet 1747

Familienunternehmen und das Schmuckstück der Parfümerie in Grasse.

Fragonard
gegründet 1926

Ansässig in einer der ältesten Fabriken der Stadt (von 1782).

Molinard
gegründet 1849

Eine der größten Parfümerien in Grasse. Für Molinard stellten berühmte Glasfirmen bzw. -künstler wie Baccarat und Lalique Flakons her.

HAUPTSTADT DES PARFÜMS

Angefangen hat es mit dem beißenden Gestank, den die vielen Ledergerbereien in Grasse verbreiteten. Er ging den Anwohnern so auf die Nerven, dass die Handschuhmacher – inspiriert von Katharina von Medici – auf eine erfolg- und folgenreiche Idee kamen.

Die Gerber und Apotheker parfümierten das Leder mit Essenzen aus den Pflanzen, die in dem besonders milden Klima der Umgebung üppig blühten: Rosen, Veilchen, Jasmin und natürlich Lavendel. Das ist rund 400 Jahre her. Heute sind die künstlichen Essenzen der chemischen Industrie viel billiger, und die Blüten für die natürlichen Destillate kommen meist aus Bulgarien, der Türkei oder Südamerika. Dennoch: Die Blüten aus Grasse bleiben der Stoff, aus dem Parfümträume gemacht werden. Nur Rosen und Jasmin von eigenen Feldern in Pégomas bei Grasse kommen bei Chanel in den Flakon mit der magischen Nummer 5. Hinter dem Tourismus ist die Parfümindustrie immer noch der wichtigste Wirtschaftszweig der Stadt. An die **3000 Menschen in ca. 30 Betrieben** ver arbeiten in Grasse im Jahr etwa 500 t Rosen-, 60 t Jasmin- und an die 100 t Orangenblüten zu Duftessenzen. Für einen Liter hochkonzentrierte Parfümessenz benötigt man eine halbe Tonne Rosenblätter. Längst hat sich die Parfümindustrie neue Absatzmärkte erschlossen: Es werden nicht mehr nur luxuriöse Düfte fabriziert, sondern, etwa zur Hälfte, Duft- und Geschmacksstoffe für die Lebensmittelindustrie.

Ein Parfumeur »spielt« auf seiner Duftorgel.

Eigene Kreationen

Behutsam weihen die drei großen Parfümhersteller in Grasse, Fragonard, Molinard und Galimard, Besucher in die **Geheimnisse der Parfümherstellung** ein. »Es ist ein starkes Parfüm, sehr ausgeglichen in seinen Noten«, lobt die »Nase« des Hauses und schnuppert konzentriert an einem hellblauen Papierstreifen. Zwei Stunden lang haben zwei deutsche Gäste an ihrem Parfüm gearbeitet. Immer wieder haben sie an einem der 126 Fläschchen auf ihrem Arbeitstisch gerochen, tröpfchenweise Essenzen zusammengefügt, Duftkombinationen ausprobiert, notiert, verworfen, und dabei viele Überraschungen erlebt. Eine Zutat auszuwählen ist eine Sache; zu wissen, wie sie sich nach der Mischung mit mehreren anderen Essenzen verhält, etwas ganz anderes.

Fruchtig-blumig oder lieber erdig-holzig?

Dabei macht es das Haus Galimard den Besuchern leicht. An jedem der 24 Arbeitstische, den sogenannten Duftorgeln, hat Meister Jacques Maurel 126 schon komponierte Düfte deponiert, die in jeder beliebigen Mischung miteinander mehr oder weniger harmonieren. Auf den Arbeitsblättern in Englisch, Französisch und Deutsch tragen die Gäste zunächst die Bestandteile der **Basisnote** ihres Parfüms ein. Sie fixiert den Duft auf der Haut. Anschließend kommt die ebenfalls aus drei Komponenten gemischte **Herznote**, die den Charakter bestimmt: im Allgemeinen fruchtig und blumig für die Dame, eher erdig-holzig für den Herrn. Schließlich kreieren die Gäste aus weiteren drei Essenzen die **Kopfnote**, die

Nicht ganz schuldlos: Katharina von Medici

dem Parfüm die Frische verleiht. Mit jedem Tröpfchen aus den braunen Apothekenfläschchen entsteht wieder ein neuer Duft, der sich an der Luft verändert. Nach einer Stunde des Schnupperns an Jasmin-, Rosen-, Vanille-, Veilchen- und Bergamotteessenz und anderen Kostbarkeiten riecht eine Besucherin »gar nichts mehr«. Kirstie, die die beiden Gäste mit ihrem charmanten finnisch-französischen Akzent in die Parfümkreation einführt, empfiehlt eine Pause. Die wird für eine Führung durch die Labors genutzt. Meister Maurel erklärt den Unterschied zwischen dem künstlich gezüchteten Lavandin und dem echten Lavendel. Dann zeigt er, wie aus kostbarer madegassischer Vanille eine Essenz für eine neue Parfümkreation entsteht. Wenn Jacques Maurel nicht gerade Besucher in die Geheimnisse der Parfümherstellung einführt, kreiert er für Galimard neue Düfte. »Ich arbeite hier mit 2000 Rohstoffen, 1600 künstlichen und 400 natürlichen«, erklärt der Meister.

Eine halbe Tonne Rosenblätter ergibt einen Liter Essenz.

Weiter Weg zur Perfektion

Um eine echte »Nase« zu werden, genügt es nicht, nur einen besonders feinen Geruchssinn zu haben. Gefragt ist die Fähigkeit, sich ungeachtet aller Störfaktoren nur auf das zu konzentrieren, was man gerade riecht, und sich das Wahrgenommene über alle Einflüsse hinweg zu merken. »Meister«, weiß Monsieur Maurel, »wird man am besten durch einen Meister.« Maurel hat das Parfümeriehand-, besser gesagt -nasenwerk von seinem Großvater gelernt.

Bis zu zwei Jahre dauert die Entwicklung eines neuen Parfüms, und wenn der Kunde mit der Kreation nicht zufrieden ist, wird nachgebessert. Daran hat sich seit 1747 nichts geändert. Damals gründete Jean de Galimard, der mit Goethe befreundet war, seine Parfümerie. Als Gründer der Vereinigung der Handschuhmacher und Parfümeure belieferte der Graf den frazösischen Hof mit Olivenöl, Pomaden und Parfüms. Es war die Zeit, als es in den Schlössern bestialisch stank, weil es keine Toiletten gab und weil die feine Gesellschaft Europas Waschen für ungesund hielt – und die Gerüche ihrer selbst und ihrer Umgebung mit Parfüm überdeckte.

Nach dem zweistündigen Einführungskurs überreicht der Maître den beiden Gästen ihr Diplom. »Sie sind nicht Nase, aber Nasestudenten«, erklärt Kirstie, die die beiden Leipziger in die Geheimnisse der Duftkomposition eingeführt hat. »Für Nase muss man zehn Jahre studieren.«

Wo, wie, was

Bei **Galimard** kostet die zweistündige Einführung »Atelier de création de Parfum« 58 €. Ein Jahr lang kann man sein eigenes Parfüm nachbestellen. Darüber hinaus werden »Ateliers de Haute-Parfumerie« angeboten (250–500 €). Galimard Parfumeur, Tel. 04 93 09 20 00, Grasse, 5 Route de Pégomas, www.galimard.com

Molinard bietet zwei unterschiedliche Einführungen an: »L'Atelier des Parfums« (bis 2 Stunden, 90 Essenzen) und »L'Animation Parfumée« (20 Essenzen). Auch hier kann man sein Parfüm ein Jahr lang nachbestellen. Molinard Parfumeur, Tel. 04 92 42 33 21, Grasse, 60 Blvd. Victor Hugo, www.molinard.com

GRIGNAN

Région: Rhône-Alpes | **Département:** Drôme | **Höhe:** 197 m
Einwohner: 1590

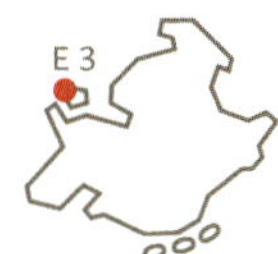

Im milden, warmen Licht des frühen Abends leuchtet die noble Fassade des Schlosses, das einst Sitz der Adelsfamilie Adhémar-Castellane war. Ein Stuhl, ein Bett – mehr Requisiten sind nicht nötig, um die Szene mit den Gedanken und Gefühlen großer Briefeschreiber lebendig werden zu lassen.

Verschachtelt gruppiert sich das reizvolle Städtchen im Hügelland östlich des Rhônetals um sein prachtvolles Château. Beim »Festival de la Correspondance« Anfang Juli rezitieren hier Schauspieler aus dem Briefwechsel berühmter Menschen. Den Anstoß dazu gab, postum, die **Marquise de Sévigné** (1626 –1696): Die Briefe, die sie aus Paris ihrer Tochter, Gemahlin des Grafen von Grignan, und anderen Zeitgenossen schrieb, stellen ein einzigartiges Zeitzeugnis dar. Geistreich, ironisch und mit bösem Spott schilderte sie die »Kultur« des Adels. Ab 1695 lebte die Marquise im Schloss, hier starb sie auch. Was ebenfalls wenig bekannt ist: Das Pays de Grignan bzw. Tricastin, das Übergangsgebiet zwischen der Drôme und der Provence, ist mit ca. 50 % der nationalen Ernte der **bedeutendste Trüffellieferant Frankreichs** – von Mitte November bis März ist Saison (► S. 131).

Wohin in Grignan?

Einst der größte Renaissancebau im Südosten Frankreichs
François Adhémar de Monteil, der Schwiegersohn der Marquise, ließ sich das Schloss aus dem 16. Jh. bis 1690 aufwendig neu gestalten. In der Französischen Revolution wurde ein Teil abgebrochen, der Rest zu Anfang des 20. Jh.s restauriert. In luxuriöse alte Zeiten entführen das Gemach der Marquise und Salons mit herrlichen Gobelins. Außer für das Brieffestival ist der Hof schöner Rahmen für unterhaltsames Theater (Fêtes Nocturnes, Ende Juni – Ende Aug.). Von der Terrasse, die um 1680 über der Kirche Saint-Sauveur (►unten) errichtet wurde, geht der Blick zum Mont Ventoux, über die Rhône-Ebene und zu den Bergen des Vivarais im Nordwesten.
Die spätgotische Kirche **Saint-Sauveur** wurde bis1539 für das 1484 gegründete Kanonikerstift an den Hang gebaut; ihr Portal, in den Hugenottenkriegen 1568 von Protestanten zerstört, wurde 1654 wiederhergestellt. Links vor dem goldglänzenden Hauptaltar mit einer romantischen »Verklärung Christi« das Grab der Marquise de Sévig-

GRIGNAN ERLEBEN

OFFICE DE TOURISME

12 Place du Jeu de Ballon
26230 Grignan
Tel. 04 75 46 56 75
www.ville-grignan.fr, www.grignanvalreas-tourisme.com

L'EPICURIEUX €€

Ein zauberhafter Platz mit Atmosphäre und schöner Aussicht. Ländlich-feine Gerichte, ohne Chichi appetitlich serviert, zu sehr fairen Preisen.
Grignan, 10 Montée Tricot
Tel. 04 75 46 54 43, Mi. geschl.

LA CHAPELLE €€

In den pittoresken Gewölben der kleinen Kapelle südwestlich der Kathedrale wird man mit einer großzügigen Regionalküche verwöhnt. Alles ist hausgemacht, von der Entenbrust mit Lavendelhonig bis zum üppigen Dessert Gourmand. Reservieren.
Saint-Paul-Trois-Chateaux
5 Place L. de Bimard
Tel. 04 75 96 60 88, Mo./Di. und So.abend geschl.

LE CLAIR DE LA PLUME €€–€€€€

Man wohnt in einem von zwei stimmungsvollen alten Häusern, das Michelin-besternte Restaurant (Mo./Di. geschl.) hat einen wunderbaren Wintergarten. Im mediterranen Garten kann man im Sommer speisen und schwimmen, auch versteckt sich dort ein schnuckeliges Häuschen für zwei.
Grignan, Place du Mail, Tel. 04 75 91 81 30, www.clairplume.com

né. Die Wandtäfelung im Chor stammt aus der zweiten Hälfte des 17. Jh.s, die Orgel (1662) gilt als älteste der Region Drôme.

Château: Juli/Aug. tgl. 10–18, sonst 10–12.30, 14–18 Uhr, Nov.–Febr. bis 17 Uhr und Mo. geschl. | Eintritt 8 € | www.chateaux-ladrome.fr

Rund um Grignan

Balkon über der Rhône & ungewöhnliche Romanik

La Garde-Adhémar

Hoch über dem Rhône-Tal, am Rand der Höhen des Tricastin, thront La Garde-Adémar (17 km westlich von Grignan). Besonders überrascht die schöne Lage, wenn man von Grignan durch das Val des Nymphes (►unten) hierherkommt; von der weithin sichtbaren Kirche **Saint-Michel** hat man einen großartigen Blick über das Rhône-Tal (mit dem KKW Tricastin) zu den Bergen des Vivarais mit dem Dent de Rez. Mit ihren einfachen Formen und sparsamem, aber schönem Bauschmuck verkörpert die Kirche (um 1145) die provenzalische Romanik. Nur die Südwand und die Apsiden weisen schießschartenähnliche Fenster auf, sodass Licht fast nur durch das Portal einfällt. Ungewöhnlich ist die Westapsis, ein in der deutschen Roma-

 170

An höchster Stelle: das mächtige Schloss und die Kirche Saint-Sauveur

nik häufiges Bauelement; vielleicht hängt das mit der Zugehörigkeit der Provence zum Heiligen Römischen Reich zusammen. Einen Blick wert ist der Kräuter- und Medizinalgarten unterhalb der Kirche. 2 km östlich von La Garde liegt an der D572A in einem wunderbar grünen Tal die Ruine der **Chapelle du Val-des-Nymphes** (12. Jh.), erbaut von Mönchen aus Tournus in Burgund. Vermutlich war der Platz schon in gallorömischer Zeit ein Heiligtum.

Keine Burgen, aber Trüffeln

Saint Paul Trois-Châteaux

Der Hauptort des Tricastin (8700 Einw.) besitzt noch Reste der einstigen Befestigung und eine Kathedrale (11./12. Jh.) in provenzalischer Romanik, aber keine Burgen – das »Trois Châteaux« ist eine Fehldeutung des keltischen Worts »Tricastin«. Im Winter dreht sich hier alles um die **Trüffel**; in der Maison de la Truffe et du Tricastin neben der Kathedrale erfährt man alles über die teure Knolle. Auch das 15 km östlich gelegene **Richerenches** hat in puncto Trüffel einen Ruf wie Donnerhall: Der Markt (ca. 20. Nov.–Ende März Sa. 9–13 Uhr) zählt zu den wichtigsten in Frankreich, am 3. Januar-Sonntag wird zu ihren Ehren sogar eine Messe gefeiert.

Maison de la Truffe: Di.–So. 9.30–12.30, 14–18 Uhr | Eintritt 4,50 €
www.maisondelatruffe.com

Kühlwasser für Krokodile

KKW Tricastin

Westlich jenseits des Canal de Donzère dampft das KKW Tricastin mit seinen vier Reaktoren (Besucherzentrum). Im warmen Kühlwasser tummeln sich Krokodile, Warane, Schlangen, Schildkröten und Fische – die **Ferme aux Crocodiles** mit ihrem tropischen Garten gehört zu den großen Attraktionen der Provence.

KKW Tricastin: nach Anmeldung www.edf.fr | **Ferme aux Crocodiles:** Juli/Aug. tgl. 9.30–18, sonst 10–18/17 Uhr | Eintritt 19,50 €

Zentrum der »Enclave des Papes«

Valréas

Die lebhafte Kleinstadt 9 km südöstlich von Grignan gehörte mit Grillon, Richerenches und Visan bis zur Französischen Revolution zur »Enclave des Papes«, einem Gebiet im Besitz der Päpste. Bei der Einteilung der Départements stimmten die Einwohner dafür, Provenzalen zu bleiben, und so gehört es heute noch als Einsprengsel im Département Drôme zur Vaucluse. Die Altstadt wird von Boulevards umgeben, die den Verlauf der Stadtmauer nachzeichnen. Das Hôtel de Ville, einst **Palais des Marquis de Simiane** (15.–18. Jh.), macht trotz bescheidener Größe Eindruck. Der Donjon stammt aus dem 12. Jh.; die ebenso alte Kirche Notre-Dame-de-Nazareth besitzt ein überraschend stattliches dreiteiliges Südportal.

Oliven und Trüffeln

Nyons

Am Ausgang des Eygues-Tals 15 km östlich von Valréas sorgen schützende Berge für ein Kleinklima, in dem die frostempfindlichen Olivenbäume gedeihen; Öl und vielfältige Produkte aus Oliven hält die Co-

Hier können sich Surfer austoben: die Bucht Almanarre bei Hyères

operative Vignolis an der D94 westlich des Zentrums feil. Die Mitte des einfachen Städtchens (6800 Einw., gespr. »nions«) ist die Place Dr-Bourdongle mit ihren Arkaden. Östlich geht es durch die Rue de la Résistance, mit Häusern aus dem 14. Jh., zur frühgotischen Kirche Saint-Vincent und zum Stadtmuseum. Von hier auf den Kalvarienberg mit dem Turm Randonne (um 1280), den eine groteske neogotische Kapelle von 1863 mit 3,5 m hoher Marienfigur bekrönt. Unterhalb verläuft die gedeckte Rue des Grands-Forts mit einem großen Tor, dem Rest der Burg. Im Süden des Orts überspannt eine Brücke aus dem 14. Jh. in kühnem, 40 m weitem Bogen den Eygues. Daneben die Vieux Moulins, eine alte Ölmühle mit Laden und Bar (Mo. geschl.).

★ HYÈRES

Département: Var | **Höhe:** 40 m | **Einwohner:** 54 600

Die Altstadt ist ein echtes Schatzkästchen, lange Strände sorgen für das richtige Urlaubsfeeling. Sportsegler und Windsurfer aus aller Welt hingegen schätzen die Bucht von Hyères für ihre fantastischen Windverhältnisse.

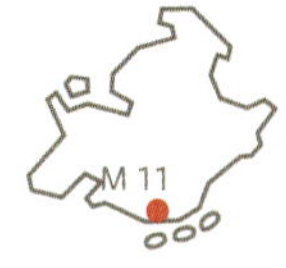

Prächtige Villen und Hotels künden von den Zeiten der Belle Époque: Hyères, 20 km östlich von Toulon gelegen, ist der **älteste Winterkurort der Riviera, hier wurde der Begriff »Côte d'Azur« geprägt**. Als die begüterte Klientel im 20. Jh. die Sommersaison entdeckte, geriet Hyères gegenüber Cannes und Nizza ins Hintertreffen – es liegt nicht unmittelbar am Meer, besitzt also keine Stadtpromenade. Dafür stellt die Gemeinde inkl. der Halbinsel von Giens dem Urlauber insgesamt gut 20 km Sand-/Kiesstrände zur Verfügung. In der Bucht von Hyères **bläst der Wind mit Macht**; ein Trimaran-Segler hat hier den Tempo-Weltrekord aufgestellt, Ende April treten beim ISAF Sailing World Cup über 1600 Teilnehmer aus 60 Nationen an. Interessante antike Zeugnisse sind an der Küste nahe dem Strand Almanarre erhalten, die Reste der griechisch-römischen Stadt Olbia. Im frühen Mittelalter zogen die Herren von Fos ins höher gelegene Binnenland; ihre Burg ließ König Ludwig XIII. 1620 zerstören. Ebenfalls seit dem Mittelalter gewinnt man hier Salz: In den Vieux Salins am Ostrand des Orts und der Salin des Pesquiers auf der Presqu'île de Giens ist eine besondere Landschaft mit ihrer Vogelwelt ganzjährig zu erleben. Sonst spielt die Stadt eine wichtige Rolle als Landwirtschaftszentrum der Riviera. Der **Flughafen Toulon-Hyères** bei Hyères-Plage ist über Paris-Orly zu erreichen.

HYÈRES ERLEBEN

OFFICE DE TOURISME

16 Av. de Belgique, Rotonde du Park Hôtel, 83400 Hyères
Tel. 04 94 01 84 50
www.hyeres-tourisme.com

Ausflugsboote fahren von Port d'Hyères nach Port-Cros/Levant und von La Tour-Fondue nach Porquerolles (www.tlv-tvm.com).

Grand Marché am Samstagvormittag auf der Place Clemenceau. April/Mai, in der Villa Noailles: Festival International de Mode et de Photographie. Anfang Juli: Jazz à Porquerolles.

LE MARAIS €€

Das Strandrestaurant bietet italienische Küche, von Antipasti, Pasta und Pizza bis zu Tagliata vom Thun oder Rind und Tintenfisch vom Grill.
Hyères, 1366 Blvd. de la Marine, Tel. 09 54 12 72 09, Mitte. Nov.–Mitte März geschl.

LES PRADEAU PLAGE €€

In dem romantischen, einfachen Strandrestaurant schwelgt man in Fisch und Meeresfrüchten (aber nicht nur). Geöffnet April–Okt.
Presqu'île de Giens, 1420 Avenue des Arbanais (ganz im Süden der Halbinsel westlich von La Tour Fondue), Tel. 04 94 58 29 06

LE PÉLAGOS €€

Hier serviert man unkomplizierte Gerichte aus dem Mittelmeerraum, »gewürzt« mit ungewöhnlichen Details. Eines der preiswürdigeren Lokale am Hauptplatz nahe dem Hafen. Sehr angenehm im Schatten sitzt man draußen.
Porquerolles, 18 Place d'Armes
Tel. 04 94 58 38 63

DU SOLEIL €–€€

Kleines älteres Haus mit netten, schlichten Zimmern, z. T. mit Blick aufs Meer. Erhöht am Burgberg gelegen, die Altstadt ist zu Fuß rasch zu erreichen.
Hyères, 24 Rue du Rempart
Tel. 04 94 65 16 26
www.hotel-du-soleil.fr

Wohin in Hyères?

Vivement Dimanche!

Altstadt

Wer den wunderbaren Film mit Fanny Ardant und J.-L. Trintignant gesehen hat (1983, »Auf Liebe und Tod«), wird die pittoreske Altstadt wiedererkennen, die sich am Hang des Casteou mit seiner Burgruine drängt. Im Süden wird sie durch die lebhafte Achse Avenue des Îles-d'Or/Avenue de Gaulle von der Neustadt getrennt. Hinter der **Porte Massillon** (13. Jh.), einst das Haupttor, flaniert man die Rue Massillon mit ihren hübschen Läden hinauf zur **Place Massillon**; die Tour Saint-Blaise, Rest einer Templerkomturei des 12. Jh.s., wacht über diesen echt provenzalischen Platz. Nebenan die **Place Saint-**

Paul mit gleichnamiger Kirche (12./16. Jh.) und einem herrlichem Blick über die Altstadt mit ihrer Blütenpracht. Rechts der Treppe zum Hauptportal ein reizvolles Renaissancehaus mit Ecktürmchen, unter dem die Rue Saint-Paul hindurchführt. In der Rue Paradis weiter nördlich hübsche Häuser des 13. Jh.s; eine Ikone der modernen Architektur ist im Parc Saint-Bernard nördlich der Vieille Ville zu finden, die kubistische **Villa Noailles,** bis 1929 erbaut von Robert Mallet-Stevens für die reichen Mäzene Charles und Marie-Laure de Noailles. In der wunderschönen Villa, eine Kreuzung aus Bauhaus und Art-déco, waren viele bekannte Künstler zu Gast, wie Luis Buñuel und Man Ray, der hier seinen ersten Film drehte. Großes Kulturprogramm.

Villa Noailles: Juli-Sept. Mi.-Mo. 14-19 (Fr. bis 21), sonst Mi.-So. 13-18 (Fr. bis 20) Uhr | Eintritt frei | https://villanoailles.com/

»Gibt es einen Aufenthalt auf Erden, ... wo milde Luft eine zerstörte Brust wieder stärken kann, so ist es Hieres. Dieser ewige Frühling, dieser reine, dunkelblaue Aether ...«

Johanna Schopenhauser, in »Aurora«, Bd. 2, 1827

Erinnerungen an die Belle Époque

Neustadt

Breite Avenuen und weite Plätze, fantasievolle Villen der Gründerzeit und Dattelpalmen prägen das passend benannte Viertel Les Palmiers. Im **Casino des Palmiers** von 1889 wird noch gespielt, es hat aber durch die Modernisierung an Charakter verloren. Exotische Pflanzen und Vögel bevölkern den bunten **Jardin Olbius-Riquier**, eine über 6 ha große, schöne Gartenanlage südlich der Autobahn.

Alter Wallfahrtsort mit Aussicht

Notre-Dame-de-Consolation

Weithin sichtbar bekrönt die Kirche Notre-Dame-de-Consolation von 1955 die Anhöhe **Costebelle** 3 km südlich der Innenstadt. Der durchaus interessante Bau gewinnt noch durch seine Glasmalereien. Der Platz, zu dem man schon im 11. Jh. pilgerte, gewährt natürlich auch ein tolles Panorama.

Dorado für Sonnenanbeter und Windsurfer

Presqu'île de Giens

Erst seit römischer Zeit ist Giens über die 6,5 km lange und 1,5 km breite Landbrücke mit dem Festland verbunden. Das Westufer bildet ein Deich mit der **Route du Sel** (Salzstraße), der den Étang des Pesquiers – mit Salinen und Flamingos – vom Meer trennt, die Straße ist immer wieder mal überschwemmt; von Oktober bis Ostern ist sie für Kfz gesperrt, dann nehmen sie Spaziergänger und Radler in Beschlag. Am Strand tummeln sich die Funboarder und Kitesurfer. Die pinienbestandene Nehrung im Osten mit dem Ort **La Capte** säumen kilometerlange flache, familienfreundliche Sand-Kies-Strände. Zentrum

Auf Porquerolles sind Autos nicht zugelassen – man fährt sowieso besser Rad.

der Halbinsel ist **Giens** mit einer Burgruine. 2 km östlich endet die Straße bei der **Tour Fondue** (1634) mit dem Anleger für die Boote nach Porquerolles. Sie ist natürlich nicht aus Schokolade oder Käse; der Name kommt von provenzalisch »foundudo« für »beschädigt«.

 Îles d'Hyères · Îles d'Or

»Goldene Inseln«

Aktiv an der frischen Luft

Baden, Tauchen und Wandern, dafür setzt man zu den Îles d'Hyères über. Porquerolles, Port-Cros und Levant gehören geologisch zum ►Massif des Maures und werden, wohl wegen des glimmerreichen glitzernden Gesteins, auch Îles d'Or genannt. Sie sind großenteils bewaldet und besitzen zerklüftete Felsküsten und schöne Buchten.

Badeinsel mit eigenem Wein

Porquerolles

Die größte Insel des Archipels ist das ca. 8 km lange und 2 km breite Porquerolles. Es besitzt ein 200 ha großes Weinbaugebiet und sehr schöne, frequentierte Strände mit klarem Wasser. An der Nordküste ist der Strand großenteils flach; der Süd- und Ostteil fällt steil ins Meer ab. Vom Hauptort Porquerolles lohnt ein Gang (ca. 45 Min.) durch schöne Mittelmeervegetation südlich zum **Phare de l'Ousteau** (Leuchtturm, 96 m hoch). In nordöstlicher Richtung erreicht man in einer Stunde entlang der Plage Notre-Dame das **Cap des Mèdes**. Etwa auf halber Strecke zweigt rechts ein Weg ab, der am Fort de la Repentance vorbei zum Sémaphore (142 m) führt.

Ökologisches Paradies mit Problem

Port-Cros

Östlich von Porquerolles liegt die Île de Port-Cros, seit 1963 Parc National (Naturschutzgebiet). Sie ist von vielen Wegen durchzogen; die Felsen lassen nur für zwei kleine Strände Platz. Die Schönheit des Orts wurde ihm zum Verhängnis, nicht zuletzt zerstören die ankernden Sportboote die Unterwasserflora. Besonders empfehlenswert sind zwei Wanderungen: südöstlich ins **Vallon de la Solitude** (»Tal der Einsamkeit«) und zu den imposanten, fast 200 m hohen Falaises du Sud (hin + zurück 1.30 Std.), sowie östlich zur **Pointe de Port-Man** (3 Std.). Am schönsten ist die Insel zur Blütezeit von März bis Mai.

LE LAVANDOU

Département: Var | **Höhe:** 0 – 483 m | **Einwohner:** 6000

Hier ist alles auf den Sommerurlaub ausgerichtet. An einer weiten Bucht am Fuß des ▶Massif des Maures laden die berühmten »Douze sables« von Le Lavandou zum Nichtstun respektive zu allerlei Aktivitäten am, im und auf dem Meer ein. An das einstige Fischerdorf erinnert das winzige, bunte Ortszentrum.

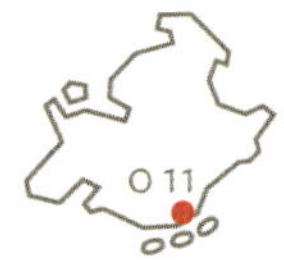

Schlichte Hotelbauten und zahlreiche, im Grünen verstreute Feriendomizile prägen den Ort, im Winter ist er wie ausgestorben. Seinen Namen verdankt er nicht, wie da und dort zu lesen, einer angeblich hier wachsenden Lavendelart; er ist vom provenzalischen »lavadou« für »Waschküche« abgeleitet. Zwei Jachthäfen stehen den Bootsurlaubern zur Verfügung; andere können per Ausflugsboot zu den Îles d'Or (▶Hyères) schippern, mit dem »Seascope«, einem Trimaran mit Glasboden, einen Blick in die Unterwasserwelt werfen oder mit den Vedettes Îles d'Or auf »Delphinjagd« gehen. Darüber hinaus ist das Angebot an Zerstreuungen natürlich groß.

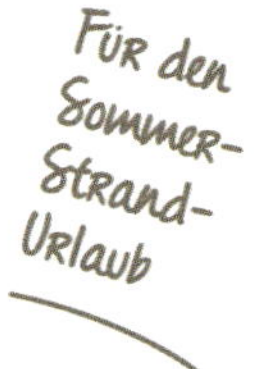

Lange Sandstrände und verborgene Buchten

Baden und Ausflüge

Vom Strand Pramousquier jenseits des Cap Nègre im Osten bis zur Ponte de la Ris im Westen verteilen sich die »Zwölf Strände«, meist weite, breite, flache Sandstrände mit allen Einrichtungen, und dazu einige kleine, verborgene Felsbuchten. Im Süden schließen die bewaldeten Hänge des **Cap Bénat** die Bucht ab. Die Küste östlich von Le Lavandou zählt mit der folgenden Halbinsel von ▶Saint-Tropez zu den schönsten Abschnitten der Côte d'Azur, nicht auslassen darf man eine Fahrt auf der kurvenreichen D 559, ebensowenig eine Tour durch das ▶Massif des Maures.

Rund um Le Lavandou

Bormes-les-Mimosas

Einer der schönsten Orte der Côte d'Azur
Bormes, 2 km nordwestlich am Hang gelegen, darf als Muster eines Côte-d'Azur-Dorfs gelten: in puncto Schönheit ebenso wie in der touristischen Vereinnahmung. Außerhalb der Saison ist's angenehmer. Den besten Ausblick hat man von der Terrasse bei den Schlossruinen. An der Place de la Liberté erinnert die schöne Chapelle Saint-François-de-Paule (1560) an das Wirken des Mönchs Franz von Paola im Pestjahr 1481. Das **Musée d'Histoire et d'Art** in einem schönen Haus aus dem 17. Jh. zeigt einige beachtliche Werke, u. a. von Cazin, van Rysselberghe, Rodin. Zu beachten auch die Tour de l'Horloge (18. Jh.) und die Kirche Saint-Trophyme (18. Jh., schöne Flügelaltäre). Unterhalb der Kirche liegt das alte Bormes, ein typisch provenzalisches Städtchen mit steilen Gassen (»Rompi-cuou«, d. h. »Halsbrecher«).

Musée d'Arts: 103 Rue Carnot, April–Okt. Di.–So. 10–19, Nov.–März Mi.–So. 11–18 Uhr | Eintritt 8,50

Route du Mimosa

Gelbe Pracht vor blauem Meer
Eine Tour zur Feier des »Winters« an der Côte d'Azur: Die Straße der Mimose führt über 130 km, meist an der Küste entlang, nach ►Grasse. Von Januar bis Ende März blühen die Mimosen, es gibt Feste, Mimosenlikör, Blumenkorsos (www.bormeslesmimosas.com).

LE LAVANDOU ERLEBEN

OFFICE DE TOURISME
Quai G. Péri, 83980 Le Lavandou
Tel. 04 94 00 40 50
www.ot-lelavandou.fr
Vom Hafen fahren Schiffe zu den Îles d'Hyères (►Hyères).

LE PROVENÇAL €€
Meeresfrüchte und Traditionelles aus der Region (u. a. das echte Aïoli provençal), vorzüglich zubereitet und freundlich serviert. Mit schattiger, ruhiger Terrasse. Winters Mi. geschl.
Bormes-les-Mimosas, 57 Blvd. du Front de Mer, Tel. 06 29 37 16 36

LA PIGNATO €€–€€€
Ausgezeichnete Küche in provenzalischem Ambiente mit schöner Terrasse. Hinter dem Hafen bei Saint-Louis.
Le Lavandou, 13 Rue Abbé Helin
Tel. 04 94 29 92 26
Mi. geschlossen

LE RABELAIS €€
Am Meer mit Blick auf den Bootshafen gelegen, innen viel hübscher als außen. Schöne, schlicht-moderne Zimmer. Im Sommer frühstücken Sie auf der herrlichen Terrasse.
Le Lavandou, 2 Rue Rabelais
Tel. 04 94 71 00 56
www.le-rabelais.fr

Les Baux, das sind nicht nur Ruinen: beschaulicher Winkel in der Unterstadt.

★★ LES BAUX-DE-PROVENCE

Département: Bouches-du-Rhône | **Höhe:** 280 m | **Einwohner:** 310

Ein fast irreales Bild, geradezu magisch am frühen Morgen und bei Sonnenuntergang: Aus den in der Garrigue verstreuten Kalkfelsen wachsen, kaum von diesen unterscheidbar, bizarre Ruinen empor. Auf dem Felsplateau hatten die selbstbewussten Grafen von Les Baux ihren wehrhaften Sitz.

»
Ein Geschlecht von Adlern, niemals abhängig
«

Frédéric Mistral, Li Prince di Baus, 1887

Ritter und Troubadoure

Die einzigartige Ruinenstadt liegt 15 km nordöstlich von ► Arles in den Alpilles (s. u.). Schon die großen gebührenpflichtigen Parkplätze lassen es ahnen: Im Jahr zählt man hier ca. 1,5 Mio. Besucher – konzentriert im Hochsommer –, in den schmalen Gassen der Unterstadt reihen sich Restaurants und (Souvenir-)Läden. Dass das verfallene

Les Baux Mitte des 20. Jh.s wiederentdeckt wurde, verdankt es dem Gründer des berühmten Hotels Ousteau de Baumanière, **Raymond Thuilier**. Der Hobbykoch verschrieb sich erst mit über 50 ganz der Kochkunst, und mit 80 war er der Doyen der französischen Meisterköche. In die Provence kam er 1945, in einer alten Ölmühle baute er sein eigentliches Lebenswerk auf. Trotz (oder wegen) der abgeschiedenen Lage hatte Thuilier Erfolg, 1954 verlieh der Guide Michelin den dritten Stern. Thuilier war auch Bürgermeister und förderte dementsprechend den Tourismus; die Anzahl von Hotelrestaurants der Luxusklasse bei Les Baux ist außergewöhnlich.

LES BAUX-DE-PROVENCE ERLEBEN

OFFICE DU TOURISME

Maison du Roy, Rue Porte Mage
13520 Les Baux de Provence
Tel. 04 90 54 34 39
www.lesbauxdeprovence.com

Juli/Aug. Festival d'Art Contemporain. Dez.: »Noël aux Baux« mit Konzerten, Ausstellungen. Am 24. Dez. »Cérémonie de l'aubade« mit Hirten, Tambourspielern und Arlésiennes; Mitternachtsmette in Saint-Vincent – zum Spiel von der Geburt Christi kommen viele Besucher.

1 OUSTAU DE BAUMANIÈRE €€€€

In dem 500 Jahre alten Landhaus wohnt man in romantisch eingerichteten, luxuriösen Zimmern und Suiten – mit Stilmöbeln, Himmelbett, Balken und Kamin. Mit provenzalischen Spezialitäten setzt die Küche seit vielen Jahren Maßstäbe. Angemessen hervorragende Weinkarte, wunderbare Restaurantterrasse.
Val d'Enfer (D 27), Tel. 04 90 54 33 07, www.baumaniere.com

2 CABRO D'OR €€€€

Das »zweite« Hotel der Domaine de Baumanière mit eleganten Gästezimmern in drei Häusern und feinster provenzalischer Küche. Echt preiswert ist das Mittagsmenü. Im herrlichen Park liegen Swimmingpool und Spa. Golfplatz und Reitstall stehen in der Nähe zur Verfügung.
Route d'Arles (D27, 800 m südwestlich von Les Baux), Tel. 04 90 54 33 21, www.baumaniere.com

3 HOSTELLERIE DE LA REINE JEANNE €

Wenn die Tagesgäste weg sind, ist es sehr ruhig in Les Baux. Hier nächtigt und isst man – auch auf einer schattigen Terrasse – gut und preiswert. Zwei Zimmer verfügen über eine Veranda mit großartigem Ausblick.
4 Rue Porte Mages, Tel. 04 90 54 32 06, https://la-reinejeanne.fr

4 LE MADALENO €–€€

Ein schönes Refugium im prozenzalischen Stil. Komfortable klimatisierte Zimmer, teils mit Veranda oder Terrasse. Mit Restaurant und Pool.
Fontvieille, Route des Baux (D 78 F, 5 km südwestlich von Les Baux), Tel. 07 89 06 20 59
www.lemadaleno.com

Wilde Geschichte(n)

Ritter und Hugenotten

Wild wie die Felsenlandschaft war auch die Historie des Orts, der nach dem provenzalischen »baus« für »Felsen« benannt sein soll. Im 12./13. Jh. war Les Baux Zentrum einer unabhängigen Grafschaft mit 79 Burgen und Dörfern und zählte über 3000 Einwohner. Die Ritter von Les Baux waren nicht nur für ihre Arroganz bekannt – sie führten sich auf Balthasar zurück, einen der Heiligen Drei Könige –, berühmt war auch der **Liebeshof der Troubadoure** im 13. Jh. als Zentrum höfischer Dichtkunst. Nach dem Aussterben der Grafen 1426 kam das Gebiet zur Provence und mit dieser 1480 zum Königreich, wogegen die Einwohner 1483 vergeblich revoltierten: Die Burg wurde ge-

schleift. Unter der eigenwilligen Familie de Manville, Statthalter der katholischen Könige, hatte Les Baux als **Hochburg der Hugenotten** (!) nochmal eine Glanzzeit, es existiert noch ein Fenster der Kirche mit ihrem Motto »Post tenebras lux« (»Nach dem Dunkel das Licht«). Als Aufständische von Aix hier Zuflucht nahmen, machte Ludwig XIII. dem widerspenstigen Les Baux ein Ende: 1632 wurde es von Kardinal Richelieu eingenommen, worauf die Einwohner den Ort erwarben und die Festung auf eigene Kosten abtrugen. 1642 kam Les Baux als Lehen an die Familie Grimaldi – die Fürsten von Monaco –, 1791 wurden sie in der Revolution enteignet. Das Aluminiumerz **Bauxit**, das man 1821 in der Umgebung entdeckte und bis zu Beginn der 1990er-Jahre abbaute, verdankt dem Ort seinen Namen.

Wohin in Les Baux?

Residenz selbstbewusster Adliger und Bürger

Unterstadt

Am ehemaligen Rathaus (17. Jh.) und der Porte Eyguières, dem alten Stadttor, vorbei folgt man der Rue de l'Église zur stimmungsvollen Place Saint-Vincent, deren Südseite von behauenen Felswänden gebildet wird. Hier hat man einen reizvollen Blick nach Westen.

Die Kirche **Saint-Vincent** ist, da ebenso lang wie breit, von überraschender Raumwirkung. Die Kapellen im rechten Seitenschiff wurden ins Gestein gehauen, ebenso das Taufbecken in der mittleren Kapelle. Das linke Seitenschiff ist noch karolingisch (10. Jh.), das rechte (15. Jh.) hoch- bis spätgotisch, das Hauptschiff (12. Jh.) romanisch-zisterziensisch. In einer Kapelle steht der Kenotaph der Familie de Manville. Die Fenster von Max Ingrand (1962) stiftete Fürst Rainier von Monaco. Gegenüber der Kirche schließt die **Chapelle des Pénitents-Blancs** (Kapelle der Weißen Büßer, 17. Jh.) den Platz ab. Innen schmücken sie Bilder von **Yves Brayer** (1907–1990). Dem Maler, der seinen Lebensabend in Les Baux verbrachte, ist auch das **Musée Brayer** im Hôtel des Porcelets aus dem 16. Jh. gewidmet (gegenüber). An der linken Seite des Museums führt eine Gasse an der protestantischen Kirche (Temple Protestant, mit dem Fenster »Post tenebras lux«, s. o.) vorbei zum **Hôtel de Manville** (16. Jh., Rathaus) mit schönem Innenhof. Durch die Rue du Château und die Rue du Trencat, eine in den Felsen geschnittene Gasse, erreichen Sie den Eingang in die Oberstadt (Kasse im Hôtel de la Tour de Brau).

Musée Brayer: April–Sept. tgl. 10–12.30, 14–18.30, Okt.–Dez., März Mi.–Mo. 13–17.30 Uhr | Eintritt 8 €

Reste einer Ritterburg

Oberstadt (Château)

Jenseits der kleinen Kapelle Saint-Blaise – dort können Sie per Film die Provence aus der Luft bewundern – betritt man das Felsplateau, dessen Ränder nahezu senkrecht abfallen; das grandiose Panorama

PURE ROMANTIK

Besuchen Sie die Oberstadt vor Sonnenuntergang – nicht ohne sich für ein Picknick gerüstet zu haben. Sie ist auch nach Schließung der Kasse zugänglich.

geht über das Rhônetal, die Crau und die Alpilles. Ein Denkmal im Süden ehrt den Dichter Charloun Rieu (1846–1924), einen der »Félibres« um Frédéric Mistral, denen die Erhaltung der provenzalischen Kultur zu verdanken ist. Von der **Burg** sind nur geringe Reste erhalten. An den Rand des Felsens war an der höchsten Stelle der **Donjon** gebaut, vom Wohntrakt existieren nur Reste der Unterkonstruktionen. Auch von den Mauern im Osten hat man einen eindrucksvollen Blick. Zur Unterstadt (Porte Mage) kann man direkt zurückkehren, vorbei am sog. Kolumbarium (»Taubenschlag«), wohl eine Urnenstätte. Im Frühjahr/Sommer sollen Belagerungsmaschinen und andere Animationen ein Mittelaltergefühl vermitteln.

April – Juni, Sept. 9–19, Juli, Aug. 9–19.30, März, Okt. 9.30–18.30, Jan., Febr., Nov., Dez. 10–17 Uhr | Eintritt 8 € | Animationen: Anf. April bis Anf. Mai, Himmelfahrt, Pfingsten, Juli/Aug. (tgl.), dann Eintritt 10 €. Wer im Sommer den Massen entgehen will, kommt am frühen Morgen oder Abend hierher. Stabile Schuhe sind ratsam.

Rund um Les Baux

Blick auf Les Baux

Den besten Blick auf Les Baux hat man vom Plateau des Bringasses: Auf der D 27 Richtung Val d'Enfer, dann nach 1 km rechts. Eine Orientierungstafel erläutert den fantastischen Rundblick: Mont Ventoux und Luberon, Rhônetal und Camargue, Aix und Arles.

»Kathedrale der Bilder«

Carrières des Lumières

Bestaunen Sie berühmte Gemälde im XXL-Format. Am Weg zum erwähnten Aussichtspunkt passiert man die Installation des Künstlers Albert Plécy in unterirdischen Steinbrüchen, wo die Bilder auf 400 m lange und 14 m hohe Wände projiziert werden.

Kassenzeiten April–Okt. 9.30–19 (Juli/Aug. bis 19.30), Nov.–Jan. 10–18, Febr., März 9.30–18 Uhr | Eintritt 14,50 €

Oliven und Wein

Ausgezeichneter Ruf

In der sonnendurchglühten, wilden Landschaft um Les Baux werden seit den Zeiten der Griechen Olivenbäume und Rebstöcke kultiviert, ihre Produkte – mit AOP bzw. AOC – haben einen ausgezeichneten Ruf und sind nicht billig. Jeweils ein Dutzend Erzeuger laden zum Verkosten und natürlich zum Kaufen ein. Info: aoc-lesbauxdeprovence.com bzw. lesvinsdesbaux.com sowie beim Tourismusbüro Les Baux.

Alpen im Westentaschenformat

Les Alpilles

Nordöstlich von Les Baux bzw. südöstlich von Saint-Rémy ragen die Alpilles (»Kleine Alpen«) auf. Bei geringer Höhe – 498 m in der Tour des Opies – macht das Kalkmassiv einen alpinen Eindruck. Der Westteil (Alpilles de Baux) und der Ostteil (Alpilles d'Eygalières) besitzen unterschiedlichen Charakter. Hier kann man sich vielfältig betätigen, klettern, wandern, angeln, MTB-fahren etc. (www.parc-alpilles.fr). Der Gang auf die 387 m hohe **Caume** wird mit einem herrlichen Blick belohnt, im Westen bis zur Rhône-Mündung und zur Camargue, im Norden und Osten zum Mont Ventoux und ins Durance-Tal. Zu erreichen ist sie auf dem GR 6 von Saint-Rémy oder auf einem Fahrweg (meist gesperrt), der von der D 5 zwischen Saint-Rémy und Les Baux bei einem Parkplatz nach Osten abgeht (hin und zurück 3 Std.).

In der Nähe

▶ Saint-Rémy; Fontvieille (▶Arles)

★★ LE THORONET

Département: Var | **Höhe:** 142 m

»Schicksal dieses Orts wird es sein, Seele und Leib zum Instrument zu machen, uns mit Gott zu verbinden. Ein Ort, an dem weiße Wollkutten umherwandeln und sich versammeln, über so einen langen Zeitraum hin ... dass unsere Gesänge mit ihrer Gewalt die Gewölbe zum Einsturz bringen und die gemurmelten Gebete wie Donner grollen.«

Davon träumte Wilhelm Balz, der Baumeister des Klosters Le Thoronet – jedenfalls wie Fernand Pouillon es sich vorstellt. In seinem Buch »Singende Steine« schildert der Architekt das unglaublich harte Leben der Mönche, die das Kloster erstellten, heute ein Höhepunkt der romanischen Zisterzienserarchitektur. Die Abtei, das älteste und kleinste der drei Zisterzienserklöster der Provence, versteckt sich zwischen ▶ Brignoles und ▶ Draguignan 10 km südwestlich von Lorgues in den waldreichen Hügeln südlich des Argens. Sie ist weniger bekannt als Sénanque bei ▶ Gordes, aber noch eindrucksvoller: durch die abgeschiedene Lage in einem unwirtlichen Tal, durch die strenge, gleichzeitig sehr harmonische Architektur – das Muster der provenzalischen Romanik. Die klaren, mathematisch-geometrisch berechneten Proportionen und die Schmucklosigkeit entsprechen den strengen Regeln des Zisterzienserordens. Gemildert wird das herbe Bild durch das warm leuchtende Baumaterial aus dem Esterel-Massiv und die schöne Lage. Innen wird die Kirche nur über wenige kleine Fenster erhellt – ein mystischer Raum, den man am besten bei den Gottesdiensten und den Konzerten auf sich wirken lässt (▶ Magische Momente S. 187).

»Dieser Stein duldet keine Feinheiten«

April–Sept. tgl. 10–18.30, sonst tgl. 10–13, 14–17 Uhr | Eintritt 8 €
Führungen auf Deutsch nach Anmeldung | www.le-thoronet.fr
Um angemessene Kleidung wird gebeten (keine Radschuhe)

Die Pfeiler im Kreuzgang von Le Thoronet scheinen für die Ewigkeit gebaut.

Prosper sei Dank

Aus der Geschichte

Die Abtei wurde, wie Sénanque, zwischen 1160 und 1190 von den Mönchen von Mazan (Ardèche) erbaut, nachdem sie sich auf Initiative des Grundherrn Raymond Bérenger, Graf von Barcelona und Toulouse, schon 1136 in der Gegend niedergelassen hatten. Raymond sorgte auch für die Existenzgrundlage in Form von umfangreichem Landbesitz. Nach dem Niedergang im 14. Jh. wurde das Kloster in den Religionskriegen des 16. Jh.s aufgegeben, während der Revolution 1791 konfisziert und verkauft. Dass es vom Staat 1840 erworben und restauriert wurde, war dem obersten Denkmalschützer Prosper Mérimée zu verdanken – bekannter ist er als Schriftsteller, von ihm stammt u. a. die Vorlage zur Oper »Carmen«.

Zwei Besonderheiten

Kirche und Kreuzgang

Außer dem Mauerwerk aus exakt behauenen, mörtellos gefügten Steinen weist die Kirche zwei Besonderheiten auf. Der Glockenturm ist für den Zisterzienserorden ungewöhnlich, üblich waren nur Dachreiter. Die Fassade besitzt – da es kein »Publikum« gab – kein Mittelportal, sondern zwei seitliche Portale, das linke niedrigere war den Laienbrüdern zugewiesen. Die Querhausarme bilden mit dem Langhaus keine Vierung, sondern sind nur an das Langhaus angesetzt. In die Querschiffe links und rechts des Chors sind je zwei Apsiden eingelassen, während der Chor nach außen vorspringt. Spitzbogen-

LE THORONET ERLEBEN

OFFICE DE TOURISME

Parking L. Rainaud
83340 Le Thoronet
Tel. 04 94 60 10 94
www.tourisme-lethoronet.com
thoronet.wordpress.com

21. Juni: Fête de la Musique. Ende Juli: Les Nuits Blanches mit Jazz und Pop (www.lesnuitsblanches.org).
In der Abtei: So. 12 Uhr gesungene Messe. Konzerte im Sommer: 2. Juli-Hälfte: Festival für mittelalterliche Musik, Anf. Aug. Festival Musique et Esprit

LE TOURNESOL €

Nettes kleines Restaurant in 250 Jahre altem Haus hinter dem Rathaus. Die Schiefertafel führt unkomplizierte Gerichte der Region auf. Freundlich und preiswert. So.abend geschl.
Le Thoronet, 9 Rue de l'Ormeau
Tel. 04 83 08 56 49

HOSTELLERIE DE L'ABBAYE €–€€

Modernes, sehr angenehmes Haus in provenzalischem Stil, mit Restaurant und Swimmingpool.
Le Thoronet, 57 Rue C. Camail
Tel. 04 94 73 88 81
www.hotel-thoronet.com

tonnen in Haupt- und Querschiff sowie die steigenden Halbtonnen in den Seitenschiffen kündigen den Übergang zur Gotik an (das östliche Joch des als erstes gebauten nördlichen Seitenschiffs besitzt noch eine Vierteltonne). Gegliedert sind die Wände nur durch halbrunde Dienste, die auf halber Arkadenhöhe auf einer Konsole aufliegen, sowie durch das umlaufende Gesims am Gewölbeansatz.
Die Trapezform des **Kreuzgangs** und die großen Niveauunterschiede sind der Form des Geländes geschuldet, dennoch besticht er mit perfekter Harmonie. Die massige, 1,5 m dicke Mauer zum Garten hin, mit einfachen Arkaden, steht noch in der Tradition römischer Bauformen; den wuchtigen Eindruck mildert die Ausfachung mit Oculi und zwei Bögen, die auf Rundsäulen mit einfachen Kapitellen sitzen. Der frühe Südflügel (1160–1170) hat noch ein Tonnengewölbe, das Gewölbe des Ostflügels ist leicht gebrochen; in der Nordost- und der Nordwestecke sind schon gotische Kreuzrippengewölbe eingezogen. Den besten Blick auf die Anlage bietet die Terrasse über dem Kreuzgang, die man vom Dormitorium aus erreicht. Das sechseckige **Brunnenhaus** ist das einzige, das in der Provence erhalten blieb, Ein- und Ausgang sind getrennt. Der Brunnen selbst ist eine Nachbildung.

MYSTISCHE KLÄNGE

Die Kirche von Le Thoronet besitzt eine wunderbare Akustik. Bei der Messe am Sonntagmittag und bei den Konzerten im Sommer kann man dem Geist des Orts besonders gut nachspüren und -lauschen.

ZISTERZIENSERKLÖSTER IN DER PROVENCE

Im Jahr 1098 mit dem Kloster Cîteaux gegründet, breitete sich der Zisterzienserorden unter Bernhard von Clairvaux rasch aus. Kaum 100 Jahre später waren in der Provence drei Abteien entstanden, die »provenzalischen Schwestern«: Mit ihrer abgeschiedenen Lage und ihrer kompromisslos schlichten Architektur – wie es die Ordensregeln vorschrieben – gehören sie zu den beeindruckendsten Zeugnissen der Romanik.

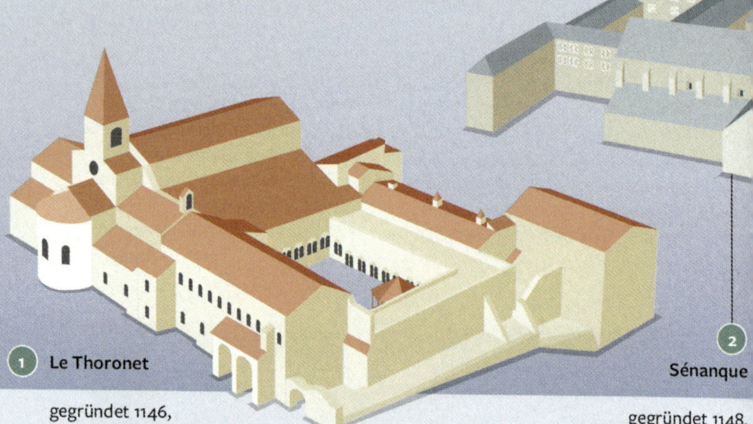

1 Le Thoronet

gegründet 1146,
Bauzeit ca. 1160 – 1190

Mutterkloster:
Mazan (Ardèche)

2 Sénanque

gegründet 1148,
Bauzeit ca. 1160 – 1210

Mutterkloster:
Mazan (Ardèche)

▶ **Die Romanik der Zisterzienser**

Die auf die Römerzeit zurückgehenden konstruktiven Elemente – glatte, massive Mauern, Rundbogen, Tonnen- bzw. Kreuzgewölbe – entsprechen den architektonischen Vorstellungen Bernhards von Clairvaux in besonderem Maß. Äußerst schmucklos und funktional, entwickeln die Klosterbauten dennoch eine großartige, monumentale Ästhetik.

Die Lage der Klöster
Gemäß den strengen Ordensregeln liegen Le Thoronet und Sénanque abseits der Zivilisation in damals schwer zugänglichen Tälern. Anders Silvacane, das auf eine Mönchsgemeinschaft zurückging, die am wichtigen Übergang über die Durance die Reisenden betreute.

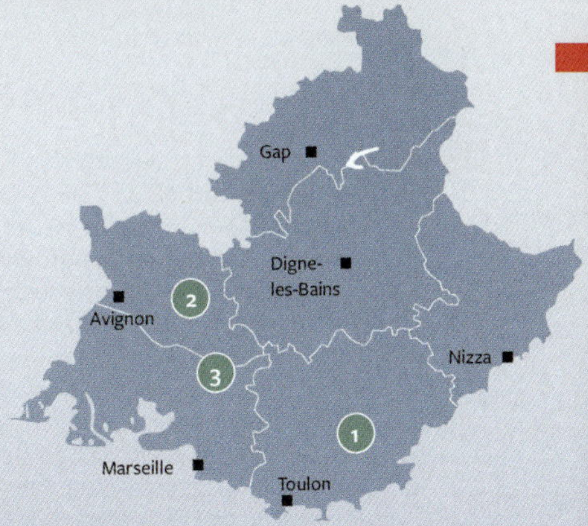

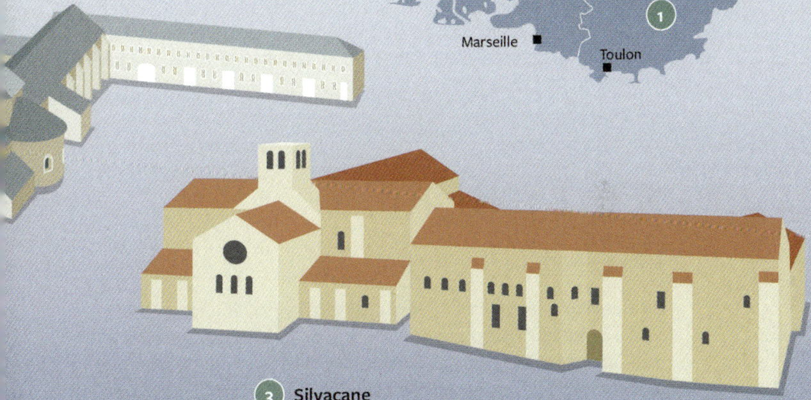

3 **Silvacane**

gestiftet 1144,
Bauzeit ca. 1175 – 1300

Mutterkloster:
Morimond (Haute-Marne)

Zisterzienserkloster Le Thoronet

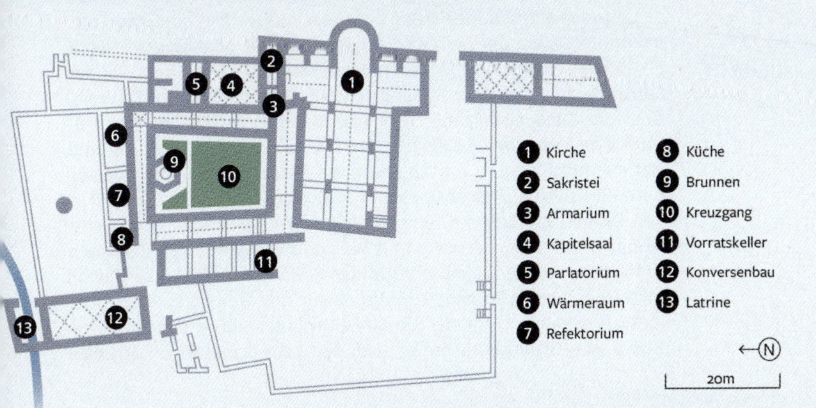

Konvent An das nördliche Querhaus stoßen die 3 m breite **Sakristei** und die winzige **Bibliothek** an (die Zisterzienser beschränkten sich auf das Nötigste an Geschriebenem). Im 9,5 × 8 m großen **Kapitelsaal** ruhen die Kreuzrippengewölbe auf zwei Säulen im Raum. Die Kapitellskulptur ist der einzige Bauschmuck der ganzen Anlage; diesem für das Klosterleben wichtigen Raum wollte man wohl eine gewisse Zier nicht versagen. Weitere Bauten im Norden der Anlage sind z. T. rekonstruiert. Entsprechend der zisterziensischen Tradition führt eine Treppe vom nördlichen Querhaus ins Dormitorium, den Schlafsaal der Mönche. Westlich ist an den Kreuzgang ein **Vorratskeller** angebaut, ein langgestreckter Raum mit Spitzbogengewölbe und Blendarkaden an der Westwand.

★★ LUBERON

Département: Vaucluse | **Höhe:** bis 1125 m

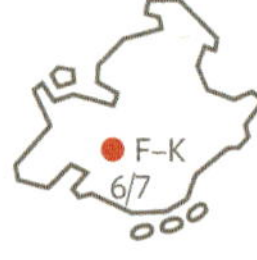

Im Luberon gibt sich die Provence geheimnisvoll und mystisch. Alte Dörfer mit Burgruinen wie Oppède-le-Vieux, Ménerbes und Lacoste setzen die Akzente in den Weinbergen, Obsthainen und Gemüsefeldern an seinen Flanken – nicht zufällig gehört er zu den bevorzugten Plätzen der Provence.

Versteckte Täler, zauberhafte Dörfer

Von Cavaillon (▶Avignon) reicht die Montagne du Luberon, ein mit Eichen-, Buchen- und Zedernwäldern bestandener Bergzug, über ca. 60 km östlich bis Manosque: ein fast gerader Felskamm, der nach Norden und Süden in einem Mosaik steiler Kalkklippen und schmaler kleiner Täler abfällt. Die einzige deutliche Unterbrechung, die Combe de Lourmarin, trennt den **Petit Luberon** im Westen vom **Grand Luberon** im Osten; dort erreicht der Bergzug mit dem Mourre Nègre (1125 m) seine größte Höhe. Im Süden läuft er in das weite Tal der **Durance** aus, das intensiv landwirtschaftlich genutzt wird (Wein, Getreide, Obst, Grünland). 1977 wurde der Luberon zum **Parc Régional du Luberon** (1200 km²) erklärt, mit strengen Denkmal- und Naturschutzauflagen. Auf abgelegenen Pfaden kann man tagelang durch die sanfte Landschaft radeln oder wandern.

Seit einigen Jahrzehnten ist es schick, hier einen Zweit- oder Drittwohnsitz zu haben, besonders für Pariser und anglophone Ausländer. Anfang der 1990er-Jahre machte der Brite Peter Mayle die Region mit seinen netten Romanen »Mein Jahr in der Provence« und »Toujours Provence« bekannt. Die Einheimischen waren und sind vom Boom der Grundstückspreise und der Zerstörung ihrer althergebrachten Lebenswelt wenig begeistert; in Lourmarin z. B. zählt man mehr Immobilienmakler als Bistrots. Besonders getroffen hat es Lacoste, das zum größeren Teil dem Modezaren Pierre Cardin gehört.

Massaker aus enttäuschter Liebe

Waldenser im Luberon

Ein schlimmes Kapitel in der Geschichte ist das Massaker, das der **Baron von Oppède** (▶ unten) im Jahr 1545 in 24 Dörfern des Luberon anrichtete. Weil seine Angebetete, die Baronin von Tour d'Aigues, ihn verschmähte, ließ er 2000 Einwohner ihrer Dörfer auf jegliche Art umbringen, 800 Männer verkaufte er auf die Galeeren, die Häuser wurden niedergebrannt. Diese Menschen hatten das Pech, Waldenser zu sein, Anhänger einer urchristlichen, »protestantischen« Bewegung, die seit Ende des 12. Jh.s existierte und immer wieder scharfer Verfolgung ausgesetzt war. Im Luberon waren sie seit dem »Parlement von Aix« 1501 bedroht, und seit 1504 hatten die Verfolgungen schon angedauert, bis der Baron vom feinsinnigen Renaissance-König Franz I. – der sich an der Loire u. a. das Schloss Chambord erbauen ließ – die Genehmigung zu seinem Racheakt bekam. Auch heute verfügen einige Dörfer im Luberon über einen großen Anteil Protestanten, was in Frankreich selten ist.

Petit Luberon

Der Charme des Hinfälligen

Oppède-le-Vieux

Im 19. Jh. verfiel das Dorf Oppède-le-Vieux, ab 1912 war es ganz verlassen; inzwischen hat man seinen Charme wiederentdeckt. Während und nach dem Zweiten Weltkrieg ließen sich Künstler und Aussteiger hier nieder, heute ist es bei Touristen und Ferienhausbesitzern beliebt. Zwischen morbid verfallenden, überwucherten Häusern verteilen sich restaurierte mit Läden, Galerien und Cafés, die nur sommers geöffnet haben. Folgt man den ausgetretenen Stufen an der Büßerkapelle vorbei zur Kirche und zur **Burgruine**, verstärkt sich der Eindruck noch. Mit der Burg, errichtet im 13. Jh. vom Grafen von Toulouse, ist die schreckliche Geschichte des Barons von Oppède verknüpft. Über die D3 gelangt man nach Ménerbes.

Das »Schiff« im Luberon

Ménerbes

Langgestreckt liegt Ménerbes auf einem Bergrücken, weshalb es gern mit einem Schiff verglichen wird. Häuser aus dem 16./17. Jh. prägen den charmanten Ortskern. An der Place de l'Orloge kann man sich im Restaurant Maison de la Truffe et du Vin du Luberon an beidem gütlich tun. Die **Kirche** aus dem 14. Jh.s steht beim Friedhof im Norden, hier hat man einen schönen Blick auf die Ebene, ebenso von der **Zitadelle** (Ende 16. Jh.) am anderen Ende des Orts. In den 1990er-Jahren wurde er durch Peter Mayle berühmt, der einige Zeit

Bukolische Szenerie im Luberon, mit der Unteren Kirche von Bonnieux

hier lebte und ihn in seinen Romanen liebevoll-ironisch beschrieb. Er war aber so intelligent gewesen, die Lage seines Hauses exakt mitzuteilen, und so sah er sich bald zur Flucht vor den Touristen gezwungen, die in seinem Garten standen. Heute lebt er wieder im Luberon, angeblich in Lourmarin. Diesmal ist er bezüglich seines Aufenthaltsorts diskreter. – Folgt man der D 109 in Richtung Lacoste, stößt man nach ca. 2 km auf die **Abtei Saint-Hilaire**, die 1254 von den Karmelitern gegründet wurde. Die Abtei (Privatbesitz) wartet mit einer Terrasse auf, die einen traumhaften Blick auf den Luberon bietet, die Kirche mit einem Fresko aus dem 15. Jh. (»Kreuzigung«).

Saint-Hilaire: Ostern – 10. Nov. 10 – 19 Uhr

Die Burg des Marquis de Sade

Lacoste

Das Dorf östlich von Ménerbes wird von der Ruine einer Burg überragt, in dem der berühmt-berüchtigte Marquis de Sade 1771–1778 lebte (dann saß er in der Pariser Bastille ein). Heute gehört Lacoste zu großen Teilen Pierre Cardin, der 2001 die Reste der Burg und später über 30 Häuser kaufte, die er restaurieren ließ; in einigen richtete er Cafés und Galerien ein, andere sind den größten Teil des Jahres ungenutzt bzw. harren betuchter Käufer. Dies alles macht den Einwohnern – auch den Künstlern inklusive der angesehenen Savannah School of the Arts – keinen Spaß, das alte Leben ist dahin. Zum Festival, das Juli/Aug. in einem Steinbruch bei der Burg stattfindet, kommen Gäste aus aller Welt (www.festivaldelacoste.com).

Befestigtes Bergdorf und algerische Zedern

Bonnieux

Am Nordhang des Luberon – über einer herrlichen, buntscheckigen Landschaft – erstreckt sich das alte Bonnieux über 100 m Höhenunterschied; auch dies ein Prominentenort. Die **Obere Kirche** aus dem 12./15. Jh., von der Place de la Liberté über eine Treppe zu erreichen, ist von mächtigen Zedern umgeben; man sieht über das Becken von Apt nach Gordes und Roussillon sowie über das Plateau de Vaucluse zum alles überragenden Mont Ventoux. Gut 150 Jahre alt ist der Backofen im **Musée de la Boulangerie**, bis in die 1920er-Jahre versorgte er das Dorf mit Brot. Die **Untere Kirche** enthält vier Tafelbilder eines deutschen Meisters (»Passion«, 15. Jh.; Führungen). 6 km nördlich von Bonnieux überquert nahe der D 900 der **Pont Julien** den Calavon. Ohne Mörtel erbaut und im Jahr 3 n. Chr. fertiggestellt, gehört er zu den besterhaltenen römischen Brücken in Frankreich. Von der D36 südöstlich nach Lourmarin (s. u.) zweigt nach 7 km rechts ein Sträßchen ab in den großen **Zedernwald**, der – mit Samen aus dem Mittleren Atlas Algeriens – in den 1860er-Jahren angelegt wurde: Wanderer und Radler schätzen die frische, kühle Luft, im Unterholz blühen seltene Pflanzen, und immer wieder hat man einen schönen Blick hinunter ins weite Durance-Tal. .

Musée de la Boulangerie: 12 Rue de la République, April–Sept. Do.–Mo. 10.30–13, 14.30–18 Uhr | Eintritt 4 €

Grand Luberon – Nordseite

»Chaudron à confiture«

Apt

Das lebhafte Städtchen (10 900 Einw.) am Nordfuß des Luberon ist seit Jahrhunderten als »Marmeladenkessel« berühmt: Das Obst aus der Umgebung wird hier zu kandierten Früchten und Konfitüre verarbeitet, v. a. von Aptunion (an der D 900 nach Avignon; Laden). Ein Muss ist der **Grand Marché** am Samstagvormittag, der die hübsche Altstadt okkupiert und seit Jahrhunderten die Lebensmitte der Region bildet; gut einkaufen lässt sich in der Rue des Marchands. Die ehemalige **Kathedrale Sainte-Anne** (11./17. Jh.) besitzt zwei übereinanderliegende Krypten (die untere ist noch merowingisch), in der Chapelle Sainte-Anne (Chapelle Royale) werden Reliquien der hl. Anna, also der Großmutter Jesu (!), verwahrt. Anna von Österreich ließ sie ab 1662 erbauen, zum Dank für die Geburt ihres Sohns Ludwig XIV. Das interessante Musée de l'Aventure Industrielle illustriert in einer ehemaligen Fabrik die traditionelle Industrie der Region; die **Maison du Parc du Luberon** nebenan hat Info aller Art zum Naturpark: Fauna & Flora, Wander- & Radwege, Unterkunft etc.

Musée de l'Aventure Industrielle: Juli/Aug. Mo.–Sa. 10–12, 14–18.30 Uhr, sonst Di.–Sa. bis 17.30 Uhr, Jan. geschl. | Eintritt 5 €
Maison du Parc: 60 Place J. Jaurès | Mo.–Fr. 8.30–12, 13.30–18 Uhr

LUBERON ERLEBEN

OFFICE DE TOURISME

788 Av. Victor Hugo, 84400 Apt
Tel. 04 90 74 03 18
www.luberon-apt.fr, www.apt.fr
www.luberon-en-provence.com

Apt: Anf. Juni: Luberon Jazz Festival. Mitte Juli Treteaux de Nuit (Pop, Chanson unter freiem Himmel); letzter Juli-So. Fest der hl. Anna. **Manosque,** 2. Juli-Woche: Musiks à Manosque: vielerlei Musik unter freiem Himmel. **Ménerbes**, ganzjährig: Musicales du Luberon.

MIT DEM FAHRRAD

Rund um den Luberon führt auf Nebenstraßen eine ca. 240 km lange Route: von Cavaillon über Apt nach Forcalquier, zurück über Manosque und Lourmarin. Infotafeln weisen auf Sehenswürdigkeiten, Unterkunft und Radwerkstätten hin. Info, auch für kleine Touren: www.veloloisirprovence.com/fr/luberon

AUBERGE LA FENIÈRE €€–€€€€

Vom Rouget bis zur Trüffel, Nadia Sammut vereint in ihrer leichten, fantasievollen Küche die ganze Aromenwelt der Provence. Preisgünstig speist man im gemütlichen Bistro des Hauses »Cour de Ferme«. Sehr schöne Gästezimmer in der Auberge und der alten Poststation, von der Terrasse sieht man über das Durance-Tal.
Cadenet, Route de Lourmarin (3 km nordwestlich), Tel. 04 90 68 11 79, Mo., Di. geschl.
www.aubergelafeniere.com

AUBERGE DES TILLEULS €–€€

In dieser charmanten Bastide pflegt man eine kreative Küche auf mediterran-provenzalischer Basis. Vor dem Haus liegt die Terrasse »unter den Linden«. Mit hübschen, sehr preiswerten Zimmern.
Grambois, Moulin du Pas
Tel. 04 90 77 93 11
So.abend, Mo., Di. geschl.
www.tilleuls.com

LE FOURNIL €€

Die einstige Bäckerei des Orts, am Platz beim Office de Tourisme in eine Höhle gebaut. Im Sommer sitzt man am Brunnen unter Kastanien, im Lokal herrscht moderne Kühle. Exzellente, einfallsreiche Gerichte zu moderaten Preisen, gute Weinkarte.
Bonnieux, 5 Place Carnot
Tel. 04 90 75 83 62, So.abend, Mo., Di. geschl.

LE MAS DE GUILLES €€–€€€

Erstklassiges, nicht überteuertes Restaurant; der Patron lernte bei Bocuse. Das wunderschöne Landgut in einem großen Park besitzt auch preiswerte kleinere sowie großzügige Gastzimmer, teils mit Balkon.
Lourmarin, Route des Vaugines, Tel. 04 90 68 30 55, geöffnet April – Okt., Fr.-, Sa.abend

LES BOUISSERETTES €€

Einen Bauernhof aus dem 18. Jh. hat das deutsch-französische Eignerpaar zu einem zauberhaften Feriendomizil umgestaltet. Mit Pool und herrlicher Aussicht auf den Luberon.
Oppède, 370 Chemin de Fontdrèche, Tel. 04 32 52 02 21
geöffnet März–Juni u. Sept.–Nov.
www.bouisserettes.com

LES MYLANETTES €
Angenehmes Bed & Breakfast, ruhig südlich oberhalb der Stadt gelegen, mit schönem Ausblick. Vier große, schlichte Zimmer. Man frühstückt im Wohnzimmer oder auf der Veranda des Hauses.
Apt, Rue des Bassins, Tel. 04 90 74 67 15, www.lesmylanettes-apt-luberon.com

NOTRE-DAME DE LUMIÈRES €–€€
Gediegenes Quartier – besonders auf Familien ausgerichtet – in einem ehemaligen Kloster mit 30 ha großem Park. Im Restaurant oder am Buffett draußen genießt man Regionales. Großes Freizeitangebot wie Spielplatz, Fitnessraum, Pool, Fahrradverleih.
Goult (14 km westlich von Apt, nahe D 900), Tel. 04 90 72 22 18 www.notredamedelumieres.com

LA BASTIDE DE L'ADRECH €–€€
Schnuckeliges Landhaus aus dem 17. Jh. mit herrlichem Ausblick, umgeben von uralten Bäumen. Der Patron kocht abends für die Hausgäste und unterweist sie auch gern in dieser Kunst.
Manosque, Avenue des Serrets (am südwestlichen Ortsrand) Tel. 06 18 18 17 18 www.bastide-adrech.com

Luberon von oben

Mourre Nègre

Von Apt fährt man auf der D48 südöstlich über Saignon nach Auribeau. Ein Forststräßchen bringt dann hinauf zum Kamm des Grand Luberon und zum Mourre Nègre (1125 m), dem höchsten Punkt des Massivs. Von der Straße steigt man noch ein kurzes Stück auf, nahe dem Gipfel mit Antennenturm hat man einen großartigen Rundblick. Für den Gang von Auribeau und zurück braucht man ca. 4 Std.

Zwischen Luberon und Durance

Lücke im Bergriegel

Combe de Lourmarin

Von Apt führt die D 943 – mit Blick auf Bonnieux – südlich in die Schlucht, die die Aigue Brun gegraben hat, mit halbhohem Wald aus Steineichen, Edelkastanien und Ginster und überhängenden Felswänden. Südlich des Luberon, so sagt man, findet man noch echte Gastfreundschaft und angemessenere Preise. Die Schlösser verbindet die beschilderte »Route des Châteaux du Sud-Luberon«

Dorf der drei Türme, Kulturzentrum der Region

Lourmarin

Am Südausgang der Combe liegt das »schicke« Lourmarin; im stattliches Renaissanceschloss (15./16. Jh.) kann man ein Konzert besuchen oder im schönen Garten picknicken. Prachtvolle, teils bizarr-exotische Ausstattung aus dem 16.–19. Jh.; vom Turm Blick über den Luberon und die Durance-Ebene zur Montagne Sainte-Victoire. Nach dem Streifzug durch die Boutiquen in der Hauptstraße pilgert man zum Friedhof mit dem Grab des Literatur-Nobelpreisträgers **Albert Camus** (1913 bis 1960), der sich 1958 in Lourmarin niedergelassen hatte.
Schloss: tgl. je nach Saison ca. 10.30–(12.30, 14.30–)18 Uhr | Eintritt 7 €

»Der Husar auf dem Dach«

Cucuron

Von Lourmarin lohnen die 7 km östlich nach Cucuron, das schon öfter als Filmkulisse diente, u .a. für »Der Husar auf dem Dach« mit Gérard Dépardieu und Juliette Binoche. Die romanisch-gotische Kirche **Notre-Dame-de-Beaulieu** besitzt im Hauptaltar ein prachtvolles Marmorrelief des Marseillers Pierre Puget (»Auferstehung«, um 1660) und einen geschnitzten »Jesus in der Rast« (16. Jh.). Einen Blick wert ist auch das kleine **Regionalmuseum** im Hôtel des Bouliers. Machen Sie Pause auf den schattigen Restaurantterrassen um den »Étang«, das langgestreckte Wasserbecken nordöstlich vor der Stadtmauer. Auch von Cucuron kann man den Mourre Nègre erklimmen (► S. 195; GR 9 und 97, Aufstieg ca. 3 Std.).

La Tour d'Aigues

Einst eines der schönsten Renaissanceschlösser Frankreichs

Das Schloss in La Tour d'Aigues 10 km südöstlich von Cucuron wurde nach der weitgehenden Zerstörung 1780 und 1792 teilweise rekonstruiert. Beeindruckend das monumentale Tor, das mit Kolossalpilastern, Trophäenreliefs und Dreiecksgiebel italienische Einflüsse zeigt; die mittelalterlichen Wehrtürme an den Ecken wurden nach dem Muster des Pariser Louvre zu Wohntürmen umgebaut. Das Musée des Faïences präsentiert Keramik, die 1750–1780 in La Tour d'Aigues hergestellt wurde.

Schloss: April–Sept. Di.–Sa. 10–12.30, 14.30–18 Uhr | Eintritt 3,50 €
www.luberoncotesud.com

Schloss von Lourmarin: das Veranstaltungsprogramm prüfen!

Sitz einer uralten Adelsfamilie

Ansouis

Auch Ansouis gehört zu den »schönsten Dörfern Frankreichs«, auch hier gibt es ein prachtvolles, hochgelegenes Schloss. Eine Burg des 10. Jh.s wurde im 12./13. Jh. ausgebaut, im 17. Jh. kam ein neuer Wohntrakt hinzu. Seit dem 12. Jh. war das Schloss im Besitz der Sabran, einer der alten provenzalischen Adelsfamilien; Elzéar de Sabran-Pontevès musste es wegen Erbstreitigkeiten 2007 verkaufen (sein Bruder Géraud ist Bürgermeister). Die Gartenterrassen eröffnen einen umwerfenden Ausblick auf den Grand Luberon.

Schloss: Führungen Anf. April – 1. Nov. Do. – Mo. 15, 15. Juni – 15. Sept. auch 16.30 Uhr | Eintritt 13 € | www.chateauansouis.fr

Dorf des Trommlers

Cadenet

Über Cadenet fährt man hinaus in die Ebene der Durance und zur Abtei Silvacane (▶S. 198). In dem Ort mit der Ruine einer Burg aus dem 11. Jh. (schöner Ausblick) steht die Statue des »Trommlers von Arcole«; sie ehrt einen 19-jährigen Soldaten Napoleons, der in der Schlacht von Arcole in Oberitalien so furios trommelte, dass sich die Österreicher umzingelt glaubten. In der Kirche (14. Jh.) dient ein römischer Sarkophag aus dem 3. Jh. als Taufbecken. Erlebenswert sind die Märkte am Montag (ganzjährig) und Samstag (April – Nov.).

Hier wurde L'Occitane geboren

Manosque

Einst umgab eine Stadtmauer die sehr kleine, sehr »provenzalische« Altstadt des am Ostrand des Luberon an der Durance gelegenen Manosque. Seit den 1960er-Jahren hat es sich zum Hightech-Zentrum entwickelt, die Einwohnerzahl stieg von 5000 auf 23 000, was die einförmigen Wohn- und Industriegebiete außerhalb des Altstadtrings erkennen lassen. Dass nicht zu viel von der alten Substanz verlorenging, ist **Jean Giono** (1895 – 1970) zu verdanken, dem »Schriftsteller der Provence«, der hier geboren wurde und lebte. Vor der mächtigen Porte Saunerie (14. Jh.) im Süden erinnert in einem Palais des 18. Jh.s das Centre Giono an ihn. Die Rue Grande, die Hauptachse der Stadt, zieren schöne Bürgerpalais (v. a.. Hôtel de Gassaud, Nr. 23), die Kirchen Saint-Sauveur (13./14. Jh.; schmiedeeiserner Turmaufsatz 1725) und Notre-Dame-de-Romigier (urspr. 10. Jh.; als Altar ein Sarkophag aus Carrara-Marmor, 4./5. Jh.) sowie das Hôtel de Ville (17. Jh.). In der Rue Grande (Nr. 21) hat auch die weltbekannte, 1976 hier gegründete **Kosmetikfirma L'Occitane** einen Laden. In Manosque verarbeitet sie u. a. den Lavendel der Gegend. Am Samstagvormittag brummt das Zentrum beim Markt.

L'Occitane: Am südöstlichen Stadtrand (D 907), Führungen auch in Engl., Mo. – Fr., Anmeldung Tel. 04 92 70 32 08 oder reservations.visites@loccitane.com | Kosten: 6 € | Laden und Museum haben April – Okt. 10 – 19 Uhr geöffnet

MUSIK UNTER DEN STERNEN

Unter freiem Himmel, unter den Sternen erlebt man Musik noch einmal so schön. Im Kreuzgang von Silvacane, im Park von Florans und an anderen besonderen Orten findet im Juli/August das »Festival International de Piano La Roque-d'Anthéron« statt – in über 80 Konzerten sind Künstler von Weltklasse zu hören.
Tel. 04 42 50 51 15, www.festival-piano.com

 Abbaye de Silvacane

Zisterzienserkloster

Für moderne Kunst und Klassikkonzerte kann man sich kaum einen schöneren Platz vorstellen als die Abtei Silvacane mit ihren klaren, fast schmucklosen Linien und Räumen. Südlich von Cadenet an der Durance entstand das letzte der drei provenzalischen Zisterzienserklöster (► S. 188/189). Es lag nicht wie die anderen fern der Zivilisation, sondern an einem wichtigen Verkehrsweg; an der Brücke über den Fluss betreute die Mönchsgemeinschaft die Reisenden. Der Name leitet sich wohl vom lateinischen »silva cannorum« (»Schilfwald«) oder »silva cana« (»grauer Wald«) ab. Gestiftet wurde das Kloster 1144 von Graf Raymond des Baux; die Kirche entstand ca. 1175–1230, Kreuzgang und Konvent folgten 1250–1300, das Refektorium erst im 15. Jh. während einer kurzen neuen Blüte. 1443 kam Silvacane an das Domkapitel von Aix-en-Provence und wurde Pfarrkirche des nahen Dorfs La Roque-d'Anthéron; über dem Portal an der Westfassade der Kirche verweist das Wappen des Domkapitels von

Aix-en-Provence auf den neuen Eigentümer. Das **Innere** ist aufwendiger gestaltet als in Sénanque und Le Thoronet, gotische Spitzbögen haben sich durchgesetzt. Der Blattschmuck an den Kapitellen ist teils noch archaisch, teils fein ausgearbeitet und lässt gotische Formen erkennen. Die Buntglasfenster schuf der türkisch-französische Maler Sarkis Zabunyan 2001. Vom nördlichen Seitenschiff führt eine Treppe hinunter zum stimmungsvollen **Kreuzgang**. Die zum Garten hin sehr einfachen romanischen Arkaden waren ursprünglich mit einer Doppelsäule, die zwei Spitzbögen tragen, und einem Rundfenster unterteilt (nur teilweise erhalten). Besonders kunstvoll sind die beiden Säulen im Kapitelsaal gestaltet.

Juni - Sept. tgl. 10-12.45, 14-18, Okt. - Mai Di. - So. 10-12.45, 14 bis 16.45/17.15 Uhr | Eintritt 8 € | www.abbaye-silvacane.com

★★ MARSEILLE

Départ.: Bouches-du-Rhône | **Höhe:** 0 -154 m | **Einwohner:** 870 300

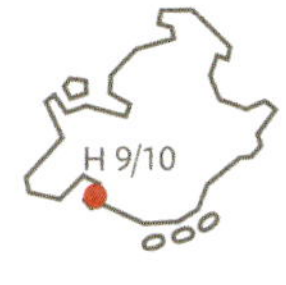

Algerischer Rap, kongolesische Rumba, schwarzafrikanische Gnawa Fusion, marokkanische und türkische Folklore – Marseille besteht aus hundert Dörfern, eine Stadt voller Farben und Gerüche. Seit je ist Marseille ein Schmelztiegel voller Energie, in dem alle möglichen Einflüsse zusammenströmen, ein Katalysator der mediterranen und der einstigen kolonialen Welt.

Was Marseille so besonders macht, ist die Mixtur aus **gutbürgerlicher Großstadt, lebhafter mediterraner Atmosphäre und bunt zusammengewürfelter Bevölkerung**. Die älteste und zweitgrößte Stadt Frankreichs mit dem bedeutendsten Hafen des Landes breitet sich am Golfe du Lion östlich der Rhône-Mündung aus, umrahmt von den ca. 700 m hohen Bergzügen Chaîne de l'Estaque im Nordwesten, Chaîne de l'Étoile im Nordosten und Chaîne de Saint-Cyr im Südosten. Und auf hoher Warte wacht die Basilika Notre-Dame-de-la-Garde, liebevoll »Bonne Mére« genannt, über die alte Hafenstadt.

Seitdem der TGV von Paris nach Marseille nur drei Stunden braucht, haben auch gut Betuchte aus dem Norden den exotischen Reiz der Stadt entdeckt (was den Marseillais nicht gefällt). Das Kulturleben sucht seinesgleichen; **nirgends in Frankreich zählt man so viele Theaterbesucher**, nicht einmal Paris bietet eine solche Vielfalt an Schauspielhäusern; die Oper ist des Marseillers liebstes Kind. Was man nicht erwarten würde: Marseille besitzt nicht nur den größten Jachthafen Europas (über 10 000 Liegeplätze), sondern auch Strän-

Mit großen städtebaulichen Projekten – hier das MuCEM vor der Cathédrale de la Major – gibt sich Marseille ein neues Gesicht.

de mit guter Wasserqualität, die **kilometerlangen Prado-Strände** südlich des Zentrums zählen zu den schönsten am Mittelmeer.

Griechische Gründung

Ein wenig Geschichte

Schon der Ursprung ist Einwanderern und Händlern zu verdanken: Um 620 v. Chr. wurde Massalia von **Griechen aus Phokaia** in Kleinasien gründet, weshalb Marseille auch den Beinamen »la Phocéenne« trägt. Nach dem Untergang des Römischen Reichs erlebte es diverse Plünderungen und Oberhoheiten, im 10. Jh. konnten sich die Vicomtes de Marseille etablieren. 1218 wurde Marseille als Handelsoligarchie eine unabhängige Republik, bis Karl von Anjou, Graf der Provence, es 1252 für König Ludwig IX. unterwarf. In den Kreuzzügen wuchs die Bedeutung der Hafenstadt beträchtlich. Um 1660 ließ Ludwig XIV. die **Forts Saint-Jean und Saint-Nicolas** an der Hafeneinfahrt ausbauen – nicht um die Stadt zu schützen, sondern um den widerborstigen Marseillais klar zu machen, wer Herr im Haus ist. Der 1720/ 1721 wütenden **Pest** fielen 50 000 der 90 000 Einwohner zum Opfer, doch der seit dem 16. Jh. florierende **Handel mit den Kolonien** und die Verarbeitung ihrer Produkte – Zucker, Kaffee, Kakao, Gewürze – ließen die Stadt rasch genesen. 1792 zogen Revolutionäre aus Marseille nach Paris und brachten ihr Lied mit, die in Straßburg komponierte »Marseillaise«. Mit der **Eroberung Nordafrikas ab 1830** entwickelte sich die Stadt zum größten Hafen Frankreichs. Ab

1848 wurde sie nach Pariser Vorbild großzügig ausgebaut, wie v. a. die Canebière und Rue de la République zwischen dem Alten und dem Neuen Hafen zeigen; repräsentative Gebäude wie das Palais Longchamp zeugen von der Blütezeit in der industriellen Revolution. Im **Zweiten Weltkrieg** flohen tausende deutschsprachiger Antifaschisten hierher, um den Kontinent zu verlassen, was wenigen gelang. 1940 wurde die Stadt von Deutschen und Italienern, 1943/1944 von den Alliierten bombardiert; 1943 sprengten deutsche Truppen Teile der Altstadt Le Panier. Im **Algerienkrieg** der 1950er-/1960er-Jahre kamen viele tausend Rückwanderer aus den Kolonien, dazu weitere Einwanderer aus dem Maghreb und Schwarzafrika, für die in den nördlichen Vorstädten riesige Wohnblocks aus dem Boden gestampft wurden. Etwa ein Viertel der Einwohner sind Ausländer bzw. Immigranten (nicht in Frankreich geborene Bürger); ca. 200 000 Einwohner sind Muslime, 80 000 orthodoxe Armenier und 80 000 Juden. Von den Komoren im Indischen Ozean kamen etwa 70 000 Menschen – Marseille, ein Labor für ein immer heterogener werdendes Europa.

»
Ich denke, Marseille hat einfach Glück gehabt, daher seine Üppigkeit, seine wunderbare Vitalität, sein Durcheinander, seine Unzwungenheit.
«

Blaise Cendrars, »Der alte Hafen«, um 1926

Tor zur Welt

Wirtschaft

Die ökonomische Situation basiert seit je auf dem **Hafen**, der v. a. für den Verkehr mit Nordafrika sowie Süd- und Ostasien bedeutsam ist; er zählt als größter in Frankreich und als drittgrößter Erdölhafen der Welt. Mit 2,5 Mio. Passagieren pro Jahr ist Marseille der drittgrößte Passagierhafen Frankreichs. Der Güterumschlag wird westlich der Stadt in Fos-sur-Mer und Lavéra an der Mündung des Grand Rhône abgewickelt, die ab 1965 entstanden. Dort sind auch die **Grundstoff- und die Schwerindustrie** angesiedelt; die vier Raffinerien dort stehen für 30 % der nationalen Kapazität. Der **Wandel der wirtschaftlichen Struktur** und die hohe Zahl von Immigranten sorgen für permanente Konflikte und Probleme. Marseille hat die höchste Arbeitslosenquote Frankreichs, ein Viertel der Einwohner gelten als arm, in den Vororten erreicht die Jugendarbeitslosigkeit 80 %.

Es wird gebaut

Das »neue« Marseille

Mit riesigen Investitionen in Städtebau und Kultur tut Marseille, die Europäische Kulturhauptstadt 2013, etwas für die Wirtschaft und ebenso fürs Image. Das ehrgeizige Projekt **Euroméditerranée** gestaltet seit 2005 den 4,8 km² großen Bereich zwischen dem Port Moderne und dem Hauptbahnhof um. Heruntergekommene Fabrikareale und Wohnviertel werden neu bebaut und mit kulturellen Einrichtungen angereichert, Verkehrsachsen verbessert. Nicht mehr benötigte Anlagen des Port Moderne nördlich des Fort Saint-Jean, die **Docks de la Joliette**, wurden v. a. mit dem Musée des Civilisations de l'Europe et de la Méditerranée (MuCEM), der Villa Méditerranée und dem Einkaufszentrum Terrasses du Port neu definiert.

Achtgeben!

Schlechter Ruf

Seinem Ruf als »Hauptstadt des Verbrechens« wird Marseille unverändert gerecht. Als Hafenstadt ist es Rauschgift-Umschlagplatz mit Bandenkriegen, hinzu kommen Prostitution und Raub, bewaffnete Überfälle und Diebstähle. Politik, Verwaltung und Polizei sind ziemlich machtlos; auch die Videoüberwachung bringt kaum etwas. Als Tourist bekommt man davon meist nichts mit, dennoch sollte man die üblichen Vorsichtsmaßnahmen beachten.

Alter Hafen · Le Panier · Neuer Hafen

Das Herz der Stadt

Vieux Port

Gestern wie heute dreht sich alles um den Alten Hafen – der mit dem antiken Hafen fast identisch ist –, bewacht von der »Bonne Mère«, der Basilika Notre-Dame-de-la-Garde (► S. 215). Hier drängen sich Sport- und einige Fischerboote, seit jüngstem präsentieren sich seine **Quais** als Flaniergelände inklusive eines spiegelblanken Stahldachs (»Ombrière«, von Norman Foster) am Ostrand. Die schnellste und netteste Art, von einem Ufer zum andern zu kommen, ist die **Fähre**, die heiß geliebte »César« von 1952 oder das solarbetriebene Ferry Boat. Die Restaurants und Cafés rundherum – zu den Fixpunkten am Quai du Port zählen das Café Samaritaine und das Restaurant Miramar – sind natürlich sehr touristisch, bieten aber auch Gutes wie die Bouillabaisse, die beste und teuerste Fischsuppe der Welt. Am Quai de la Fraternité wird ab 8 Uhr morgens frischer Fisch verhökert, Boote fahren von hier zum Château d'If und zu den Calanques (► S. 219). Zwischen den gefälligen, gemäßigt modernen Wohnblocks an der Nordseite des Hafens (F. Pouillon, 1948–1955) ist das 1663–1683 nach Genueser Vorbild erbaute **Hôtel de Ville** erhalten geblieben.

Altstadt oder Dorf

Nördlich des Alten Hafens

Nördlich des Hafens steigt die Altstadt **Le Panier** mit ihren steilen Gassen an (► S. 212); nach langer Zeit als verrufener »nordafrikanischer« Slum hat sie sich zum charmanten, kleinbürgerlichen Viertel entwickelt. Ganz oben liegt die dörflich-stille **Place des Moulins**, von einem Dutzend Windmühlen sind noch von dreien Reste erhalten.
Als eines der wenigen Zeugnisse der alten, reichen Handelsstadt blieb bei den Sprengungen 1943 die **Maison Diamantée** hinter dem

OBEN:
Der Alte Hafen mit dem Wahrzeichen der Stadt, der Basilika Notre-Dame-de-la-Garde, der »Guten Mutter« von Marseille

UNTEN:
Auf den Märkten – wie dem Marché des Capucins – erlebt man die multikulturelle Stadt besonders intensiv.

Rathaus erhalten, erbaut um 1570 und benannt nach den diamantförmigen Bausteinen. Weiter westlich an der Place Vivaux das sehenswerte **Musée des Docks Romains**, das über den römischen Hafenanlagen errichtet wurde. Die **Place de Lenche** markiert die Lage der griechischen Agora; hier hat man einen guten Blick über den Hafen, südlich Reste eines griechischen Theaters. Auch von der Terrasse bei der romanischen Kirche **Saint-Laurent** (Kapellen 15./16. Jh., achteckiger Turm 18. Jh.) hat man einen schönen Ausblick.

Musee des Docks Romains: Di.-So. 9-18 Uhr | Eintritt frei

Altes Fort, moderne Museen

Um das Fort Saint-Jean

Ein Fußgängersteg führt hinüber zum **Fort Saint-Jean** an der Hafeneinfahrt, das ab 1660 entstand. Nach Jahren des Brachliegens gehört es heute zum **Musée des Civilisations de l'Europe et de la Méditerranée** (MuCEM), das ein Panorama der Kultur des Mittelmeerraums entwirft – damit auch der Wurzeln von Marseille. Der andere Teil des Museums ist im spektakulärenBau **JK4** untergebracht, einem mit filigraner Spitze aus grauem Beton überzogenen Glaskubus (Rudy Ricciotti, 2013). Dem Programm des Museums hat sich auch das Restaurant »Le Mole« unterm Dach verschrieben, ein preisgünstigerer Ableger des »Petit Nice« von Drei-Sterne-Koch Gérald Passedat (Di. geschl.). In der **Villa Méditerranée** (Stefano Boeri) nebenan – ein symbolisches Sprungbrett zum Meer – ist eine Rekonstruktion der Grotte Cosquer. Eleganter Bauhausstil prägt die einstige Gesundheitsstation für Einwanderer (F. Pouillon, 1948), in dem das **Musée Regards de Provence** eine reiche Kunstsammlung rund um die Themen Marseille, Provence und Mittelmeer präsentiert. Sein Caférestaurant eröffnet einen schönen Blick auf die Kathedrale und das Fort Saint-Jean.

MuCEM: Mai, Juni, Sept., Okt. Mi.-Mo. 10-19, Juli, Aug. 10-20 (Mai-Aug. Fr. bis 22 Uhr), Nov.-April 10-18 Uhr | Eintritt 11 €
Musée Regards de Provence: Di.-So. 10-18 Uhr | Eintritt 7,50 €

Ikone des Aufschwungs im 19. Jahrhundert

Cathédrale de la Major

Hinter den Kais ragt die mächtige Cathédrale de la Major (Sainte-Marie-Majeure) mit zwei Türmen und 70 m hoher Vierungskuppel auf, mit 146 m Länge der größte Kirchenbau des 19. Jh.s (Kölner Dom: 135,6 m). Errichtet wurde sie, zusammen mit neuen Hafenanlagen, 1852–1893 auf Initiative von Napoleon III. als Symbol des wirtschaftlichen und sozialen Booms der Stadt. In der Krypta sind die Bischöfe von Marseille beigesetzt. Östlich neben der Kathedrale die kümmerlichen Reste der **Ancienne Cathédrale de la Major** (nicht zugänglich); Chor und Querschiff (11. Jh.) sind ein gutes Beispiel für die provenzalische Romanik. Schön shoppen, u. a. im herrlichen Lebensmittelmarkt, und essen kann man in den vorgelagerten, frisch erneuerten **Voûtes de la Major**, einer Lagerhalle von 1893.

Vom Armenhaus zum Kulturzentrum

Vieille Charité

Ein hervorragendes Beispiel barocker Profanarchitektur liegt unweit nordöstlich der Kathedrale, die Vieille Charité (Armenhospiz), erbaut 1671–1749 von Jean und Pierre Puget. Pierre Puget, ein bedeutender Marseiller Bildhauer, gestaltete auch die Kapelle im Zentrum, wohl die eindrucksvollste Barockkirche der Provence (mit einem eigenwillig eiförmigem Dach). Zwei Museen sind hier den Besuch wert: das **Musée d'Archéologie Méditerranéenne** mit ägyptischer Abteilung – die zweitwichtigste in Frankreich nach dem Louvre –, etruskischen, griechischen und römischen Sammlungen, Gemälden (u. a. Fragonard, Ingres, Boucher) sowie regionaler Archäologie; und das **Musée d'Arts Africains, Océaniens et Amérindiens.** Das schlichte Café ist ein hübscher Platz für eine Pause (9–17 Uhr geöffnet).

Di.–So. 10–18 Uhr | Eintritt 6 €

Alte Prachtbauten

Place Daviel

Das imposante **Hôtel-Dieu** (Hospital) wurde ab 1753 von Portal und Hardouin-Mansart erbaut, bis 2013 mutierte es zum luxuriösen Hotel InterContinental. Im Hof ein Denkmal für den aus Marseille gebürtigen Zeichner und Lithografen Honoré Daumier. Ebenfalls an der Place Daviel der schöne **Alte Justizpalast** (1747), typisch für Mar-

Aus dem Armenhospiz Vieille Charité wurde ein nobles Kulturzentrum.

MARSEILLE
200 m
©BAEDEKER
Les Terrasses du Port
FRAC
L'Estaque
Port Moderne
Hangar J 1
Rade de Marseille
Bassin de la Grande Joliette
Digue du Large
Phare de Ste-Marie
Korsika, Nordafrika
Vieille Charité
Les Carmes
Cathédrale de la Major
Voutes de la Major
LE PANIER
Hôtel-Dieu
N.-D. des Accoules
Museé Regards de Provence
Villa Méditerranée
MuCEM
St-Laurent
Fort St-Jean
Théâtre Grec
Musée des Docks Romains
Maison Diamantée
Hôtel de Cabre
Hôtel de Ville
Fähre
Vieux Port
Château d'If
Anse du Pharo
Château
Parc du Pharo
Club Nautique
Plage des Catalans
Fort St-Nicolas
Bassin de Carénage
Théâtre de la Criée
Basilique St-Victor
Jardin Puget
St-Georges
Basilique Notre-Dame de-la-Garde

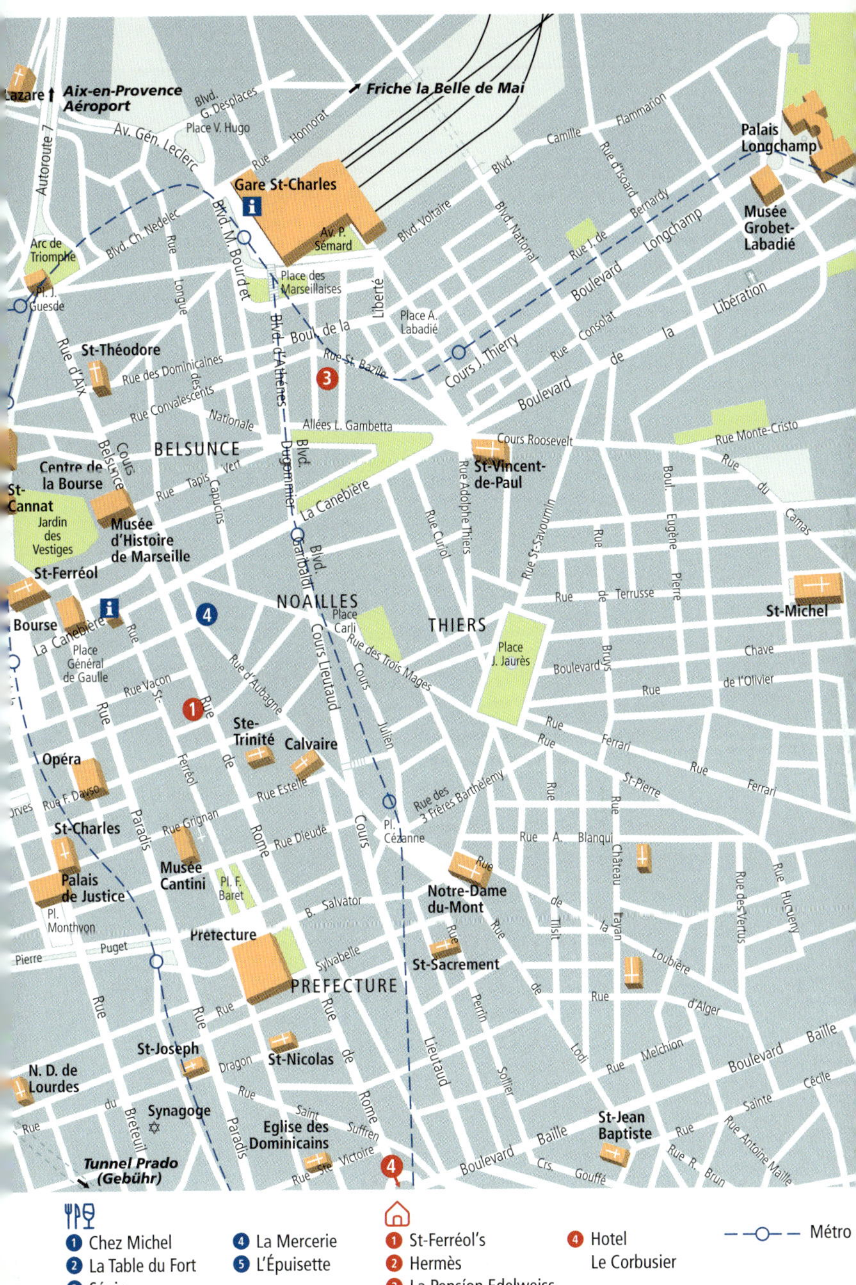
Aix-en-Provence
Aéroport
Friche la Belle de Mai
Lazare
Autoroute 7
Av. Gén. Leclerc
Blvd. G. Desplaces
Place V. Hugo
Rue Honnorat
Gare St-Charles
Av. P. Sémard
Place des Marseillaises
Arc de Triomphe
Pl. J. Guesde
Blvd. Ch. Nedelec
Rue Longue
Blvd. M. Bourdet
Blvd. Voltaire
Blvd. National
Blvd. Camille Flammarion
Rue d'Isoard
Rue J. de Bernardy
Boulevard Longchamp
Palais Longchamp
Musée Grobet-Labadié
Liberté
Place A. Labadié
Cours J. Thierry
Rue Consolat
Boulevard de la Libération
Boul. de la
Rue St. Bazile
Rue d'Aix
St-Théodore
Rue des Dominicaines
Rue des Convalescents
Nationale
Blvd. d'Athènes
Allées L. Gambetta
Cours Roosevelt
St-Vincent-de-Paul
Rue Monte-Cristo
Rue du Camas
BELSUNCE
Cours Belsunce
Centre de la Bourse
Rue Tapis Vert
Capucins
Blvd. Dugommier
La Canebière
Rue Adolphe Thiers
Rue Curiol
Rue St-Savournin
Boul. Eugène Pierre
St-Cannat
Jardin des Vestiges
Musée d'Histoire de Marseille
St-Ferréol
Blvd. Garibaldi
NOAILLES
Place Carli
Cours Lieutaud
Rue des Trois Mages
Cours Julien
THIERS
Place J. Jaurès
Rue de Terrusse
Rue Bruys
St-Michel
Rue Chave
Boulevard de l'Olivier
Rue Ferrari
Rue St-Pierre
Bourse
Place Général de Gaulle
Rue Vacon
Rue St-Ferréol
Rue d'Aubagne
Ste-Trinité
Calvaire
Rue de Rome
Rue Paradis
Opéra
Rue F. Davso
Rue Estelle
Rue Grignan
Rue Dieudé
Rue des 3 Frères Barthélemy
Pl. Cézanne
Rue A. Blanqui
Rue Château Payan
Rue des Vertus
Rue Hugueny
St-Charles
Palais de Justice
Pl. Monthyon
Musée Cantini
Pl. F. Baret
B. Salvator
Notre-Dame du-Mont
Rue de Tilsit
Rue de la Loubière
Rue d'Alger
Rue Puget
Pierre
Préfecture
Rue Sylvabelle
St-Sacrement
PREFECTURE
Rue Perrin
Rue de Lodi
Rue Melchion
Boulevard Baille
Rue Sainte Cécile
St-Joseph
Rue Dragon
St-Nicolas
Rue Sollier
Lieutaud
N. D. de Lourdes
Rue du Breteuil
Synagoge
Rue Saint Suffren
Eglise des Dominicains
Rue Ste Victoire
St-Jean Baptiste
Crs. Gouffé
Rue Antoine Maille
Rue R. Brun
Tunnel Prado (Gebühr)
1 Chez Michel
2 La Table du Fort
3 Sépia
4 La Mercerie
5 L'Épuisette
1 St-Ferréol's
2 Hermès
3 La Pensíon Edelweiss
4 Hotel Le Corbusier
Métro

MARSEILLE ERLEBEN

OFFICE DE TOURISME

11 La Canebière, 13001 Marseille
Tel. *0826 500 500
www.marseille.fr
www.marseille-tourisme.com
Der City Pass (1/2/3 Tage, 29/39/47 €) umfasst den ÖPNV, Museen, eine Stadtführung, einen Besuch des Château d'If und diverse Rabatte.

Flughafen Marignane 28 km nordwestlich, Bus und Zug zum Bahnhof Saint-Charles (TGV). Tram, Metro und Busse der RTM (rtm.fr; Info in der Metrostation Gare Saint-Charles sowie 6 Rue des Fabres).
Die Boote zum Château d'If/Îles Frioul und zu den Calanques fahren vom Ostrand des Alten Hafens, Mittelmeerfähren von den Terminals Joliette bzw. Arenc.

2. Febr.: Fête de la Chandeleur in Saint-Victor. März: Karneval. Mai/Juni: Festival de Musique Sacrée. Mitte Juni: Voiles du Vieux Port (Regatta mit alten Seglern). Juni/Juli: Festival de Marseille (Musik, Tanz, Kino, Theater). Juli: Jazz des 5 Continents. 14./15. Aug., Notre-Dame-de-la-Garde: Fête de l'Assomption. Dez.: Foire aux Santons, Weihnachtsmärkte.
Ausgehtipps und Eventtermine in »L'Hebdo«, »Ventilo« und »In Situ«, auf living.marseille.fr.

Zwischen der Canebière (Centre Bourse) und der Préfecture erstreckt sich das Haupteinkaufsviertel mit Rue Paradis (Nobelmarken), Rue Saint-Ferréol und Rue de Rome; auch in der Rue de la République kann man gut stöbern. Markthalle Saint-Victor: 33 Rue d'Endoume (Mo. geschl.). Märkte: Fischmarkt am Quai des Belges tgl. 8–13 Uhr. Place des Capucins, Mo.–Sa.: Lebensmittel aus aller Welt. Cours Julien, Mi.: Lebensmittel. Chemin de la Madrague-Ville, Sa./So.: Flohmarkt, Antiquitäten. Avenue du Prado, Mo.–Sa.: riesiger Markt.

Die Strände südlich von Marseille können sich in puncto Sauberkeit sehen lassen. Überwacht werden bis Cassis 21 Strände, darunter die Calanques. Tipp: Am 3 km langen Stadtstrand Plage du Prado treffen sich (nicht nur) Wind- und Kitesurfer.

Bekannte Musikcafés der »Gegenkultur« sind die »Dock des Suds« (12 Rue Urbain V) und das »Le Moulin« (47 Blvd. Perrin)

❶ CHEZ MICHEL €€€

Eine Institution in Marseille: Michèle Visciano ist ein Garant für beste Bouillabaisse und andere Fischspezialitäten. Ambiente der 1970er-Jahre.
6 Rue des Catalans
Tel. 04 91 52 64 22, tgl. geöffnet
www.restaurant-michel-13.fr

❷ LA TABLE DU FORT €€–€€€

In klar-modernem Rahmen genießt man eine einfallsreiche französische Küche voller Finesse. Gute Weinauswahl zu vernünftigen Preisen. Ums Eck, am Quai, ist die legendäre Bar de la Marine zu finden.
8 Rue Fort Notre-Dame
Tel. 04 91 33 97 65
Mo.–Do.mittag geschl.

3 SÉPIA €€
Das Neo-Bistrot mit ideenreicher saisonaler Marktküche liegt am Fuß des Hügels von Notre-Dame de la Garde. Reservieren, die guten Adressen in Marseille sind keine Geheimtipps. Vom Garten Panoramablick über die Stadt.
2 rue Vauvenargues, Tel. 09 83 82 67 27, Sa., So. geschl.

4 LA MERCERIE €€
Modernes Interieur mit unverputzten Wänden und ein hoch gelobtes junges Kochteam, das konzentriert in der offenen Küche hinter dem Tresen wirbelt. Ohne Reservierung keine Chance auf einen Tisch im recht kleinen Lokal!
9 cours Saint-Louis, Tel. 04 91 06 18 44, Di., Mi. geschl. sowie Mo.-, Do.mittag

5 L'ÉPUISETTE €€€€
Einer der besten Plätze für Bouillabaisse – als 5-gängiges Menü für 125 € serviert – und andere Köstlichkeiten aus dem Meer, auch fantastische Desserts. Im romantischen Hafen Vallon des Auffes direkt am Wasser gelegen, ca. 3 km südlich des Vieux Port.
Tel. 04 91 52 17 82
So./Mo. sowie Aug. geschl.

1 SAINT-FERRÉOL'S €–€€
Gemütliches, hübsches Hotel, wenige Schritte vom Vieux Port in einer Fußgängerzone gelegen. Kein Restaurant.
19 Rue Pisançon, Tel. 04 91 33 12 21, www.hotel-stferreol.com

2 HERMÈS €–€€
Sympathische, modern eingerichtete Herberge. Fantastischer Blick von der (teureren) Chambre Nuptiale und der Dachterrasse.
2 Rue Bonneterie, Tel. 04 96 11 63 63, www.hotelmarseille.com/fr

3 LA PENSION EDELWEISS €
Der Name? Er stammt noch von der Schweizer Vorbesitzerin. Großzügige, charmant-stilvolle Gästezimmer mit alten Möbeln und kleinem Balkon, im Hof kann man den Aperitif nehmen.
6 Rue Lafayette, Tel. 06 27 91 44 25, www.pension-edelweiss.fr

4 HÔTEL LE CORBUSIER €€–€€€
▶ S. 390

seille sind seine schmiedeeisernen Balkongitter »à la marguerite«. Südlich eine Kalvarienkapelle (19. Jh.), überragt vom Clocher des Accoules, der Rest einer Kirche des 11. Jh.s. Zu den ältesten Gebäuden der Stadt gehört das spätgotische **Hôtel de Cabre** von 1535 weiter östlich (Grand'Rue); bei den Sprengungen 1943 blieb es verschont, 1954 wurde es um 90° gedreht.

Neuer Hafen, neu definiert

Port Moderne

Nördlich des Forts Saint-Jean wurde ab 1853 der Neue Hafen angelegt. Im **Bassin de la Grande Joliette** legen Passagierschiffe an, auch die Fähren nach Korsika und Nordafrika. Dahinter pulsiert modernes Leben: Die **Docks de la Joliette** nördlich der Place de la Joliette, 365 m lange Hallen des 19. Jh.s aus Gusseisen und Backstein, wurden zum Büro- und Freizeitkomplex mit Eventlocations und Ladengalerien (v. a. »Terrasses du Port«). 2013 wurde der **Fonds Régional d'Art Contemporain** (FRAC) eröffnet, eine Institution, die

Die Auswahl ist groß an der Place aux Huiles.

die aktuelle Kunst der Region präsentiert; den ungewöhnlichen Bau mit einer Fassade aus weißen Glas-Paneelen entwarf der Japaner Kengo Kuma. All das gehört zum Projekt **Euroméditerranée** (►S. 201), wie auch der markante, 147 m hohe Glasturm der Reederei CMA CGM (Architektin: Zaha Hadid), das Silo d'Arenc (1925), das zum Konzert- und Kongresshaus umfunktioniert wurde, und drei 99–150 m hohe Bürotürme von Jean Nouvel.

FRAC: 20 Blvd. de Dunkerque | Mi.–Sa. 12–19, So. 14–18 Uhr
Eintritt 5 €, So. frei

Südlich des Alten Hafens

Ausgeh- und Theaterviertel

Quartier de l'Arsenal

Mit Restaurants, Cafés und Galerien sind die um 1780 erbauten klassizistischen Lagerhäuser an **Place aux Huiles/Place Thiars/Cours d'Estienne-d'Orves** ein beliebtes Ausgehareal. Von den Gebäuden des Marinearsenals, das von 1488 bis 1749 bestand, sind noch zwei erhalten, Cours d'Estienne-d'Orves 23 und 25; in Haus Nr. 25 das gediegene Restaurant »Les Arcenaulx« mit Buchhandlung, Antiquariat und Boutique (So. geschl.). In der Nähe liegen die Bühnentempel der Stadt: westlich am Hafen die Criée (Fischauktionshalle, 1909), seit 1981 Heimat des **Théâtre National de Marseille;** östlich die **Opéra**, 1919 abgebrannt und im Stil des Art-déco bis 1923 erneuert (der Säulenportikus datiert noch vom ersten Bau 1787).

Burg der frühen Christen

Saint-Victor

Ein starkes, ungewöhnliches Bild bietet die Basilique Saint-Victor weiter südwestlich, die zu dem im Jahr 416 n. Chr. vom hl. Cassius gegründeten Kloster gehörte, einem der frühesten in Europa. Der heute zu sehende festungsartige Bau mit bis zu 3 m dicken Mauern wurde 1040 außerhalb der Stadt errichtet und bis ins 15. Jh. mehrmals verändert. Beeindruckend die Krypta der ersten Kirche und die Katakomben mit antiken Sarkophagen. Am 2. Febr. wird hier der Landung der heiligen Marien gedacht (▶Saintes-Maries-de-la-Mer); auch die »Navettes« (Schiffchen), die nicht unbedingt begeisternde Spezialität der ältesten Bäckerei von Marseille »Four des Navettes« östlich der Kirche, nimmt auf diese Legende Bezug.

Hafenfestung, südlicher Teil

Fort Saint-Nicolas

Das mächtige Fort südlich der Hafeneinfahrt entstand ab 1660 unter Ludwig XIV. aus einer Burg des 12. Jh.s; seit dem Bau des Boulevard Livon 1862 ist es zweigeteilt. Von oben herrlicher Ausblick.
Schön spazierengehen, picknicken und den Sonnenuntergang genießen kann man im benachbarten **Parc du Pharo**. Das dominierende Schloss, heute Kongresshaus, ließ Napoleon III. für seine Frau Eugénie erbauen. Auch hier großartiger Blick auf Hafen und Stadt.

COUCHER DE SOLEIL

Der Himmel nimmt die unwahrscheinlichsten Farben an, von Rosarot über Purpur bis zum Türkis, nachdem die Sonne unter den Horizont gesunken ist: ein grandioses Schauspiel, zu erleben bei der Basilika Notre-Dame-de-la-Garde. Um den 10. Febr. und den 28. Okt. soll man vor der Sonnenscheibe sogar den 250 km entfernten Pic du Canigou in den Ostpyrenäen erkennen können.

DAS DORF IN DER MILLIONENSTADT

BAEDEKER WISSEN

Ein Gespenst geht um im Panier, dem ältesten Viertel von Marseille. Das Gespenst hat Geld und kommt wie alles, was die Stadt scheinbar oder tatsächlich bedroht, aus dem Norden die Rhône herunter. Mit dem TGV sind sie in drei Stunden hier, die Pariser.

»Sie richten in den alten Wohnungen ihre Zweitwohnsitze ein und vertreiben uns. Wir sind hier geboren, das lassen wir uns nicht gefallen«, schimpft Zéphora. Um die Armen zu vertreiben, erhöhe die Stadt die Grundsteuern, bis sich nur noch Gutbetuchte die Wohnungen **im Panier** leisten könnten.

Vom Viertel der kleinen Leute, der »Einwanderer, Suchenden und Verlorenen« ...

»Die wollen uns in die Nordstadt stecken.« Das sind die Plattenbauviertel am Stadtrand, wo es keine Arbeit und keine Perspektiven gibt, wo die Einwanderer aus Nordafrika angeblich Schafe auf dem Balkon schlachten und der Front National seine Stimmen holt. »Aber wir wehren uns«, verspricht Zéphora, und droht dem Bürgermeister und dem Stadtrat »ein Feuerwerk« an.

Gute Nachbarschaft

Fast erscheint der Panier, der nicht einmal 1 × 1 km kleine Bezirk über dem Alten Hafen, noch wie ein idyllisches Dorf in der Millionenstadt. In den engen Straßen, durch die höchstens ein Kleinwagen passt, spielen Kinder Fußball. Nachbarn unterhalten sich über die Gassen hinweg von Fenster zu Fenster, und am Sonntag trifft man sich draußen zum Grillen. »Jeder bringt was mit, und dann feiern wir hier zusammen, jeden Sonntag, wenn das Wetter mitmacht.« Die Einnahmen gehen an den Verein »Kinder, Eltern und Institutionen«, der sich um Jugendliche und Familien in Schwierigkeiten kümmert.

Tiefgreifender Wandel

Der Panier geht den Weg vieler Kleine-Leute-Viertel, sei es in Berlin der Prenzlauer Berg oder Kreuzberg, in München Giesing, die Altstadt von Nizza oder der Montmartre in Paris. Die Häuser werden nicht gepflegt, weil die Vermieter kein Geld ausgeben wollen. Die niedrigen Mieten ziehen Studenten und Künstler an, die verrückte Läden und

Ateliers aufmachen. Dann kommen die Stadtentwickler und Investoren, die Boutiquen und die Leute, die sich ein schickes Nest in der Innenstadt einrichten wollen. Mit ihrem Geld retten sie viele Gebäude vor dem völligen Verfall, oder sie klotzen was Modernes in die alte Struktur. Wie das aussehen könnte, zeigt ein riesiges Plakat, das die Stadt auf einer großen Freifläche aufgestellt hat. »**Wohnumfeldverbesserung im Panier**« steht darauf, darunter wandelt eine brave Kleinfamilie über eine große gepflasterte Fläche. An ihrem Rand reihen sich Betonkübel mit Stechpalmen. Es könnte auch die neuzeitliche Fußgängerzone in Kleinkleckersdorf sein. Den Platz, auf dem das Plakat steht, hat 1943 die deutsche Wehrmacht geschaffen. Weil die Marseiller Polizei Drogenhandel, Kleinkriminalität und Prostitution nicht in den Griff bekam, freute sie sich über den Vorschlag der deutschen Besatzer: Um »Ordnung« zu schaffen, sprengten sie 14 ha der Altstadt. Nach dem Krieg entstanden im unteren Teil des Viertels nahe dem Hafen Wohnblocks, die an die Architektur der Stalinzeit in Ostberlin erinnern (wovon sich die Bauten von Fernand Pouillon unmittelbar am Quai wohltuend abheben).

... zum angesagten Wohn- und Ausgehviertel.

Hehler und Halsabschneider

Damit war ein großer Teil der Welt verschwunden, durch die sich der deutsche Schriftsteller **Walter Benjamin** Ende der 1920er-, Anfang der 1930er-Jahre mit einer Mischung aus Abscheu und Faszination treiben ließ. Zunächst auf der Suche nach Haschisch und Inspiration, später auf der Flucht vor den Nazis war er am Hafen von Marseille gestrandet, wo er 1940 – wie viele andere deutschsprachige Intellektuelle – lange vergeblich auf die rettende Ausreisemöglichkeit nach Spanien oder nach Übersee wartete. Mittellos durchstreifte er das Stadtviertel der Halsabschneider, Hehler und Zuhälter: streunende Hunde, offene Mülltonnen, das Geschrei der Möwen und der Gestank nach Urin, der sich mit dem salzigen Duft des Meeres mischte. Heute führt die deutsche Wissenschaftlerin Sabine Günther Touristen und Einheimische auf den Spuren Walter Benjamins durch den Panier. »So pittoresk war das Leben hier nicht, schon gar nicht die Prostitution«, wirft eine Zuhörerin um die 60 ein. »Ich musste als Mädchen hier immer durch. Das war gar nicht angenehm.« Zwischen den »normalen Leuten« und den Kriminellen und Prostituierten war »auf engstem Raum eine unsichtbare Mauer«. Auch die Geschichten vom einfachen Marseiller, der im Panier mit seiner Familie in und von seinem kleinen Laden

lebte, hält die kritische Dame für einen Mythos: »Mein Urgroßvater hatte hier so eine Bar, er hat getrunken und seinen Sohn geschlagen, so war das Leben.«

Das Mittelmeer-Chicago

Einen letzten Rest davon erahnt man heute noch in der **Passage de Lorette** am Nordrand des Viertels. Zwischen den graubraunen fünf- bis sechsstöckigen Mietshäusern, von denen der Putz bröckelt, haben die Bewohner ihre Wäscheleinen gespannt. Von ihren Fenstern aus können sie dem Nachbarn gegenüber fast die Hand geben. Keine fünf Meter ist der Innenhof breit. Im Winter erreicht das Licht nur die oberen Stockwerke, unten riecht es muffig-feucht. Marseille, das »Chicago Frankreichs«, Stadt der Gegensätze, der Kriminellen und Zuhälter, der Schmuggler und Gestrandeten, der Einwanderer, der Suchenden und der Verlorenen. Legende und Wahrheit. Vor über 2600 Jahren siedelten die ersten Menschen an einer Quelle im heutigen Panier. In der geschützten Bucht legten Griechen einen Hafen an. Generationen von Flüchtlingen, Glücksrittern, Hoffnungsvollen und Verzweifelten sind seitdem hier an Land gegangen: Phönizier, Römer, Italiener, Armenier, Spanier, Juden, Araber, Algerienfranzosen und zuletzt Tausende von Nordafrikanern, die auf dem Weg ins bessere Europa hier hängengeblieben sind.

Hier beginnt Afrika

Im Norden zieht die schnurgerade, vierspurige Rue de la République dem Panier eine messerscharfe Grenze. Heute beginnt hier mit den einst prächtigen Bürgerhäusern aus Baron Haussmanns Zeiten der **»nördlichste Teil Afrikas«, die Belsunce** mit ihren arabischen Läden, Teestuben und Märkten. Von Westen her hat das moderne, das Weltstadt-Marseille, dem Panier schon seinen Stempel aufgedrückt – wenn auch so behutsam, als wollten die Planer den Alteingesessenen beweisen, dass sie nichts zu befürchten haben. Die Vieille Charité, im 17. Jh. als Armenhaus und Hospital errichtet, wurde zum Museum und Kulturzentrum umgebaut, nachts ist sie rosa und blau erleuchtet.
Zéphora könnte der Kampf um ihr Viertel egal sein. Sie ist eine der wenigen Hausbesitzer. Niemand kann sie hinaussanieren. »Aber es ist mein Viertel, und die Leute hier, egal ob Franzosen oder Einwanderer, Muslime, Juden, Christen oder sonst etwas, sind meine Nachbarn, meine Freunde, meine Familie.«

Kundige Führung

Die Literaturwissenschaftlerin Sabine Günther kennt sich in Marseille bestens aus, schließlich lebt sie seit 1991 dort. Unter dem Motto »Der andere Blick« bietet sie unterschiedliche **literarische Stadtrundgänge** an.
Für eine 2-stündige Spaziergang durch die Marseiller Innenstadt kann man wählen zwischen Themen wie »Das Tor zum Orient. Sehnsuchtsort der Romantiker«, »Deutsche Reisende und Marseilleliebhaber«, »Auf den Spuren der Exilanten gestern und heute«, »Dem Rausch auf der Spur: Walter Benjamin« und nicht zuletzt »Marseille – Berühmte Frauen und Feministinnen«.
Buchen können Sie bei Nord-Süd-Passage in Berlin, Tel. 0175 9 90 65 21 (nord-sud-passage.com).

Notre-Dame-de-la-Garde

Marseilles »Bonne Mère«

Auf dem 157 m hohen Felsen südlich des Alten Hafens thront das Wahrzeichen der Stadt, die Basilika N.-D.-de-la-Garde, in verschwenderischem neobyzantinischem Pomp erbaut von 1853 bis 1864. Ihren 60 m hohen Turm krönt eine 11 m hohe vergoldete Madonnenstatue aus der Werkstatt Christofle. Das Innere der nicht nur beim Hochfest am 15. Aug. frequentierten Wallfahrtskirche zieren Votivgaben wie Schiffs- und Flugzeugmodelle, besonders beeindruckende sind im Museum im Untergeschoss ausgestellt. Von der Terrasse hat man einen **grandiosen Ausblick**.

tgl. 7–18.30 Uhr | Anfahrt mit Kfz vom Alten Hafen (Cours Jean-Ballard; beschildert) oder mit Bus 60, zu Fuß von der Basilique Saint-Victor über Rue d'Endoume, Chemin du Roucas Blanc und Montée Commandant René Valentin (245 Stufen)

Musée Cantini

Ein Muss für Kunstfreunde

Das repräsentative Gebäude der Compagnie du Cap Nègre von 1694 (südöstlich des Alten Hafens, 19 Rue Grignan) beherbergt Werke wichtiger Maler des 20. Jh.s vom Fauvismus bis zur abstrakten Kunst: Matisse, Dufy, Kandinsky, Giacometti, Kokoschka, Picasso u. v. a.

Di.–So. 9–18 Uhr | Eintritt frei

Canebière · Boulevard Longchamp

La Canebière

Vergangene Pracht

Am Alten Hafen beginnt die berühmte Canebière, die 1 km lange, leicht ansteigende Hauptverkehrsader der Innenstadt. Ihr Name, von »cannabis« für »Hanf«, bedeutet »Seilerbahn« (Reeperbahn); diese für den Hafen wichtige Industrie war hier einst ansässig. Nach Jahren des Verfalls wird sie peu à peu ansehnlicher, auch wenn sich der einstige Vergleich mit den Pariser Champs-Élysées verbietet. An alte Zeiten erinnert etwa das Grand Hotel von 1865 (Nr. 66), das Gäste wie Gandhi und Richard Wagner sah – heute residiert hier das Polizeikommissariat Mitte.

Bourse

Ausflug in die Vergangenheit ...

Wenige Schritte vom Hafen entfernt ist die **Börse**, ein pompöser Bau des Zweiten Kaiserreichs (1854). An der Canebière östlich benachbart das Tourismusbüro. Weiter nördlich, im monströsen Einkaufszentrum Centre de la Bourse, präsentiert das **Musée d'Histoire de Marseille** Exponate von vorgeschichtlicher Zeit bis ins Mittelalter, u. a. ein römisches Schiff des 3. Jh.s. Im »Jardin des Vestiges«, einem grünen Karree zwischen hohen Häusern, sind Reste der griechischen Hafenbefestigung (3./2. Jh. v. Chr.) freigelegt .

Musee d'Histoire de Marseille: Di.–So. 10–18 Uhr | Eintritt frei

Der Cours Julien, ein »Wohnzimmer« für Bohèmiens und Immigranten

... und in den Orient

Belsunce und Noailles

Östlich der Börse trifft die Canebière auf den breiten Cours Saint-Louis (rechts), der in die Rue de Rome übergeht, bzw. den lebhaften Cours de Belsunce (links), der sich in der Rue d'Aix fortsetzt. Diese Kreuzung bildet traditionell das Südwesteck des **»arabischen« Quartiers Belsunce**, das sich nördlich bis zur Porte d'Aix und zur Gare Saint-Charles erstreckt. Im Viertel **Noailles** südlich der Canebière residierten im 19. Jh. Aristokraten, dann wanderten Menschen aus dem Maghreb und Schwarzafrika ein: Auch hier pulsiert das Leben intensiv, besonders auf dem Marché des Capucins (Mo.–Sa.) in der gleichnamigen Straße. Die Gentrifizierung hat allerdings auch hier begonnen, v. a. mit dem gigantischen Projekt »Grand Centre Ville«.

So kann ein Wasserschloss aussehen

Palais Longchamp

Im Osten schließt den gleichnamigen Boulevard das grandiose Palais Longchamp ab, erbaut bis 1869 als Wasserschloss am Ende des 1849 fertiggestellten Kanals, der Wasser 85 km weit von der Durance nach Marseille bringt. Links der Säulenhalle das **Musée des Beaux-Arts** mit hervorragenden Gemälden des 16./17. Jh.s (Perugino, Rubens), Werken provenzalischer Meister (Puget, Serre, Mignard), modernen Skulpturen sowie Arbeiten des großen Karikaturisten Honoré Dau-

mier, der 1808 in Marseille geboren wurde. Im anderen Flügel lädt das liebenswert nostalgische **Musée d'Histoire Naturelle** (Naturkundemuseum) zu Entdeckungen ein.
Musee des Beaux-Arts & Musée d'Histoire Naturelle:
Di.–So. 9–18 Uhr | Eintritt frei

Zu Besuch bei der Bourgeoisie

Musée Grobet-Labadié

In einem Patrizierhaus des 19. Jh.s. tauchen Sie in die feine Welt des Großbürgertums ein: mit schönem Interieur, Musikinstrumenten, mittelalterlichen Skulpturen, Gobelins und Fayencen. Madame Grobet vermachte das Palais an der Südseite des Platzes, der den Boulevard Longchamp abschließt, im Jahr 1919 der Stadt.
Di.–So. 9–18 Uhr | Eintritt frei

Nord- und Südstadt

Von der Fabrik zum lebhaften Kulturzentrum

Friche la Belle de Mai

Mit dem Bahnhof Saint-Charles (1848) entstand nordöstlich von diesem ein Industrie- und Arbeiterviertel, in dem sich v. a. Italiener ansiedelten. In jüngeren Zeiten hoher Arbeitslosigkeit zogen die jungen Leute weg und neue Einwanderer zu. Ein Zeichen in der Krise setzte die Umgestaltung einer Tabakfabrik zu einem Kultur- und Medienzentrum. Konzerte, Ausstellungen, Kino und anderes mehr finden in der »Friche« statt, man trifft sich im Restaurant Les Grandes Tables.
Friche la Belle de Mai: 41 Rue Jobin, Bus 49 und Nachtbus 582 von der Canebière (Bourse) | www.lafriche.org

Marseiller Strandleben

Hier sollte man ein Cabrio haben: Von der beliebten **Plage des Catalans** westlich des Parc du Pharo führt die Corniche Kennedy an der Küste entlang nach Süden. Hier reihen sich Strände, Villen aus der Belle Époque, Restaurants und Bars; einen Stopp lohnt der winzige Hafen **Vallon des Auffes** mit seinen »cabanons« (Fischerhäuschen). Nach 5 km – signalisiert durch eine riesige Kopie von Michelangelos David (1903) – erreicht man die **Plage du Prado** mit dem großen Freizeitgelände Escale Borély; in seinen Bars und Restaurants ist bis spätnachts Highlife. Dahinter ist's beschaulicher, im schönen **Parc Borély** mit unterschiedlichen Gärten und einem prächtigen, für einen reichen Kaufmann erbauten Schloss von 1778 (interessantes Museum für Kunsthandwerk und Mode, Mo. geschl.).

Ikone des modernen Städtebaus

Die großzügige, von Platanen gesäumte **Avenue du Prado**, die Fortsetzung der Rue de Rome, endet am Rond-Point du Prado. Zwischen den Metrostationen Castellane und Périer findet Mo.–Sa. vormittags

Wandern, Schwimmen, Bootfahren: Die Calanques, hier En-Vau, sind ein Paradies.

ein riesiger Markt statt. Auf jeden Fall sollte man sich die Unité d'Habitation (auch »Cité Radieuse«, »Strahlende Stadt«) ansehen, die 2 km weiter südlich am Boulevard Michelet liegt. Der 1947–1952 von **Le Corbusier** errichtete Komplex – ein 137 m langer und 57 m hoher, auf 17 Stelzenpaaren ruhender Betonkasten – enthält auf 8 Doppelstockwerken 337 Wohnungen und Einrichtungen wie Kindergarten, Sporthalle, Restaurant und Hotel (▶ S. 390). Zugänglich sind der 3. und 4. Stock sowie die Dachterrasse – die Dachaufbauten sind wie Skulpturen gestaltet, der Ausblick ist toll. In der ursprünglichen Konzeption stellte das Haus eine fast vollständige Stadt für ca. 1800 Einwohner dar, es gab auch Einkaufsstraßen. Man lebt hier mit den Nachbarn wie in einem Dorf, nicht wenige Familien wohnen seit der Fertigstellung hier. Und man ist stolz, in einem Architekturdenkmal zu wohnen.

Rund um Marseille

Wo Edmond Dantès schmorte

★ Château d'If

In seinem Roman **»Der Graf von Monte Christo«** (1845) ließ Alexandre Dumas seinen Helden Dantès fünf Jahre auf dieser Felseninsel in der Bucht von Marseille vegetieren. Gezeigt wird sogar das Loch, das Dantès in die Mauer seiner Zelle gebohrt hat ... nun ja. Tatsächlich diente die 1524 erbaute Feste als Staatsgefängnis; Protestanten saßen hier ebenso ein wie Revolutionäre von 1848 und 1871. Schiffe fahren vom Alten Hafen in Marseille. Westlich vor Château d'If liegen die beiden anderen der Îles Frioul, **Ratonneau** und **Pomègues**, verbunden durch einen Damm, der den Port de Frioul abschließt. Weiter draußen im Meer das Inselchen Le Planier mit Leuchtturm.

Château d'If: April–Sept. tgl. 10.30–18, sonst Di.–So. 10.30–17.15 Uhr Eintritt 6 € | Schiffe: www.croisieres-marseille-calanques.com, https://lebateau-frioul-if.fr, www.icard-maritime.com

Côte Bleue

▶ dort

Calanques

Atemberaubende Klippen und türkisblaues Wasser

Schmale Buchten schneiden tief in zerklüftete weiße Kalkfelsen ein: Die Calanques südöstlich von Marseille, zwischen dem Cap Croisette und Cassis, ziehen im Sommer Ausflügler und Kletterer in Mengen an (Parc National des Calanques). Besonders eindrucksvoll sind **Port-Miou, En-Vau und Port-Pin**. Die beste Zeit fürs Klettern und Wandern ist Mitte Sept. –Juni, sonst ist es zu heiß. Wegen Brandgefahr ist der Zugang Mai – Sept. reglementiert (am Wochenende bzw. tgl. keine Zufahrt; gebührenpflichtige Parkplätze, z. T. sind längere Fußmärsche nötig). Camping, selbst im Schlafsack unter den Sternen, und Radfahren sind das ganze Jahr untersagt. **Boote** fahren (mit Badestopp) von Marseille, Cassis und La Ciotat aus. In Callelongue südlich von Marseille, erreichbar mit Bus 19 + 20, beginnt der großartige **Wanderweg** GR 98-51 entlang den Calanques nach Cassis: 23 km, Gehzeit 8–9 Std.; Schwindelfreiheit, Trittsicherheit und gute Ausrüstung sind nötig. Info: www.calanques13.com.

Cassis

Weißer Wein zum frischen Fisch

Das einstige Fischerstädtchen – auf Französisch »cassí«, auf Provenzalisch »cassís« –, 22 km südöstlich von Marseille vor spektakulären Felswänden gelegen, war bei Malern wie Dufy und Matisse geschätzt. Mit kleinen Stränden und einem hübschen alten Kern zählt Cassis zu den attraktivsten Urlaubsorten, im Sommer vervierfacht sich die Einwohnerzahl. Den Markt Mi. und Fr. vormittags nicht versäumen! Der renommierte Weißwein von Cassis passt bestens zu den Meeresfrüchten, die die Restaurants an der Hafenfront servieren. In der hochgelegenen Festung aus dem 12./14. Jh. kann man, an einem grandiosen Platz, luxuriös wohnen (www.chateaudecassis.com).

Corniche des Crêtes

Am schönsten bei Sonnenuntergang

Atemberaubende Aussichten auf die Küste bis zum Cap Croisette belohnen die ca. 15 km lange Fahrt auf der kurvenreichen Straße, die Cassis mit La Ciotat verbindet. Sie führt an der höchsten Steilküste Frankreichs entlang zum Cap Canaille (363 m) und zur Grande Tête (399 m). Will man den Sonnenuntergang genießen, sollte man spätestens 1 Stunde vorher hinauffahren, weil sonst die tiefstehende

Sonne mörderisch blendet. Bei starkem Wind ist die Straße gesperrt. Ein großartiges Erlebnis ist auch die Wanderung (ca. 3–4 Std.).

Werften und das älteste Kino der Welt

La Ciotat

Fischerei und Schiffsbau prägten – heute noch spürbar – lange Zeit das unglamouröse Städtchen (36 400 Einw.) am Westrand einer großen Bucht, das von dem kühnen Felszacken des **Bec de l’Aigle** (»Adlerschnabel«, 155 m) überragt wird. Die bedeutende Werft, die 1986 geschlossen worden war, ist mit der Wartung von Luxusjachten wieder bestens im Geschäft. Für zwei Dinge ist La Ciotat berühmt: Ein Jules Le Noir erfand hier **Pétanque**, die ruhigere Form des Boule-Spiels (►S. 314), und im Bahnhof drehten die Brüder Lumière 1895 einen der ersten Filme überhaupt, die Ankunft eines Zugs. Im **Eden Théâtre** (1889) am Blvd. Clemenceau wurden ab 1899 Filme gezeigt – damit ist es das älteste noch existierende Kino der Welt; sein kleines Museum erzählt die interessante Geschichte. Häuser aus dem 17./18. Jh. prägen die nette Altstadt, der Bergfried beim Hôtel de Ville (1864) wurde zum Wahrzeichen des Orts. Einen Blick verdient das Musée du Vieux Ciotat am Alten Hafen. Familiäre feinsandige **Strände** mit Restaurants und Hotels reihen sich nordöstlich der Altstadt.

MASSIF DE L’ESTEREL

Départements: Var, Alpes-Maritimes | **Höhe:** bis 618 m

Rote Felsen aus Porphyr, grüne Wälder und blaues Meer – zwischen Saint-Raphaël im Südwesten und Cannes im Nordosten erstreckt sich das Esterel-Massiv, ein Paradies für Wanderer und Mountainbiker (►Baedeker Wissen S. 222). Den herrlichen Farbdreiklang »erfahrbar« macht die 1903 angelegte Corniche de l’Esterel, eine der schönsten Küstenstraßen Frankreichs; in winzigen Buchten findet man auch im Sommer ein ruhiges Plätzchen.

Corniche de l’Esterel

Anstrengend, aber sehr schön

Die kurvenreiche, stark befahrene Küstenstraße D 559/6098 zwischen Saint-Raphaël und La Napoule bei Cannes passiert den Badeort **Boulouris**, das eindrucksvolle **Cap du Dramont** (Leuchtturm; zu Fuß 1 Std. hin und zurück) und das schön an einer Bucht gelegene **Agay**. Dann folgen **Anthéor** und der **Pic du Cap Roux** (453 m, lohnende Aussicht; vom Parkplatz hin und zurück 2 Std.) sowie Le Trayas, Miramar (Jachthafen), La Galère und **Théoule-sur-Mer**. Über La Napoule erreicht man ►Cannes.

Ein Höhepunkt ...

Der höchste Punkt des Esterel ist der 618 m hohe Mont Vinaigre am nördlichen Rand. Von ▶Fréjus nimmt man die DN 7, nach 11 km zweigt rechts ein Forststräßchen ab. Vom Parkplatz sind es zu Fuß wenige Minuten zum Gipfel mit herrlichem Rundblick. Die Wälder aus Nadelbäumen, Korkeichen und Hartlaubgewächsen, die das Massiv überziehen, werden immer wieder von Bränden heimgesucht. Mont Vinaigre

... und noch einer

Von Agay bzw. La Napoule umrundet eine serpentinenreiche Straße im Landesinneren den 496 m hohen Pic de l'Ours. Auf der Fahrt hat man prachtvolle Blicke auf die felsige, zerklüftete Küste. Den Gipfel im Ostteil des Gebirges erreicht man vom **Col Notre-Dame** aus (hin und zurück ca. 1.30 Std.) – der Ausblick ist höchst eindrucksvoll. Pic de l'Ours

 MASSIF DES MAURES

Département: Var | **Höhe:** bis 780 m

Kleines Kontrastprogramm zum Strandleben gefällig? Dann schnüren Sie Ihre Wanderstiefel! Zwischen Hyères und Fréjus – über etwa 60 km – erstreckt sich hinter der Küste ein zerklüftetes, einsames Bergland mit großen Wäldern aus Steineichen, Korkeichen, Kiefern und Esskastanien: das Massif des Maures.

Sein Name rührt nicht von den Mauren her, die als »sarrasins« (Sarazenen) bezeichnet wurden, sondern vom provenzalischen Wort »maure, moure« für »dunkel«, »unheimlich«. In der **Sauvette** erreicht das Massiv 779 m Höhe. Es ist großenteils unzugänglich, auch für Wanderer und Mountainbiker, aber neben den Fernwanderwegen GR 9, 90 und 51 gibt es genug Wanderwege, etwa von Collobrières aus und um die Chartreuse de la Verne (www.collobrieres-tourisme.com, www.rando83.fr, www.visorando.com). Für Radfreunde ist besonders die D 14 zwischen Pierrefeu-du-Var und Grimaud zu empfehlen (ca. 45 km). Im Sommer können Wege und Sträßchen wegen Brandgefahr gesperrt sein. Größtenteils an der herrlichen Küste entlang führt die **Corniche des Maures** (D 559) zwischen ▶Le Lavandou und ▶Saint-Tropez; sie bezaubert immer wieder mit fantastischen Ausblicken und passiert kleine Badeorte mit schönen Stränden.

Für diese lohnende Tour (ca. 85 km) nehme man sich einen Tag Zeit. Von Bormes-les-Mimosas (▶S. 178) auf der D 41, vorbei am Arbore- Rundfahrt

SYMPHONIE IN ROT, GRÜN UND BLAU

Entlang dem Esterel-Massiv hat die Côte d'Azur Rouge aufgelegt. Ein dezentes Rostrot, das im Schatten der bizarr verwachsenen Korkeichen in Braun übergeht, ein erdiges Naturbraun, das so gar nicht zum großstädtisch-mondänen Glamour ein paar Kilometer weiter östlich passen will.

Zwischen Cannes und Fréjus macht die Côte d'Azur Urlaub von den Urlaubern. Keine Strandpromenaden, keine Appartementkästen, keine teuren Boutiquen. Die Felsen aus rotem Porphyr, einem vulkanischen Gestein, stürzen nackt ins tief königsblaue Meer. Als sich vor 300 Millionen Jahren Europa und Afrika trennten, blieben Korsika und von Vulkanen ausgestoßene Lavaströme im Meer liegen. Das Cap Dramont zum Beispiel oder die unbewohnte »Goldene Insel« Île d'Or, deren Felsen im Sonnenuntergang rotgolden schimmern. Daher heißt auch die Uferstraße, die sich durch die Felslandschaft schlängelt, **Corniche d'Or.** Hinter jeder Kurve komponieren Himmel, Meer, Felsen, Pinien und Korkeichen eine neue Symphonie in Blau, Grün und Rot. »Le Grand Bleu«, das Meer, das meist still ans Ufer plätschert oder bei Sturm Gischt über die Straße schleudert, hat über Jahrtausende hinweg kleine Buchten aus den Felswänden gewaschen.

Die »Blaue Küste« macht ihrem Namen alle Ehre. Im Hintergrund Nizza und die Seealpen.

Die Welt an einem Platz

»Das hier ist Kanada, Colorado, Mexiko und Afrika in einem«, schwärmt Förster Bernard Mekhmoukh über sein empfindliches Revier, das zwischen dem 618 m hohen **Mont Vinaigre** (»Essigberg«) und dem Mittelmeer viele Landschaftstypen vereint. In den höheren, meerabgewandten Lagen wachsen Eichen und alpine Pflanzen, dazwischen das Gestrüpp der Garrigue und unten an der Küste Agaven und Kakteen. Bis ins 20. Jh. hinein versteckten sich im Esterel Räuber, Piraten und Ausbrecher aus dem Gefängnis von Toulon, heute bevölkern ihn Wanderer und Mountainbiker. Für Autos ist das Naturschutzgebiet gesperrt. Durch das Massiv führen Reit- und Wanderwege, Fahrradrouten und markierte Mountainbikestrecken. Geführte Touren (auch auf Deutsch), zu Fuß und mit dem Geländewagen veranstaltet Découverte de l'Esterel (www.esterel-cotedazur.com).

Grenzenlose Aussicht

Versteckt in tief eingeschnittenen Tälern spiegeln kleine Seen das Blau des Himmels. Der Eichhörnchensee Lac de l'Écureuil liegt von Oktober bis März den ganzen Tag im Schatten der Berge. Im Winter ist es hier, keine 10 km vom milden Meer entfernt, Tag und Nacht bitterkalt. Nach steilem Anstieg genießt man die in diesem Teil der Welt seltene Ruhe und die vor allem nach einem Mistral fast grenzenlose Aussicht über die Côte d'Azur und die Alpen. Manchmal tauchen in der Ferne die vagen Umrisse der Insel Korsika auf. In den Wäldern zwischen den schroffen, eisenroten Felswänden haben die letzten Falken Frankreichs, Bergadler, Hirsche, Wildschweine, Myrten, sizilianischer Knoblauch und wilder Lavendel eine Heimat gefunden. Schlangen gibt es und Eidechsen, die sich auf den Felsen sonnen, Schildkröten und sogar Schwarze Witwen – giftige Spinnen, die allerdings noch niemanden gebissen haben.

Zu Ende des Winters leuchtet der Esterel im Gelb der Mimosen.

Gefährliches Feuer

Unterwegs trifft man immer wieder auf Schafherden. Die Tiere haben einen wichtigen Job: Sie müssen dem Feuer das Gras unter den Bäumen und Büschen wegfressen. »Vor zehn Jahren war hier alles schwarz«, erinnert sich der Förster. Bernard Mekhmoukh zeigt auf die Spuren, die das verheerende Feuer an Baumstämmen und Felsen hinterlassen hat. »Die Natur braucht zehn bis zwölf Jahre, um sich von einem Waldbrand zu erholen.« Vor allem die Mimosenbäume und die in den 1960er-Jahren gepflanzten Eukalyptusbäume »brennen wie Zunder«. 1200 Grad wird ein brennender Mimosenbaum heiß. »Da geht in 30 m Entfernung die Kleidung eines Menschen in Flammen auf«, weiß der Fachmann, der sich vor allem über den Leichtsinn der Ausflügler ärgert. »Achtzig Prozent der Feuer sind von Menschen verursacht, und drei Prozent werden vorsätzlich gelegt.«

tum de Gratteloup, zum Col de Babaou (414 m) und nach **Collobrières**, dem in einem Talkessel gelegenen Hauptort des Massivs, bekannt für Edelkastanien bzw. die aus ihren Früchten hergestellten feinen Sachen. Dann nach Osten wieder auf den Kamm (Route des Crêtes). Dort zweigt von der D 14 ein Sträßchen zur **Chartreuse de La Verne** ab. Das beeindruckende, fantastisch gelegene Kartäuserkloster – gegründet 1170, heutige Bauten vorwiegend 17./18. Jh. – wird von einer Mönchsgemeinschaft genutzt (www.bethleem.org) und kann z. T. besichtigt werden. Nächster Ort (D 14) ist **Grimaud**, ein pittoreskes Village perché (▶Saint-Tropez). Von hier lohnt sich der Abstecher hinauf nach **La Garde-Freinet** in aussichtsreicher Passlage; das nette Städtchen war im 9./10. Jh. ein wichtiger Stützpunkt der Sarazenen, die von hier Teile der Provence beherrschten und bis ins Piemont und sogar bis in die Schweiz vorstießen. Sehenswert sind die Ruinen ihrer Feste **Fraxinetum** auf der Anhöhe nordwestlich (zu Fuß 30 Min.) mit außergewöhnlichem Ausblick. Über **Cogolin** (▶Saint-Tropez) kehrt man auf der D 98 und über den Col du Canadel (268 m) zur Küste zurück.

Chartreuse Mi.–Mo. 11–17, Juni–Aug. tgl. u. bis 18 Uhr, Jan. geschl.

★★ MASSIF DU MERCANTOUR

Dép.: Alpes-Maritimes, Alpes-de-Haute-Provence | **Höhe:** bis 3143 m

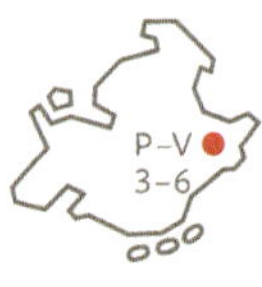

Bergwanderer und Alpinisten, Radsportler, Skifans und Kajakfahrer finden ganz im Osten der Provence ein großartiges und abwechslungsreiches Revier vor, das Massif du Mercantour. Auch weniger Sportliche beeindruckt die grandiose Berglandschaft der Südalpen mit ihren kurven- und aussichtsreichen Passstraßen und dramatischen Schluchten.

Für Outdoor- und Pässefans

Die im Osten der Region zwischen dem Oberlauf des Verdon und der italienischen Grenze ansteigenden Alpen umfassen die Landschaften Ubaye (im Norden) und Mercantour (höchster Punkt: Cime du Gélas, 3143 m). Im äußersten Osten der Côte d'Azur, im Hinterland von Nizza, fallen die Seealpen rasch zum Meer ab. Ein großer Teil des Berglands, über 2000 km², ist als **Parc National du Mercantour** geschützt www.mercantour-parcnational.fr). Auf den Fernwanderwegen GR 5 und 52 kann man die Seealpen vom Col de Larche bis Menton durchwandern – ca. 185 km, in 9 bis 10 Tagesetappen, eine sehr lohnende, bis in den Oktober hinein machbare Tour. Vor **Passfahrten** in Frühjahr und Herbst prüfen, ob die Pässe geöffnet sind. Auch **kunsthistorisch ist die Landschaft interessant**, da sie »alpin« geprägt ist; die vielen romanischen Kirchen aus dem 11.–14. Jh. wurden von Lombarden errichtet, eine Reihe von ihnen besitzen prachtvolle spätmittelalterliche Altarbilder der Malerschule von Nizza (15./16. Jh.).

Wohin im Massif du Mercantour?

Nostalgie auf Schienen

Bahnabenteuer

Der berühmte **Train des Pignes** (»Pinienzapfenzug«) fährt auf der 1890–1911 erbauten, 151 km langen Strecke von Nizza über Entrevaux nach Digne. Von Mai bis Okt. zockeln Dampfzüge am So. (Juli/Aug. auch Fr., Aug. auch Do.) zwischen Puget-Théniers und Annot; Buchung bei Chemins de Fer de Provence (Bhf Nizza ▶S. 260). Ein kühnes Unternehmen war der Bau der 119 km langen **Tenda-Bahn** ab 1920, die von Nizza ins Roya-Tal und durch den Tende-Tunnel nach Cuneo (Italien) führt. Züge, auch als »Train des Merveilles«, fahren vom Bahnhof in Nizza, die 80 km lange Fahrt bis Tende dauert ca. 2 Stunden.

C.F.P.: Tel. 04 97 03 80 80 | www.cpzou.fr

Erst mediterran, dann alpin

Von Nizza durch die Gorges de la Vésubie

Vom Flughafen Nizza führt die D 6202 im unteren Var-Tal nach Norden. Bei der Pont Charles-Albert (ca. 20 km) ist wegen der fantastischen Aussicht ein Abstecher nach Gilette und Bonson (Kirche mit Bildern von Antonio Brea und Jacopo Durandi, 15. Jh.) zu empfehlen. Bei Plan-du-Var zweigt die D 2565 östlich in die **Gorges de la Vésubie** ab, die eindrucksvollen Schluchten der Vésubie. Von der 1174 m hoch gelegenen Wallfahrtskapelle Madone d'Utelle (1806) beim Dorf Utelle hat man ebenfalls eine großartige Aussicht. Bis Lantosque ist das Bild noch mediterran, dann wird's alpin. In Roquebillière lohnt sich ein Blick in die Malteserkirche Saint-Michel-du-Gast (12.–16. Jh.; Antonius-Retabel, 16. Jh.), in Venanson in die Kapelle Saint-Sébastien (1481, mit Fresken von Giovanni Baleison). Das hübsche Dorf **Saint-Martin Vésubie** ist Ausgangspunkt für Touren in den **Parc National du Mercantour**. An der engen Rue du Dr Cagnoli mit schönen alten Häusern stehen die Kapelle der Weißen Büßer, die Pfarrkirche (17. Jh., Altarbilder von Ludovico Brea) und das Haus der Grafen Gubernatis.

Beeindruckende Landschaften

Durch das Tal der Tinée

Das Tal der Tinée verläuft westlich parallel zur Vésubie. Fährt man bei der genannten Abzweigung der D 2565 weiter nach Norden, durchquert man das **Défilé de Chaudan**, eine von senkrechten Felswänden gebildete Schlucht. Danach überquert die Straße auf dem Pont de la Mescla den Fluss. Eindruck machen die schräggestellten Schichten des

OBEN: Eine reizvolle Station im engen Tal der Tinée ist der propere, noch südlich-provenzalisch geprägte Ort Saint-Sauveur. Ein Labyrinth schmaler Gassen umgibt die Kirche Saint-Michel-Archange (13. Jh.) mit typisch lombardischem Turm, ihren Hauptaltar schmückt ein prachtvolles Polyptychon des ligurischen Malers Guillaume Planeta von 1584.

UNTEN: Abenteuerlich zwängt sich die Straße durch die Gorges du Cians.

Kalkgesteins an der Engstelle bei der Abzweigung der D 2205 (noch vor der Brücke rechts), der man nun in das Tal der Tinée folgt. Kurz vor seiner Einmündung in den Var strömt der Fluss durch die engen **Gorges de la Mescla**, ein weiterer landschaftlicher Höhepunkt. Man passiert die alten Dörfer Clans und Marie, hoch oben auf Bergvorsprüngen. Hinter La Bollinette werden die weißgrauen Kalkfelsen mit ihren dramatisch gefalteten Schichten von dunkelrotem Porphyr abgelöst. Gut 20 km nach der Abzweigung von der D 6206 führt die D 2565 durch das **Valdeblore** und über den 1500 m hohen **Col Saint-Martin** nach Saint-Martin-Vésubie bzw. in das schöne Hochtal des Boréon. Im Tal der Tinée folgt bei Saint-Sauveur-sur-Tinée links die Abzweigung der D 30, deren Serpentinen in eine sanfte alpine Landschaft mit terrassierten Wiesen und Lärchenwäldern bringen. Kühn am Berg klebt **Roure** (Kirche Saint-Laurent 16. Jh., Turm 13. Jh.). Eindrucksvoll liegen **Roubion** (vor dem Ort die Kapelle Saint-Sébastien mit Wandmalereien) und das mittelalterliche **Beuil** (Kapelle der Pénitents Blancs mit Trompe-l'œil-Fassade, 16. Jh.). Am **Col de la Couillole** (1678 m) zwischen Roubion und Beuil kann man in der Auberge Quintessence erstklassig essen und nächtigen (auberge-quintessence.com).

Wie ins Gebirge gesägt

Gorges du Cians

Folgt man jedoch dem Var weiter flussaufwärts (D 6202), erreicht man nach 19 km die Abzweigung der D 28 nach Beuil, die dem Cians folgt. Der Spalt, den der Fluss ins Gebirge gesägt hat, ist stellenweise nur wenige Meter breit. Zunächst fährt man durch die von 450 m hohen Kalkwänden überragten, etwa 5 km langen Gorges Inférieures bis zur Moulin de Rigaud. Dann geht es hinauf in die noch wilderen und tieferen Gorges Supérieures (7 km lang) in rotem Porphyr.

Farbenfroh von Tunnel zu Tunnel

Gorges de Daluis

Nochmals gut 20 km weiter aufwärts im Tal des Var, jenseits von Entrevaux (s. u.), zweigt von der D 4202 rechts die D 902/2202 ab, die dem Oberlauf des Var folgt. Die Gorges de Daluis ist eine 6 km lange, großartige Schlucht, über der die Straße zwischen roten, teils grün gefleckten, bis 400 m hohen Porphyrwänden etwa 200 m über dem Var verläuft, wobei man zahlreiche Tunnel passiert.

Alte Grenzfestungen, die erste ...

Entrevaux

In der pittoresken Landschaft des oberen Var liegt das kleine Entrevaux (800 Einw.). Einst Grenzstadt gegen Savoyen, ließ Ludwig XIV. sie 1692–1706 durch Vauban neu befestigen; spektakulär thront die **Zitadelle** auf ihrem Felsen. Den schönsten Blick auf diese und den Ort hat man von der Straße zum Col de Felines/Col de Buis. Die **Kathedrale** (1627) in dem malerisch dahinbröselnden Städtchen ist prunkvoll barock-klassizistisch ausgestattet; im Hauptaltar eine bemerkenswerte »Himmelfahrt Marias«, wie das Chorgestühl von 1657 aus Walnussholz. Am Samstag vor oder nach dem 24. Juni bringen die »Saint-Jeannistes« eine Büste Johannes' des Täufers in das 12 km entfernte Saint-Jean-du-Désert, am Sonntagnachmittag wieder zurück, wobei die letzten 100 m im Laufschritt zurückgelegt werden. Motorradfans lassen das **Musée de la Moto** nicht aus.

Zitadelle: immer zugänglich, Jetons (3 €) am Zugang und im Tourismusbüro | **Musée de la Moto:** Rue Serpente, Mai–Okt. Sa./So. (Juli/Aug. tgl.) 10.30–12, 14–18 Uhr | Eintritt frei

… und die zweite

Colmars

Das Dorf am Oberlauf des Verdon (400 Einw.) war ebenfalls seit dem frühen Mittelalter Grenzort zu Savoyen, wovon noch die Stadtmauer von 1528 und die **Forts de Savoie und de Francs** (1695) zeugen. Die Kirche wurde im 16./17. Jh. in frühgotischem (!) Stil erbaut. In der 2. Aug.-Woche findet ein Mittelalter-Spektakel statt, Mitte Oktober ziehen die Schafe von den Sommerweiden durch den Ort.

Sie haben die Wahl

Pässe

Drei beeindruckende Passstraßen im Zug der Route des Grandes Alpes ermöglichen im Sommer den Übergang vom Var in die Ubaye: von Westen Col d'Allos (2240 m), Col de la Cayolle (2327 m) und – der spektakulärste, gleichzeitig der **höchste Übergang in den Alpen – Col de la Bonette** (2802 m, mit Col de Restefond).

Stadt der Mexikaner

Barcelonnette

Barcelonnette (2600 Einw.) überrascht mit prächtigen Villen, die sich etwa ab 1870 die »Mexicains« errichten ließen: nach Mexiko ausgewanderte Bewohner des Tals, die dort reich geworden und in die Heimat zurückgekehrt waren. In der Villa La Sapinière von 1878 entführt das Musée de la Vallée de l'Ubaye in die Volkskultur Mexikos.

Musée de la Vallée: 10 Avenue de la Libération, 10. Juli–Aug. tgl. 10 bis 12, 14.30–18.30, 15. Juni–9. Juli, 1.–16. Sept. Mi.–Mo. 14.30–18, sonst Mi.–Sa. 14.30–18 Uhr; 20. Nov.–20. Dez. geschl. | Eintritt 5 €

»Nacht der langen Messer«

Col de Turini

Als Schlussetappe der **Rallye Monte-Carlo** berühmt ist die ca. 40 km lange Strecke von Saint-André nordöstlich von Nizza zum 1604 m hohen Col de Turini, denn hier geht es in der »Nacht der langen Messer« zur Sache, wenn bei verschneiten/vereisten Straßen um jede Sekunde gekämpft wird. Im herrlich gelegenen **Lucéram** ist die Kirche Sainte-Marguerite mit Altären aus der Schule von Nizza zu beachten: Margareten-Retabel (L. Brea, 1500), Antonius-Retabel (G. Canavesio zugeschrieben, 1480) sowie Retabeln von Antonio Brea (1510) und Francesco Brea (1560). Von der Turini-Passhöhe wunderbare Panorama-Schleife auf der D 68 (**Circuit de l'Authion**, 10 km, asphaltiert, Einbahnregelung; auch zu Fuß sehr schön).

Alte Station an der Salzstraße

Sospel

Von Menton fährt man auf der D 2566 im reizvollen Carei-Tal über Castillon nach Sospel (3800 Einw.), dessen Teile links und rechts der Bévéra durch eine Turmbrücke (11. Jh., Tourismusbüro) verbunden sind. Die Kirche Saint-Michel mit barocker Fassade (1641) besitzt ein hervorragendes Polyptychon von Francesco Brea (um 1530). Über dem Ort thront das Fort Saint-Roch, eine ganze unterirdische Festungsstadt (Führungen). Ca. 10 km nördlich, von einem Parkplatz an der D 2566, geht man den Treppenweg hinauf zur abgeschiedenen Kapelle **Notre Dame de la Menour** und goutiert die fantastische Lage.

Auch etwas für Eisenbahnfreunde

Breil-sur-Roya

Von Sospel geht es über den 879 m hohen Col de Brouis – benannt nach dem hier häufigen Heidekraut – in das Tal der Roya. Die Altstadt von Breil (2100 Einw.) liegt schön zwischen Fluss und einem Sporn des 1610 m hohen Arpette; sehenswert an der Place de Brancion die Kirche S. Maria in Albis (17. Jh.; Altarbild von 1500, prachtvoller Orgelprospekt aus dem 17. Jh.), außerdem das Ecomusée du Haut-Pays et des Transports (Eisenbahnmuseum) nördlich des Orts.

Écomusée: Mai–Sept. tgl. 14–18 Uhr, mit Bahnfahrkarte Eintritt frei

Aussteigerort am steilen Hang

Saorge

Entlang der Gorges de Saorge gelangt man zum alten Ort Saorge (450 Einw.), dessen schiefergedeckte Häuser den Berg hinansteigen. In der prächtig-bunten Kirche Saint-Sauveur eine wunderbare Madonna mit Kind (1708). In der sympathischen Petite Epicerie weiter östlich (68 Rue Revelli, mit Restaurant) trifft sich die grün-alternative Szene von Saorge. Ein echtes Schmuckstück ist der Konvent am oberen Ortsrand, mit Arkadenhof und herrlichen Wandmalereien. Leider nur selten – u. a. bei den Journées du Patrimoine Mitte Sept. – kann man die Kirche Madonna del Poggio (Ende 11. Jh.) südlich des Orts ansehen, ein hervorragendes Beispiel für die lombardische Romanik.

Mussolinis riesiger Bahnhof

Saint-Dalmas-de-Tende

In Saint-Dalmas wird es im Sommer lebendig, wenn die Wanderer ins Vallée des Merveilles (▶unten) aufbrechen. Werfen Sie einen Blick auf den ehemaligen **Bahnhof**, der als italienischer Grenzbahnhof unter Mussolini irrwitzig überdimensioniert erstellt wurde (Saint-Dalmas wurde erst 1947 französisch). Übernachten geht trotzdem: im Hotel Le Prieuré (▶S. 391).

320m² Wandmalereien

Notre-Dame-des-Fontaines

In Saint-Dalmas zweigt das Sträßchen nach **La Brigue** (600 Einw.) im schönen Levense-Tal ab, dessen Kirche Saint-Martin (Ende 15. Jh.) Altarbilder der Schule von Nizza enthält. Ein einzigartiger Kunstschatz ist 4 km östlich zu finden, die Wallfahrtskapelle **Notre-Dame-**

des-Fontaines. Den einfachen Bau aus dem 12. und 14. Jh. haben Giovanni Canavesio und Giovanni Baleison vollständig – auf 320 m² – mit dramatisch-drastischen Szenen ausgemalt (1492).

Notre-Dame-des-Fontaines: Mai–Sept. Fr.–Mi. 10–12.30, 14–17.30 Uhr (Do. zum Gebet geöffnet) | Eintritt 4 € | www.labrigue.fr

★ Vallée des Merveilles

Bergtouren zu seltsamen Zeichnungen

Von Saint-Dalmas gehen alpine Touren am Mont Bego (2872 m) und im Vallée des Merveilles (Tal der Wunder) aus, das für in die Felsen geritzte, bis heute rätselhaften Zeichnungen der frühen Bronzezeit (ca. 2800–1500 v. Chr.) berühmt ist. Der Aufenthalt ist geregelt, bestimmte Bereiche sind nur mit Führern zugänglich. Das Tourismusbüro in Tende www.menton-riviera-merveilles.de) gibt alle Informationen, in Tende und Saint-Dalmas werden geführte Touren angeboten.

Unverkennbar oberitalienisch geprägt ist Tende, der letzte Ort im oberen Roya-Tal.

Abenteuerliches am Rand Frankreichs

Tende

Das Städtchen (816 m, 2200 Einw.) war seit dem Mittelalter savoyischer Grenzort und wurde erst 1947 französisch. Über den schiefergedeckten Häusern, z. T. noch aus dem 15. Jh., ragt der Rest der 1692 zerstörten Burg der Grafen Lascaris auf, in ihren Mauern steigen die Terrassen des Friedhofs an. Die **Maison du Parc National du Mercantour** (www.mercantour-parcnational.fr) gibt Info für einen Ausflug ins Tal der Wunder, das moderne **Musée des Merveilles** führt durch 5000 Jahre Geschichte (Eintritt frei). Die lombardisch-gotische Kirche Notre-Dame-de-l'Assomption (1462–1506, schönes Portal) war die Grablege der Lascaris. Den 1871 m hohen **Tenda-Pass** unterquert die D 6204 in einem 1882 eröffneten, 3182 m langen Tunnel; die Eisenbahn benützt seit 1898 einen 8099 m langen Tunnel. Gegenwärtig wird der Straßentunnel restauriert und mit einer zweiten Röhre ergänzt (Fertigstellung 2025). Die äußerst schmale und im oberen Teil geschotterte Südrampe des eigentlichen Passes zählt mit 48 Kehren zu den kühnsten Bergstraßen der Alpen (Befahrbarkeit auf französischer Seite fraglich). Ab 1882 wurde die Passhöhe von den Italienern mit Festungsanlagen gesichert. Erster Ort im Piemont ist **Limone Piemonte**, ein familiäres Wintersportzentrum.

★★ MENTON

Département: Alpes-Maritimes | **Höhe:** 0–774 m | **Einwohner:** 30 700

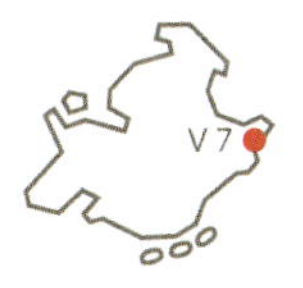

Menton, das ist Farbe: überbordende bunte Blumenpracht, Zitronenbäume mit goldgelben Früchten, Palmen und Bananenstauden sorgen für exotisches Grün, die steil geschachtelte Altstadt leuchtet in allen Schattierungen von Gelb, Ocker und Braun – das Ganze unter tiefblauem Himmel vor einem azur- oder türkisblauen Meer ...

Hier, im äußersten Osten der Côte d'Azur, zwischen Monaco und der italienischen Grenze, **macht sich Bella Italia in Stadtbild und Lebensart vielfach bemerkbar**. Erst 1861 stimmten die Einwohner für den Anschluss an Frankreich; von 1346 bis 1848 (mit Unterbrechungen) war Menton Teil des Fürstentums Monaco, danach freie Stadt unter dem Schutz des Königreichs Sardinien-Piemont. Hier genießt man das **mildeste Klima der Côte d'Azur**, mit durchschnittlich 316 wolkenlosen Tagen im Jahr und 14 °C Tagestemperatur im Januar. Es lässt Zitronen und Orangen reifen und machte die Stadt im 19. Jh. zum Winterkurort für malade Angehörige des Geburts- und

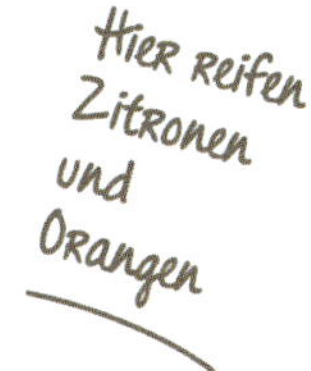

Geldadels. Davon künden noch prachtvolle Villen und Hotelpaläste aus Belle Époque und Art Nouveau; Briten, die sich hier niedergelassen hatten, legten botanische Gärten an. In jüngerer Zeit entdeckten Rentner, dass man hier seinen Lebensabend gut verbringen kann (etwa ein Drittel der Einwohner – ein Rekord in Frankreich). Heute weht ein frischer Wind, ein weiteres Drittel der Mentonnais ist unter 25 Jahre alt; mit modernen Hotels, guten Restaurants und dem fantastischen Cocteau-Museum definierte sich die Stadt neu. Man sieht viele junge, gestylte Besucher, und nach dem Fall der innereuropäischen Grenzen haben sich viele Italiener hier niedergelassen – wird Menton wieder italienisch?

»
Italien beginnt hier, man riecht es in der Luft. Enge Straßen mit schmalen, hohen Häusern; an der Hauptstraße stehen Oleander, Kakteen und Palmen.
«

Gustave Flaubert, »Voyages, Italie et Suisse«, 1845

Wohin in Menton?

»Neustadt« an der Baie du Soleil

Baie du Soleil

Auf den 3 km langen Kiesstränden der »Bucht der Sonne« (und an der Plage des Sablettes östlich der Altstadt) frönt man dem Nichtstun. Dahinter die gründerzeitliche Neustadt, deren Hotels meist zu Wohneigentum umgewandelt wurden. Vom Casino (1932) mit Spielsälen, Restaurant und Disco geht nordwestlich die eindrucksvolle Avenue de Verdun/Boyer im Tal des Carei ab; hier wachsen in den prächtigen **Jardins Biovès** Palmen und Zitronenbäume, im Februar ist sie Schauplatz des grandiosen Zitronenfestes. Das Palais d'Europe, früher Casino (1915), fungiert als Kongress- und Kulturzentrum, auch das Office de Tourisme ist hier zu finden.

Jean Cocteau in Menton

Cocteau in Menton

Der Dichter, Maler und Regisseur **Jean Cocteau** (1889–1963) schuf an der Côte d'Azur eine große Zahl von Werken, eine besonders enge Beziehung hatte er zu Menton. Gegenüber der herrlichen **Markthalle** von 1896 (Mo. geschl.) wurde 2011 das **Musée Jean Cocteau – Collection Séverin Wunderman** eröffnet, das dank der Schenkung des Uhrenfabrikanten S. Wunderman (1938–2008) an die 2000 Werke ausstellen kann. 240 Fotos des großen Fotografen Lucien Clergue lassen Cocteaus Schaffen lebendig werden. Angemessen ungewöhnlich und schön ist der Museumsbau von Rudy Ricciotti, der u. a. auch das MuCEM in Marseille entwarf. Wenige Schritte östlich

Hinter dem Jachthafen steigt das alte italienische »Mentone« steil an.

die **Hafenbastion** (17. Jh.), die Cocteau ausgestaltet hat; im **Hôtel de Ville** (Rathaus) hat er 1957/1958 die Salle des Mariages fantasievoll ausgemalt (allegorische Hochzeitsszene und Orpheus mit dem Zentauren), auch das Mobiliar hat er z. T. entworfen.

Musée Cocteau & Bastion: Mi.–Mo. 10–12.30, 14–18 | Eintritt 5 €
Hôtel de Ville: Rue de la République | Mo.–Fr. 8.30–12, 14–16.30 Uhr
Eintritt 2 €

Reise in die Vorgeschichte der Region

Musée de Préhistoire Régionale

Das Musée de Préhistoire Régionale nördlich des Rathauses präsentiert reiche Sammlungen zur Volkskunde und Frühgeschichte der Region, u. a. einen menschlichen Schädel, der 1884 in der Höhle Balzi Rossi bei Ventimiglia entdeckte wurde.

Rue Lorédan-Larchey, Mi.– Mo. 10–12, 14–18 Uhr | Eintritt 3 €

Außen große Pracht, innen große Kunst

Musée des Beaux-Arts

Das Palais Carnolès (1717), einst Sommerresidenz der Fürsten von Monaco, wäre für sich schon einen Besuch wert. Das trifft aber auch für die qualitätvolle Kunstsammlung der Stadt zu, mit Werken vom 13. Jh. bis zur Gegenwart, v. a. von flämischen, holländischen, italienischen und französischen Künstlern.

3 Avenue de la Madone | wegen Renovierung geschl.

MENTON ERLEBEN

OFFICE DE TOURISME

Palace de l'Europe
8 Avenue Boyer, 06500 Menton
Tel. 04 83 93 70 20
www.menton.fr
www.menton-riviera-merveilles.fr

2. Febr.-Hälfte: Fête du Citron. Ende Juli: Fête des Bazaï (Bohnensuppenfest). Ende Juli–Mitte Aug.: Festival de Musique – vor Saint-Michel konzertieren Weltstars der Klassik (festival-musique-menton.fr).

LE MIRAZUR €€€€

Ein Glaspavillon der 1930er-Jahre nahe der Grenze zu Italien, mit tollem Ausblick. Der hoch dekorierte Mauro Colagreco verwöhnt mit herrlichen, ungewöhnlichen Kreationen.

Menton, 30 Av. Aristide Briand,
Tel. 04 92 41 86 86
Mo./Di. geschl., www.mirazur.fr

CAFÉ DES ARTS €–€€

In Menton darf (oder muss) man italienisch essen, besonders hier nahe dem Rathaus, wo Qualität, Preise, Atmosphäre und Service aufs Erfreulichste stimmen. Große Auswahl an Weinen im offenen Ausschank.

Menton, 16 Rue de la République
Tel. 04 93 35 78 67, So. geschl.

CASARELLA €–€€

In dem familiären Restaurant zu Füßen der Burg wird sizilianisch gekocht, und zwar ebenso handfest wie fein. Wenn möglich, einen Platz auf dem Balkon im 1. Stock reservieren.

Roquebrune, 15 Rue Grimaldi
Tel. 04 93 35 03 57, Mo. geschl.

HÔTEL LEMON €

Unprätentiöses, doch charmantes Haus in der Weststadt von Menton, mit modernen Gästezimmern – teils zum Hof, wo man frühstücken kann.

Menton, 10 Rue Albert 1er
Tel. 04 93 28 63 63
www.hotel-lemon.com

HÔTEL VICTORIA €€€–€€€€

Meer und Himmel sind die Themen der Neugestaltung des modernen Hotels, die den klaren Linien von Eileen Gray und Le Corbusier verpflichtet ist – schlicht und großzügig. Am Meer gelegen.

Cap-Martin, 7 Promenade du Cap-Martin, Tel. 04 93 35 65 90
www.hotel-victoria.fr

ROYAL WESTMINSTER €€–€€€

► S. 390

Kleiner »Ausflug« nach Ligurien

Altstadt

Nach dem Bummel durch die Rue Saint-Michel mit ihren Läden und Restaurants – oder vom Quai Bonaparte im Osten über die monumentale Freitreppe – steigt man hinan zum Vorplatz von Saint-Michel, der nach ligurischer Art mit schwarzen und weißen Kieseln gepflastert ist und einen wunderbaren Ausblick bietet. Im Jesuitenstil gestaltet sind die prächtig-bunte barocke Pfarrkirche **Saint-Michel** (Flügelaltar von Manchello, 1569) und, eine Treppe höher, die **Chapelle des Pénitents Blancs** von 1689. Den »Höhepunkt« stellt dann der **Cimetière du Vieux Château** dar, 1807 am Platz der Burg angelegt: eine großartige Aussicht und Grabmäler, die anrührende Geschichten erzählen; viele tragen ausländische Namen.

Hier kommen Gartenfreunde ins Schwärmen

Garavan

Vom Cimetière du Vieux Château sollte man auf dem Blvd. de Garavan durch das exklusive Wohnviertel Garavan oberhalb des Bootshafens gehen, dem Parks und Gärten großzügiges Flair geben. Auf dem Gelände der **Villa Val Rahmeh** gedeihen seltene tropische und subtropische Pflanzen. Jahrhundertealte Olivenbäume beeindrucken im Parc du Pian östlich nebenan (Eintritt frei). Spanisch wird's im **Jardin Fontana Rosa** (noch etwas weiter östlich), den der Schriftsteller V. Blasco Ibáñez in den 1920er-Jahren mit bunt gekachelten Brunnen und Bänken ausstatten ließ. Am Meer unten – das letzte Haus vor der Grenze – steht die **Villa Maria Serena** (Charles Garnier, 1886), umgeben von Palmen, Palmfarnen und Drachenbäumen.

Villa Val Rahmeh: Mi.–Mo., April–Okt. 9.30–18, sonst bis 17 Uhr | Eintritt 7 € | **Jardin Fontana Rosa:** Av. Blasco-Ibáñez, nur Führungen | **Villa Maria Serena:** 21 Promenade Reine Astrid, nur Führungen | Eintritt 6 €

Rund um Menton

Und noch ein großartiger Garten

Villa Hanbury

Jenseits der Grenze ist noch ein herrlicher botanischer Park zu finden, die Villa Hanbury bei Mortola Inferiore (4 km von der Grenze). Im berühmten Park am Hang, angelegt ab 1867 von dem britischen Kaufmann Thomas Hanbury, gedeiht mediterrane Küstenvegetation, der Garten quillt von etwa 2000 Pflanzenarten über.

Zugang ab 9.30 Uhr, 16. Juni–15. Sept. bis 18, sonst bis 17 Uhr, Nov.–Febr. Mo. geschl. | Eintritt 10 € | www.giardinihanbury.com

Le Corbusiers Sommerfrische

Cap-Martin

Im Westen geht Menton in den Badeort Cap-Martin am Kap gleichen Namens über. Die Halbinsel bietet schöne Spazierwege, ein besonderes Erlebnis ist der Gang entlang der Küste nach Monaco (6 km, zurück mit Bus oder Bahn). Am Weg liegt das »Cabanon«, eine winzige

6X UNTERSCHÄTZT

Genau hinsehen, nicht dran vorbeigehen, einfach ausprobieren

1. ANRÜHREND

Zauberhaft schön ruhen die Nordeuropäer, die an der Côte d'Azur Genesung suchten und doch oft schon in jungen Jahren starben. Die Grabmäler auf dem **Cimetière du Vieux Château in Menton** trauern noch heute. (▶ **S. 235**)

2. VERRÜCKT

Eine Trutzburg mit schönem Garten – doch irritieren eigenartige, teils phallische Skulpturen und drinnen seltsame Dinge wie Kapitellfiguren nach Inka-Art und grotesk gestaltete Türen auf der **Burg in La Napoule**. (▶ **S. 119**)

3. LAND ART

Das modern gestaltete Museum **Gassendi** in Digne verbindet Altes und Neues, Kunst und Wissenschaft, Drinnen und Draußen – auch mit den Installationen von Andy Goldsworthy u. a. in den Bergen der Umgebung. (▶ **S. 294**)

4. SUZY SOLIDOR

Die schillernde Figur der Pariser Nachtclubszene kannte viele berühmte Maler und war süchtig nach Selbstporträts – 40 davon bilden eine einzigartige Sammlung in der **Burg von Haut-de-Cagnes**. (▶ **S. 312**)

5. UNAUFFÄLLIG

hatten nach päpstlicher Vorschrift die **Synagogen im Venaissin** zu sein. Umso prachtvoller wurde der Gebetssaal gestaltet, in dem aus der Thora gelesen wird. (▶**S. 99** und **123**)

6. WELT IM KLEINEN

Ein wuchernder Garten, der kleine Arbeitstisch – in **Harmas in Sérignan-du-Comtat** hat J.-H. Fabre in unermüdlicher Neugier beobachtet und liebevoll beschrieben, wie Grabwespen, Mistkäfer und Spinnen leben. (▶ **S. 266**)

Blockhütte, die sich der Schweizer Architekt **Le Corbusier** 1952 baute. Le Corbusier hielt sich oft hier auf, bis 1965, als er im Meer eine Herzattacke erlitt; bestattet ist er auf dem Friedhof von Cap-Martin. Die Hütte basiert auf seinem »Modulor«-Maß (3,66 × 3,66 m) und verkörpert seine Idee vom »Wohnen mit Sonne, Luft und Grün«. Später übernahm Le Corbusier die benachbarte Villa E 1027 (»Haus am Meer«) der irischen Designerin **Eileen Gray** von 1929; fünf der Wandgemälde, die Le Corbusier in Abwesenheit und gegen den Willen der Besitzerin anfertigte, sind erhalten.

Cabanon & E 1027: Führungen (auch auf Engl.) Mai–Sept. tgl., Okt. Di.–So. | Termin und obligatorische Anmeldung unter ticket.monuments-nationaux.fr (»Cap Moderne«)

Treppauf, treppab

Roquebrune

Roquebrune klebt oberhalb von Menton horstartig am Hügel. Durch atmosphärereiche überwölbte Treppengässchen gelangt man hinauf zur beeindruckenden **Burg**, die um 970 zum Schutz vor Piraten erbaut wurde; vom Donjon (13. Jh.) schöne Aussicht. Westlich oberhalb von Roquebrune, 330 m über dem Meer, steht an der Grande Corniche das Luxushotel **Vista Palace** atemberaubend am Klippenrand, mit einem Wahnsinnsblick hinunter nach Monaco.

★★ MONACO

Principauté de Monaco | **Fläche:** 2,02 km² | **Höhe:** 0–165 m
Staatsbürger: 9400 | **Einwohner:** 9100

Im Jahr 1955 drehten der soignierte Cary Grant und die makellos schöne Grace Kelly den Film »Über den Dächern von Nizza«. Die Illustrierte Paris Match ließ sich die Gelegenheit nicht entgehen und arrangierte einen Fototermin mit Fürst Rainier – kaum ein Jahr später war die glamouroseste Eheschließung, die man sich denken konnte, perfekt.

Zu dieser Zeit ging es dem an der Côte d'Azur nahe der französisch-italienischen Grenze gelegenen Fürstentum nicht gut, selbst Grace Kellys Mitgift von 2 Mio. US-$ war hochwillkommen. Vor allem aber läutete das PR-mächtige Ereignis den Wandel Monacos vom unbedeutenden »Operettenstaat« **zum Wirtschaftsunternehmen und Standort weltweit agierender Firmen** ein. Mit Rainiers Unterstützung wurde kräftig gebaut, was dem Fürsten den Titel »Prince Bâtisseur« eintrug. Die Hochhäuser waren aber auch nötig geworden,

weil die schicke Steueroase viele Ausländer mit viel Geld anzog. Der jetzige Fürst sorgte allerdings rasch dafür, dass Monaco von der schwarzen OECD-Liste der Steuerparadiese gestrichen wurde.
In dem ca. 3,5 km langen und 1,1 km breiten, **bis auf den letzten Quadratzentimeter bebauten Stadtstaat** wechseln sich furchterregende Häuserschluchten mit Belle-Epoque-Villen ab; die hübsche Altstadt thront auf einer Felsenhalbinsel (»le Rocher«), im Viertel Condamine hinter dem Hafen findet man noch etwas von der Atmosphäre provenzalischer Orte. Nach offizieller Schätzung kommen ca. 7 Mio. Touristen im Jahr hierher. Die meisten sind Tagesbesucher, die einmal die fürstliche oder sonst »exklusive« Atmosphäre erleben wollen; andere reisen zu einem der über **700 Kongresse und Festivals** an. Zur Zeit des Formel-1-Rennens sollte man, so man nicht zu den Zuschauern gehört, Monaco weiträumig meiden.

Das Zuhause der Grimaldis

Ein wenig Geschichte

Seinen Namen hat Monaco von Herakleia Monoikos, dem Handelsplatz, den die Griechen von Massalia (Marseille) gründeten. Seit dem Mittelalter ist die Familie Grimaldi mit Monaco verbunden: 1215 bauten sich die Herren von Monaco eine Burg, die der genuesische Adlige Francesco Grimaldi 1297 mit einer List einnahm, was 1308 ein anderer Grimaldi durch Kauf legitimierte. In der Revolution 1793 von Frankreich annektiert, wurde Monaco 1814 nach dem Fall Napoleons dem Fürsten zurückgegeben. Ab 1815 stand es unter dem Schutz des Königreichs Sardinien-Piemont, das es dann 1860 Frankreich übergab. Fürst Charles III. erkaufte sich die Unabhängigkeit, indem er 1861 Menton und Roquebrune an Frankreich abtrat. Das erste Casino wurde 1856 eröffnet; mit der Gründung der **Société des Bains de Mer (S. B. M.)** 1861 und dem Bau des Grand Casino begann der Aufstieg zum Nobeltreff. Fürst Rainier III. (1923 – 2005) heiratete 1956 die US-amerikanische Schauspielerin Grace Kelly (Fürstin Gracia Patricia, † 1982); für den Fortbestand des Fürstentums sorgt ihr Sohn Albert II., der 2011 die Südafrikanerin Charlene Wittstock ehelichte. In den 1980er-Jahren wurden neue Stadtviertel ins Meer gebaut und das Staatsgebiet dadurch auf 2 km² erweitert. Zu den jüngeren Errungenschaften zählen das Kongresszentrum Grimaldi Forum und die alles überragende, 2015 fertiggestellte Tour Odéon an der Grenze zu Frankreich, mit Luxuswohnungen in 49 Stockwerken.

Europas zweikleinster Staat

Staat und Verwaltung

Mit **2,02 km² Fläche** ist Monaco nach dem Vatikan der zweitkleinste europäische Staat. Die Bevölkerung setzt sich zusammen aus Monegassen (23 %, mit eigener Sprache, dem »Monegasco«), Franzosen (25 %), Italienern (22 %) und weiteren Ausländern aus über 130 Nationen, darunter ca. 800 Deutsche. Nach der Verfassung von

OBEN: Abends läuft Monaco zu seiner Hochform auf. Blick über den Hafen auf Monte Carlo mit dem Grand Casino.

UNTEN: Treff kurz vor zwölf: Wachablösung vor dem Palais du Prince

1962 ist die »Principauté de Monaco« eine konstitutionelle Erbmonarchie – was heißt, **dass beim Ausssterben der Grimaldis Monaco an Frankreich fallen** würde. Die Regierungsgewalt liegt beim Fürsten, der sie dem Staatsminister überträgt. Zur Regierung gehört auch der Regierungsrat; die Volksvertretung (Nationalrat) kann vom Fürsten aufgelöst werden. Monaco ist eng an Frankreich gebunden, u. a. mit der Zoll- und Währungsunion – es gibt keine Grenzkontrollen – und im Steuerrecht. Seit 1885 gibt das Fürstentum Briefmarken heraus, es prägt auch Euro-Münzen, obwohl es kein EU-Mitglied ist. Trotz der äußerst geringen Kriminalitätsrate hielt man es für notwendig, ein Video-Überwachungssystem zu installieren; allgegenwärtig sind auch die Polizisten (einer auf ca. 100 Einwohner), die sich freundlich um alle kümmern, die Hilfe brauchen.

»
Die ökonomische Basis von Monaco-Gerolstein ist die Spielbank; wenn morgen geschlossen, in die Gruft von Monaco-Gerolstein – alle!
«

Karl Marx in einem Brief aus Monaco, 1882

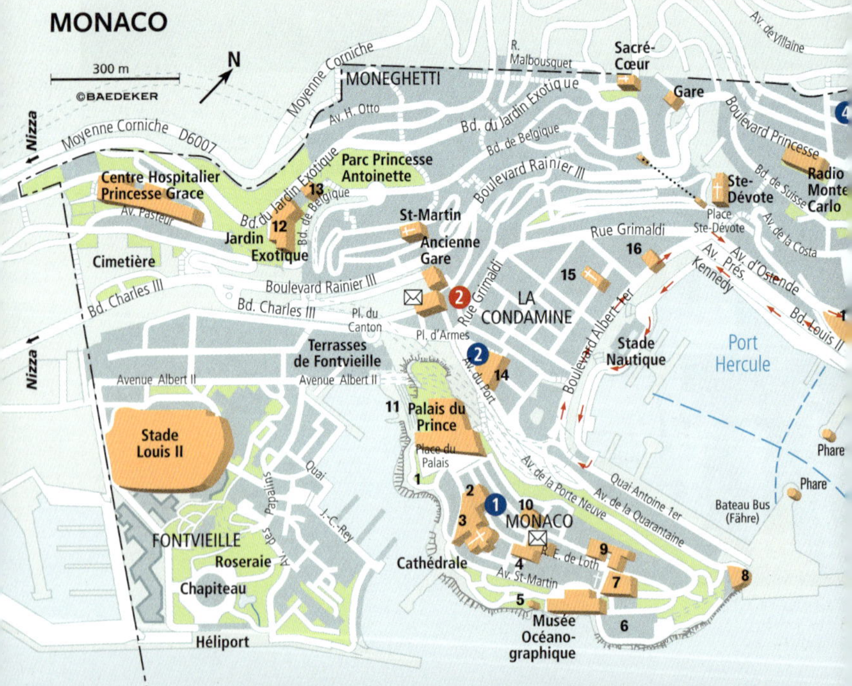

Mher als nur Glücksspiel

Wirtschaft

Reich und berühmt wurde Monaco durch das Glücksspiel, heute tragen die Spielbanken nur noch zu ca. 3 % zu den Staatseinnahmen bei. Zu knapp 50 % stammen sie aus der Mehrwertsteuer und zu ca. 10 % aus Firmensteuern, dafür zahlen Staatsbürger **weder Einkommen- noch Kapitalertrag- oder Vermögenssteuern**. Für Nichtstaatsbürger taugt Monaco zum Steuersparen nur bedingt: Briefkastenfirmen sind verboten; man muss seinen Hauptwohnsitz hier haben; Monaco führt an EU-Staaten eine Quellensteuer auf Kapitalerträge ab. In der Industrie – v. a. Elektronik, Elektrotechnik, Chemie, Pharmazie – sind 7 % der 50 000 Arbeitnehmer beschäftigt, davon über 40 000 Einpendler; im Gastgewerbe arbeiten 15 %. Am lukrativsten ist das Finanzwesen, das mit 29 Banken und rund 3100 Beschäftigten 16 % des Bruttoinlandsprodukts von ca. 6 Mrd. € bestreitet.

Monaco-Ville

Der älteste Stadtbezirk thront malerisch auf einer 60 m hohen, weit ins Meer vorspringenden Halbinsel; Zeugnisse früherer Befestigungen sind immer wieder zu sehen. Die engen Gassen – mit Restaurants

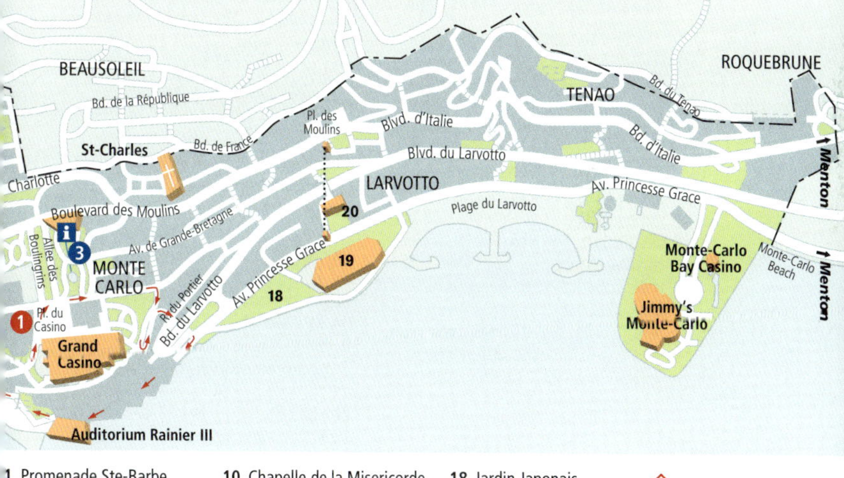

1 Promenade Ste-Barbe
2 Musée du Vieux Monaco
3 Palais de Justice
4 Mairie
5 Prince Albert 1er
6 Parking des Pêcheurs
7 Conseil National
8 Fort Antoine (Théâtre)
9 Ministère d'Etat
10 Chapelle de la Misericorde
11 Jardin Animalier
12 Musée d'Anthropologie Préhistorique
13 Villa Paloma
14 Marché de Condamine
15 Église Réformée
16 Automobile Club de Monaco
17 Centre de Rencontres Internationales
18 Jardin Japonais
19 Grimaldi Forum
20 Villa Sauber

1 U Cavagnetu
2 Halle Gourmande
3 Yoshi
4 Polpetta

1 Hôtel de Paris
2 Hôtel de France

Staatsgrenze
Lift
Grand Prix

MONACO ERLEBEN

DIRECTION DU TOURISME

2 a Blvd. des Moulins
MC-98030 Monaco Cedex
Tel. 00377 92 166 166
www.visitmonaco.com
Ländervorwahl: 00377

SPIELCASINOS

Casino de Monte-Carlo, Café de Paris, Sun Casino, Monte-Carlo Bay Casino. Mindestalter 18 Jahre. Weitere Info: www.montecarlosbm.com.

Für einen Tagesbesuch sollten Sie mit Bahn, Bus oder Ausflugsboot anreisen, sonst eine Tiefgarage benützen. In Monaco bewegt man sich zu Fuß, was viele Aufzüge und Rolltreppen sowie die Busse der CAM erleichtern.

Mitte/Ende Jan. Rallye Monte-Carlo. Ende Jan.: Fest der Stadtheiligen Sainte-Dévote. Ende Mai: Grand Prix Formel 1 (Karten: Automobile Club de Monaco, 44 Rue Grimaldi, Tel. 93 15 26 24, www.acm.mc). 23./24. Juni Johannes-Fest mit Folklore und großen Feuern. 19. Nov. Nationalfeiertag. Das ganze Jahr über viele kulturelle, sportliche etc. Ereignisse, u. a. Zirkusfestival (Jan.) und Tennis Masters (April). Veranstaltungstermine sind im kostenlosen »Bienvenue« verzeichnet (im Tourismusbüro).

❶ U CAVAGNETU €–€€

Eines der wenigen preiswerten Lokale mit guter monegassischer Küche. Sympathische Atmosphäre.
14 Rue Comte F.-Gastaldi
Tel. 97 98 20 40
Nov.–März nur mittags geöffnet

❷ HALLE GOURMANDE €

In der Markthalle (tgl. 7–15 Uhr offen) trifft man sich Di.–Sa. ab 18 Uhr zum After-Work bei monegassischen Spezialitäten wie Pan bagnat, Barbajuans und Socca.
Condamine, Place d'Armes

❸ YOSHI €€€

Das japanische Restaurant unter Chefkoch Takeo Yamazaki ist mit einem Michelin-Stern ausgezeichnet und wurde von Didier Gomez stilvoll gestaltet.
4 Av. de la Madone, Tel. 93 15 15 36, Mi.–Sa.

❹ POLPETTA €€

Gute italienische Hausmacher-Küche zu akzeptablen Preisen. Mit Veranda.
2 Rue Paradis, Tel. 93 50 67 84
Sa.mittag geschl.

❶ HÔTEL DE PARIS €€€€

Luxus und Ambiente der Belle Époque im edelsten Haus von Monaco. Drei unterschiedlich kostspielige Restaurants; das überwältigende Louis XV gehört zum Imperium des berühmten Alain Ducasse (Tel. 98 06 88 64, Mi.–Mo. abends geöffnet).
Place du Casino, Tel. 98 06 30 00
www.hoteldeparismontecarlo.com

❷ HÔTEL DE FRANCE €€–€€€

Schlicht-modernes Haus in bester, attraktiver Lage und Umgebung nahe der Place d'Armes, akzeptable Preise.
6 Rue de la Turbie
Tel. 93 30 24 64
www.hoteldefrance.mc

und Souvenirläden, mit ihrer Mischung aus Kitsch und Luxus durchaus erlebenswert – quellen in der Hochsaison von Touristen über.

Wo das Herz des Fürstentums schlägt

Das Fürstenschloss geht auf die um 1215 erbaute genuesische Festung zurück, von der nur noch der Turm Serravalle erhalten ist. Täglich um 11.55 Uhr versammeln sich viele, um das Spektakel der Wachablösung zu erleben. Die Prunkräume, u. a. der Thronsaal im Empire-Stil, das York-Schlafzimmer (18. Jh.) und die Italienische Galerie mit Fresken von Genueser Malern (16. Jh.) sind in Führungen zugänglich, im Unterschied – natürlich – zum Privattrakt des Fürsten. Wenn er »zu Hause« ist, flattert sein Banner auf dem Hauptturm. Zu den Konzerten Mitte Juli–Anf. Aug. hat auch das große Publikum Zugang zum Ehrenhof mit seinen vom Schloss Fontainebleau inspirierten Marmortreppen.

Palais du Prince: April–15. Okt. 10–18, Juli, Aug. bis 19 Uhr | Eintritt 10 €, mit Autosammlung 17 €, mit Musée Océanographique 25 €

Ein sakrales Neuschwanstein

Kathedrale und Kapellen

In der prunkvollen, 1875 – 1884 in romanisch-byzantinischem Stil erbauten Kathedrale sind die Fürsten und Bischöfe von Monaco bestattet, das **Grab von Fürstin Gracia Patricia** wurde zur Pilgerstätte und ist immer mit roten Rosen geschmückt. Aber auch das großartige Polyptychon von Ludovico Brea (um 1500, »Hl. Nikolaus«) und andere Werke der Schule von Nizza verdienen einen näheren Blick. Von Sept. bis Juni singen bei der Messe sonntags um 10 Uhr die Sängerknaben, die mächtige Orgel (2011) – nach neuzeitlichem Geschmack mit LEDs illuminiert – ist in Konzerten zu hören (Orgelfestival Juli/Aug). Neben der Kathedrale der bis 1930 erbaute Justizpalast. Die sehenswerte **Chapelle de la Visitation** beherbergt sakrale Kunst aus der berühmten Sammlung Piasecka, in der der **Chapelle de la Miséricorde** (1639) ist eine Christusfigur von F.-J. Bosio zu beachten, dem 1769 in Monaco geborenen Bildhauer Napoleons.

Chapelle de la Visitation: Di.–So. 10–16 Uhr

Haie (lebendig) und Wale (als Skelett)

Östlich der Jardins Saint-Martin thront auf gewaltigen Unterbauten das 1910 gegründete, renommierte Meeresmuseum. Es besitzt wertvolle Sammlungen – u. a. von den Reisen Fürst Alberts I., Tauchboote und Ausrüstung des berühmten Forschers **Jacques-Yves Cousteau** –, Aquarien mit 6000 Tierarten, Schiffsmodelle und Geräte sowie Labor und Bibliothek. Von der Dachterrasse (mit Café) herrliche Aussicht. Östlich schließt das Parkhaus Parking des Pêcheurs an; auf seinem Dach ein **Freiluftkino mit der größten Leinwand Europas**, das Filme in Originalfassung vorführt (ggf. mit französischen Untertiteln).

Musée Océanographique: tgl., Juli, Aug. 9.30 - 20, April - Juni, Sept. 10 -19, Okt.- März 10 -18 Uhr | Eintritt 19 € | musee.oceano.org
Kino: Mitte Juni - Mitte Sept. | Einlass 20 Uhr | cinemas2monaco.com

Um die Altstadt

Das jüngste Viertel

Fontvieille

Westlich des Fürstenpalasts schließt das Viertel Fontvieille an, für das 30 ha im Meer aufgeschüttet wurden. Am Steilabfall des Altstadtfelsens liegt der Zoo (Jardin Animalier) mit Tieren der Tropen. In den **Terrasses de Fontvieille** kann man ausgiebig shoppen, außerdem sind hier das Automuseum des Fürstenhauses (Collection de Voitures) mit über 100 herrlichen Karossen, das Briefmarken-Münzen-Museum und das Musée Naval ansässig.

Jardin Animalier: tgl. 10-12, 14-17, März-Mai bis 18, Juni-Sept. ab 9 u. bis 19 Uhr | Eintritt 6 € | **Automuseum:** tgl. 10-18, Juli., Aug. bis 19 Uhr | Eintritt 10 € | **Briefmarkenmuseum:** tgl. 9.30-17 (Juli/Aug. bis 18) Uhr | Eintritt 3 € | **Musée Naval:** tgl. 10-18 Uhr | Eintritt 4 €

Monaco, wie es mal war

Hafenviertel

Im 1901–1926 ausgebauten Hafen übertrumpfen sich die Luxusjachten. Der 352 m lange Anleger vor dem Hafen ging 2003 in Betrieb: Er wiegt 163 000 t, wurde in Spanien gebaut und übers Meer hierher geschleppt. Hinter dem Hafen, im Viertel **La Condamine**, findet man kleinstädtisches Leben mit Geschäften und Cafés, der Markthalle (1880) an der lebhaften Place d'Armes und dem alten Bahnhof (hinter ihm einer der Zugänge zum Tunnelbahnhof). Der Stadtheiligen **Sainte-Dévote** geweiht ist die Kirche im Taleinschnitt an der Nordwestecke des Hafens (1870, schöner Marmoraltar aus dem 18. Jh.).

An steilem Hang

Moneghetti

Fast endlose Treppen und Straßen mit Haarnadelkurven klettern am Osthang der Tête de Chien empor zur **Moyenne Corniche** (D 6007). Sie erschließen den Stadtbezirk Moneghetti mit seinen großartigen Villen und Gärten. Der **Jardin Exotique** (Botanischer Garten) ist einer der eindrucksvollsten seiner Art; aufgrund der klimatischen Bedingungen am feuchtwarmen Hang gedeiht hier viele empfindliche, z. T. seltsame tropische Pflanzen. Im Park das beachtliche, 1902 gegründete **Musée d'Anthropologie Préhistorique** (Anthropologisches Museum), das die Lebensverhältnisse in der Vor- und Frühzeit allgemein und speziell in der Region illustriert (Balzi Rossi bei Ventimiglia, Grotte de l'Observatoire). Ausgestellt sind auch Gegenstände des täglichen Lebens von der Steinzeit bis in römischen Zeiten.

Jardin & Musée: wegen Restaurierung und Sicherheitsmaßnahmen bis 2024 geschl. | www.jardin-exotique.mc

Monte-Carlo

Wo man sich vergnügt

Place du Casino

Der Stadtbezirk Monte-Carlo liegt nördlich des Hafens. Mit dem Casino und dem Café de Paris – der bevorzugte Platz ist dessen Terrasse – bildet das 1864 eröffnete **Hôtel de Paris** einen grandiosen Belle-Époque-Komplex und den »heißesten Punkt« in der Glitzerwelt des Stadtstaats. Sein Herz, das prächtige **Grand Casino** (1879) – entworfen von Charles Garnier, dem Architekten der Pariser Oper – beherbergt die Spielbank der S.B.M.; den Ostflügel nimmt die Salle Garnier ein, das üppig in Gold und Rot dekorierte **Opernhaus**.

Kongresse, Casinos und Zen-Gärten

Weitere Anlagen

Unterhalb des Casinos erstreckt sich ein mächtiger, vom Boulevard Louis II unterquerter Bau aus hexagonalen Elementen (1978). Unter dem Dach mit farbigen Fliesen von Victor Vasarely (1979) ist das **Auditorium Rainier III** zu Hause – hier ist u. a. das Orchestre Philharmonique de Monaco zu hören (www.opmc.mc) –, sonst umfasst er das große Hotel Fairmont Monte Carlo und das Sun Casino. Eine herrliche Oase finden Sie weiter östlich an der Avenue Princesse-Grace, der **Japanische Garten** des Landschaftarchitekten Yasuo Beppu (Eintritt frei). In Larvotto schließt sich das Kongresszentrum **Grimaldi Forum** an (2000). Die künstlich angelegte Plage du Larvotto mit grobem Sand ermöglicht in Monaco etwas Strandleben.

Teure Spielzeuge vor der Spielhölle: das Casino Garnier

Die Geschichte des Fürstentums

Nouveau Musée National

Die Villa Sauber (17 Av. Princesse-Grace), ein weiteres Werk von Charles Garnier, gehört wie die Villa Paloma (56 Blvd. du Jardin Exotique) zum Neuen Nationalmuseum, das in interessanten Ausstellungen das historische und kulturelle Erbe Monacos vor Augen führt.
Beide Villen: Juli, Aug. 11–19, sonst 10–18 Uhr | Eintritt 6 €

Rund um Monaco

Stolzes römisches Siegesmal

La Turbie

An der Moyenne Corniche (M 6007) und der Grande Corniche (M 2564), die in luftiger Höhe Nizza mit Menton verbinden, möchte man alle paar Meter anhalten, um den fantastischen Ausblick zu genießen (leider selten möglich). Auf dem Sattel zwischen der Tête de Chien und dem Mont de la Bataille, ca. 8 km nordöstlich von Monaco und 480 m über diesem, liegt La Turbie mit der weithin sichtbaren **Trophée des Alpes**. Mit diesem einst 50 m hohen Denkmal ehrte der römische Senat im Jahr 6 v. Chr. Kaiser Augustus für die Unterwerfung der Alpenvölker. Im 14. Jh. wurde es in eine Festung umgewandelt, 1705 zu sprengen versucht und um 1930 mit finanzieller Unterstützung durch ein US-amerikanisches Ehepaar restauriert. Vom Park bei der Trophée und von der Tête de Chien südlich des Orts hat man einen **großartigen Blick** über Monaco und die Küste.
Von der Befestigung des 13. Jh.s blieben die beiden Stadttore von La Turbie übrig. Prachtvollen italienischen Barock zeigt die Kirche **Saint-Michel-Archange** (1777): bunter Stuckmarmor, eine Kommunionbank aus Achat und Onyx, Gemälde von J.-B. van Loo, eine Pietà aus der Brea-Schule sowie ein Hauptaltar aus Marmor, der in der Revolution zum »Altar der Vernunft« umgetauft wurde.

»Nids d'aigle« aus dem Bilderbuch

Peillon und Peille

Zwei erlebenswerte Beispiele alter provenzalischer Bergdörfer sind Peillon und Peille nördlich von La Turbie – besonders magisch ist dort die Atmosphäre, wenn sich der Tag verabschiedet. **Peillon**, in Luftlinie 5 km von Monaco, besteht praktisch nur mehr aus Urlaubsdomizilen; in der Chapelle des Pénitents Blancs sind eindrückliche Fresken des ligurischen Malers Giovanni Canavesio erhalten (um 1485), der auch die Kapelle Notre-Dame-des-Fontaines bei La Brigue ausmalte (▶S. 230). Im 630 m hoch gelegenen **Peille** ist die lombardisch-romanische Kirche mit einem romanischen (12. Jh.) und einem gotischen Schiff (14. Jh.) interessant, das Polyptychon »Maria im Rosenkranz« auf dem Altar schuf Onorio Bertone aus Nizza (1579; das Mittelteil existiert nicht mehr). Geschätzt wird die einfache italienische Küche bei Mimi an der Place de la République (Do.–So.abend geöffnet, Tel. 07 70 26 83 72).

Weithin sichtbar dominiert der »Vater der Provence« den Norden der Region – hier mit Roussillon, der Stadt der Ockers.

★★ MONT VENTOUX

Département: Vaucluse | **Höhe:** 1912 m

Um 22 Uhr sind Sie in in der Nähe von Malaucène aufgebrochen, bei frischen Temperaturen nicht steil, aber stetig hinangestiegen, am Mont Serein haben Sie im Schlafsack ein kleines Nickerchen gehalten. Gegen 5 Uhr – Sie sind auf dem Gipfel angelangt – färbt sich der Nachthimmel graublau, dann rosa, und schließlich steigt der glühende Ball der Sonne über den Alpen auf …

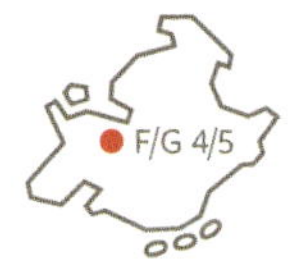

Gegen Mittag liefert Sie dann der Führer wieder im Tourismusbüro Malaucène ab, nach insgesamt 8 Stunden Fußmarsch haben Sie den »Riesen der Provence« bezwungen. Der 1912 m hohe Mont Ventoux, provenzalisch »ventour«, »Windberg«, trägt seinen Namen zu Recht, denn der Mistral braust mit unglaublicher Gewalt über ihn hinweg; 260 km/h wurden schon gemessen. Schnee kann bis Ostern liegen – zwischen Allerheiligen und Ostern kann die Straße gesperrt sein –, auch sonst ist es 10–20 °C kälter als im Tal (Wetterlage unter www.meteo-ventoux.fr). Auch im Sommer leuchtet der Bergrücken schneeweiß: Der Gipfelbereich ist eine Steinwüste fast ohne Vegetation, die vorhandene Flora allerdings interessant, besonders in der ersten Julihälfte (Biosphären-Reservat). **Francesco Petrarca** erklomm den Berg im Jahr 1336, was als die erste Besteigung eines Bergs um seiner selbst willen gilt, als Erweiterung der Wahrnehmung

Kein Weg ohne Ziel: Wer den »Windberg« bezwungen hat, kann zu Recht stolz sein.

durch die ästhetische Erfahrung der Landschaft – das Naturgefühl eines neuen Zeitalters. Von 1902 bis in die 1970er-Jahre sah die D 974 an der Südflanke des Bergs berühmte Autorennen.
Der Ventoux gehört zu den »heiligen Bergen« der Tour de France und zu ihren gefürchtetsten Anstiegen. 1967 starb der Engländer **Tom Simpson**, mit Amphetaminen aufgepumpt und völlig erschöpft, kurz unterhalb des Gipfels. Ein Gedenkstein erinnert an ihn. Für viele **Radsportler** ist der Berg mit bis zu 1620 m Anstieg auf 22 km Strecke (je nach Ausgangspunkt) und oft glühender Hitze – manche fahren daher bei Dunkelheit los – ein Höhepunkt ihrer Karriere. Es gibt »Verrückte«, die das zwei, drei oder sechs Mal an einem Tag machen (www.clubcinglesventoux.org). Die Kilometersteine zeigen freundlicherweise die Steigung und die Entfernung vom Gipfel an.

Über den »Unwetter-Pass«

Fahrt über den Berg

Für eine Tour sollte man das Wochenende meiden und im Sommer den frühen Morgen wählen, wenn sich noch keine Wolken gebildet haben; außerdem entgeht man so den Besuchermassen. Von Malaucène steigt die D 974 durch Nadelwald relativ steil an. Nach 16 km zweigt die Straße zum Aussichtspunkt **Le Contrat** ab. Man passiert das Chalet Liotard am **Skigebiet Mont Serein** (www.stationdumont serein.com). Auf den letzten 6 km steigt die D 974 in Serpentinen am immer vegetationsärmeren Hang an und erreicht schließlich den **Col**

des Tempêtes (»Pass der Unwetter«), den höchsten Punkt, der einen grandiosen Ausblick gewährt, angeblich bis zum Montblanc und zum Canigou in den Pyrenäen. Von der Aussichtsplattform beim Observatorium geht der Blick zum ▶Luberon.
Vorschlag für die Rückkehr nach Vaison: An der Südflanke des Bergs, auf der alten Rennstrecke, über Bédoin und Le Barroux nach **Beaumes-de-Venise**, das für vorzüglichen Rotwein, Rosé und Vin Doux Naturel berühmt ist. Dann weiter um die **Dentelles de Montmirail** herum (▶S. 308). Von Bédoin kann man auch direkt nach ▶Carpentras fahren. Schöner, allerdings länger ist die östlich ausholende Route über Sault und die D 942 durch die Gorges de la Nesque (▶Carpentras).

★★ NIZZA · NICE

Département: Alpes-Maritimes | **Hauptstadt des Départements**
Höhe: 0 – 20 m | **Einwohner:** 343 500

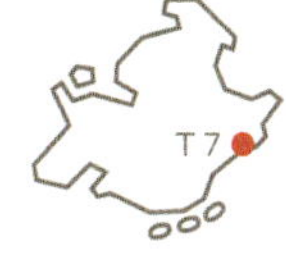

Bei Ihrem Bummel durch die »italienische« Altstadt von Nizza, nach dem Einkauf auf dem Markt des Cours Saleya, lassen Sie sich auf einer Restaurantterrasse nieder und eine echte Daube niçoise schmecken. Dann ein lauter Knall – es ist 12 Uhr.

Die »Canoun de miejour« ist Brauch seit den 1860ern: Sir Thomas Coventry, ein britischer Colonel, ließ seine immer unpünktliche Frau mit einem Böllerschuss zum Mittagessen rufen. Das milde Klima – im Januar misst man durchschnittlich 9 °C – ließ Nizza im 19. Jh. zum **Winteraufenthalt für gut betuchte ältere britische Herrschaften und russische Aristokraten** werden, die sich in der herrlich vor den Seealpen an der »Baie des Anges« (Engelsbucht) gelegenen Stadt die Zeit beim Spiel vertrieben. Auch heute trifft sich hier die mondäne Welt, doch hat sich die Stadt **eine angenehme, »normale« Atmosphäre** bewahrt. Auf den Märkten ist noch oder wieder die »lenga nissarda« zu hören, ein okzitanischer Dialekt, der im Jahr 2000 als Regionalsprache anerkannt wurde. Der Tourismus, längst demokratisiert, lebt vom Mythos vergangener Zeiten; die Zuckerbäckerarchitektur der alten Hotels und Villen wird durch Beton-Appartementblöcke konterkariert, die prächtige Strandpromenade von einer mehrspurigen Straße begleitet. **Acht Kilometer Strände** bilden das solide Fundament für den Sommertourismus, sie sind überwiegend öffentlich, im Bereich der Innenstadt jedoch meist durch Badeanstalten okkupiert. Hier platziert man sich auf großen Kieseln, was nicht so unkomfortabel ist wie es sich anhört, außerdem hat man keine Probleme mit Sand.

Laufsteg: Man trifft und zeigt sich auf der Promenade des Anglais.

Arm und Reich

Einige Daten und Fakten

Nizza ist aber keineswegs nur Luxusresort, nur Urlaubsparadies. Die Riviera-Metropole zählt als fünftgrößte Stadt Frankreichs, der Ballungsraum mit ca. 1 Mio. Einwohnern als der siebtgrößte des Landes. Die Hauptstadt des Départements Alpes-Maritimes besitzt den nach Paris verkehrsreichsten Flughafen Frankreichs, vom Hafen legen Kreuzfahrtschiffe und Fähren nach Korsika und Sardinien ab. In der Université Côte d'Azur haben sich 29 600 Studenten eingeschrieben. Mit der Hightech-Industrie im nahen Sophia Antipolis, einem »Silicon Valley«, wurden lukrative, zukunftsträchtige Betätigungsfelder erschlossen. Aber auch das gehört dazu: Aufgrund der Kluft zwischen Arm und Reich ist Nizza eine Stadt mit großen sozialen Problemen, die Kriminalitätsrate ist hoch. Seit langem gilt Nizza als Hochburg von extremen Rechten ebenso wie von Islamisten.

»

Die Bediensteten sind alle schlampig, träge und gewissenlose Betrüger … die Handwerker sehr, sehr arm, unbeholfen und ohne jeden Erfindungsgeist … Alle gewöhnlichen Leute sind Diebe und Bettler. Das ist, wie ich glaube, bei ganz armen und elenden Menschen immer so.

«

Tobias Smollett über Nizza, Travels through France and Italy, 1764/65

Erst 1860 französisch

Ein wenig Geschichte

Die griechische Kolonie Massalia (Marseille) gründete 350 v. Chr. auf dem Burghügel ihren Handelsstützpunkt Nikaia Polis, die Römer ließen sich 154 v. Chr. auf den Höhen von Cemenelum (Cimiez) nieder. Dass Nizza und der Osten der Côte d'Azur italienische Züge zeigen, rührt daher, dass sie ab 1388 zu Savoyen gehörten. So konnte Giuseppe Garibaldi (1807–1882), ein Sohn der Stadt, zum italienischen Freiheitshelden werden. Als Savoyen 1720 Sardinien erhielt, wurden der Hafen und die Festung gebaut, für den Staat der einzige Zugang zum Meer. Erst 1860 kam Nizza durch Volksentscheid an Frankreich. In der jüngeren Geschichte wichtig waren Jean Médecin, Bürgermeister ab 1928, und sein Sohn Jacques, Bürgermeister 1966–1990, unter dem Nizza sich zum Mittelmeer-Chicago entwickelte. Heute scheint die Lage ruhiger zu sein, auch wenn die »neuen« reichen Russen, die sich die teuersten Plätze an der Cote d'Azur gesichert haben, mit gemischten Gefühlen betrachtet werden. Am 14. Juli 2016, dem Nationalfeiertag, erschreckte ein Terroranschlag die Welt: Auf der Promenade des Anglais fuhr ein Islamist mit einem Lkw durch die feiernde Menge; 86 Menschen starben, über 300 wurden verletzt.

Respekt vor der Tradition

Die echte Küche von Nizza

Die authentische Küche von Nizza ist ligurisch geprägt und trägt ein eigenes Qualitätsetikett: »Cuisine Nissarde, le respect de la tradition«. Lokale, die nach traditionellen Rezepten kochen, sind unter www.explorenicecotedazur.com und www.cuisinenicoise.fr zu finden. Viele Lokale präsentieren das geschützte Markenzeichen am Eingang.

Colline du Château

Wo Nizza seinen Ausgang nahm

Burgberg

Gut, zuerst den Burgberg (92 m) zu erklimmen: Vom schönen **Park** hat man einen tollen Blick auf die Stadt und das bergige Umland. Hier hat die Geschichte der Stadt begonnen; erhalten sind antik-griechische Grundmauern und die Reste zweier Kirchen aus dem 11./15. Jh., die alte Zitadelle allerdings ließ Ludwig XIV. 1706 zerstören.
Den Nordteil des Burgbergs nehmen der israelitische und der christliche **Friedhof** ein. Auf Letzerem das Grabmal der Familie Jellinek; der österreichische Konsul und Autofan Emil Jellinek gab 1900 den Autos der Firma Benz den Namen seiner elfährigen Tochter: Mercedes.
Eine Treppe und ein Lift führen hinunter zur Strandpromenade, vorbei an der massigen **Tour Bellanda**, erbaut 1825 am Platz einer alten Bastion; hier komponierte Hector Berlioz 1831 die Ouverture »Roi Lear« (ebenfalls großartiger Ausblick). Unten, am **Quai Rauba Capeu** – das heißt »Huträuber«, wegen des oft starken Winds –, zeigt auf der großen Sonnenuhr Ihr Schatten die Uhrzeit an.

Vieille Ville

Wie in Italien

Altstadt

In der hübschen, lebensvollen Altstadt mit ihrem Gassengewirr – im Volksmund »Babazouk« – **fühlt man sich nach Italien versetzt**. Im Nordwesten wird sie begrenzt von großzügigen Boulevards und Gärten, die über den Fluss Paillon gebaut wurden (Jardin Albert-Ier, Place Masséna, Promenade du Paillon), im Süden von den Ponchettes, einst die Fischmarkthallen der Stadt.

Der Bauch von Nizza

Cours Saleya

Viel Atmosphäre besitzt der langgestreckte Cours Saleya, Di.–So. wählt man hier vormittags seine Lebensmittel, am Mo. stöbert man in Trödel (wer bei den Erzeugern direkt kaufen will, ist auf der Place Pierre-Gautier nebenan richtig). Und abends trifft sich auf den Café- und Restaurantterrassen des Cours »tout le monde«. An der Nordseite die prachtvollste Kirche Nizzas, die barocke **Chapelle de la Miséricorde** (1747–1770), ein Werk des Turiners Bernardo Vittoni, mit ovalem Grundriss und ganz in farbigem Stuckmarmor gehalten. In der Sakristei ein Ludovico Bréa zugeschriebenes Madonnenbild und eine »Vierge de la Miséricorde« von Jean Miraílhet (1425). Nördlich

Tagsüber Markt, abends ebenso lebhafter Treffpunkt: Cours Saleya

der Kapelle steht das einstige **Palais Grimaldi** (1611–1613), Sitz der Préfecture; daneben das Palais de Justice (Justizpalast, 1892).
Die **Ponchettes**, die lange, doppelte Gebäudezeile zwischen Cours Saleya und Quai des États-Unis wurde einst als Fischmarkt errichtet, heute sind hier Galerien ansässig. Wenige Schritte vom Westende des Cours Saleya präsentiert das MAMAC in der **Galerie des Ponchettes** in Wechselausstellungen moderne Kunst. die **Galerie de la Marine** (59 Quai des États-Unis) fördert junge Künstler. Bis 1917 hieß der Quai des États-Unis Quai du Midi; umbenannt wurde er zum Dank an die USA für den Eintritt in den Ersten Weltkrieg.
Galerie des Ponchettes/Galerie de la Marine: Di.–So. 10–12.30, 13.30–18 Uhr | Museen-Drei-Tageskarte 15 €

Berühmtes Vorbild

Saint-Jacques

An der Rue Droite, nordöstlich der Préfecture, steht die überaus reich ausgestattete ehemalige Jesuitenkirche Saint-Jacques, erbaut bis ca. 1650 nach dem Vorbild der Kirche Il Gesù in Rom.

Im Herzen der italienischen Altstadt

Cathédrale

Mit ihrem Brunnen ist die **Place Rossetti** vor der Kathedrale sicher der atmosphärereichste Platz der Altstadt, die berühmte Eisdiele Fenocchio lockt mit ungewöhnlichen Kreationen. Die Kathedrale Sainte-Réparate entstand 1650–1699 in römischem Barock; im vom Petersdom in Rom inspirierten Inneren bemerkenswert das schöne Chorgestühl und der prachtvolle Hochaltar. In der dritten Kapelle links werden die Reliquien der hl. Reparata verwahrt. – Die Rue Benoît-Bunico etwas weiter östlich war die Hauptstraße des **jüdischen Ghettos** (ab 1430).

Barocker Grafenpalast

Palais Lascaris

Weiter nordöstlich (Rue Droite) verdient das Palais Lascaris einen näheren Blick. Der prachtvolle Barockbau (1643) im Genueser Stil war das Palais der Adelsfamilie Lascaris-Vintimille, Grafen von Castellar. Im Erdgeschoss die schöne Eingangshalle sowie eine **Apotheke von 1738**; sonst sind eine hervorragende Sammlung **alter Musikinstrumente**, Mobiliar aus dem 17./18. Jh., flämische Gobelins und Deckengemälde der italienischen Schule zu bewundern.
Mi.–Mo. 10–18 Uhr | Museen-Drei-Tageskarte 15 €

Luther war auch schon da

Saint-Martin-Saint-Augustin

Weiter nördlich – die Place Saint-François mit dem Fischmarkt (Di.–So.) passierend – stößt man auf die älteste Pfarrkirche Nizzas, in der Martin Luther 1510 eine Messe gelesen haben soll und Garibaldi getauft wurde (eindrucksvolle Pietà von Ludovico Brea, 1489). Schließlich erreicht man die weite **Place Garibaldi,** einen im 17. Jh. angelegten Platz mit Kolonnaden nach Turiner Art.

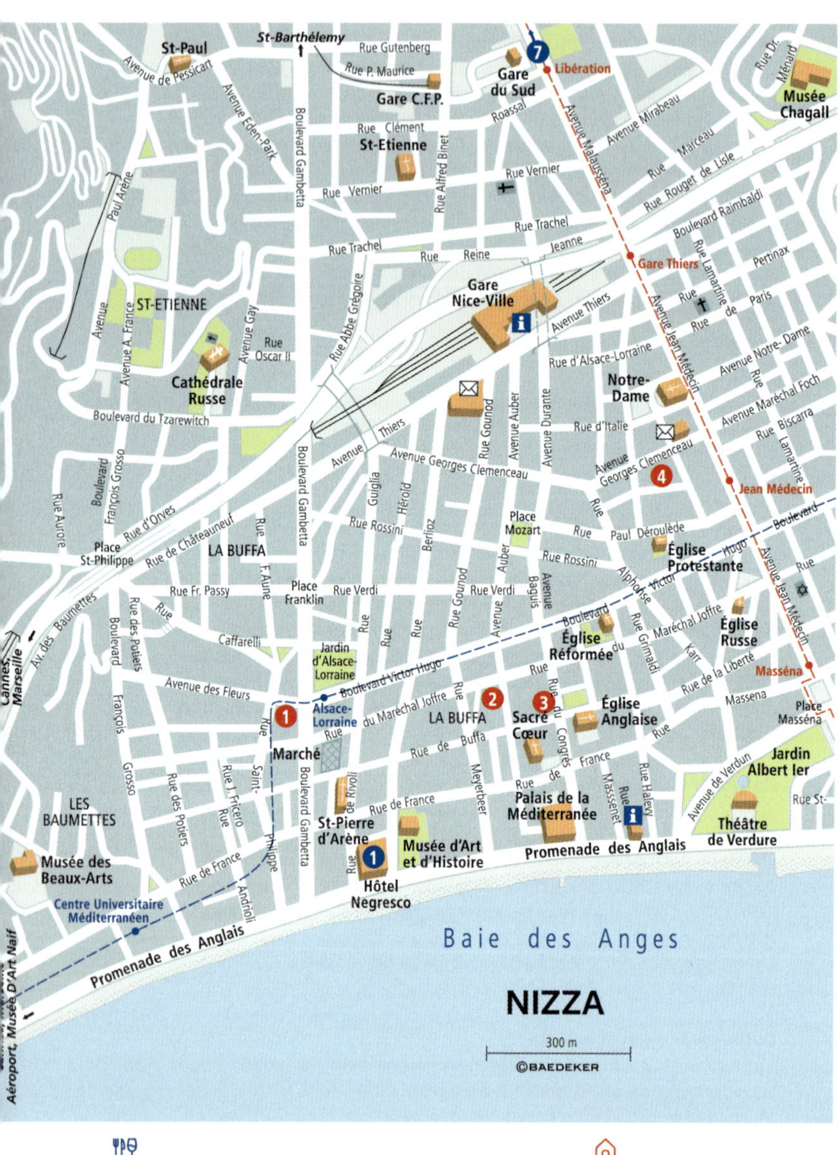

🍴

1 Chantecler im Hotel Negresco
2 Les Pêcheurs
3 Café de Turin
4 La P'tite Cocotte
5 La Merenda
6 Le Bistrot de Jeff
7 La Route du Miam

🏠

1 Hôtel Amour
2 WindsoR
3 Nice Garden
4 St-Georges
5 Le Petit Palais

1 Hôtel de Ville
2 St-François-de-Paule
3 Opéra
4 Galerie des Ponchettes
5 Palais de Justice
6 Palais Grimaldi (Préfecture)
7 Chapelle de la Miséricorde
8 St-Suaire
9 Sainte-Rita (St-Giaume)
10 St-Jacques (Eglise du Gesù)
11 Cathédrale Ste-Réparate
12 Palais Lascaris
13 Ste-Croix
14 St-Augustin
15 St-Sépulcre
16 Tour Bellanda
17 Aufzug
18 Monument aux Morts
19 Orientierungstafel

NIZZA ERLEBEN

NICE TOURISME
06000 Nice, Tel. 04 92 14 46 14
Infobüros: 5 Proménade des Anglais und Av. Thiers/Gare SNCF
www.explorenicecotedazur.com

Flughafen 6 km westlich, Tram Ligne 2 ins Zentrum. Busse und Tram der Lignes d'Azur (www.lignesdazur.com), Büros: 4 Blvd. J. Jaurès, 17 Av. Thiers (gegenüber SNCF-Bahnhof). Train des Pignes ►S. 225, 260.

MUSEEN
Die städtischen Museen geben Drei-Tageskarten aus (15 €), die für alle Einrichtungen gelten.

Febr., bis Faschings-Sa.: Karneval mit Korsos und »Batailles des fleurs«, zum Schluss wird »König Karneval« verbrannt. 1. Mai und alle Mai-So.: »Lu Festin de Nissa« (großes buntes Fest mit Folklore, Straßenmusik, Picknick in den Arènes). 21. Juni: Fête de la Musique (Quai des États-Unis). Um den 20. Juni: Fête Saint-Jean. Mitte Juli: Jazzfestival im Jardin Albert-1er. 14. Juli: Fête Nationale mit Party und Feuerwerk. 15. Juli–15. Aug. Konzerte im Kloster Cimiez (www.niceclassiclive.com)

Der Markt auf dem Cours Saleya (Di.–So.) bietet alles für die Küche der Côte. Mode findet man besonders in Rue Paradis, Avenue de Suède, Rue Alphonse Karr und Rue du Maréchal Joffre, Delikatessen in der Rue Saint-François-de-Paule und am Quai Papacino (am Hafen).

❶ LE CHANTECLER €€€€
Im pompös »barocken« Ambiente des Hotels Negresco genießt man eine elegante Küche auf höchstem Niveau. Für den Platz sehr preisgünstig ist die in Goldtönen eingerichtete Brasserie Rotonde (tgl. geöffnet).
37 Promenade des Anglais, Tel. 04 93 16 64 10, Mi.–So. 19–22 Uhr | www.hotel-negresco-nice.com

❷ LES PÊCHEURS €€–€€€
Kleines Paradies für beste Meeresfrüchte (Fleischfans müssen aber nicht darben). Am hübschen Port Lympia, mit Terrasse. Sehr freundlicher Service.
18 Quai des Docks, Tel. 04 93 89 59 61, Mi.–So. 12–15, 19–22.30 Uhr

❸ CAFÉ DE TURIN €
An der »italienischen« Place Garibaldi schwelgt man in Meeresfrüchten aller Art. Seit dem Gründungsjahr 1908 hat sich nicht viel verändert. Draußen unter den Arkaden kann man einkaufen.
5 Place Garibaldi, Tel. 04 93 62 29 52, tgl. 8–22 Uhr, www.cafeturin.fr.

❹ LA P'TITE COCOTTE €
Kleines, gemütliches Restaurant mit netter Veranda an der Altstadtgasse. Sehr gute regional-saisonale Gerichte (teils aus dem gusseisernen Topf, daher der Name), angenehme Preise.
10 Rue Saint-Augustin, Tel. 04 97 08 48 61, Do.–Di. 18.45–22.15 Uhr

❺ LA MERENDA €€
Winziges Lokal, unbequeme Stühle, drangvolle Enge, aber hervorragende provenzalisch-nizzardische Küche von

Dominique Le Stanc, einst Chef des Chantecler. Unbedingt reservieren.
4 Rue Raoul Bosio, kein Tel., https://lamerenda.net, Mo.–Fr. 12–13.45, 19–21 Uhr, nur Barzahlung

❻ LE BISTROT DE JEFF €–€€
Außer französischen Klassikern serviert man hervorragende Gerichte aus der nizzardischen Tradition.
26 Rue Alberti, Tel. 04 93 62 15 33
Sa., So. geschl.

❼ LA ROUTE DU MIAM €€
Etwas abgelegen im Norden, aber die herzhafte, üppige Küche des französischen Südwestens – etwa Ente, mit Foie gras gefüllt – ist den Weg wert.
1 Rue Molière, Tel. 06 16 36 33 22
Di.–Sa. ab 18.30 Uhr geöffnet. Reservieren.

Bei Großevents und beim Grand Prix von Monaco liegen die Preise deutlich über denen in der Hochsaison.

❶ HÔTEL AMOUR €€–€€€
►S. 391

❷ WINDSOR €€–€€€
Attraktives, ein wenig schräges »Kunsthotel« ca. 150 m vom Meer: Jedes Zimmer wurde von einem anderen Künstler gestaltet. Im wunderbaren tropischen Garten – eine Attraktion für sich – kann man sich im Pool erfrischen. Italienisch-französisch speist man im Restaurant.
11 Rue Dalpozzo, Tel. 04 93 88 59 35, www.hotelwindsornice.com

❸ NICE GARDEN HOTEL €€
Hübsches kleines Hotel, einen Steinwurf vom Meer und von der Altstadt entfernt. Herzliche Betreuung, zauberhafter Garten für das opulente Frühstück.
11 Rue du Congrès, el. 04 93 87 35 62, www.nicegardenhotel.com

❹ SAINT-GEORGES €€
Kleines, angenehmes Haus, modern gestaltet. Das Frühstück wird auch im netten Garten serviert. Anfahrt: Der Beschilderung zum Parkplatz Nice Etoile folgen, von dort sind es 100 m zu Fuß. der Tram-Halt Jean Médecin ist 50 m entfernt.
7 Av. Clémenceau, Tel. 04 93 88 79 21, www.hotelsaintgeorges.fr

❺ LE PETIT PALAIS €€–€€€€
Tauchen Sie ein in die luxuriöse Welt des 19. Jh.s, genießen Sie absolute Ruhe und herrliche Aussicht (v. a. im 1. Stock). In der Villa, die einst Sacha Guitry gehörte, wohnt man erstklassig, dennoch familiär und heimelig.
17 Avenue Émile Bieckert
Tel. 04 93 62 19 11
www.petitpalaisnice.com

Paillon · Promenade des Anglais

Jenseits des Flusses

In die Neustadt

Schon zur Neustadt gehören die Anlagen und Bauten über dem Fluss Paillon; sie ziehen sich vom Meer hinauf in das Viertel Carabacel und umfassen Grünanlagen, das Theater und das Musée d'Art Moderne sowie das Kongresshaus Acropolis. Am Meer die Anlagen des **Jardin Albert-Ier**; nördlich reichen sie bis zur Place Masséna. Sie zieren die schöne Fontaine du Soleil und das Casino Municipal von 1883. Nach Nordwesten geht dann die **Avenue Jean Médecin** ab, eine der Hauptgeschäftsstraßen der Stadt mit großen Kaufhäusern.

Musée d'Art Moderne et d'Art Contemporaine (MAMAC)

Für Kunstfreunde

Auf keinen Fall auslassen: das Museum für zeitgenössische Kunst (erbaut von Y. Bayard und H. Vidal) gegenüber dem Theater, mit dem es eine architektonische Einheit bildet. Seine mit Carrara-Marmor verkleideten Türme präsentieren bildende Kunst der 1960er-/1970er-Jahre: Neue Realisten und Pop-Art, amerikanische Abstrakte, Minimalisten, Fluxus; vor allem aber **Yves Klein** (1928–1962), den in Nizza geborenen Hauptvertreter der Nouveaux Réalistes. Von der Dachterrasse hat man einen schönen Blick auf Alt- und Neustadt.

Di.–So. 10/11–18 Uhr | Museen-Drei-Tageskarte 15 €

Muséum d'Histoire Naturelle

Für Naturfreunde

Schräg gegenüber das 1826 gegründete Naturkundemuseum mit großen, vielfältigen Sammlungen, etwa zum mediterranen Ökosystem zu Land und zu Wassser, zu Paläontologie, Geologie und Mineralogie. Südöstlich öffnet sich die **Place Garibaldi** mit dem Standbild des in Nizza geborenen italienischen Freiheitshelden.

Di.–So. 10/11–18 Uhr | Museen-Drei-Tageskarte 15 €

Promenade des Anglais

Laufsteg, westliche Fortsetzung

Die Promenade an der Baie des Anges setzt sich westlich des Jardin Albert-Ier ganze 8 km fort. Angelegt wurde sie 1822–1824 auf Initiative und mit finanzieller Hilfe britischer Gäste – mit gerade mal 2 m Breite. Am palmengesäumten Straßenzug prunken Luxusbauten aus Belle Époque und Art-déco, so das **Palais de la Méditerranée** (die Fassade stammt vom Casino von 1929) mit Hotel, Casino, Restaurant und Theatersälen, das Palais Masséna (►unten) und das berühmte, unter Denkmalschutz stehende **Hotel Negresco**.

Musée Masséna

Interessante Zeitreise

Die repräsentative **Villa Masséna** (1901) fungiert als historisches Museum der Stadt und ihrer Region. Auch Werke der Malerschule von Nizza (Bréa, Durandi u. a.) sowie Landschaftsmaler des 19. Jh.s sind zu sehen.

Mi.–Mo. 10/11–18 Uhr | Museen-Drei-Tageskarte 15 €

Weststadt

Musée des Beaux-Arts

Fauvismus und mehr

Das Universitätsviertel Les Baumettes schließt westlich ans Stadtzentrum an. In einem Palais von 1878 ist das Musée des Beaux-Arts ansässig, das insbesondere 28 Werke von Raoul Dufy präsentiert, außerdem italienische und französische Gemälde des 17.–19. Jh.s (u. a. Impressionisten) sowie Gemälde der klassischen Moderne.

33 Av. des Baumettes | Di.–So. 10–18 Uhr | Museen-Drei-Tageskarte 15 €

»Nur naiv«? – echte Kunst

Noch 1 km weiter westlich liegt das Museum für naive Kunst, das aus einer Stiftung des Kunstkritikers Anatole Jakovsky hervorging und einen ausgezeichneten Überblick über die naive Kunst in aller Welt seit dem 18. Jh. gibt. Sein Zuhause ist die ehemalige Villa des Parfümeurs François Coty, ihr Park strömt über von seltensten Düften.

Musée International d'Art Naïf

23 Avenue Fabron | Mi.–Mo. 10–18 Uhr | Museen-Drei-Tageskarte 15 €

Farbenfrohes Gotteshaus

Vom Universitätsviertel führt der schnurgerade Boulevard Gambetta nach Norden. Wie Sanremo hat auch Nizza eine prächtige russische Kirche moskowitischen Stils (Saint-Nicolas, 1912), am Boulevard Tsarevich westlich des Boulvard Gambetta. Bis in 52 m Höhe leuchten die goldenen Kreuze in der Sonne.

Cathédrale Russe

tgl. 9.30–12, 14–17.30 Uhr | Kein Besuch während der Gottesdienste

So können Zweckbauten auch aussehen

Schönstes Art-déco in rotem Backstein zeigt die **Hauptpost** (1930) beim Hauptbahnhof (Av. Thiers) aus dem 19. Jh. Noch prächtiger als Letzterer wurde der Bahnhof der **Chemins de Fer du Sud** weiter nördlich gestaltet. 1892 eröffnet, diente er bis 1991 der Schmalspur-

Hauptpost
Gare du Sud

Das Negresco, seit 1912 ein Wahrzeichen Nizzas und Treff des Geldadels.

Eine gute Socca – aus Kichererbsenmehl gebacken – geht im Handumdrehen weg.

bahn nach Digne (►S. 225, 294); bevor er ganz zerbröselt war, wurde er restauriert (nun beherbergt er eine Mediathek) und zum Zentrum eines neuen Viertels, die schöne Bahnsteighalle zum Food Court. Der **Train des Pignes** fährt vom modernen Bahnhof unweit westlich ab (4 bis, Rue Alfred Binet).

Hafen

Teure Leckereien

Hafenleben

Schlichte Wohnbauten im ligurischen Stil, mit viel Rot und Ocker, prägen das Bild um den Port Lympia östlich des Burgbergs. Für einen Gang zum Jachten-Schauen ist der frühe Abend besonders gut geeignet. Antiquitätenläden drängen sich am Fuß des Burgbergs bis zur Place Garibaldi, v. a. in der Rue Ségurane; der Trödelmarkt am Quai Papacino hat Mi.–Sa. 10–19 Uhr offen. Dort kann man auch, in der Confiserie Florian, Nizzas berühmten Konditoren über die Schulter schauen und all die Leckereien erstehen – sehr teuer, aber ... (14 Quai Papacino, www.confiserieflorian.com). Östlich des Hafens steigt der ab 1780 angelegte Stadtteil Riquier an. Wo 1965 ein 400 000 Jahre alter Rastplatz des Homo erectus entdeckt wurde, vermittelt das **Musée Terra Amata** einen Einblick in lange zurückliegende Zeiten.

Musée Terra Amata: 25 Blvd. Carnot | Mi.–Mo. 10–17, Mai–Okt. bis 18 Uhr | Eintritt 5 € oder Museen-Drei-Tageskarte 15 €

Carabacel · Cimiez

Am Hang hinauf

Nördlich der Altstadt

Auf dem Hügel von Cimiez nördlich der Altstadt siedelten die Römer, und auch die Hautevolée des 19. Jh.s schätzte den Blick: Im Viertel Carabacel, das sich den Hang hinaufzieht, am 20 m breiten, ab 1881 angelegten **Boulevard de Cimiez** und seinen Seitenstraßen, verteilen sich prachtvolle Villen und Hotels, z. B. Le Petit Palais (► S. 257).

Busfahrt: Entspanntes Schauen ermöglicht eine Rundfahrt mit den Bussen der Lignes d'Azur: von der Place Wilson Bus 5 bis Pré Catelan, weiter und zurück mit Bus 35 zum Palais des Sports. An dieser Strecke liegen alle im Folgenden genannten Sehenswürdigkeiten.

Chagalls Vermächtnis

Musée Marc Chagall

Marc Chagall ist für seine traumhaften Szenen und naiven Schilderungen seiner Heimat berühmt. Die bedeutendste Sammlung von Werken des russisch-französischen Künstlers (1887–1985) ist in diesem Museum zu bewundern (Ecke Av. Docteur-Ménard). Das Haus (1973) hat Architekt André Hermant zusammen mit Chagall konzipiert, insbesondere für die 17-teilige »Message biblique«.

Mai – Okt. Mi. – Mo. 10 – 18, sonst bis 17 Uhr | Eintritt 8 € (mit Ausstellung 10 €) | musees-nationaux-alpesmaritimes.fr

Römisches Nizza

Römische Stadt

Die Reste der römischen Stadt Cemenelum liegen auf der Höhe von Cimiez. Gut erhalten sind das Amphitheater (Arènes, 5000 Plätze) – Schauplatz u. a. für das **Jazzfestival** – und die Thermen, die größte erhaltene Anlage in Gallien. Auch eine frühchristliche Kirche wurde nachgewiesen. Im interessanten Musée Archéologique sind die römischen, griechischen und etruskischen Funde ausgestellt.

Musée Archéologique: Mi. – Mo. 10 – 17/18 Uhr | Eintritt 5 €

Besuch bei Matisse

Musée Matisse

Das antike Gelände ist auch für Kunstfreunde interessant: In einer Genueser Villa von 1685/1823 sind Werke von Henri Matisse ausgestellt, der von 1917 bis zu seinem Tod 1954 in Nizza lebte (Gemälde, Grafiken, fast alle Plastiken, Keramik). Sie stammen aus einer Schenkung der Familie an die Stadt. Besonders bemerkenswert sind die Arbeiten zur Gestaltung der Chapelle du Rosaire in ► Vence.

Mi. – Mo. 10 – 17/18 Uhr | Eintritt 10 €

Malerschule von Nizza, in Nizza

Monastère Franciscain

Östlich oberhalb der römischen Ruinen steht das Monastère Notre-Dame-de-Cimiez, im 9. Jh. von Benediktinern gegründet. Das heutige Bild verdankt sich der historisierenden Erneuerung um 1850. Sein Museum erzählt von der Geschichte der Franziskaner in Nizza und

von der Arbeit der Franziskaner. In der Kirche **großartige spätmittelalterliche Kunstwerke**: von Ludovico Brea ein Triptychon von 1475, sein ältestes datiertes Werk (Pietà, Hll. Martin und Katharina) und eine Kreuzigung (1512) sowie eine Kreuzabnahme von Antonio Brea. Auf dem Friedhof sind Henri Matisse und Raoul Dufy bestattet.
Mo.–Sa. 10–12, 15–17.30 Uhr

Rund um Nizza

Blick aufs Meer oder zu den Sternen

Observatorium

Nordöstlich der Stadt leuchtet am Rand des Mont Gros (375 m) – mit grandioser Aussicht – der weiße Komplex des Observatoriums, erbaut von Charles Garnier. Gustave Eiffel konstruierte die Kuppel, 1885 war sie mit 24 m Durchmesser die größte Europas.
Anfahrt über die Grande Corniche, M 2564 | Führungen (auf Frz., mit 2 km Rundgang) Mi., Sa. (in Schulferien auch Fr.) 14 Uhr
Eintritt 12 € | Anmeldung online | www.oca.eu/fr/visites-individuels

Nizza-Ableger an traumhafter Bucht

Villefranche-sur-Mer

Jenseits des Mont Boron, 6 km östlich von Nizza, liegt Villefranche an einer herrlichen Bucht – die Niçois wissen, warum sie gern hierher kommen. Die vom Cap Ferrat (▶ S. 101) eingeschlossene Bucht war vom Mittelalter bis in jüngere Zeit Kriegshafen; bis 1962 war hier die Mittelmeerflotte der USA stationiert. Die malerischen Altstadt macht ganz auf ligurisch, besonders in der Rue Obscure mit ihren – eben – »dunklen« Gewölben des 14. Jh.s. Der malende Dichter **Jean Cocteau** wohnte einige Sommer sehr bohèmemäßig im (auch heute empfehlenswerten) Hotel Welcome am Hafen, 1957 malte er die Kapelle Saint-Pierre am Fischerhafen aus; eine Szene seines Films »Das Testament des Orpheus« spielt in der Rue Obscure. Die ab 1554 erbaute Zitadelle am Meer beherbergt das Musée Volti (die Skulpturen des einheimischen Antoniucci Volti sind etwas für Freunde weiblicher Kurven), das Musée Goetz-Boumeester mit abstrakter Kunst und eine archäologische Schau.
Chapelle Saint-Pierre: Mi.–So. 9.30–18 Uhr | Eintritt 4 €

Konsum, konservierte Natur und Ostasiatisches

Interessantes im Westen

Westlich des Flughafens, jenseits der Mündung des Var, liegt das erlebenswerte **Einkaufszentrum CAP 3000**. Unmittelbar hinter den Startbahnen des Flughafens lohnt der **Parc Phoenix** besonders für Familien den Besuch, mit See, Vogelhaus und 110 m langem tropischem Gewächshaus. Am See ein Leckerbissen für Freunde moderner Architektur und fernöstlicher Kultur, das 1998 eröffnete **Musée des Arts Asiatiques**, entworfen von Kenzo Tange. Das Gebäude, das über dem Wasser zu schweben scheint, basiert auf den Formen von

Quadrat und Kreis. Kunst und Kunsthandwerk aus China, Japan, Kambodscha und Indien – mit hervorragenden Leihgaben – machen die spirituelle und ästhetische Kultur Ostasiens erfahrbar. Man kann auch Teezeremonien und andere Vorführungen erleben, Teetrinker genießen beste Kreszenzen in der Maison du Thé.

Cap 3000: Mo.–Sa. 10–20.30, So. 11–19 Uhr | **Parc Phoenix:** April–Sept. 9.30–19.30, sonst bis 18 Uhr | Eintritt 5,20 €
Musée des Arts Asiatiques: Juli, Aug. Mi.–Mo. 10–18, sonst bis 17 Uhr | Eintritt frei, Teezeremonie 10 € | maa.departement06.fr

ORANGE

Département: Vaucluse | **Höhe:** 46 m | **Einwohner:** 28 400

Die Sklavin Aida liegt in den Armen ihres Geliebten Radames, bereit, mit ihm zusammen in den Tod zu gehen – raffinierte Lichteffekte machen die grandiose Bühnenwand des Römischen Theaters zum unterirdischen Gewölbe, das beider Grab werden soll.

D 5

Die »Chorégies d'Orange « gehören zu den großen kulturellen Ereignissen Südfrankreichs. Benannt sind sie nach dem »choregós«, dem Chorführer des antiken griechischen Theaters. Und man kann sich dafür keinen besseren Platz denken als das **Römische Theater**, ein

Japan in der Provence: Puccinis »Madame Butterfly« im Théâtre Romain

Römisches Tor zur Provence

grandioses Zeugnis aus der Blütezeit der »Pax Romana« im 1. Jh. n. Chr.; damals hatte das 35 v. Chr. für Veteranen der Gallischen Legion gegründete Arausio viermal so viel Einwohner wie heute. Außer für die römischen Bauten, die zum **UNESCO-Welterbe** zählen, ist das einfache Provinzstädtchen im Rhône-Tal das Zentrum des Obst- und Gemüseanbaus und bekannt für die Stärke der extremen Rechten. 26 Jahre lang regierte ein und derselbe Bürgermeister, seit seiner Verurteilung ist Nachfolger – sein Sohn. Und warum besuchen viele Niederländer Orange? Im Mittelalter war es Hauptort des Fürstentums Oranien, das 1530 an die niederländische Linie des Hauses Nassau fiel; deshalb führt der/die niederländische Thronfolger/in noch heute den Titel »von Oranien-Nassau«.

Wohin in Orange?

Stolz einer römischen Provinzstadt

Arc de Triomphe

Kommt man von Norden auf der N 7 nach Orange, wird man vom sog. Triumphbogen – tatsächlich ein Stadtgründungsbogen – begrüßt, errichtet im 1. Jh. v. Chr. und trotz starker Verwitterung der eindrucksvollste in Frankreich. Drei Bögen mit schön kassettierten Gewölben bilden die Durchgänge. Eine bronzene Quadriga und vier Statuen bekrönten ihn einst. Über den seitlichen Toren und in der unteren Attika sind kriegerische Symbole dargestellt: Waffen, Schilde, Kriegsschiffe. Auf der besser erhaltenen Nordseite ist im Mittelrisalit der oberen Attika Schlachtengetümmel zu erkennen, an den Schmalsei-

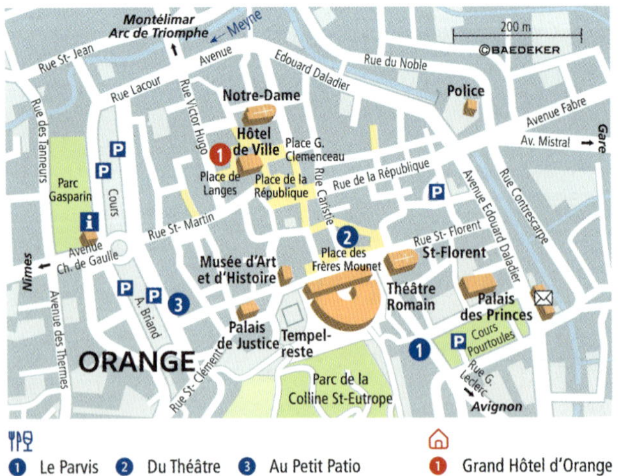

ten u. a. drei Menschenpaare, deren Hände auf dem Rücken zusammengebunden sind. In den Giebelzwickeln ringeln sich Fabelwesen. Das Bildprogramm, der siegreiche Kampf der Römer gegen die Gallier, kommt am deutlichsten in den Szenen mit den gefesselten Barbaren zum Ausdruck. In den schmalen Friesen stehen die Römer in Rüstung, am Boden die unterlegenen, nackten Gallier.

Zeitvertreib in der »Pax Romana«

Théâtre Romain

Das besterhaltene Theater der Antike und eines der schönsten dazu wurde zu Beginn der Kaiserzeit (1. Jh.) erbaut, wohl aber im 2. Jh. erneuert; es bot ca. 9000 Besuchern Platz und besitzt eine ausgezeichnete Akustik. Höchst eindrucksvoll ragt seine aus mächtigen Steinblöcken geschichtete Bühnenwand auf: 103 m lang, 38 m hoch, mit Resten der einst reichen Verzierung. Als einziges römisches Theater verfügt es noch über die Statue des Kaisers (Augustus, 3,55 m groß). Unter dem 2006 angefügten Glasdach gibt's im Sommer u. a.

ORANGE ERLEBEN

OFFICE DE TOURISME

5 Cours A. Briand, 84100 Orange
Tel. 04 90 34 70 88
www.orange-tourisme.fr
www.ville-orange.fr

CHORÉGIES D'ORANGE

Ca. 20. Juni – 6. Aug.
Info & Karten: Chorégies d'Orange, 18 Place Silvain, 84107 Orange, Tel. 04 90 34 24 24
www.choregies.fr

❶ LE PARVIS €€

Eines der besten Restaurants der Stadt. Moderne provenzalische Küche in gediegenem Ambiente.
55 Cours Pourtoules
Tel. 04 90 34 82 00
Mo., Di. und So.abend geschl.

❷ DU THÉÂTRE €–€€

Das nett gestaltete Restaurant bietet gute traditionelle Küche, im gemütlichen Weinkeller kann man die regionalen Kreszenzen testen.
50 Rue Caristie, Tel. 04 90 70 14 47
Do.–Di. ab 12 Uhr geöffnet

❸ AU PETIT PATIO €€

Gute südfranzösische Küche und ebensolche Weinauswahl zu sehr fairen Preisen, in modern-provenzalischem Rahmen. Aufmerksamer Service. Mit angenehmem kleinem Innenhof.
58 Cours Aristide Briand
Tel. 04 90 29 69 27
So., Mi.- & Do.abend geschl.

❶ GRAND HÔTEL D'ORANGE €–€€

In dem hübschen Haus aus dem 18. Jh. wohnt man komfortabel und ruhig (für das Opernfestival früh buchen). Mit preiswertem Restaurant (Sa./So. geschl.), Swimmingpool und Fitnessraum.
8 Place de Langes, Tel. 04 90 11 40 40, www.bestwestern.fr

Kino mit einer Riesenleinwand, v. a. aber finden hier die berühmten **Chorégies** statt (Opern, Konzerte).

Juni - Aug. 9-19, April, Mai, Sept. 9-18, März, Okt. 9.30-17.30, Nov.- Febr. 9.30 -16.30 Uhr | Eintritt mit Musée d'Art 11,50 €

Blick hinter die Kulissen

Um das Römische Theater

Westlich stößt an das Theater die Ruine eines großen römischen **Tempels** an, der den Abschluss eines 400 m langen Stadions bildete. Ihm gegenüber das **Musée d'Art et d'Histoire**, das v. a. antike Fragmente enthält und über Architektur und Technik des römischen Theaters informiert. Die einzigartigen Katasterpläne aus dem 1. Jh. dienten zur Aufteilung der umliegenden Gebiete, interessant sind auch die Exponate zur lokalen Tuchfabrikation. Den besten Blick - auf das Theater und über die Stadt auf den Mont Ventoux - hat man vom Park auf der südlich ansteigenden **Colline Saint-Eutrope**.

Musée d'Art et d'Histoire: ▶ Théâtre Romain

Donnerstags den Markt nicht verpassen

Altstadt

Das Zentrum der beschaulichen Altstadt bildet die Place Clemenceau mit dem Rathaus (1671), nördlich davon die romanische Kathedrale Notre-Dame (1083 - 1126), die in den Religionskriegen des 16. Jh.s schwer beschädigt und später rekonstruiert wurde. Am Do.vormittag brummt die Innenstadt beim großen provenzalischen Markt.

Rund um Orange

Einem Naturforscher über die Schulter schauen

Sérignan-du-Comtat

In Sérignan-du-Comtat 8 km nördlich von Orange ließ sich der Biologe und Begründer der modernen Verhaltensforschung Jean-Henri Fabre (▶ S. 349) in einem **»Harmas«** nieder, in dem er 36 Jahre lang abgeschieden lebte und arbeitete. Das Haus - am Ortsrand Richtung Orange - ist als Museum eingerichtet; zugänglich sind das Arbeitszimmer und ein Zimmer mit Zeichnungen und Aquarellen. Ergänzt wird es durch das **Naturoptère** gegenüber, eine informative Schau über Fabre und das Ökosystem. Das Standbild von Fabre auf dem Marktplatz des Dorfs zeigt ihn mit seinem wichtigsten Werkzeug, dem Vergrößerungsglas. In der Rue Saint-Roch (Ortsmitte) hatte der aus Berlin stammende Maler **Werner Lichtner-Aix** (1939-1987) sein Atelier; seine Frau Monique richtete die unverändert gebliebenen Räume als Museum mit einigen Werken von Lichtner-Aix ein.

Harmas: Mo., Di., Do., Fr. 10-18/17, April-Okt. auch Sa., So. 14.30 bis 18 Uhr | Eintritt 7 €, mit Naturoptère 12 € | **Naturoptère:** Di.-Sa. 10-18.30 Uhr | Eintritt 10 € | **Musée-Atelier Lichtner-Aix:** Mai -15. Okt. Mi.-Sa. 10-12, 14-18 Uhr | Eintritt frei

★★ PONT DU GARD

Région: Languedoc-Roussillon | **Département:** Gard

»Der Widerhall meiner Schritte unter diesen enormen Gewölben ließ mich glauben, die Stimmen derer zu hören, die sie gebaut haben. Ich machte mich klein und fühlte zu gleicher Zeit, dass irgendetwas meine Seele erhob und ich mir sagte: Warum bin ich kein Römer!«

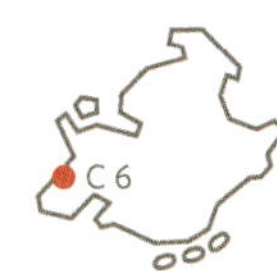

Der atemberaubende Aquädukt, den Jean-Jacques Rousseau so enthusiastisch feierte, gehört zum **Welterbe der UNESCO** und zieht im Jahr über 2 Mio. Besucher an: mächtige Sandsteinblöcke, vor zweitausend Jahren zu einem technischen Meisterwerk aufgetürmt. 25 km westlich von Avignon überspannt der Pont du Gard mit eindrucksvollen Bögen das tief eingeschnittene Tal des Flusses Gardon. Der Aquädukt ist der größte der antiken Welt: 275 m lang, 48,77 m über dem Fluss verläuft der Kanal, getragen von 35 (einst 47) Arkaden. Auf beiden Seiten des Aquädukts gibt es Parkplätze und Cafés, am Nordufer (Rive gauche) ein **Besucherzentrum** mit sehr informativem Museum und Kino, auf der anderen Seite ein Restaurant. Beeindruckend ist die abendliche Illumination von Juni bis August (täglich). Im Übrigen hat sich hier eine ganze Lustbarkeits- und Eventindustrie entwickelt, es gibt »historische« Vorführungen und

Noch heute staunt man über das Können der römischen Ingenieure.

RÖMISCHER AQUÄDUKT

Der 49 m hohe und 275 m lange Aquädukt über den Gardon, um das Jahr 50 n. Chr. aus Steinblöcken ohne Mörtel errichtet, darf als eines der gewaltigsten und am besten erhaltenen römischen Bauwerke überhaupt gelten.

Das Gelände ist tgl. von 8 Uhr bis Mitternacht geöffnet | Museum und Läden öffnen um 9 Uhr und schließen früher als das Gelände, zwischen 17 und 20 Uhr | Eintritt 6,50 € plus Parkgebühr | GPS-gestützt App als Besucherführer (gratis) www.pontdugard.fr

1 Ästhetisches
Trotz seiner Monumentalität erscheint der Komplex keinewegs öde – das hat Gründe. Die Brückenbögen in den beiden unteren Etagen, elf in der mittleren und sechs in der unteren, sind unterschiedlich breit (von der Mitte aus abnehmend), wobei die oberen Pfeiler auf den unteren stehen. Die unterschiedliche Bogenweite – die weitesten sind die beiden mittleren mit 24,52 m – ist im Vergleich mit der gleichmäßigen obersten Bogenreihe gut erkennbar. Überdies ist die Anlage durch die unterschiedlichen Uferneigungen asymmetrisch.

2 Bautechnik
Die Fugen zwischen den Steinen erscheinen perfekt. Dennoch sind die Steine nicht mit letzter Präzision zusammengefügt. Durch von außen unsichtbare Zapfen und Stifte, Holzpfriemen und Falzbeine verhalf man ihnen zum Halt; auch goss man Blei in die Ritzen, um ein Verrutschen zu verhindern.

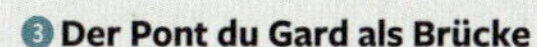

3 Der Pont du Gard als Brücke

Im Mittelalter nutzten zum ersten Mal Fuhrwerke und Fußgänger die untere Bogenreihe als Brücke. Dazu wurden damals, wie alte Gemälde zeigen, die Pfeiler der mittleren Reihe verschmälert. Das destabilisierte sie jedoch. Auf Veranlassung des Erzbischofs von Narbonne wurden die Pfeiler 1743 wieder vervollständigt und eine eigene Straßenbrücke danebengebaut.

4 Kanal

Der Wasserkanal ist durchschnittlich 1,3 m breit und 1,9 m hoch, der Boden und die fast 40 cm dicken Seitenwände bestehen aus penibel behauenem Werkstein.
Pro Tag flossen ca. 20 000 m^3 Wasser über den Aquädukt. Wo der Kanal im Gelände unterirdisch verlief, verzichtete man auf eine Seitenwand, manchmal auf beide, nur 30 cm dicke Bruchsteingewölbe trugen das Gewicht der darüberliegenden Erde.

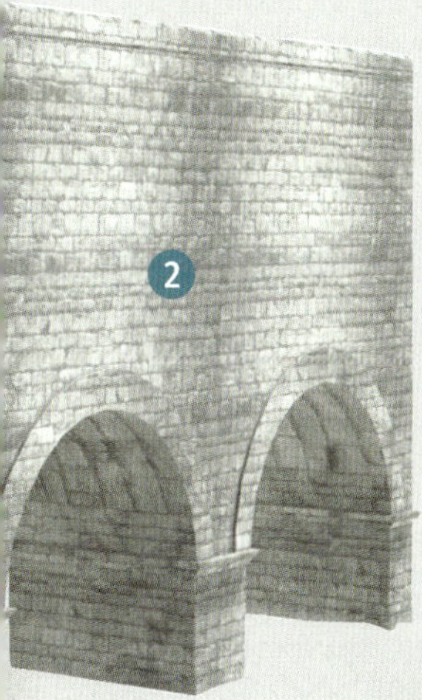

Animationen für Kinder, »Bals au Pont«, Popkonzerte, Hochzeiten u. v. m. An warmen Tagen ist ein Bad im Fluss sehr beliebt, in der Umgebung lassen sich interessante Wanderungen unternehmen (Info dazu im Besucherzentrum).

Lebensnotwendig

Ein Aquädukt – warum hier?

Wasser war für eine römische Stadt ein lebenswichtiges Element, als Kultobjekt und für die Hygiene, zur Reinigung und zum geselligen Vergnügen. Selbst nach heutigen Begriffen waren die Römer große Wasserverschwender. Was sollte man in Nemausus – heute Nîmes – im Süden Galliens, zwischen dürren, sonnenverbrannten Hügeln tun? Erst bei Uzès, in Luftlinie knapp 20 km entfernt, gab es die Quellen von Eure und Airan. Die römischen Baumeister waren hervorragende Konstrukteure vom Brücken und Wasserleitungen. Ingenieure und Handwerker stellte üblicherweise das Heer. Die Angelegenheit war anspruchsvoll: Die Quellen liegen 76 m, das Verteilerbecken (Castellum divisorium) in Nîmes aber noch 59 m über dem Meer; die etwa 50 km lange Leitung, die durch das schwierige Gelände geführt wurde, weist **nur 17 m Höhenunterschied** auf, ein Gefälle von ganzen 34 cm pro Kilometer. 24–30 Stunden war das Wasser unterwegs, bis es in Nîmes ankam. Täglich flossen ca. 20 000 m³ durch den gedeckten Kanal auf der obersten Bogenreihe des Pont du Gard, und das rund 500 Jahre lang, wie man aus den Kalkablagerungen errechnete. 1743 wurde eine **Straßenbrücke** in Höhe des ersten Stockwerks angefügt. Der Pont du Gard ist so gut erhalten, dass man ihn noch im 19. Jh. als Teil eines Wasserversorgungssystems nützen wollte; Napoleon III. ließ ihn dazu von 1855 bis 1878 gründlich restaurieren.

Uzès

Uralter Adel

Altstadt

Wer den Pont du Gard besucht, sollte dieses atmosphärereiche Städtchen 15 km weiter nordwestlich nicht auslassen. Am Westrand der Altstadt empfängt die **Place aux Herbes** mit Brunnen, mittelalterlichen Arkaden und guten Restaurants; Mi. und Sa. ist vormittags Markt. Das **Schloss** der Herzöge von Uzès, der ältesten noch existierenden Herzogsfamilie Frankreichs, geht bis ins 11. Jh. zurück; sein heutiges Bild, besonders der schöne Hof (1565), datiert aus der Renaissance. Von der Tour Bermonde (wohl 11. Jh., Balustraden von 1839) hat man einen wunderbaren Blick über Uzès. Gegenüber dem Schlossportal das **Rathaus** (1773); seine Fassade zum Schloss zeigt noch die Eleganz der Erbauungszeit. Reizvoll ist der Blick durch das schmiedeeiserne Gitter auf das Herzogsschloss.

Château Ducal: Juli, Aug. 10–12.30, 14–18.30, sonst 10–12, 14–18 Uhr | Eintritt mit Führung 22 €, nur Turm 14 € (!)

Was ist noch interessant?

Den Osten der Altstadt dominiert der Komplex der klassizistischen **Kathedrale Saint-Théodorit** (17.–19. Jh.). Ihn signalisiert die ungewöhnliche, 42 m hohen **Tour Fenestrelle** (nicht zugänglich), errichtet im 12. Jh. nach lombardischem Vorbild (vgl. S. Apollinare in Classe bei Ravenna). Die **Orgel** der Kathedrale (1685) gilt als eine der schönsten in Frankreich. Im nördlich anstoßenden Bischofspalast zeigt das **Musée Georges Borias** Exponate zu Volkskunde und Vorgeschichte der Region; außerdem erinnert es an den Schriftsteller André Gide, dessen Familie aus Uzès stammte. Gegenüber dem Palast das **Hôtel du Baron de Castille** (18. Jh.) mit eleganter Säulenfront. Haribo-Fans lassen sich das **Musée de Bonbon** an der D 981 nach Avignon nicht entgehen (mit Laden).

Musée Borias: Mi. – So., Juli/Aug. 10 – 12, 14 – 18, März – Juni, Sept., Okt. 14 – 18 Uhr | Eintritt 3 € | **Musée de Bonbon:** Juli/Aug. tgl. 10 – 19/20, sonst Di. – So. 10 – 19 Uhr | Eintritt 12 € | www.museeharibo.fr

★ SAINTES-MARIES-DE-LA-MER

Départ.: Bouches-du-Rhône | **Höhe:** Meereshöhe | **Einwohner:** 2100

Seit Tagen gleichen der kleine Ort, seine Zufahrtsstraßen und Strände einem Heerlager: mit Gitans aus ganz Europa, mit Einheimischen und Schaulustigen. Gläubige quetschen sich in die Kirche, um zu beten und die Reliquienschreine zu berühren. Gitans in langen Gewändern tragen die Statue der Sarah ins Meer, am nächsten Tag – begleitet von Gardians zu Pferd – die Statuen der Maria Jacobäa und der Maria Salome in ihrem Boot. Ein Fest des Meers, über das diese Heiligen der Provence kamen und das die Geschicke der Camargue lange bestimmt hat.

Pilgerort der Gitans

Saintes-Maries hat einen fast mythischen Ruf als Zentrum der ►Camargue im äußersten Westen der Provence. Populär gemacht hat den einstigen Fischerort die Wallfahrt der Gitans – Roma, Manuschen, Sinti und andere Fahrende – am 24./25. Mai, die mit der Legende der »drei Marien« des Neuen Testaments verknüpft ist: Maria Magdalena (die Büßerin), Maria Jacobäa (Schwester der Mutter Jesu) und Maria Salome (Mutter der Apostel Jakobus und Johannes) wurden aus Palästina vertrieben und landeten hier mit anderen Gefährten (►Saint-Maximin-la-Sainte-Baume); ihre dunkelhäutige ägyptische Dienerin Sara wurde zur Patronin der Gitans. 1448 soll ein

SAINTES-MARIES-DE-LA-MER ERLEBEN

OFFICE DE TOURISME

5 Avenue van Gogh
13460 Saintes-Maries-de-la-Mer
Tel. 04 90 97 82 55
www.saintesmaries.com

Am 24./25. Mai strömen Tausende von Gitans nach Saintes-Maries, um ihren Schutzpatroninnen zu huldigen. Umrahmt wird die Wallfahrt von Festen mit Musik und Tanz. Eine zweite Wallfahrt, ohne Gitans, findet an dem Wochenende statt, das dem 22. Okt. am nächsten liegt. Ostern–Okt.: Stierkämpfe. Mitte Juli: Festival du Cheval. Um den 20. Juli: Festo Vierginenco (»Fest der Jungfrauen«). 10./11. Nov.: Festival d'Abrivado.

EL CAMPO **€–€€**

Begleitet von feurigem Flamenco Gitan tut man sich an Fisch, Salaten und anderen Spezialitäten der Camargue gütlich, etwa Paella oder in Rotwein geschmortem Stierfleisch.
13 Rue Victor Hugo, Tel. 04 90 97 84 11, tgl. geöffnet

FLEUR DE SEL **€–€€**

Im Saal oder auf der Terrasse werden regionale Spezialitäten serviert, ob aus dem Meer oder vom Stier.
43 Av. Frédéric Mistral
Tel. 04 90 97 83 42
Mi., Do. geschl.

LA CAVE À HUITRES **€–€€**

Klar, das ist etwas für Meeresfrüchtefans: Solide Holzfässer tragen die großen Platten mit Muscheln aller Art, Crevetten und weniger Bekanntem, alles frischest und fein (das Salz dazu kommt aus den lokalen Salinen). Lockere Atmosphäre.
38 Rue Théodore Aubanel
(am Bootshafen)
Tel. 04 90 97 96 60

L'ESTELLE EN CAMARGUE **€€–€€€**

Wer für raffinierte Küche, schöne Präsentation und zuvorkommenden Service mal mehr ausgeben will, ist im gleichnamigen Hotel (€€€€) richtig. Abgeschieden und ruhig gelegen, gediegene, doch relaxte Atmosphäre.
38 Route du Petit Rhone
(D38, ca. 5 km nordwestlich)
Tel. 04 90 97 89 01
Tgl. geöffnet, Mai/Juni, Sept.–Nov. Mo. geschl.

LE MAS DE LA GRENOUILLÈRE **€–€€**

Sehr angenehmes Haus im Stil eines »Mas«, mit Swimmingpool. Veranstaltet werden Ausritte mit eigenen Pferden, Rad- und Geländewagentouren, Boots- und Angelausflüge.
571 Chemin Haut Des Launes
(1 km nordwestlich, D 570)
Tel. 04 90 97 90 22
www.hotel-equitation-saintes-maries.fr

LE MIRAGE **€–€€**

Familiäres Hotel in einem ehemaligen Kino mit hübschen, schlichten Zimmern, Terrasse und kleinem Garten. 100 m sind es zum Strand.
14 Rue C. Pelletan
Tel. 04 90 97 80 43
hotel-lemirage.fr

MAS DES RIÈGES **€€€€**

► S. 391

Übers Meer kamen die Heiligen der Provence, was von den Gitans zweimal im Jahr enthusiastisch gefeiert wird.

Engel dem Guten König René im Traum verkündet haben, dass die längst vergessenen Reliquien der heiligen Frauen in der Kirche von Saintes-Maries liegen. – Im Sommer drängen sich die Touristen in den Gassen mit ihren Restaurants, Bars und Souvenirläden; Tausende verfolgen die Stierkämpfe nach spanischer und provenzalischer Art und die Festivitäten in der Arena am Meer und in der Stadt. Schöne, kilometerlange Sandstrände im Osten und Westen der Stadt sind das große Kapital des Sommerferienorts. Am besten allerdings kann man den Reiz des Städtchens mit seinen blendendweißen Häusern außerhalb der Saison erleben. Weiteres ►Camargue.

Wehrhaftes Zentrum der Wallfahrten

Die festungsartige Kirche mit der charakteristischen Glockenwand geht ins 10./12. Jh. zurück und wurde im 14. Jh., als Zuflucht vor Piraten, zu einer Wehrkirche ausgebaut; ein Brunnen im Inneren sollte bei einer Belagerung die Wasserversorgung sicherstellen. Die Reliquien der beiden Marien werden in einer Kapelle über dem Chor verwahrt; in der Krypta, die König René 1448 errichten ließ, ein Schrein mit den Gebeinen der Sara sowie die Statue der (von der Kirche nicht anerkannten) Heiligen. Vom Dach der Kirche hat man einen schönen Blick über Saintes-Maries, die Camargue und das Meer – besonders romantisch bei Sonnenuntergang.

Das **Musée Baroncelli** im ehemaligen Rathaus (Rue V. Hugo) ist der Ortsgeschichte sowie der regionalen Naturkunde und Volkskunst gewidmet. Marquis Folco de Baroncelli-Javon (1869–1943) hat sich um die Erhaltung der heimischen Natur und Kultur verdient gemacht, u. a. mit seiner Zeitschrift »Aïoli«.

Musée: Juni–Sept. tgl. 10–18, sonst Mi.–So. 10–17 Uhr | Eintritt 7 €

SAINT-MAXIMIN-LA-SAINTE-BAUME

Département: Var | **Höhe:** 303 m | **Einwohner:** 17 500

Ein Landstädtchen in der Provence Verte, mit dem typischen Häusergewirr in allen Schattierungen von Gelb und Braun, mit einem großem Wochenmarkt. Aber nicht nur dies: Der größte gotische Sakralbau der Provence, die Basilika Sainte-Madeleine, dominiert weithin sichtbar den Ort.

Nord-französische Gotik im Midi

Dass das wenig bedeutende Städtchen 40 km östlich von Aix-en-Provence über einen solchen Bau verfügt, liegt daran, dass hier im Mittelalter – bestätigt vom Papst und politisch initiiert – die **Reliquien der hl. Maria Magdalena** aufgefunden wurden und seitdem viele Pilger anziehen; gegen Ende Juli wird mit großen Aufwand ihr mehrtägiges Fest gefeiert. Außer der Basilika ist im Süden der Altstadt das alte jüdische Viertel interessant, d. h. die Rue Colbert mit Portalen und Arkaden aus dem 13./14. Jh.; nordwestlich gelangt man durch Rue Colbert/Rue de la République zur Tour de l'Horloge (1476) mit eleganter »Barbarotte«. Nördlich schließt die **Place Malherbe** an, der Hauptplatz mit Cafés und Restaurants, unter 200-jährigen Platanen trifft man sich hier am Mi.vormittag beim großen Markt.

Wer sucht, der findet

Legende und Geschichte

Den Legenden zufolge soll eine Maria Magdalena – ihre Identität ist unsicher – mit ihrer Schwester Martha und ihrem Bruder Lazarus, mit Maximin, Sidonius, ihrer Dienerin Sara und anderen nach ihrer Vertreibung aus Palästina in ▸Saintes-Maries-de-la-Mer gelandet sein. Während Maximin und Sidonius sich als Missionare betätigten, büßte Maria Magdalena 30 Jahre ohne irdische Nahrung in einer Höhle (»Sainte-Baume«) nahe der Stadt. Beigesetzt wurde sie, so heißt es, in einem Mausoleum, das als Krypta der Kirche erhalten ist. Da aber schon im 11. Jh. die Reste der hl. Magdalena im burgundischen Vézelay verehrt wurden, ließ 1279 Karl II. von Anjou, Graf der Provence, in Saint-Maximin nach den »echten« Reliquien suchen, und er hatte »Erfolg«: Man entdeckte in der Krypta, die von den Sarazenen zugeschüttet worden sein soll, vier prächtige Sarkophage.

Wohin in Saint-Maximin und Umgebung?

Ein würdiger Ort für die Büßerin

Sainte-Madeleine

Trotz der langen Bauzeit 1295–1532 ist der 79 m lange, schlichte Bau einheitlich frühgotisch gestaltet; der übliche Bauschmuck fehlt, nur die kräftigen Strebepfeiler sorgen für markante Gliederung. Wie die provisorische Hauptfassade erkennen lässt, beendete Geldmangel die Arbeiten; auch ein geplanter Glockenturm wurde nicht gebaut. Als solcher fungiert ein Treppenturm, der später zu diesem Zweck aufgestockt wurde. Einfach, doch von großartiger Wirkung ist das **Innere**. Auch hier Ungewöhnliches: Ein Querschiff fehlt, ebenso der bei Wallfahrtskirchen übliche Chorumgang. Das Chorjoch ist wegen der Treppentürme fensterlos, wodurch der Chor trotz der schmalen Fenster sehr hell wirkt. In schönem Kontrast zur Architektur steht die **barocke Ausstattung**: prunkvoller Hauptaltar (Ende 17. Jh.), Chorgestühl und -schranken aus Nussholz (1692), Kanzel (1756) mit »Bekehrung und Entrückung der Maria Magdalena«. Die **Isnard-Orgel** (1774), berühmt als eines der besten französischen Instru-

Für die Reliquien der Maria Magdalena wurde die mächtige Wallfahrtskirche erbaut. Politisches Kalkül spielte dabei eine große Rolle.

SAINT-MAXIMIN-LA-SAINTE-BAUME ERLEBEN

OFFICE DE TOURISME

Couvent Royal, Place J. Salusse
83470 Saint-Maximin-la-Sainte-Baume, Tel. 04 94 59 25 89
www.st-maximin.fr

LA TABLE DE BRUNO €–€€

Bruno Gazagnaire arbeitete in renommierten Restaurants der Côte d'Azur, in seinem modernen Bistrot überzeugt er mit unprätentiösen, doch mit Anspruch und Geschmack konzipierten Gerichten. Faire Preise, auch in puncto Wein.
2 Avenue Marechal Foch, Tel. 04 94 80 50 39, Mo., Di. geschl.

LE COUVENT ROYAL €–€€€

Ein wunderbarer Platz: Teile des Konvents mutierten zum stilvollen Hotel mit schlichten bis großzügig-luxuriösen Zimmern. Im zedernbestandenen Kreuzgang werden provenzalische Gerichte serviert; sonst speist man im gotischen Kapitelsaal. Unter der Woche preiswertes Mittagsmenü.
Place Jean Salusse
Tel. 04 94 86 55 66
www.hotel-lecouventroyal.fr

mente ihrer Zeit, ist bei der Messe So. 10.30 Uhr und den Konzerten Juni–Sept. So. 17 Uhr zu hören (gratis). Am Ende des linken Seitenschiffs der großartige **Passionsaltar** (1520) des Flamen F. A. Ronzen, der in Rom und Venedig arbeitete. Die 22 Tafeln mit der Passion Jesu sind auch durch die genaue Darstellung von Orten und Bauwerken interessant (u. a. Venedig, Rom; älteste bekannte Darstellung des Papstpalasts in Avignon). Ausgestellt ist auch das Pluviale von König Ludwig IX. (Ende 13. Jh.). Die **Krypta**, die »Keimzelle« der Kirche, ist vom linken Seitenschiff zugänglich. Der Raum von Ende des 4. Jh.s birgt die ebenso alten, wunderbar gearbeiteten Sarkophage der Maria Magdalena (Marmor vom Marmarameer), des hl. Maximin, des Sidonius und des hl. Innozenz. Ihre Reliefs mit Szenen aus Altem und Neuem Testament gehören zu den ältesten christlichen Zeugnissen in Frankreich. Das prachtvolle vergoldete Reliquiar (1860) enthält einen schauerlichen Schädel. Angeblich den der Maria Magdalena. Der **Konvent** für die Dominikaner, die die Kirche und das Wallfahrtswesen betreuten, wurde wie die Basilika 1295 begonnen. Der stimmungsvolle Kreuzgang mit seinen kräftigen Formen (15. Jh.) gehört heute, mit dem Kapitelsaal, zum Hotel Couvent Royal; auch das Tourismusbüro ist hier zu finden. Das stattliche klassizistische Rathaus (1785) ersetzte die hinfällig gewordene Herberge des Klosters.

Heiliger Berg der Provenzalen

Der Bergzug 15 km südwestlich von Saint-Maximin hat seinen Namen vom provenzalischen »baoumo« für »Höhle«. Der urtümliche, für die Gegend **ungewöhnliche Wald** an seiner Nordflanke blieb erhalten, da er schon früh als heilig galt und bis heute nicht wirtschaftlich genutzt wird. Die schattige Lage mit feucht-kühlem Klima lässt Bäume des Nordens (Eibe, Ahorn, Buche) und ein dichtes Unterholz gedeihen. Hinter Nans-les-Pins führt die kurvige D 80 bergan; von der Einmündung der D 95 führt ein Weg (ein zweiter von der Hostellerie de la Sainte-Baume 1 km westlich) durch den Wald hinauf zur »Heiligen Höhle« in einer gewaltigen Felswand (hin und zurück ca. 1.15 Std.; ►S. 24). Hier soll die hl. Maria Magdalena gelebt und gebüßt haben, weshalb die Höhle seit alter Zeit Wallfahrtsziel ist; täglich um 11 Uhr wird eine Messe gefeiert, große Pilgertermine sind Pfingstmontag, der 22. Juli und der 24. Dezember. Vom Carrefour de l'Oratoire geht man in 30 Min. hinauf zum Gipfel **Saint-Pilon** (994 m) mit großartigem Ausblick: nördlich vom Mont Aurélien und der Montagne Sainte-Victoire bis zum Mont Ventoux, südlich liegt das Meer.

★ SAINT-RÉMY-DE-PROVENCE

Département: Bouches-du Rhône | **Höhe:** 60 m | **Einwohner:** 9700

In den zerklüfteten, weiß leuchtenden Felsen der Alpilles zwischen Avignon und Arles sorgen Garrigue, Zypressen und Pinien, Weinberge und Olivenbäume für grüne Akzente – ein herrliches Wanderrevier. Saint-Rémy an ihrem Nordrand, mit seiner mittelalterlich anmutenden Altstadt und geruhsamer Atmosphäre, ist berühmt als Ort, an dem Vincent van Gogh – trotz seiner schlimmen seelischen Verfassung – viele seiner großartigsten Bilder schuf.

Vincent van Gogh siedelte 1888 nach ►Arles über, wo ihn die Landschaft und das Licht der Provence zu einem neuen Malstil mit hellen, starken Farben brachte. Ein Zerwürfnis mit Paul Gauguin stürzte den seelisch angeschlagenen van Gogh in eine Krise, die darin mündete, dass er sich einen Teil des linkes Ohrs abschnitt. 1889 suchte er Zuflucht im Krankenhaus Saint-Paul-de-Mausole. Nach Arles war Saint-Rémy der wichtigste Ort für sein Schaffen, hier erhielt er die Eindrücke für großartige Bilder. Waren für Maler wie ihn Licht und Farben der Provence von magischer Wirkung, so steht der 1503 in Saint-Rémy geborene **Nostradamus** (►Salon-de-Provence) für das Abgründige und Unheimliche, das der Provence ebenfalls nachgesagt wird, ebenso wie die 10 km südlich gelegene Ruinenstadt ► Les Baux.

Am Pfingstmontag strömen Tausende Schafe in die Stadt, bevor es für sie auf die Weiden in den Alpen geht.

Wohin in Saint-Rémy und Umgebung?

Typische Provence plus Galerien und Ateliers

Altstadt

Das Städtchen ca. 20 km südlich von Avignon am Nordrand der Alpilles (► S. 184) ist nicht nur als Zentrum für die Landwirtschaft der Umgebung wichtig, sondern auch ein beliebtes Urlaubs- und Ausflugsziel. Viele Künstler leben hier, Galerien gehören zum Stadtbild. Ein platanenbestandener Boulevard umgibt die kleine Altstadt, die Rue Carnot durchquert sie ost-westlich. Am Mittwoch wird die Place de la République im Westen zum Schauplatz des **Grand Marché Provençal**. Die Kirche Saint-Martin (1821, Turm 14. Jh.) sollte man wegen ihres ungewöhnlichen klassizistisch-romantischen Inneren nicht auslassen; sie besitzt auch eine großartige Orgel. Wenige Schritte südlich das Geburtshaus von Nostradamus (6 Rue Hoche, nicht zugänglich). Im eleganten Renaissance-Hôtel Mistral de Mondragon nördlich von Saint-Martin lässt das **Musée des Alpilles** die Geschichte und Kultur der Stadt und lebendig werden (Pl. Favier, Mai bis Sept. Mo. geschl., sonst auch So.). Ein interessantes **Van-Gogh-Zentrum** beherbergt das prachtvolle Hôtel d'Estrine (18. Jh.) im Osten der Altstadt, auch Werke lokal bedeutender Maler sind hier ausgestellt (8 Rue Estrine, Mo. geschl.).

Van Goghs Refugium

Saint-Paul-de-Mausole

Ca. 1 km südlich des Zentrums, an der D5 nach ▶Les Baux, liegt das einstige Kloster Saint-Paul-de-Mausole mit romanischer Kirche und idyllischem kleinem Kreuzgang (12. Jh.). Es ist wie vor über 100 Jahren, als van Gogh hier lebte, ein psychiatrisches Krankenhaus (heute für Frauen); der museale Bereich ist zwar abgeteilt, doch rührt die Klinikatmosphäre immer noch an. Zum Malen – van Gogh schuf hier und in der Umgebung 143 Ölbilder und über 100 Zeichnungen – stellte man ihm eine Zelle neben seiner eigenen zur Verfügung. Im Kreuzgang erzählt ein Museum von seinem Aufenthalt, die Zelle wurde rekonstruiert, die originale musste einem Anbau weichen. An der »Promenade dans l'Univers de van Gogh« zwischen dem Stadtzentrum und dem Kloster markieren Reproduktionen berühmter Gemälde ihren Entstehungsort: Die Szenerie hat sich doch sehr verändert ...
April–Sept. 9.30–19, Okt.–Dez., Febr.–März 10.15–12, 13–17.15 Uhr
Eintritt 7 € | www.saintpauldemausole.fr

SAINT-RÉMY-DE-PROVENCE ERLEBEN

OFFICE DE TOURISME
Place Jean-Jaurès, 13210 Saint-Rémy, Tel. 04 90 92 05 22
www.alpillesenprovence.com

Mittwoch großer Markt. Am Pfingstmontag Auftrieb der Schafherden vor dem Transport in die Alpen. Juli–Sept.: Orgelfestival in Saint-Martin. Mitte Aug.: 5-tägige Féria mit provenzalischen Stierspielen; am 15. Aug. ziehen 50 Pferde den »Carreto Ramado«. 3. Sept.-Wochenende: Jazz à St-Rémy. Letztes Sept.-Wochenende: Fest des Stadtpatrons Saint Rémy.

LA TABLE D'YVAN €€
Im putzigen Restaurant oder auf der schattigen Terrasse genießen Sie eine kreativ-bunte Küche auf provenzalischer Basis. Gehört zum romantischen kleinen Hotel Mas des Carassins.
1 Chemin Gaulois, Tel. 04 90 92 15 48, tgl. ab 19 Uhr geöffnet
1.–15. Dez./Jan./Febr. geschl.
masdescarassins.com

CHEZ XA €€
In dem originellen »Wohnzimmer-Bistro« am Ostrand der Altstadt werden ungewöhnliche, teils asiatisch inspirierte Gerichte kredenzt (viel Fisch und Meeresfrüchte).
24 Blvd. Mirabeau, Tel. 04 90 92 41 23, Mi. geschl.

CHÂTEAU DES ALPILLES €€€€
Eine Platanenallee führt durch den herrlichen Park zum adligen Landsitz von 1825. Großartige Gästezimmer in zwei unterschiedlichen Häusern, das Restaurant pflegt eine leichte Mittelmeerküche. Mit Pool unter alten Edelkastanien.
Route du Rougadou (2 km westlich, D 31), Tel. 04 90 92 03 33
www.chateaudesalpilles.com

Blühende Stadt an der Via Aurelia

Glanum

Weitere 500 m südlich liegen in der schönen Landschaft der Alpilles die Reste der griechisch-römischen Stadt Glanum Livii (▶ Abb. S. 333), gegründet im 2. Jh. v. Chr. am Platz eines keltischen Oppidums und 360 n. Chr. von den Alamannen zerstört. Gegenüber dem Zugang begrüßen die eindrucksvollen **Antiques**: das 18 m hohe sog. Grabmal der Julier und das Stadtgründungstor, beide um 20 n. Chr. erbaut. Mit Ersterem erinnerten Aristokraten des Orts an ihren Vorfahren, der unter Caesar Karriere gemacht und das römische Bürgerrecht erhalten hatte. Die Reliefs im Sockel werden als Darstellung – die einzige überhaupt – der Schlacht von Zela 47 v. Chr. gedeutet, nach der Caesar sein berühmtes »Veni, vidi, vici« sprach. Auf dem **Grabungsgelände** sind drei Epochen zu unterscheiden, wobei die frühe Kaiserzeit die wichtigste ist. Damals erhielt Glanum die öffentlichen Bauten, wie sie in römischen Provinzstädten üblich waren: Forum, Thermen, Theater. Glanum hatte damals ca. 5000 Einwohner und war eine Station an der wichtigen Handelsroute der Via Aurelia. Die Oberstadt repräsentiert den keltischen Ursprung von Glanum; einem Quellheiligtum wurde später ein griechisches Herkulesheiligtum angefügt.

April – Sept. tgl. 9.30 – 18, Okt. – März Di. – So. 10 – 17 Uhr | Eintritt 8 €
www.site-glanum.fr | Im Sommer kommt man am besten morgens oder am späten Nachmittag hierher, da es keinen Schatten gibt.

Maillane

Maillane, 7 km nordöstlich von Saint-Rémy, ist Geburtsort des »Homers der Provence«, Frédéric Mistral. In seinem Haus, in dem er ab 1876 wohnte, ist ein kleines Museum eingerichtet.

ROMANTISCHE RUINEN

Die Ruinen der antiken Stadt entfalten am frühen Abend eine besondere Atmosphäre. Was liegt näher, als hier klassische Musik, eine Oper und anderes mehr aufzuführen? Das kleine Festival »Les Antiques de Glanum« findet an einem Wochenende um den 20. Juli statt, Karten auf festivaldeglanum.com und beim Tourismusbüro Saint-Rémy (www.alpillesenprovence.com Tel. 04 90 92 05 22).

Bei den »Voiles« zu Ende September drängen sich die Segler in der Bucht.

★★ SAINT-TROPEZ

Département: Var | **Höhe:** Meereshöhe | **Einwohner:** 3600

Als Mitte der 1950er-Jahre der aufsehenerregende Film »Und ewig lockt das Weib« mit Brigitte Bardot in die Kinos kam, war das Schicksal von Saint-Tropez besiegelt: Das unscheinbare Fischerdorf wurde zum Treff der Reichen und/oder Schönen bzw. derer, die sich dazurechnen.

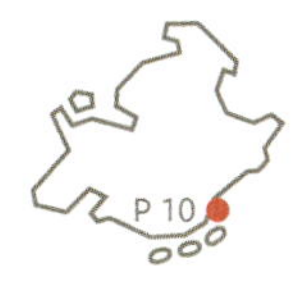

Seitdem sind die Vorzüge von »Saint-Trop« – die traumhafte Lage in einer tiefen, geschützten Bucht, die Altstadt, die langen Sandstrände, das schöne Umland – im Sommer nicht mit Genuss zu erleben. Dann drängen sich täglich Zigtausende Menschen in endlosen Autoschlangen, in den Restaurants und an den Stränden. Außerhalb der Saison, im späten Frühjahr und im frühen Herbst, lohnt der Besuch durchaus (Tipp: von einem Nachbarort das Boot nehmen). Auch für Kunstfreunde: Die Gemälde im Musée de l'Annonciade gehören zum Besten, was in Frankreich aus der Zeit von 1890 bis 1940 zu finden ist. Ende des 19. Jh.s war Saint-Tropez zum Künstlertreff geworden; Paul Signac kaufte sich 1892 ein Haus und zog eine Reihe von Malern, die vom Licht fasziniert waren, nach Saint-Tropez. Für weiteres Renommée sorgten Literaten und andere Menschen aus dem Showbusiness, die sich gern hier aufhielten, und schließlich wurde der Ort durch die Film- und Geldschickeria in aller Welt bekannt.

»
Man geht einträchtig barfuß und in Lumpen und läßt durch die Löcher des Hemdes die Eitelkeit schimmern ... Keiner will über Zwanzig sein, und wer graue Haare hat oder kahl wird, hüllt sein Haupt in ein parfümiertes Schaffell.
«

Wolfgang Koeppen, »Reisen nach Frankreich«, 1959

Wohin in Saint-Tropez?

Großes Theater

Hafen und Altstadt

Saint-Tropez erleben, das heißt vor allem: am **Vieux Port** den fashionablen Selbstdarstellern zusehen, die sich auf prätentiösen Jachten beim Aperitif die Zeit vertreiben bzw. den Quai als Laufsteg nützen. Am schönsten ist die maritime Atmosphäre bei den »Voiles de Saint-Tropez« Ende September, wenn alte und moderne Segelboote im Hafen liegen. Das **Café Sénéquier** ist eine Institution, ein teurer Platz zum Schauen; 1889 als Salon de Thé eröffnet, seit den 1930er-Jahren gibt es die Terrasse mit der roten Markise. In den charmanten mittelalterlichen Gassen der Altstadt reihen sich Läden und Restaurants. Besonders hübsch die Arkaden der **Rue de la Miséricorde**, die bei der gleichnamigen Kapelle (17. Jh., Portal aus Serpentin) von der Shoppingmeile Rue Gambetta abgeht. »Am meisten Altstadt« findet man im **Quartier de la Ponche** östlich des Hafens. Das Wahrzeichen von Saint-Tropez, der rot-gelbe Turm, gehört zur Kirche **Notre-Dame-de-l'Assomption** (italienischer Barock, 1784). Als Büste ist der Stadtheilige Torpes anwesend – sein Fest, die Bravades, wird im Mai mit großem Aufwand gefeiert –, bemerkenswert schön sind die Holzschnitzereien. Und unterhalb der Zitadelle, unmittelbar am Meer, liegt einer der schönsten **Friedhöfe** Frankreichs.

Last but not least: ein Kunsttempel

Musée de l'Annonciade

Der Lyoner Industrielle Georges Grammont, der durch Adoption mit Saint-Tropez verbunden war, trug eine ganz außerordentliche Sammlung zusammen: zumeist Gemälde von Pointillisten, Nabis und Fauves, die in Saint-Tropez gearbeitet haben, wie Paul Signac, André Derain, Georges Rouault, Pierre Bonnard, Henri Matisse und Aristide Maillol. In der säkularisierten Chapelle Notre-Dame de l'Annonciade (1568) ist sie zu bewundern. Übrigens ein ruhiger Rückzugsort ...

Juli–Sept. tgl. 10–19, April–Juni, Okt. Di.–So. 10–18, Nov.–März bis 17 Uhr, 16.–30. Nov. und 1.–15. Febr. geschl. | Eintritt 6 €

Hoch über dem Trubel

Zitadelle

Einen wunderbaren Blick auf Saint-Tropez, den Golf und das Massif des Maures hat man von der bis 1607 erbauten Festung. Im Donjon lässt das hervorragend gestaltete **Musée de l'Histoire Maritime** die bedeutende Geschichte der Tropeziennner Seefahrer Revue passieren.

Musée: April - Sept. 10 - 18.30, sonst bis 17.30 Uhr | Eintritt 4 €

Auch das gibt es in Saint-Tropez

Maison des Papillons

Der Maler Dany Lartigue - Sohn des Fotografen J.-H. Lartigue, dessen Werke in dem kleinen Wohnhaus ebenfalls zu bewundern sind - hat über 35 000 Schmetterlinge zusammengetragen, darunter sehr seltene und schon ausgestorbene Arten.

Anf. Juli - Anf. Sept., 23. Dez.- 8. Jan. tgl. 14 - 18, Mai-Anf. Juli, Anf. Sept.-Anf. Nov. Sa.- Mi. 14-18 Uhr | Eintritt 2 €

Rund um Saint-Tropez

Warum man vor allem nach Saint-Tropez kommt

Strände

Der Strand Les Graniers östlich der Zitadelle ist meist recht voll. Von dort führt ein Weg um die Baie des Canoubiers und das Cap de Saint-Tropez mit ihren kleinen Stränden. Die Plage des Salins ist naturbelassen, familienfreundlich und frequentiert. **Tahiti** und **Pampelonne** heißen die berühmten Hauptstrände an der Ostseite der Halbinsel, 8 km lang mit Restaurants, Bars (berühmt der Club 55) und Verleih von Liegen und Schirmen. L'Escalet und Bastide-Blanche im Südosten sind wenig berührt und z. T. über Küstenwege zu erreichen.

Pampelonne, einer der schönsten Strände an der Côte d'Azur.

SAINT-TROPEZ ERLEBEN

OFFICE DE TOURISME

Quai Jean Jaurès
83990 Saint-Tropez
Tel. 04 94 97 45 21
sainttropeztourisme.com

Bei einer Bootstour zu den Villen in der Baie des Canoubiers, der Bucht der Stars, werden die entsprechenden Geschichten mitgeliefert. Wo Romy Schneider und Alain Delon am Pool lagen (»La Piscine«) oder Brigitte Bardots Villa »La Madrague«, über der Gunter Sachs Rosen regnen ließ, nichts wird ausgelassen. Boote, auch zu den benachbarten Küstenorten, fahren vom Vieux Port oder vom Nouveau Port ab.

Großer Markt Di. & Sa. auf der Place des Lices. Fischmarkt tgl. auf der Place aux Herbes. Mitte Mai: Les Bravades (3-tägiges Stadtfest). 14. Juli: Fête Nationale mit Tanz und Feuerwerk. 2. Juli-Hälfte: Soirées de la Citadelle (diverse U-Musik). Ende Sept./Anf. Okt. Voiles de St-Tropez.

In den Clubs und Bars kann man Stars

ST-TROPEZ

©BAEDEKER

Restaurants
1 La Part des Anges
2 La Pesquière
3 Aux Caprices des Deux
4 Au Vieux Gassin

Hotels
1 Byblos
2 Lou Cagnard

und Sternchen begegnen. So etwa in den fantastischen, zum Hotel Byblos gehörenden »Caves du Roy« oder im »Café de Paris« (Quai Suffren), einem Bar-Restaurant mit Lüstern, rotem Samt und alter Theke.

❶ LA PART DES ANGES €€
Provenzalische und italienische Küche in einer ruhigen Altstadtgasse, mit Tischen draußen. Freundliche, informelle Atmosphäre.
7 Rue de l'Eglise, Tel. 04 94 96 19 50, geöff. April-Okt., So. geschl.

❷ LA PESQUIÈRE €–€€
Auch »Mazagran«: sympathisches Lokal mit unprätentiöser, guter provenzalischer Küche und herrlicher Terrasse am Fischerhafen.
1 Rue des Remparts, Tel. 04 94 97 05 92, Ende März–Ende Okt.

❸ AUX CAPRICES DES DEUX €€–€€€
Mit exzellenter, hochklassiger Küche überzeugt die junge Equipe in einem der besten Restaurants der Stadt. Besonders hübsch sitzt man draußen in der romantischen Seitengasse.
40 Rue du Portail Neuf
Tel. 04 94 97 76 78, tgl. ab 19.30 Uhr, außerhalb Saison Do.–Mo. abends

❹ AU VIEUX GASSIN €€
Familiäres, doch ambitioniertes Lokal mit moderner, provenzalisch geprägter Küche und großer Terrasse (Blick!). Frequentiert, faire Preise.
Gassin, Place dei Barry, Tel. 04 94 56 14 26, März-Okt. tgl. geöffnet

❶ BYBLOS €€€€
Ein »Dorf im Dorf« mit bunten Häusern, Gärten und Höfen. Die Zimmer sind individuell im provenzalischen Stil eingerichtet. Ebensolche Spezialitäten serviert das Restaurant B. am Pool. Das leger-freundliche Restaurant Cucina Byblos pflegt die Küche der Riviera (27 Av. Foch, Tel. 04 94 56 68 20); im Sommer ist die großartige Disco »Les Caves du Roy« ein beliebter Treff (dieselbe Adresse).
20 Avenue Paul Signac, Tel. 04 94 56 68 00, www.byblos.com

❷ LOU CAGNARD €–€€
Eine für normale Geldbeutel erschwingliche Oase: Charmantes provenzalisches Haus, ruhiger Garten unter schattigen Bäumen. Von Juni bis Sept. werden allerdings 7 Nächte Mindestaufenthalt verlangt.
18 Avenue Paul Roussel
Tel. 04 94 97 04 24
www.hotel-lou-cagnard.com

Ausflug zur Weinprobe

Ramatuelle

Auf der bergigen, bewaldeten Halbinsel (Presqu'île de Saint-Tropez) liegt 12 km südlich von Saint-Tropez dieser malerische Ort, durchrestauriert und sehr touristisch; die Weinberge der Umgebung liefern einen ausgezeichneten Côtes-de-Provence (►S. 31). Beeindruckend die runde Anlage, wobei die äußeren Häuser die Ringmauer bilden. Die romanische Kirche besitzt ein Portal aus Serpentin (1620). Nach dem Gang durch die mittelalterlichen Gassen kann man sich auf der Place de l'Ormeau »restaurieren«. Auf dem Friedhof ist der Schauspieler Gérard Philipe (1922–1959) beigesetzt; ihm zu Ehren findet Juli/August ein Theaterfestival statt. Westlich ragt der 326 m hohe **Moulins de Paillas** auf, der nach den

6X TYPISCH

Dafür fährt man in die Provence

1. ENTSPANNT

Die Cafés in **Cucuron** haben Blechtischchen unter die riesigen Platanen gestellt, das lange Wasserbecken sorgt ebenfalls für Kühle. Und auf der anderen Seite halten die Marktstände alles fürs Picknick bereit. (**▶ S. 196**)

2. SCHÖNER PLATZ

Weit geht der Blick bis zum Étang de Berre und über die Crau, auf der Terrasse speist man ungewöhnlich exotisch-mediterran, und dann nächtigt man im würdigen Ambiente der mittelalterlichen Abtei **Abbaye de Sainte-Croix bei Salon** (**▶ S. 290**)

3. OLÉ!

Arles ist im Fieber, wenn die Féria zu Ostern die Stierkampfsaison eröffnet. Man muss die spanische »Mise à mort« nicht mögen, wichtiger noch als das Geschehen in den Arènes ist die Festlaune drumherum. (**▶ S. 82/83**)

4. HOT & COOL

Keith Jarrett, Chet Baker und Ella Fitzgerald, alles, was Rang und Namen hat, hat hier schon gespielt oder gesungen. In der Pinède Gould, unterm Nachthimmel, findet der Sommer von Juan seinen Höhepunkt: **»Jazz à Juan« in Juan-les-Pins** (**▶ S. 67, 68**)

5. GOLDENER SAND

Kein Weg führt vorbei an den sStränden an der Ostküste von Saint-Tropez, **Tahiti und Pampelonne**. Für den Spaß in einer Bar oder einem Restaurant müssen Sie allerdings einen Teil der Reisekasse reservieren. (**▶ S. 283**)

6. IM HIER & JETZT

Trets, ein kleiner Ort mit null Tourismus, dafür einem Schloss (mit Vinothek) und einer Kirche nach Stauferart, am Hauptplatz eine Bäckerei mit vorzüglichen Croissants – und dann der Blick auf den Sainte-Victoire ... (**▶ S. 26, 64**)

Mühlen an seiner Südflanke benannt ist. Ein Sträßchen führt auf die Höhe mit wunderbarem Ausblick. Einen Abstecher lohnt das benachbarte **Gassin**, ebenfalls ein »village perché«. Östlich von Ramatuelle schiebt sich das **Cap Camarat** ins Meer vor; vom Leuchtturm geht der Blick über die Bucht von Pampelonne (nördlich) und die Plage de l'Escalet.

Ferienort vom Reißbrett

Port-Grimaud

Port-Grimaud 6 km von Saint-Tropez ist ein Musterbeispiel für einen neuzeitlichen Ferienort. 1966 entstand er, durchaus gelungen, nach dem Vorbild eines venezianischen Fischerdorfs (Autos bleiben draußen). Abends trifft man sich auf den Terrassen der Restaurants, die die Kanäle säumen, der Markt findet auf dem Hauptplatz nahe dem Entree 1 im Norden statt. Nach romanischen Vorbildern wurde die ökumenische Kirche gestaltet.

Hier kaufte Georges Brassens seine Pfeifen

Cogolin

In Cogolin, am Rand der Ebene von Port-Grimaud im ▶ Massif des Maures gelegen, werden Holz und Textilien verarbeitet, v. a. zu Möbeln aus Bambus, Schilfrohr etc., Teppichen und Pfeifen aus Bruyère, der Wurzel der Baumheide. Im Ort die hübsche Kirche Saint-Sauveur (11./16. Jh.) mit schönem geschnitztem Triptychon von 1540 – ihr Renaissance-Portal wurde aus dem hier typischen grünen Serpentin gefertigt – und ein Uhrturm, Rest der einstigen Befestigung.

Provence, perfekt restauriert

Grimaud

Auch das landeinwärts hoch über der Ebene von Cogolin gelegene »village perché« – hier siedelten schon keltische Ligurer – versetzt in ein tourismusförderndes Mittelalter. Zentrales Schmuckstück ist die Rue des Templiers mit eleganten gotischen Arkaden; romanisch schlicht zeigt sich die Kirche Saint-Michel (um 1090). Lohnender Aufstieg zu den Ruinen der Festung (11.–17. Jh., schöne Aussicht).

Familiärer Badeort

Sainte-Maxime

Von Port-Grimaud setzt sich die malerische Corniche des Maures nach Nordosten fort (der Verkehr ist meist höllisch). In Sainte-Maxime – mit guten Sandstränden, einem hübschen alten Kern und ziemlich viel Beton entlang der Küste – zeugt das Casino von mondäner Vergangenheit. In der »romanischen« Kirche von 1762 ein Marmor-Altar aus der Kartause La Verna in Italien, der Hauptaltar stand früher in der Chapelle de l'Annonciade in Saint-Tropez. Nordöstlich ragt der 127 m hohe Sémaphore auf. Im Musée de la Phonographie (ca. 10 km nördlich, nahe der D 25 jenseits des Col de Gratteloup) bezaubern über 300 alte Musikmaschinen und Tonwiedergabegeräte.

Musée de la Phonographie: Juni – Sept. Mi. – So. 10 – 12, 16 – 18 Uhr
Eintritt 4 €

SALON-DE-PROVENCE

Département: Bouches-du-Rhône | **Höhe:** 82 m | **Einwohner:** 45 000

Genießen Sie auf der Place Crousillat mit ihrem über und über bewachsenen Brunnen die Atmosphäre des hübschen Landstädtchens, das von einer mächtigen Festung dominiert wird. Doch erschrecken Sie nicht, wenn Düsenjäger über Ihren Kopf hinwegdonnern – hier übt der Nachwuchs der französischen Luftwaffe. Ein gewisses Renommee hat Salon auch als der Ort, an dem der berühmt-berüchtige Prophet Nostradamus wirkte.

Nostradamus und Savon de Marseille

Bis ins 19. Jh. lebte Salon, 35 km östlich von ►Arles am Rand der **Crau** gelegen, v. a. vom Handel und von der Produktion von Olivenöl und Seife, heute sind noch zwei »savonneries« tätig, Marius Fabre (►S. 290) und Rampal-Latour. Seinen Anfang nahm es als »Castrum Salonense«, das die Römer auf dem Hügel Valdemech errichteten. Aus Salon stammte **Adam de Craponne**, der bis 1554 den Kanal von der unteren Durance zur Crau erbaute, bis heute die Basis für das weitverzweigte Kanalsystem zwischen Durance, Rhône und Étang de Berre und Grundlage für Landwirtschaft und Industrie.

Als Nostradamus in der Nachbarschaft wohnte, war der Brunnen an der Place Crousillat wohl noch nicht überwachsen.

Nostradamus (Michel de Nostredame, 1503–1566) lebte ab 1547 in Salon, wo er seine berühmten »Prophéties« verfasste. Seit 1937 ist hier die Offiziersschule der französischen Luftwaffe ansässig, aus der auch die berühmte Kunstfliegerstaffel **Patrouille de France** hervorging.

Wohin in Salon?

Keine Kaiser-Festung

Château de l'Empéri

Die stadtbeherrschende, 170 m lange Festung, eine der besterhaltenen und größten in der Provence, wurde ab dem 10. Jh. von den offenbar recht weltlich orientierten Erzbischöfen von Arles erbaut und bis ins 16. Jh. erweitert. Der Name »Burg des Reichs« rührt daher, dass Salon mit der Provence 1032 zum Heiligen Römischen Reich kam. Bemerkenswert ist die schöne Kapelle Sainte-Cathérine (12. Jh.). Im **Musée de l'Empéri** illustriert eine reiche, interessante Sammlung – insbesondere von Uniformen – die Geschichte der französischen Armee von Ludwig XIV. bis zum Ende des Ersten Weltkriegs. Bei den **Kammerkonzerten** Ende Juli, Anf. Aug. im stimmungsvollen Innenhof spielen Musiker von Weltrang.

Mai–Sept. Di.–So. 10–12.30, 14–18 Uhr | Eintritt 5,50 €

Romanik mit Besonderheiten

Saint-Michel

Östlich des Schlosses, an der zentralen Place des Centuries, macht die Kirche Saint-Michel mit einer ungewöhnlichen Glockenwand auf sich aufmerksam. Ungewöhnlich ist auch das romanische Portal mit einem aus Reliefplatten zusammengesetzten **Tympanon**: in der Mitte oben der Erzengel Michael mit zwei Schlangen, darunter das Lamm mit dem Kreuz, Symbol des auferstandenen Christus. Blickfang im frühgotisch gestalteten Inneren ist der große vergoldete Altar aus dem 17. Jh.

Freundliches Städtchen, pessimistischer Seher

Altstadt

Die **Porte Bourg-Neuf** nordöstlich von Saint-Michel blieb von der Befestigung des 13. Jh.s. übrig, die für den Straßenring um die Altstadt weichen musste. Rechts des Tors ein Brunnen mit dem Standbild von Adam de Craponne und das hübsche Rathaus (1658). Im Wohnhaus von **Nostradamus** zeichnet man das Leben des Arztes und Propheten nach, u. a. mit einer Nachbildung seiner Studierstube und alten Ausgaben seiner Schriften. Durch die **Porte d'Horloge** (Mitte 17. Jh.) – über dem Tor das erzbischöfliche Wappen – gelangt man nördlich zur **Place Crousillat** mit ihrem überwachsenen Brunnen. In ihrer radikalen Schmucklosigkeit ist die Dominikanerkirche **Saint-Laurent** (1344–1480) im Norden der Altstadt ein hervorragendes Zeugnis der provenzalischen Gotik. Innen eine Madonnen-

statue aus Alabaster (16. Jh.), ein Steinrelief (»Kreuzabnahme«, 15./16. Jh.) und das neuzeitliche Grab des Nostradamus.
Maison de Nostradamus: Mai–Sept. Di.–So. 13.30–18 Uhr
Eintritt 5,50 €, mit Château de l'Empéri 8 €

Natürlich gepflegt mit Olivenöl

Savonnerie Marius Fabre

Im Jahr 1760 stellten im Raum Marseille 28 Manufakturen aus Olivenöl und Kräutern 9000 t der berühmten »Seife von Marseille« her. Seit 1900 produziert Marius Fabre nach Rezepten aus der Zeit Ludwigs XIV. die in aller Welt begehrten duftenden Blöcke, in Grün und in Schwarz (!) sowie in Weiß zum Wäschewaschen. Hier bekommen Sie einen Einblick in die Herstellung, im Laden können Sie einkaufen (auch viele andere Seifen- und Kosmetikprodukte), das Museum erzählt mehr von der Geschichte des Hauses.
148 Avenue Paul Bourret (westlich der Altstadt) | Museum & Laden April–Sept. Mo.–Sa. 9.30–12.30, 14–19, sonst bis 18 Uhr | Führungen Juli/Aug. Mo.–Fr. 10.30, 14.30, sonst Di., Do. 10.30, Mi. 14.30 Uhr
Eintritt frei | www.marius-fabre.com

SALON-DE-PROVENCE ERLEBEN

OFFICE DE TOURISME
249 Place Morgan
13300 Salon-de-Provence
Tel. 04 90 56 27 60
www.visitsalondeprovence.com
www.salondeprovence.fr

Im Sommer viele Termine: Jazz, klassische Musik – u. a. im Hof des Château und in Saint-Michel (festival-salon.fr) –, Theater, Volksfeste etc.

ATELIER SALONE €€
Die mediterran-provenzalische Küche im Bistro des Gourmetrestaurants Villa Salone ist etwas erschwinglicher, für beide verantwortlich zeichnet Küchenchef Alexandre Lechêne.
6 Rue du Maréchal Joffre, Tel. 04 90 56 28 01, Mo., So.- und Di. abend geschl.

GRAND HÔTEL DE LA POSTE €
Beste Lage mittendrin: Poststation aus dem 19. Jh., jüngst hübsch modernisiert. Freundliche, familiäre Atmosphäre. Ringsum gibt es gute Restaurants, daher nicht immer ganz ruhig. Billiges Parkhaus in der Nähe.
1 Rue Frères J. & R. Kennedy
Tel. 04 90 56 01 94, www.salondeprovencehotel.com

ABBAYE DE SAINTE-CROIX €€€€
Feine, innovative Cuisine provençale genießen Sie auf der schattigen Terrasse bei umwerfender Aussicht: Eine Abtei des 12. Jh. wurde zum geschmackvoll gestalteten Hotelrestaurant – vielleicht einer der bezauberndsten Plätze in der Provence.
Route du Val de Cuech (4 km nordöstlich von Salon, D 16)
Tel. 04 90 56 24 55
www.garrigae.fr

Rund um Salon

Weinort mit Aussicht

Cornillon-Confoux

Wenige Kilometer südlich von Salon dehnt sich der Étang de Berre aus (▶Côte Bleue). Am Weg dorthin thront auf 120 m hohem Felsrücken dieser authentische Ort, der für seinen Wein bekannt ist; von hier hat man einen prachtvollen Blick auf den Étang, den Luberon und bis zum Mont Ventoux. Zu beachten das Schloss (17. Jh.) und die »starke« Kirche aus dem 12. Jh. (moderne Fenster von F. Duran).

Versteckte Idylle

Saint-Chamas

Am Étang de Berre 3 km südwestlich von Cornillon liegt der Fischer- und Sporthafen Saint-Chamas. Kurios: Der Ort ist vom Étang durch einen schmalen Bergrücken getrennt, auf dem ein Kanal verläuft; auf einem **Aquädukt mit Uhrturm** überquert der Kanal eine Lücke in der Barriere. Einen Blick wert sind die Kirche (17. Jh.), die vorgeschichtlichen Wohnhöhlen und westlich des Orts der 2000 Jahre alte, gut erhaltene **Pont Flavien**, auf dessen pompösen Portalen sich vier Löwen strecken.

★ SISTERON

Départ.: Alpes-de-Haute-Provence | **Höhe:** 485 m | **Einwohner:** 7600

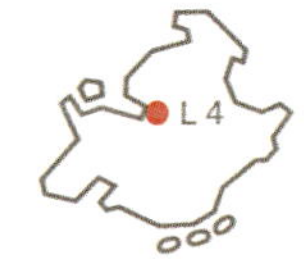

Wer auf der Route Napoléon gen Süden strebt, erlebt es: Dramatischer und symbolträchtiger hätte die Natur das »Tor zur Provence« nicht gestalten können. Seit römischen Zeiten ist Sisteron ein strategisch wichtiger Ort, da sich hier die Durance ihren Weg durchs Gebirge gebahnt hat.

Auf seinem Zug von Elba nach Paris konnte Napoleon am 4./5. März 1815 die Engstelle – ein kritischer Moment – unbehelligt passieren, aber er hetzte nach dem Frühstück weiter ... Schon die Kelten hatten an der Stelle den Ort Segustero gegründet, unter Kaiser Augustus nahmen römische Truppen den Platz ein. Und zuletzt bombardierten im August 1944 die Alliierten Sisteron (über 300 Tote), um die deutsche Wehrmacht zu vertreiben. Man sollte sich etwas mehr Zeit nehmen als Napoleon und durch die Altstadt mit schönen Häusern und Portalen aus dem 16./17. Jh. streifen; ein Rundweg durch die malerischen, teils überwölbten Gassen (»andrônes«) ist markiert. Letztere und die Zitadelle spielen auch in dem Krimi »Le Secret des Andrônes« von Pierre Magnan eine tragende Rolle.

Napoleon hielt sich nicht lange auf am »Tor zur Provence«.

Kulinarischer Hochgenuss

Lamm von Sisteron

Auf den Speisekarten des Orts stehen allerlei Gerichte vom Lamm, von Terrinen über gefülltes Filet und geschmorte Keule bis zu den berühmten Pieds & paquets (Füße und Magen in würziger Tomatensauce, auch um Marseille eine Spezialität). So oder so, das außerordentlich zarte und aromatische Fleisch sollte man sich nicht entgehen lassen. Die Lämmer werden extensiv gehalten, in der Crau, auf Wiesen und Almen in den Alpen, und im Alter von 70–150 Tagen geschlachtet. Der Schlachthof von Sisteron verarbeitet als einziger in Frankreich nur Schafe (ca. 0,5 Mio. im Jahr). Man achte auf die Etiketten »Agneau de Sisteron«, »Label Rouge« und »IGP«.

Wohin in Sisteron und Umgebung?

Wächter am Tor zur Provence

Zitadelle

Höchst eindrucksvoll thront die Zitadelle über dem Durchbruch der Durance. Von der Burg, an der im 12., 16. und 19. Jh. gebaut wurde, konnten die Engstelle und damit das nördliche und südliche Hinterland kontrolliert werden. Der größte Teil ist das Werk von Jean Errard, Festungsbaumeister König Heinrichs IV. Besonders von den höchsten Zinnen und vom Vorwerk »Guérite du Diable« bietet sich ein fantastischer Blick hinüber zum **Rocher de la Baume**, der die andere Seite der Engstelle bildet – die Erosion hat die senkrecht gestellten Gesteinsschichten freigelegt –, sowie nach Norden zu den Alpen der Dauphiné.

21. März – 11. Nov. tgl. 9 – max. 19.30 Uhr | Eintritt 7,10 €

Gassengewirr unter der Zitadelle

Altstadt

Zentrum der südlichen Unterstadt ist die einstige Kathedrale **Notre-Dame-des-Pommiers** (1160–1220); wie viele Kirchen im Gebiet der Alpen zeigt sie lombardischen Einfluss. Einen näheren Blick verdienen die bizarren Figuren am Portal, die Kapitelle der Halbsäulen im Schiff und die Altarbilder von Mignard (1643), Van Loo, Coypel und anderen. Die Zeiten der Erde und ihre Messung sind das ungewöhnliche Thema des **Musée Terre & Temps** im Visitantinnenkonvent östlich der Kathedrale. Die drei Türme mit hufeisenförmigem Grundriss südlich der Kathedrale gehörten zur **Stadtmauer** (um 1370). Im Sommer ist die Badelandschaft des **Plan d'Eau** zwischen der Altstadt und der Durance sehr beliebt (Eintritt frei), dort gibt es auch einen Platz zum Picknicken und Grillen.

Musée Terre & Temps: Juli/Aug. Di.–Sa. 10.30–12.30, 14.30–18.30, Anf. Mai bis Ende Juni und 3.–21. Sept. 14.30–18 Uhr | Eintritt frei

SISTERON ERLEBEN

OFFICE DE TOURISME
Place de la République
Hôtel de Ville, 04200 Sisteron
Tel. 04 92 61 36 50
www.sisteron-buech.fr

Ein großer Termin ist die Fête de l'Agneau anlässlich des Alpauftriebs um den 20. Mai mit kulinarischem und folkloristischem Programm. Mitte Juli bis Mitte Aug. Nuits de la Citadelle (Musik, Tanz, Theater). Markt ist Mi. und Sa. vormittags auf der Place de l'Horloge.

AU ROMARIN €–€€
Traditionelle Küche mit Produkten kleiner örtlicher Erzeuger, freundlich serviert in alten Gewölben oder auf der Terrasse. An der Hauptachse der nördlichen Altstadt gelegen.
103 Rue Saunerie
Tel. 04 92 34 88 04, Di. geschl.

LE SEGUSTERO €–€€
Schön umgebauter Bauernhof mit Gewölbesaal und Innenhof. Genießen Sie Gerichte aus der modernen französisch-provenzalischen Küche.
7 Allée des Frênes, Tel. 04 92 34 75 59, So.abend, Mo. geschl.

LA CITADELLE €
Schlichtes, jüngst schön renoviertes Hotel mit spektakulärem Ausblick auf den Durance-Durchbruch. Im familiären Restaurant wird sehr gut provenzalisch gekocht.
126 Rue Saunerie, Tel. 04 92 61 13 52, www.hotel-lacitadelle-sisteron.com

LA MAGNANERIE €–€€
Zeitgenössisch elegantes Bistro mit einer Küche »zwischen Tradition und Modernität«, auf regionale Produkte wird Wert gelegt. Komfortable, etwas »originell« gestaltete Gästezimmer.
Aubignosc-Les Fillières (N 85, 8 km südlich von Sisteron), Tel. 04 92 62 60 11, Mo., Di. geschl.

Land Art im Provinzkurort

Digne-les-Bains

In den Voralpen gut 50 km südöstlich von Sisteron liegt der wenig attraktive Thermalkurort Digne (16 900 Einw.), eine Metropole des Lavendelanbaus und Zentrum der Réserve Géologique de Haute-Provence (berühmte Fossilien, v. a. um Barles und Barrème). Die Altstadt gruppiert sich um den Hügel mit der **Kathedrale Saint-Jérôme** (1490, 1851 umgestaltet). Nördlich, am platanengesäumten Blvd. Gassendi, das ehrwürdige **Musée Gassendi**, ein modernes »Kuriositätenkabinett« mit Gemälden wenig bekannter Künstler des 17. Jh.s und einem Andy Goldsworthy gewidmeten Geschoss. Der Brite (*1956) setzt **Kunstwerke in die Landschaft**, auch in der bergigen Umgebung von Digne. Mittwochs und samstags werden der Blvd. Gassendi und die Place du Général de Gaulle zum Markt. Die düstere romanische Kirche Notre-Dame-du-Bourg (13. Jh.) nordöstlich an der D900 besitzt Reste von Wandmalereien des 14.–16. Jh.s. und in der Krypta einen merowingischen Altar (5. Jh.). 2 km nördlich der Altstadt das **Musee-Proménade**, ein »Openair-Museum« u. a. mit Skulpturenpark in schöner Landschaft. Im Haus der berühmten Asienforscherin **Alexandra David-Néel** (1868–1969) lernt man ihr ungewöhnliches Leben kennen.

Musée Gassendi: 15. Mai–Sept. Mi.–Mo. 11–19, sonst 9–12, 13.30 bis 17.30 Uhr (Sa./So. nur nachmittags) | Eintritt 6 €

Musée David-Neel: 27 Avenue du Maréchal Juin (N 85) | Di.–So. April–Nov. 10–18, sonst 14–17 Uhr | Eintritt 6 €, mit Führung 8 €

TARASCON

Département: Bouches-du-Rhône | **Höhe:** 9 m | **Einwohner:** 15 500

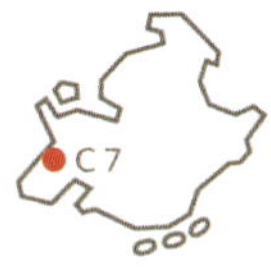

Im Juni ist in Tarascon – nein, nicht der Teufel los, sondern ein schreckliches Untier, die in der Rhône lebende Tarasque, die vor Urzeiten von der hl. Martha gezähmt wurde. Die Einwohner der Stadt erweisen sich heute als nicht weniger festfreudig als der kunstsinnige Gute König René, der das Fest der Tarasque im Jahr 1474 ins Leben rief.

Fabelhafte Vergangenheit

Seither ist die Tarasque das Wappentier der Stadt am Ostufer der Rhône auf halbem Weg zwischen Avignon und Arles, in der das Gemüse und Obst aus der Gegend vermarktet wird. Nicht ganz so exotisch ist die zweite Berühmtheit von Tarascon: **Tartarin de Tarascon**, der von Alphonse Daudet (▶ S. 348) nach einem realen Vorbild geschaffene Romanheld. Klein und untersetzt, schwarzbärtig und

In Tarascon – im Hintergrund das Schloss – geht's gefahrlos über die Rhône. Die Tarasque ist schon lange gezähmt.

von gar kriegerischem Mut, doch eher geneigt, seine Abenteuer nur zu ersinnen, und nicht zuletzt dem Wohlleben ergeben, gilt er vielen als liebenswerte Verkörperung des Provenzalen.

Wohin in Tarascon?

Das Schloss des Guten Königs

Château du Roi René

Blickfang an der Rhône (Blvd. du Château, nördlich der Straßenbrücke), ist das festungsartige **Schloss**, erbaut von den Herzögen der Provence Ludwig II. von Anjou (ab 1400) und dessen Sohn Ludwig III. (1428–1435). Der andere Sohn, bekannt als der »Gute König« René, ließ es bis 1449 zur Residenz ausbauen, die zum Zentrum provenzalischer Kultur wurde; entsprechend prachtvoll ist es ausgestattet (ein interessantes Detail ist der Abtritt in der Chambre du Roi, der über der Rhône hängt). Ein Schmuckstück ist auch die Apotheke aus dem alten Hospital (1742). Der großartige Ausblick von der Dachterrasse geht u. a. über die Montagnette, die Alpilles, die Crau im Süden und zum Mont Ventoux im Nordosten.

Mai–Sept. tgl. 9.30–12.30, 13.45–18.30, sonst Di.–So. 9.30–12.30, 14–17 Uhr | Eintritt 8 €

Mittelalter, pittoresk verblichen

Altstadt

Die Altstadt mit ihren engen, winkeligen Gassen und malerischen Häusern lohnt einen Rundgang. Gegenüber dem Schloss führt die Rue du Château durch die Juiverie, das alte Ghetto. An der Place du Marché das elegante Rathaus (17. Jh., zu Bürozeiten kann man die Salles des Consuls ansehen). Die von hier südlich abgehende **Rue des Halles** ist von hübschen Arkadenhäusern des 15. Jh.s gesäumt (am Dienstag großer Markt). Im zweistöckigen Kreuzgang der Cordeliers (16. Jh., Place F. Mistral) kann man eine Ausstellung ansehen und Tartarin näherkommen. Am Rückweg zum Schloss noch ein Besuch bei der hl. Martha, d. h. in der romanisch-gotischen Kollegiatkirche **Sainte-Marthe** (12./14./15. Jh.). Die Figuren im beachtlichen romanischen Südportal wurden in der Revolution beschädigt; die Gemälde drinnen (Mignard, Van Loo, Parrocel u. a.) kommen in der dunklen Kirche leider kaum zur Geltung. In der Krypta von 1197 der Sarkophag (3. Jh.) der hl. Martha, deren Reliquien in Tarascon gefunden wurden – und seit dem 12. Jh. verschwunden sind.

TARASCON ERLEBEN

OFFICE DE TOURISME

Le Panoramique, Avenue de la République, 13150 Tarascon
Tel. 04 90 91 03 52
www.tarascon.org

Mitte Juni: Fête de la Musique. Letztes Juni-Wochenende, Fr.–Mo.: Fest der Tarasque und der hl. Martha mit viel Folklore, Umzügen und Stierkämpfen. Um den 10. Juli: Feria de la Jouvènço. Samstage im August: Festival des Musiques du Monde.

LE MISTRAL €–€€

In hübsch schnörkeligem, nostalgischem Ambiente verwöhnt »Maître Restaurateur« Christian Chay mit feiner Küche der Provence.
26 Blvd. Itam
Tel. 04 90 91 27 62, So. geschl.

LE COMPTOIR DES GOURMETS €

Lust auf etwas Unkompliziert-Feines aus regionalen (Bio-)Produkten? In der Épicerie beim Bahnhof – mit etwas nüchternem Ambiente – kann man sich auch bestens für ein Picknick eindecken.
18 Pl. Colonel Berrurier, Tel. 04 90 47 73 23, geöffnet Mo., Di. 9.30–14, Mi.–Sa. 9.30–19 Uhr

LA BASTIDE DE BOULBON €€€

Eine wunderschöne, edle Bleibe ist das Palais von 1850, geschmackvoll modern gestaltete Gästezimmer. Mi. & So. wird zum Dîner geladen, Mo., Do., Fr. zum feinen Abendimbiss. Mit Pool im gepflegten Park.
Boulbon, Rue de l'Hôtel de Ville
7 km nördlich von Tarascon (D35), Tel. 04 90 93 11 11
Geöffnet Mitte April – Mitte Okt.
www.labastidedeboulbon.com

Provence zum Mitnehmen

Souleïado

In ihrer einstigen Produktionsstätte, dem superben Hôtel d'Aiminy (17. Jh.), unterhält die für ihre schönen **provenzalischen Stoffe** (»Indiennes«) bekannte Firma Souleïado ein wunderbares Museum; nicht weniger angezeigt ist ein Besuch der Boutique. Für die Weiblichkeit sowieso (vom Rock bis zur Tasche gibt es alles), aber auch die Herren der Schöpfung sollten sich nicht zieren: So extravagante, lässige Hemden, Jacken und Krawatten sind sonst kaum zu finden. Im Sommer hat der Salon de Thé geöffnet.

39 Rue Charles Deméry (östliche Altstadt) | Musée: April–Okt. Mo.–Sa. 10–19, sonst bis 18.30 Uhr | Eintritt 7 € | www.souleiado.com

Rund um Tarascon

Seit dem Mittelalter bekannte Handelsmesse

Beaucaire

Das gegenüber von Tarascon an der Rhône gelegene Städtchen gehört zur Région Languedoc-Roussillon und war einst für die seit dem 11./12. Jh. bestehende Messe Foire de la Madeleine berühmt Sie ist heute noch der große Festtermin, vom 21. bis zum 28. Juli gibt es Umzüge, ein Weinfest, diverse Musik und Stierkämpfe. Die hübsche Altstadt liegt nördlich des Rhône-Sète-Kanals; zu beachten das von J. Hardouin-Mansart erbaute Rathaus (1683) und die Burgruine (13./14. Jh.) über der Stadt mit schöner Aussicht.

Höhlenkloster an der Rhône

Abbaye Saint-Roman

Etwa 5 km nördlich von Beaucaire ist über der Rhône die Abbaye Troglodytique Saint-Roman in den Felsen gebaut (5. Jh.). Anfahrt: Dem Sträßchen parallel zur D 986 L folgen; vom Parkplatz 15 Min. zu Fuß. Vom Gipfel des Hügels (bei der Abzweigung von der D 986 L geradeaus den Berg hinauf) herrlicher **Ausblick** über 40 km Rhône von Avignon bis Arles (Kraftwerk Fourques), über die Bergketten der Montagnette und der Alpilles sowie Tarascon und Beaucaire.

Abtei im Thymian

Saint-Michel-de-Frigolet

In der kräuterduftenden, pinienbestandenen **Montagnette** versteckt sich 11 km nordöstlich von Tarascon die im 10. Jh. gegründete Abtei Saint-Michel-de-Frigolet (von »ferigoule« für Thymian). Ab 1858 wurde sie durch die Prämonstratenser in disneyhaftem Mittelalterstil neu errichtet. In der neogotischen Kirche – ungewöhnlich bunt, nach Art der deutschen Romantik – ist die Chapelle de Notre-Dame-du-Bon-Remède aus dem 11. Jh. erhalten, die von einer **vergoldeten Holztäfelung** mit Gemälden aus der Werkstatt von Nicolas Mignard (17. Jh.) umhüllt ist. Sie war ein Geschenk der Anna von Österreich, die hier und an anderen Orten um einen Sohn gebetet hatte – das unverhoffte Ergebnis war Ludwig XIV., der Sonnenkönig.

TOULON

Département: Var | **Hauptstadt des Départements**
Höhe: 0 – 584 m | **Einwohner:** 179 700

Zuerst sollte man vielleicht auf den Mont Faron hinauffahren: Der Blick von oben enthüllt, warum die von einer Halbinsel geschützte Bucht von Toulon als eine der schönsten der Welt gilt. Und warum die Geschicke der Stadt bis heute von ihrer Rolle als Marinestützpunkt bestimmt werden.

Toulon war lange das »Aschenputtel« der Côte d'Azur, an deren südwestlichem Ende es liegt. Es hat eine ganze Zeit gedauert, bis die im Zweiten Weltkrieg zur Hälfte zerstörte und danach hastig reparierte Stadt ihren früheren Charme einigermaßen wiedererlangte. In den 1960er-Jahren entstanden große moderne Außenbezirke, während die Innenstadt verfiel; doch dann hat man sich besonnen, und heute besitzt die Stadt – insbesondere in der Basse Ville – wieder eine geschäftig-gemütliche, »provenzalische« Atmosphäre.

Toulon gestern und heute

Mit der Provence kam Toulon 1487 zu Frankreich und wurde – durch die Lage an der großen geschützten Bucht zum Militärhafen prädestiniert – ein bedeutender Flottenstützpunkt, der dann unter König Ludwig XIV. massiv ausgebaut wurde. In der Französischen Revolution paktierte die Stadt mit den Briten, weshalb sie von der Revolutionsarmee erobert wurde; dabei zeichnete sich ein 23-jähriger Leutnant namens Napoleon Bonaparte besonders aus – der Beginn seiner steilen Karriere. Im Zweiten Weltkrieg war Toulon Basis der französischen Mittelmeerflotte, im November 1942 wurde die Stadt von den Deutschen besetzt, die französische Flotte versenkte sich dann am 27. November. Weitere Zerstörung brachten alliierte Luftangriffe 1943/1944. Heute ist die Hauptstadt des Départements Var, Zentrum einer Agglomeration mit knapp 600 000 Einwohnern, ein bedeutender Handels-, Fähr- und Fischereihafen; Hauptarbeitgeber mit ca. 12 000 Beschäftigten ist die Marine, sonst spielen Schiffsbau, Rüstungsindustrie und Blumenzucht eine Rolle.

Wohin in Toulon?

Maritime Welt, ziviler Teil …

Hafen

Wie in allen Häfen flaniert man gern entlang der **Darse Vieille** (Altes Hafenbecken), in der Jachten und Sportboote dümpeln. Die Häuserfront am Quai wurde nach dem Zweiten Weltkrieg wieder aufgebaut;

Entspannte Atmosphäre am Alten Hafen

an der Mairie d'Honneur haben die Atlanten (1657) vom zerstörten alten Rathaus, die der bedeutende Marseiller Bildhauer Pierre Puget (1620–1694) schuf, ihre neue Heimat gefunden. Diese Atlanten wurden in der Provence immer wieder nachgeahmt, etwa am Cours Mirabeau in ▶ Aix-en-Provence, blieben aber in ihrer kraftvoll-lebendigen Wirkung unerreicht. Das **Musée National de la Marine**, das man durch die grandiose Porte de l'Arsenal von 1738 betritt, zeichnet mit alten Schiffsmodellen, Zeichnungen, Fotos u. a. m. die maritime Geschichte Frankreichs am Mittelmeer nach.

Musée de la Marine: Juli, Aug. tgl., sonst Mi.–Mo. 10–18 Uhr | Eintritt 6,50 €

... und militärischer Teil

Militärhafen

An der 1680–1700 angelegten **Darse Neuve** dehnen sich die Anlagen der Kriegsmarine aus. Hier lag der berüchtigte Bagno, das Gefängnis, das von 1748 bis 1874 existierte; bis zu 4000 Gefangene arbeiteten hier. Die Marinebasis ist nicht zugänglich, aber man kann wenigstens bei einer Hafenrundfahrt vom Wasser her den 262 m langen Flugzeugträger »Charles de Gaulle« und andere Schiffe bestaunen.

Basse Ville und Haute Ville

Altstadt

Von der Mairie d'Honneur führt die schmale, lebhafte Einkaufsachse Rue d'Alger/Rue Hoche nach Norden ins Herz der Altstadt (Basse Ville), zur hübschen **Place Puget** mit der Fontaine des Trois Dauphins von 1782 (über 200 Brunnen schmücken die Stadt). Die Rue Raimu – benannt nach dem 1883 in Toulon geborenen Schauspieler Raimu (J. Muraire) – bringt zur Place Victor Hugo mit der großartigen, von Charles Garnier entworfenen **Oper** (1862). In der Rue Landrin und auf dem Cours Lafayette findet Di.–So. vormittags der große **pro-**

TOULON ERLEBEN

OFFICE DU TOURISME

12 Place Louis Blanc
83000 Toulon
Tel. 04 94 18 53 00
toulontourisme.com

Hafenrundfahrten und Boote zur Insel Porquerolles, nach La Seyne und Saint-Mandrier fahren vom Quai Cronstadt, Fähren nach Korsika und Sardinien vom südöstlichen Hafenbecken, Kreuzfahrtschiffe von La Seyne.

❶ LES RÉGATES €€

Stilvoll-modernes Lokal am Sportboothafen, mit großen Fenstern und Terrasse für den Blick. Exzellente südfranzösische Gerichte, vom Land und aus dem Meer.
Toulon, Quai des Sous-Mariniers
Tel. 04 94 41 55 55, So.abend, Mo., Mi.abend geschl.

❷ LES TÊTES D'AIL €

Einladendes, »junges« Lokal. Auf der kleinen Karte stehen feine Gerichte der Provence.
Toulon, 22 Rue des Bonnetières
Tel. 04 94 62 07 64
Okt.–Mai So.abend, Mo. geschl.

❸ AU SOURD €€

Für Fischliebhaber ist das recht gediegene Restaurant seit langem »die« Institution in Toulon. Mit Terrasse.
Toulon, 10 Rue Molière
Tel. 04 94 92 28 52
So./Mo. geschl.

❹ DE LA TERRE AU VIN €€

Eine große Weinauswahl und vorzügliche Küche der Provence bietet das winzige Bistro nördlich des Hafens.
Bandol, Rue du 8 Mai 1945
Tel. 04 94 25 03 16 (reservieren)
Mo., Di., Do.–Sa. ab 19 Uhr

❶ GRAND HÔTEL DAUPHINÉ €

Freundlich-familiäres Hotel mit modernen Zimmern, in der Fußgängerzone nahe der Oper gelegen (Zufahrt zum Gepäckausladen möglich).
Toulon, 10 Rue Berthelot
Tel. 04 94 92 20 28
www.grandhoteldauphine.com

❷ LA CORNICHE €€–€€€

Modernes, gepflegtes Best-Western-Haus am Bootshafen von Mourillon, mit großzügigen, bestens ausgestatteten Gästezimmern.
Toulon, 17 Littoral F. Mistral
Tel. 04 94 41 35 12
www.hotel-corniche.com

venzalische Markt statt, den Gilbert Bécaud besungen hat, auch er ein Sohn der Stadt. Unlängst restauriert wurde die Markthalle von 1929. In der Kathedrale **Sainte-Marie-de-la-Seds** mischen sich die Stile: ein typisch provenzalischer Turm (1740), hinter der klassizistischen Fassade (1700) ein frühgotischer Bau des 11./12. Jh.s mit barocker Ausstattung. Das **Musée d'Histoire de Toulon** illustriert mit Plänen, Dokumenten, Gemälden, Fotos die Stadtgeschichte. Im unteren, hafennahen Teil des Cours Lafayette haben Klamotten-, Haushaltswaren- und auch Fischhändler ihre Stände.

Nordwestlich der Altstadt eine ganz andere Szenerie, die **Haute Ville**, die im 19. Jh. von Baron Haussmann neu angelegt wurde (er war bis 1851 Präfekt des Départements und gestaltete später Paris um). Besonders prachtvoll die **Place de la Liberté** mit dem Monument de la Fédération und dem Grand Hôtel (1869, heute Théâtre Liberté). Weiter westlich lernt man im **Musée d'Art** provenzalische Maler des 17.–20. Jh.s kennen, ausgestellt sind auch Werke international renommierter Künstler und Fotografen des 20. Jahrhunderts.

Musée d'Histoire: 10 Rue Saint-Andrieu, Mo.–Sa. 14–18 Uhr | Eintritt frei | **Musée d'Art:** 113 Blvd. Leclerc, Di.–So. 12–18 Uhr | Eintritt frei

Das »feine« Viertel der Stadt

Mourillon

Im südöstlichen Stadtteil Mourillon, im 19. Jh. für Marineoffiziere geschaffen, sorgen Restaurants und Bars für das sonst in Toulon nicht existente Nachtleben. Von der Tour Royale (1514) auf der Landspitze hat man einen tollen Blick. Zu allen Jahreszeiten vergnügen sich die Einheimischen an den Stränden östlich des Fort Saint-Louis (1707). Die reizvolle **Corniche de Gaulle** führt an der Grande Rade nach Osten, zum Jardin d'Acclimatation (Botanischer Garten) und zum **Cap Brun** (103 m, schöne Aussicht). Nehmen Sie dann den »Sentier des Douaniers« unter die Füße, den alten Zöllnerpfad unterhalb der Küstenstraße; er bringt über die Batterie Basse zu den romantischen Badebuchten Méjean und Magaud mit Restaurants und Bars.

Von oben erkennt man die Vorzüge des Naturhafens von Toulon.

Toulon von oben

Mont Faron

Ein Ausflug auf den 584 m hohen Mont Faron nördlich der Stadt ist Pflicht in Toulon. Die Corniche Marius Escartefigue, die prachtvolle Ausblicke eröffnet – besonders frühmorgens und kurz vor Sonnenuntergang –, führt zum Boulevard Amiral-Vence. Von dort auf der abenteuerlich schmalen, steilen Straße oder mit der Kabinenbahn zum Gipfel. Ihn krönt das **Mémorial du Débarquement**, ein Festungsbau von 1845, in dem die Landung der Alliierten im August 1944 dokumentiert wird. Einen grandiosen Blick hat man vom Dach.

Mémorial: Juni–Sept. tgl. 10–12.30, 13.15–18.30, sonst bis 17.15 Uhr
Eintritt 6 €

Rund um Toulon

Berühmter Exilort

Sanary-sur-Mer

Bewaldete Hügel umgeben den Ort 12 km westlich von Toulon, einst Fischerhafen, heute beliebtes Ausflugs- und Ferienziel. Im Hafen sorgen typische Fischerboote mit spitz zulaufendem Bug und Heck, die »pointues«, für mehr Flair. Bevor Frankreich in den Zweiten Weltkrieg eintrat, strömten in Sanary über 500 deutschsprachige Oppositionelle und Geistesgrößen zusammen, die auf ein baldiges Ende der Naziherrschaft hofften; einige konnten nach Übersee emigrieren, viele wurden in Les Milles (▶ S. 64) interniert. Sie trafen sich im Hotel de la Tour am Hafen, das mit seiner bürgerlichen Gediegenheit auch heute zu empfehlen ist (24 Quai Gén. de Gaulle, Tel. 04 94 74 10 10). Ein beschilderter Rundweg folgt ihren Spuren, veranstaltet werden Lesungen und Ausstellungen zum Thema »Exil in Sanary« (Info im Tourismusbüro). Von der im Westen erhöht stehenden Kapelle Notre-Dame-de-Pitié (1560) hat man einen schönem Ausblick.

Strände und Wein

Bandol

An einer hübschen Bucht zwischen Toulon und Marseille liegt Bandol mit Spielcasino, schönen Stränden und Jachthafen sowie reizvollen Uferpromenaden mit Palmen und Pinien. In der Umgebung wächst hervorragender Wein (AOC, maisondesvins-bandol.com). Den können Sie in der Oenotheque am Ostende des Quai de Gaulle sowie im Bistro »De la Terre au Vin« nördlich des Hafens testen (▶ S. 300).

Der Freizeitpark des Pastis-Herstellers

Ile de Bendor

Erst ab 2026 setzen wieder Schiffchen von Bandol zur Île de Bendor über, einem Felseneiland 1 km vor der Küste im Besitz von Paul Ricard (https://iledebendor.com). Wenn sich die Natur erholt hat, sollen das Musée des Vins et des Spiritueux, ein Zoo, das Meerwasserschwimmbad und das Centre de Plongée (Tauchsportzentrum) wieder zugänglich sein.

Im wilden Hinterland

Gorges d'Ollioules

Unweit nördlich von Ollioules, ca. 8 km westlich von Toulon, hat der Fluss Reppe eine Schlucht mit bizarren Felsformationen geschaffen. Über der Schlucht steht auf schroffen Vulkanfelsen das »village perché« **Evenos** mit den Resten einer Burg, deren Wehrturm ebenso wie die alten Häuser aus Basaltblöcken erbaut ist. Vom Weg um den Ort hat man herrliche Ausblicke auf die Küste und in die Schlucht.

★ VAISON-LA-ROMAINE

Département: Vaucluse | **Höhe:** 200 m | **Einwohner:** 5900

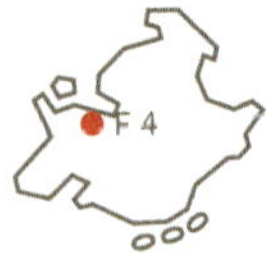

Ein schlichtes Städtchen mit angenehmer Atmosphäre, wie es die Provence-Werbung nicht besser erfinden könnte. Und das, wobei eindrucksvolle Zeugnisse aus römischer Zeit und der nahe ▶Mont Ventoux schon für reichlich Besucher sorgen.

Auf dem Boden geblieben

Die Grande Rue und die Place Montfort, Ausgrabungen und eine Brücke aus römischer Zeit sowie eine romantische Oberstadt mit Burgruine, das macht im Wesentlichen Vaison aus. Im 4. Jh. v. Chr. lag hier, im fruchtbaren Tal der Ouvèze, der Hauptort der keltischen Vocontier, die sich nach der Eroberung mit Rom verbündeten. Als Vasio Vocontiorum prosperierte der Ort über fünf Jahrhunderte; die er-

SANGESLUST

Als »Cité chorale européenne« besitzt Vaison ein intensives Musikleben. Das findet seinen Höhepunkt beim Chorfestival »Choralies« alle drei Jahre im August (wieder 2025), zu dem an die 4000 Sänger aus vielen Ländern kommen. Eine Woche lang singt und klingt es an diversen Orten, und die abendlichen Konzerte im Römischen Theater beginnen seit je damit, dass alle Besucher miteinander ihre Stimme erschallen lassen.

Vor den »Choralies« noch ein Gläschen in der Oberstadt von Vaison.

haltenen Reste datieren v. a. aus dem 1. Jahrhundert. Schon Anfang des 4. Jh.s war Vaison Sitz eines Bischofs; im 11./12. Jh. wurde die Kathedrale errichtet. Wenig später eroberte Raymond, Graf von Toulouse, die Stadt und ließ auf dem Felsen, der die Stadt überragt, eine Burg errichten. Schier unerschütterlich ist die römische Brücke über die Ouvèze, die seit Ende des 1. Jh.s dem Verkehr dient; sie blieb auch bei der Flutkatastrophe 1992 unversehrt. Schöne Ausflüge führen – außer natürlich zum Mont Ventoux – in die Dentelles de Montmirail und das renommierte Weinbaugebiet von Séguret und Gigondas.

Wohin in Vaison-la-Romaine?

Auch außerhalb Roms lebte man gediegen

Römische Stadt

Die römischen Viertel erstrecken sich zu Seiten der Place du 11 Novembre. Im parkartigen **Quartier de Puymin** (östlich) sind noch Grundmauern erhalten, u. a. vom »Haus der Messii«, dem »Porticus des Pompeius« und einem Nymphäum. Das ansprechend gestaltete Musée Desplans präsentiert Grabmäler, Statuen und andere Funde; weitere Themen sind das römische Wohnhaus und die gallorömische Keramik, eine 3D-Computeranimation lässt das Haus des Delphins wiedererstehen. Oberhalb des Museums führt ein Tunnel ins Theater, das kleiner ist als die von Arles und Orange – ein stimmungsvoller Platz für Chor- und andere Konzerte. Im **Quartier de la Villasse** (westlich) sind besonders der Bogen der einstigen Basilika sowie die

sorgfältig gepflasterte, kanalisierte Straße bemerkenswert. Unter Dächern sind einige schöne Bodenmosaiken zu sehen.
Mitte Febr.–Dez. tgl. 9.30–12.15, 14–17.15 Uhr | Eintritt 9 €

Ein starkes Stück Mittelalter

Kathedrale

Die Kathedrale Notre-Dame de Nazareth, etwas abseits westlich des Quartiers de la Villasse gelegen, wurde auf antiken Fundamenten errichtet, wahrscheinlich denen eines Tempels. Der einfache, massive

VAISON-LA-ROMAINE ERLEBEN

OFFICE DE TOURISME

Avenue du Général de Gaulle
84110 Vaison-la-Romaine
Tel. 04 90 36 02 11, www.vaison-ventoux-tourisme.com
www.vaison-la-romaine.com

Di.vormittag großer Markt in der Altstadt. Ende April: Festival Brassens. Mai – Nov., in der Umgebung: Jazz dans les Vignes. Alle 3 Jahre (wieder 2025) in der 1. Aug.-Hälfte großes Chorfestival »Choralies«. 2. Okt.-Hälfte: Festival des Soupes.

1 LE BATELEUR €€

In recht elegantem Rahmen genießt man eine ungewöhnlich variierte französisch-provenzalische Küche. Gut zusammengestellte Weinkarte.
Vaison, 1 Place Aubanel
Tel. 04 90 36 28 04, So./Mo. geschl.

2 LA LYRISTE €–€€

Schlicht und familiär, aber mit Pfiff und Anspruch wird das kleine Lokal geführt. Feine Küche, unschlagbare Preise, freundlicher Service.
Vaison, 45 Cours Taulignan
Tel. 04 90 36 04 67
So./Mo. geschl.

3 BISTRO PANORAMIQUE €€–€€€

Das Bistro des Gourmetrestaurants Maisons du'O punktet mit raffinierter provenzalischer Küche, Ausblick auf den Ort und guter Weinkarte (auch vier Gästezimmer).
16 Rue Gaston Gévaudan, Tel. 04 90 28 84 08, So./Mo. geschl.

LA GOUSSE D'AIL €–€€

Etappe auf der Tour über den Mont Ventoux: provenzalische Küche vom Feinsten, auch Ungewöhnlicheres wie Daube vom Wildschwein und Perlhuhn mit Foie gras; in der Saison Trüffeln satt. Schlicht, aber herzlich.
Bédoin, Place du Portail de l'Olivier (22 km südöstlich von Vaison), Tel. 04 90 12 82 02
Mi. & So. abend geschl.

1 HÔTEL BURRHUS €

Charmante Bleibe mittendrin: kleines, hübsch modernisiertes Haus am Hauptplatz. Ein besonderes Schmankerl ist das Frühstück auf der Terrasse im ersten Stock.
Vaison, 1 Place Montfort
Tel. 04 90 36 00 11
www.burrhus.com

L'EVÊCHÉ €€–€€€

▸ S. 391

Bau datiert aus dem 11.–13. Jh.; interessant die Trompen unter der oktogonalen Vierungskuppel, die mit Evangelistensymbolen geschmückt sind. Nördlich schließt der weitgehend original erhaltene Kreuzgang mit feinen Kapitellen an – suchen Sie an seinem Portal den **Christus mit Hörnern und Schnurrbart**.

1 Le Bateleur
2 La Lyriste
3 Bistro Panoramique

1 Burrhus

Etwas für Romantiker

Oberstadt

Die Einkaufsstraße **Grande Rue** führt hinunter zur Ouvèze und zur **römischen Brücke** mit ihrem 17 m weiten Bogen. Ein mittelalterlicher Torturm gewährt Zugang zu den romantischen Gassen der Oberstadt, die sich ab dem 14. Jh. unterhalb der Burg entwickelte. Reizvoller Blick vom Vorplatz der Kirche am Ostrand. Ganz oben die Ruine der **Burg**; von dem Felsplateau, das im Süden und Westen senkrecht abfällt (Vorsicht!), bietet sich ein großartiger Rundblick.

Rund um Vaison-la-Romaine

Filigrane Felsen und feine Weine

Dentelles de Montmirail

Der westliche Ausläufer des ►Mont Ventoux zwischen Malaucène und Gigondas heißt treffend Dentelles, »Klöppelspitzen« (im Pic Saint-Amand 734 m hoch). Die schroffen Kalkfelsen machen einen sehr alpinen Eindruck und sind ein beliebtes Revier zum Wandern und Klettern. Am Westhang liegt ein renommiertes **Weinbaugebiet** mit malerischen Dörfern: Rasteau, Gigondas und Vacqueyras, Séguret mit Burgruine (schöner Ausblick) und Sablet. Die Kapelle Notre-Dame-d'Aubune (12. Jh.) passierend kann man nach **Beaumes-de-Venise** fahren (► S. 249), ebenfalls ein bekannter Weinort, und von dort über Suzette durch das Massiv nach Malaucène kurven. Oder weiter östlich in **Le Barroux** bei »Aube Safran« Station machen, um Safran zu erstehen (450 Chemin du Patifiage, aube-safran.com; mit Chambres d'hôtes) – im Bereich des Mont Ventoux bauen vier Landwirte Safran an, Info bei den Tourismusbüros der Umgebung.

In den Dentelles: im Anschluss vielleicht ein kräftiger Roter in Beaumes-de-Venise?

★★ VENCE

Département: Alpes-Maritimes | **Höhe:** 325 m | **Einwohner:** 19 300

Dieses herrlich gelegene »village perché« ist schon mit seiner mittelalterlichen Atmosphäre eine Visite wert. Doch damit nicht genug: Großartige Werke von Chagall, Matisse und Renoir sowie die Fondation Maeght machen Vence und seine Umgebung zum Muss-Ziel für Kunstfreunde.

Natürlich reihen sich in der Altstadt schicke Läden und Restaurants, doch hat sie sich noch ein gutes Quantum normales Leben bewahrt. Am westlichen Rand empfangen die Porte Peyra (12. Jh.) und die stimmungsvolle **Place du Peyra** mit dem ältesten Brunnen der Stadt. An der zentralen Place Clemenceau – hier ist Di. und Fr. Markt – die ernste einstige **Kathedrale** Notre-Dame-de-la-Nativité (11./12. Jh., Fassade 19. Jh.). Sie besitzt ein schönes Chorgestühl (17. Jh.), als Altar dient ein römischer Sarkophag. In der Taufkapelle ein Mosaik von **Marc Chagall** – Chagall lebte bis 1966 in Vence –, das die Rettung des Moses aus dem Nil darstellt (1979). Chor und Turmkapelle sind mit karolingischen Flechtornamenten geschmückt. In der Fassade der Kathedrale sind zwei römische, den Kaisern Heliogabalus und Gordianus gewidmete Inschriften erhalten. An der Place Godeau östlich der Kirche eine antike Säule.

Wohin in Vence und Saint-Paul de Vence?

Matisses Vollendung

★★ Chapelle du Rosaire

Als sein Meisterwerk bezeichnete **Henri Matisse** die Gestaltung der Chapelle du Rosaire, die zu einem Dominikanerinnenkloster gehört. 1948–1951 schuf er große Grafiken – schwarze Linien auf weißen Keramikfliesen – zu biblischen Themen, die durch die gestalterische Ökonomie und die bewegende Eindringlichkeit der Darstellung beeindrucken; dargestellt sind u. a. die Geburt und die Passion Christi sowie der hl. Dominikus. Der einfache, ganz in Weiß gehaltene Raum bekommt Farbe durch die bunten Fenster. Auch das Altargerät und die seidenen Messgewänder hat Matisse entworfen.

nördlich der Altstadt, Avenue Henri-Matisse (D 2210) | Di./Do./Fr. 10–11.30, Di.–Sa. 14–17.30, Nov.–Febr. bis 16.30 Uhr, Mitte Nov. bis Mitte Dez. geschl. | Eintritt 7 € | Messe Mi. 18.15, So. 10 Uhr

Fünf Dutzend Galerien und Ateliers

Saint-Paul-de-Vence

Etwa 3 km südlich liegt auf einem Hügel das zauberhafte mittelalterliche Städtchen Saint-Paul-de-Vence – Boutiquen und Seifenläden

VENCE ERLEBEN

OFFICES DE TOURISME

Vence: 8 Place du Grand-Jardin
Tel. 04 93 58 06 38
vence-tourisme.fr
Saint-Paul-de-Vence: 2 Rue Grande
www.saint-pauldevence.com
Cagnes: 6 Blvd. Maréchal Juin
Tel. 04 93 20 61 64
www.cagnes-tourisme.com

LE PIGEONNIER €€-€

»Das« Restaurant mittendrin, mit Terrasse am Hauptplatz. Doch speist man in dem Haus aus dem 16. Jh. sehr gut und zu akzeptablen Preisen.
Vence, 3 Place du Peyra
Tel. 04 93 58 03 00, Mo. geschl.

JOSY-JO €€-€€€

Erstklassige Regionalküche ohne Schnickschnack, serviert in dem charmanten Haus, in dem die Maler Soutine und Modigliani wohnten, oder im Garten unter Weinlaub. Das Lokal ist »in« und klein, früh reservieren.
Haut-de-Cagnes, 2 Rue du Planastel, Tel. 04 93 20 68 76
So./Mo. geschl.

AUBERGE DES SEIGNEURS €

Geschichtsträchtige Posthalterei im Schloss: rustikale Atmosphäre, ruhige Zimmer mit ältlichem Charme. Einen wunderbaren Blick hat man von den besonders großzügigen Zimmern »Soutine« und »Modigliani«. Einfaches Restaurant mit guter Regionalküche, Fleisch vom großen Grill.
Vence, 1 Rue du Dr Binet
Tel. 04 93 58 04 24
https://auberge-seigneurs.fr

LA COLOMBE D'OR €€€€

Die Welt der großen Namen: Picasso und Braque, Cary Grant und Grace Kelly ... Legendäre, luxuriöse Herberge mit wunderbarem Ambiente, herrlicher Blick vom Balkon. Das Restaurant ist angenehm informell.
Saint-Paul-de-Vence
Place Général de Gaulle
Tel. 04 93 32 80 02
www.la-colombe-dor.com

Le val duchesse €-€€
► S. 390
La victoire €€, the frogs' house €€
► S. 391

leben von den Busladungen von Touristen. In den 1920er-Jahren wurde Saint-Paul von Malern wie Signac, Modigliani und Bonnard »entdeckt«; weltberühmt ist das Hotel Colombe d'Or (außerhalb der Stadtmauer an der Zufahrtsstraße), da die Künstler mit einem Werk bezahlen konnten; die wiederum zogen weitere Berühmtheiten an, von D. H. Lawrence über Maurice Chevalier bis Yves Montand und Simone Signoret. Die Ringmauer (16. Jh.) ist mit starken Stützen versehen und besitzt einen stattlichen Wehrturm. Die Kirche (frühes 13./17. Jh.) besitzt einen beachtlichen Kirchenschatz. Am Platz neben der Kirche das alte Rathaus und das Stadtmuseum; die Place de la Grande

Pilgerziel für Kunstfreunde: Fondation Maeght in Saint-Paul-de-Vence

Fontaine ziert ein Brunnen von 1615. **Marc Chagall** († 1985) der zuletzt in Saint-Paul lebte, ist auf dem Friedhof beigesetzt.

Fondation Maeght

»Ein magischer Ort, kein Museum« (André Malraux)
Im Park geht eine Katze von Giacometti spazieren, eine groteske Maske von Miró spendet Wasser (Miró bevölkert ein ganzes Labyrinth), unter grünen Pinien streckt ein Stabile von Calder seine Arme aus. In der Stiftung des Kunsthändler-Ehepaars Aimé und Marguerite Maeght, 10 Minuten zu Fuß nordwestlich von Saint-Paul-de-Vence gelegen, verbinden sich Natur, Architektur und Kunst der klassischen Moderne auf wunderbare Art. 1964 wurde der ebenso spannungsreiche wie harmonische Museumsbau von Josep Lluís Sert eröffnet; ein Erweiterungsbau kam 2023 hinzu. Mit Namen wie Arp, Bonnard, Chagall, Giacometti, Kandinsky, Miró liest sich die Bestandsliste wie ein Who's who der Kunst des 20. Jh.s.
Aktuelle Infos: www.fondation-maeght.com

Rund um Vence & Saint-Paul-de-Vence

Tourrettes-sur-Loup

Shoppen im Mittelalter
5 km westlich von Vence liegt auf einem Plateau der überaus reizvolle mittelalterliche Ort mit seinen drei Tortürmen – ein Dorado für teure Dinge wie Kunst, Juwelen, besonders an der Grande Rue, die von der zentralen Place de la Libération ausgeht. Ein Triptychon aus der Schule von Nizza und ein antiker Merkur-Altar sind die Highlights in der Kirche (12.–17. Jh.). Die Confiserie Florian (▶ Nizza, S. 260) hat 5 km westlich in Le Pont du Loup ihre Hauptniederlassung; auch hier können bzw. müssen Sie wieder das Portemonnaie zücken ...
Florian: D 2210, bei der Brücke | Boutique & Führungen tgl.

Villeneuve-Loubet

Ein Muss für Jünger der Kochkunst
Mit dem Musée de l'Art Culinaire hat Villeneuve-Loubet seinem berühmten Sohn **Auguste Escoffier** (▶ S. 349) ein Denkmal gesetzt, mit 1500 Speisekarten, Küchengerät aus sechs Jahrhunderten und einer großen Bibliothek für Forschungszwecke.
Juli/Aug. tgl. 10–13, 14–19, sonst bis 18 Uhr, Anf. Nov.–20. Dez. geschlossen | Eintritt 6 € | www.musee-escoffier.com

Cagnes-sur-Mer

Côte d'Azur in drei Akten
Cagnes-sur-Mer (52 100 Einw.) ist dreigeteilt: Die riesigen Appartementpyramiden der **Marina Baie des Anges** an der Küste signalisieren den Urlaubsort Cros-de-Cagnes (mit nettem altem Viertel); dahinter liegen das moderne Cagnes-Ville und das malerische alte **Haut-de-Cagnes** auf dem Berg. Letzteres wird von einer Grimaldi-Burg mit schönem Renaissance-Innenhof beherrscht (14./17. Jh.);

den Besuch lohnen auch ein Museum zur Kultur des Olivenbaums, Porträts der Schauspielerin und Sängerin Suzy Solidor (1900–1983) von berühmten Malern – ein kaum bekannter kleiner Schatz – sowie eine Galerie mit Werken u. a. von Chagall, Matisse und Renoir. Ein Deckengemälde des Genuesen Giulio Benso (um 1645) im ersten Stock stellt mit grandiosem Effekt den Sturz des Phaëton dar. Die Chapelle Notre-Dame-de-Protection nordöstlich der ummauerten Altstadt – vom Vorplatz schöner Ausblick – wurde um 1530 von dem aus Ligurien stammenden Andrea da Cella freskiert. In der Domaine des Collettes, etwa 1 km östlich der Altstadt, lebte **Pierre-Auguste Renoir** von 1908 bis zu seinem Tod 1919; trotz seiner schweren Arthritis arbeitete er eisern jeden Tag. Das sehenswerte Museum zeigt Werke von ihm und anderen Künstlern.

Burg: Mi.–Mo. 10–12/13, 14–17/18 Uhr | Eintritt 4 €
Musée Renoir: 19 Chemin des Collettes | Öffnungszeiten wie Burg
Eintritt 6 €

Die Jacht parkt man vor dem Haus: Marina Baie des Anges

DER KLANG DER PROVENZALISCHEN SEELE

Ein Klacken, mal laut, mal leise, mal zart, mal heftig. Dazu hitzige Rufe, Flüche, Freudenschreie. Eine Sandfläche unter ein paar Platanen, und schon sind sie da: die Freunde der silbernen Kugeln.

Die Sonne scheint hier im Süden vom Himmel zu fallen, ständig und reichlich. Für Gilles sowieso, denn er ist arbeitslos. Noch zahlt ihm das Arbeitsamt die Stütze. »Pétanque ist mein Leben«, schwärmt der 34-Jährige. Die Regeln sind einfach: In jeder Mannschaft sollte mindestens einer gut »rollen«, der andere gut »schießen« können. Der **Roller** (pointeur) legt seine Kugel möglichst nahe ans Ziel, der **Schießer** (tireur) versucht, die Kugeln des Gegners vom Ziel wegzuschießen. Das Ziel ist eine kleine Holzkugel. **Schweinchen** heißt sie, weil einst die Römer mit Kugeln auf Spanferkel geworfen und so das Boule-Spiel erfunden haben sollen. Ein Spieler zeichnet einen Kreis in den Sand, aus dem er dann das Schweinchen 6 – 10 m weit wirft. Anschließend kommen abwechselnd die silbernen Kugeln der beiden Mannschaften zum Einsatz. »Pétanque«, wie das Boule-Spiel in der Provence heißt, ist die Abkürzung für »pieds tanqués«, »geschlossene Füße«. Erfunden wurde das Spiel vermutlich 1910 in La Ciotat nahe Marseille, wo ein Rheumatiker die Kugeln nicht mehr – wie beim Boule üblich – im Lauf werfen konnte und so beim Werfen einfach stehen blieb. Die gemütliche okzitanische Variante war geboren. Am Schluss gibt es einen Punkt für jede Kugel, die näher am Ziel liegt als die bestplatzierte Kugel des Gegners. Wobei im Zweifel natürlich genau gemessen wird.

Ein Küsschen auf den ...

Mitspielen dürfen alle. Außer Frauen. Nur **Fanny**, die ist immer dabei. »Faire Fanny«, »Fanny machen«, ist das Beste, was einem Spieler passieren kann. Dann hat er mit seiner Mannschaft 13 : 0 gewonnen und der Verlierer muss Fannys runden Hintern küssen. Entstanden ist dieser Brauch – wie so vieles – aus einer Anekdote. Ein Spieler wettete, dass er das große Gesäß der Bedienung in der Kneipe nebenan küssen würde, wenn er 13 : 0 geschlagen würde. So bekam Fanny ihren Kuss auf den Allerwertesten und die französische Wirtschaft einen neuen Geschäftszweig: In den meisten provenzalischen Kneipen, in denen die Pétanque-Spieler anschließend ihren Pastis trinken, hängt hinter einem Vorhang ein hölzernes Relief, das einen halbnackten weiblichen Po zeigt. Wer ohne einen Punkt verloren hat, zieht den Vorhang zur Seite und küsst ihn.

Sportliche Disziplin

»Hier spielt der Bankdirektor mit dem Bauarbeiter, kein Problem«, versichern die Männer auf dem Platz. Doch vor allem Rentner und kleine Leute tummeln sich auf den Plätzen. Auch die sonst so wenig beliebten arabischen Einwanderer spielen mit. Es gibt Meisterschaften, regionale, nationale, internationale, ausgerichtet von der Fédération Française de la Pétanque. Für den Fall, dass doch noch was wird mit der Anerkennung als olympische Disziplin, hat Frank Filiaggi vorgesorgt. Er verkauft im **einzigen Boulemuseum Frankreichs** in Vallauris nicht nur Fannys aus Ton, Plastik oder Holz; in den Regalen der Maison de la Pétanque warten Mützen, Wanduhren, Schlüsselanhänger mit Pétanque-Kugeln und Maßbänder. Dass Kugel nicht gleich Kugel ist, verrät ein Blick in Filiaggis Sortiment. Da gibt es welche aus gewöhnlichem oder rostfreiem Stahl. Für einen Satz (drei Stück) ATX-Boules aus speziellem Inox-Stahl (»die besten der Welt«) muss man 306 € hinblättern. Damit sich die Investition lohnt, legt man vor dem Kauf seine Hand in Filiaggis Spezialmaschine. Die zeigt zu jeder Handgröße die passende Kugelgröße und das passende Gewicht an. Die »Maison de la Pétanque« befindet sich in Vallauris, 1193 Chemin Saint-Bernard (von der Autobahnausfahrt Vallauris in Richtung Vallauris durch das Industriegebiet Saint-Bernard, nach etwa 3 km auf der rechten Seite), Tel. 04 93 64 11 36, www.obut.com.

Die Gemeinschaft zählt

Für die Männer, die ihre Nachmittage unter den Platanen vor dem Rathaus in Arles, Vallauris, Menton oder anderswo verbringen, zählt das gemeinsame Erlebnis. »Wer gewinnt, wer verliert, egal, man geht zusammen einen trinken und hat Spaß.« Das ist das ganze Geheimnis. Auch als Besucher muss man nicht nur zuschauen; unter den uralten Platanen vor dem Café de la Place in Saint-Paul-de-Vence (zum Beispiel) werden nicht nur Pétanque-Wettbewerbe veranstaltet, sondern auch Kurse für Touristen, auf Französisch, Deutsch und Englisch. Info: Office de Tourisme, Saint-Paul-de-Vence, 2 Rue Grande, Tel. 04 93 32 86 95, www.saint-paulde-vence.com.

Vor dem Café de la Place in Saint-Paul-de-Vence haben schon Lino Ventura und Yves Montand die Kugeln klacken lassen.

H

HINTER-GRUND

Direkt, erstaunlich, fundiert

Unsere Hintergrundinformationen beantworten (fast) alle Ihre Fragen zur Provence.

Den Brunnen auf der Place Saint-Michel in Forcalquier sollte man sich genauer ansehen ... ▶

CHEZ KARIM

DAS LAND UND SEINE MENSCHEN

Landschaften

Rhône-Tal

Im Westen wird die Region Provence-Côte d'Azur (PACA) vom zweitlängsten und wasserreichsten Strom Frankreichs begrenzt, der Rhône. Der **Rhônegraben** zwischen den Ausläufern der Alpen und dem Zentralmassiv (Cevennen) bildet eine breite Terrassenlandschaft, die für Wein-, Obst- und Gemüseanbau genutzt wird. Bei Arles erreicht der Strom sein **Mündungsdelta**, das vom Grand Rhône, der östlich bei Port Saint-Louis in den Golfe de Fos mündet, und dem westlich bei Stes-Maries-de-la-Mer mündenden Petit Rhône eingeschlossen wird; als **Camargue**, eine urtümliche Landschaft von besonderem Reiz mit Salzseen und Sümpfen, gehört sie zu den großen Attraktionen. Schon lange vor der griechisch-römischen Antike war das Rhône-Tal ein stark frequentierter Handelsweg und eine wichtige kulturelle Verbindung zwischen dem Mittelmeer und Nordeuropa.

Küste

Die Küste zwischen dem Cap Couronne im Westen (südlich von Martigues) und dem Capo Mortola im Osten (italienische Grenze) lässt sich in vier Abschnitte gliedern: Côte Bleue, Côte des Maures (Côte Vermeille), Côte de l'Esterel und Côte d'Azur im engeren Sinn.

Côte Bleue

Die Côte Bleue bildet den Abschnitt mit der Küste der **Estaque** westlich von Marseille – mit kleinen Ferienorten, Buchten und Stränden sowie einem marinen Naturpark – sowie der **Bucht von Marseille** mit einigen vorgelagerten Inseln und der Côte à Calanques. Letztere, der etwa 20 km lange Küstenbereich zwischen Marseille und Cassis, ist berühmt für seine weißen Kalkklippen am Meer, die mit dem türkisblauen Wasser eine herrliche Farbkombination ergeben. Meist nur zu Fuß erreichbar, dennoch frequentiert sind die **Calanques**, tief eingeschnittene Buchten, entstanden durch die Absenkung des Meeresspiegels und die Anhebung der Kalkmassive in der Eiszeit.

Massif des Maures

Zwischen Fréjus und Hyères erstreckt sich das 60 km lange und 30 km breite Massif des Maures. Mit dem Estérel-Gebirge gehört es zu den erdgeschichtlich ältesten Massiven in Frankreich. Weite Buchten der Côte des Maures (auch Côte Vermeille, Purpurne Küste) mit einigen ausgezeichneten Sandstränden formen die Küstenlinie und dringen da und dort, z. B. bei Toulon und Saint-Tropez, tief ins Land ein. Vorgelagert sind die Hyerischen Inseln, von denen die unter Na-

OBEN: Nicht zufällig wird der Mont Ventoux »Vater der Provence« genannt: Majestätisch dominiert er weite Teile der Region. Kaum weniger bekannt ist Carpentras im »Land der Trüffel«, der Vaucluse.

UNTEN: Die Côte d'Azur steht für den Strandurlaub schlechthin. An langen Sandstränden tobt das Leben, doch findet man auch abgeschiedene »Privatbuchten« wie hier auf Sainte-Marguerite, einer der Îles de Lérins.

turschutz stehende Île de Porquerolles die schönste ist: mit Pinien- und Kiefernwäldern, traumhaften Sandbuchten und glasklarem, türkisblauem Wasser. Die Nachbarinsel Port-Cros wurde mitsamt dem umgebenden Meer zum Nationalpark erklärt.

Massif de l'Esterel

Das Massif de l'Esterel erstreckt sich von Saint-Raphaël bis Cannes. Das rotbraune **Porphyrgestein** der buchtenreichen Küste mit ihren vielen Inselchen kontrastiert reizvoll mit dem Blau des Meers.

Küste der Alpes Maritimes

Zwischen Nizza und der italienischen Grenze bei Menton brechen die Ausläufer der Alpes Maritimes zum Meer hin steil ab und lassen für Siedlungen kaum Platz. Das Fürstentum **Monaco** hat seine Fläche durch Aufschüttungen im Meer auf 2 km² vergrößert, und Èze, kaum 1 km von der Küste entfernt, liegt fast 430 m hoch.

Binnenland

Das Hinterland der provenzalischen Küste – in **Haute Provence** und **Basse Provence** gegliedert – wird im äußersten Westen durch die **Crau** begrenzt, eine ursprünglich trockene Aufschüttung der eiszeitlichen Durance; heute werden etwa 60 % bewässert und als Weide und Gartenbaufläche genutzt. Das Gelände um den ca. 160 km² großen und bis 10 m tiefen **Étang de Berre** dient als Industrieareal für Marseille. Nach Osten schließt sich ein Teil des Beckens von Aix-en-Provence an. Östlich und südöstlich von Aix treten die provenzalischen Kalkketten der **Montagne Sainte-Victoire**, der **Montagne du Cengle**, der **Chaîne de l'Etoile** und der **Chaîne de la Sainte-Baume** markant hervor. Auch die **Chaîne de l'Estaque** zwischen dem Étang de Berre und dem Golfe du Lion sowie der **Luberon** östlich von Avignon gehören dem pyrenäisch-provenzalischen Gebirgssystem an, das v. a. aus weißen jura- und kreidezeitlichen Kalken besteht. Die insbesondere für den Weinbau genutzte Senke zwischen Toulon und Le Muy trennt die Ketten von den geologisch alten Bergmassiven an der Küste. Den Norden des Hinterlandes bestimmen die Flusssysteme von **Durance** und **Verdon**.

Verdon

Einen Sonderfall bildet der Mittellauf des durch mehrere Staustufen gezähmten Verdon. Die **Gorges du Verdon**, eine der tiefsten Schluchten Europas, sind ein antezedentes, d. h. schon vorher vorhandenes Durchbruchstal. Auch die Verdon-Zuflüsse Jabron und Artuby zeigen eine erstaunliche Unabhängigkeit vom heutigen Relief. Der Osten des Hinterlands wird hauptsächlich von den west-östlich verlaufenden **Voralpen von Grasse** geformt, zu denen u. a. die Montagne de Thorenc, die Montagne du Cheiron und die Montagne de l'Audibergue gehören. Ihre Flussläufe folgen z. T. schon der Nord-Süd-Ausrichtung der **Seealpen** östlich des Var, wie es etwa der Loup demonstriert. Die Seealpen gipfeln auf italienischem Gebiet in der Cima dell'Argentera (3297 m).

Klima

Mild

Die **Côte d'Azur** besitzt ein außerordentlich mildes Klima, nicht zufällig wurde sie zu Beginn des 19. Jh.s als Winteraufenthaltsort entdeckt. Im Winter verzeichnet man Durchschnittstemperaturen von 6–12 °C – so warm ist es erst wieder südlich von Rom. Die Niederschlagsmengen unterscheiden sich nur wenig von den nördlicheren Regionen, dafür scheint die Sonne im Jahr bis zu 3000 Stunden! Im Sommer (Juni–August) klettern die Temperaturen auf über 30 °C, Hitze und Feuchtigkeit können dann unerträglich werden. Im hügelig-bergigen **Hinterland** setzt sich kontinentales Klima (warme Sommer, kalte Winter) stärker durch, Niederschläge fallen dort das ganze Jahr über ohne deutliche Frühjahrs- und Herbstmaxima. In den **Seealpen** sind die Bedingungen für den Wintersport exzellent.

Mistral und Schirokko

Im Westen regiert der berühmt-berüchtigte **Mistral**. Der kalte Wind braust mit unglaublicher Gewalt das Rhônetal hinunter und über die **Provence** hinweg – auf dem Mont Ventoux wurden schon 260 km/h gemessen – und sorgt für kristallklare Luft. Er tritt zu allen Jahreszeiten auf (besonders im Frühjahr), wenn über dem Golfe du Lion Tiefdruck herrscht und aus den Alpen und dem Zentralmassiv Luft angesaugt wird. Typisch für den Mistral sind linsenförmige Wolken am klaren, blauen Himmel. Nach drei, sechs oder zwölf Tagen Mistral folgen windstille, schöne Tage. Gelegentlich erreicht im Sommer von Afrika her der heiße **Schirokko** die Provence.

Mittelmeer

Das Wasser im küstennahen Mittelmeer (Golfe du Lion, Ligurisches Meer) ist verhältnismäßig warm; Verdunstung und Salzgehalt sind relativ hoch. Die Temperatur an der Oberfläche kann im Sommer 25 °C erreichen, im Winter beträgt sie 10–13 °C.

Von Tieren und Pflanzen

Flora

Das mediterrane Klima lässt eine außerordentlich vielgestaltige Flora gedeihen. Die für die Côte d'Azur typischen Pflanzen wurden – teilweise schon in der Antike – aus verschiedenen Erdteilen importiert, andere wurden erst in jüngerer Zeit hier heimisch: die grünsilbern glänzenden Olivenbäume, die bis in ca. 500 m Höhe wachsen, Orangen- und Zitronenbäume, Reben, Palmen, Zypressen, Pinien, Aloen, Agaven, Kakteen und viele andere. Um 1880 wurde die Mimose eingeführt, eine Akazienart aus Australien: ab Januar blühen die **Mimosenwälder** zwischen Bormes-les-Mimosas und Grasse leuchtend gelb. Von der ursprünglichen Vegetation, die unter der Nutzung durch den Menschen sowie durch Feuer leidet, ist v. a. die **Kiefer** zu nennen (Aleppo-, Strand-, Nordische Kiefer), daneben die Stein-, die

Was wäre die Provence ohne ihren Lavendel? Doch bis das duftende Öl in den Flakon kommt, ist viel Arbeit nötig: Ernte auf dem Plateau de Valensole.

Kermes- und Korkeiche sowie Hainbuche und Edelkastanie. Leitpflanze der **Garrigue** (Garigue, provenzal. Garoulia), einer Form der Macchia des Mittelmeerraums (frz. Maquis; ein Gestrüpp aus Hartlaubgewächsen, Büschen, Sträuchern u. v. a.), ist die **Steineiche**. Ihre Blätter sind mit Wachs überzogen und haben an der Unterseite einen Filzbelag, was rascher Verdunstung vorbeugt. Weit verbreitet ist die Kermeseiche mit ihren stechpalmenartigen Blättern; als Wirtspflanze der Kermesschildlaus, die einen begehrten roten Farbstoff lieferte, besaß sie große wirtschaftliche Bedeutung. Charakteristisch sind die aromatisch duftenden Sträucher und **Kräuter** (Lavendel, Rosmarin, Thymian, Salbei), als Herbes de Provence finden sie in der Küche Verwendung. Seit 2003 garantiert das »Label Rouge« die Qualität und die Anteile von Thymian, Rosmarin, Bohnenkraut, Oregano und Basilikum. Die sommerliche Provence ist ohne die unendlichen blauvioletten Felder des **Lavendels** nicht vorstellbar: Von Juni bis September prägt er die Landschaft von der Vaucluse bis zu den Bergen der Hochprovence. Man unterscheidet drei Hauptarten: den echten Lavendel (»lavande fine«), der Ende Juni–Ende August vorzugsweise im Gebiet der Montagne de Lure blüht, den kampferartig duftenden »lavande aspic« (Speik), der im August blüht, und den besonders widerstandsfähigen »lavandin«, der blumige und kampferartige Düfte verbindet. Das Lavendelöl der Hochprovence, seit 1981 als

AOP geschützt, wird aus echtem Lavendel hergestellt. Das Musée de la Lavande bei Coustellet informiert über Anbau und Destillationsverfahren (7 km südwestlich von Gordes, museedelalavande.com). Die **Trüffeln** Frankreichs kommen zum größten Teil – auch wenn die aus dem Périgord viel berühmter sind – aus dem Südosten, die Provence liefert ca. 80 % der französischen Ernte (▶Baedeker Wissen S. 131). Die Riviera ist für ihren **Blumenflor** berühmt, die Kultur von Schnittblumen für den Export oder von duftenden Blüten (Veilchen, Rosen, Orangen u. a.) für die **Parfümherstellung** stellt einen wichtigen Erwerbszweig dar. Nicht zu vergessen die Sonnenblumen, die durch van Goghs Bilder zum Symbol der Provence wurden; sie sind eine wichtige Futter- und Ölpflanze, heute auch ein Lieferant für Biomasse zur Treibstoffherstellung.

Fauna

Wie kein anderes steht ein ganz unscheinbares Tierchen für die Provence: Das schrille Zirpen der **Zikade** – *la cigale* – ist die provenzalische »Hintergrundmusik« der Sommermonate. Sonst zeigt sich die Fauna sehr artenreich, besonders bei den Reptilien (Schildkröten, Eidechsen, Geckos, Nattern, Vipern u. a.) und den Insekten, die in schwer zugänglichem Gelände ideale Lebensräume finden. Auch mit **Skorpionen** ist zu rechnen: Die schwarzen sind nicht gefährlich (ihr Stich entspricht dem einer Wespe), vor den selteneren gelben muss man sich aber in Acht nehmen. In den z. T. unter Naturschutz stehenden Calanques zwischen Marseille und Cassis sieht man seltene Vogelarten wie den Habichtsadler und verschiedene Eidechsenarten. Im Département Alpes-Maritimes ist in jüngerer Zeit der Wolf wieder heimisch geworden. Die Camargue ist berühmt für ihre weißen Pferde, die schwarzen Stiere und die roten Flamingos; Vogelfreunde aus aller Herren Länder reisen an, um dort die vielen, teils seltenen Arten von Stand- und Zugvögeln zu beobachten.

Bevölkerung

Besiedlung

Die Région Provence-Alpes-Côte d'Azur (PACA) ist hinsichtlich der Siedlungsdichte zweigeteilt, wie es der geografische Gegensatz zwischen bergigem Hinterland und den Ebenen bzw. der glamourösen Küste erwarten lässt. Vom Rhônetal bis zur italienischen Grenze folgt der Küste ein fast durchgehender Siedlungsraum aus einem Dutzend Städten, in denen über 80 % der Bevölkerung leben. Die stürmische Entwicklung in Industrie und Tourismus wirkte sich dort in starkem Bevölkerungszuwachs (in den letzten 60 Jahren um 75 %) und Verstädterung aus. Dünn besiedelt ist hingegen das Hinterland; aber es hat seine Freunde, auch wenn eine Zunahme um 1,5 %, im Département Var sogar um 2,5 % – ein Rekord in Frankreich – in absoluten Zahlen nicht sehr viel wiegt.

BAEDEKER WISSEN

Lage:
Am Mittelmeer im Südosten Frankreichs

Fläche (Région Provence-Alpes-Côte d'Azur):
31 400 km²
Fürstentum Monaco: **2,02 km²**

Einwohner: **5,1 Mio.**
Frankreich: 68 Mio.

Bevölkerungsdichte:
162 Einwohner/km²
Frankreich: 107/km²

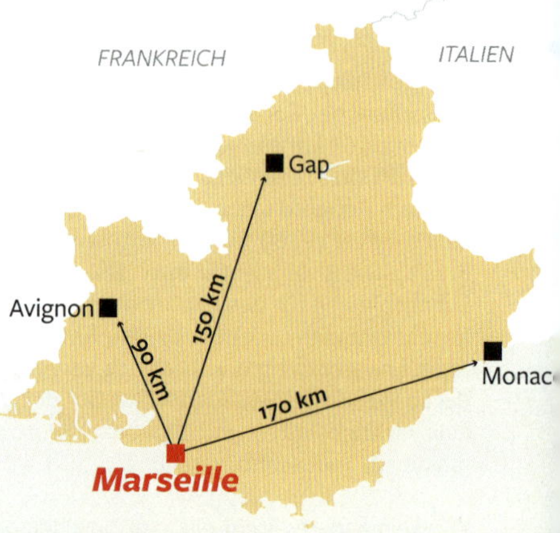

Größte Städte

Einwohner

870 300
Marseille

343 600
Nizza

179 700
Toulon

Flagge

Die 1999 festgelegte Flagge vereint die Farben der Provence (Aragón im 12. Jh.), der Dauphiné (Delphin, Emblem der Grafen von Albon, 12. Jh.) und Nizzas (Adler des Heiligen Römischen Reichs, zu dem Savoyen gehörte).

Bevölkerung

In den **fünf Ballungsräumen** Marseille/Aix, Nizza, Toulon, Avignon, Cannes/Grasse/Antibes leben fast **90** % der Bevölkerung.

Tourismus

jährlich

27 Mio. **inländische** Besucher

7 Mio. **ausländische** Besucher

11 Mrd. Euro **Umsatz**

Die Provence ist die touristisch bedeutendste Region Frankreichs.

6 Départements (Einwohner):

A VAUCLUSE (0,56 Mio.)
B BOUCHES-DU-RHÔNE (2,05 Mio.)
C HAUTES-ALPES (0,14 Mio.)
D ALPES-DE-HAUTE-PROVENCE (0,16 Mio.)
E VAR (1,08 Mio.)
F ALPES-MARITIMES (1,1 Mio.)

Wirtschaft

Bruttoinlandsprodukt:
161 Mrd. €
pro Kopf: 30 700 €

Beschäftigungsstruktur:

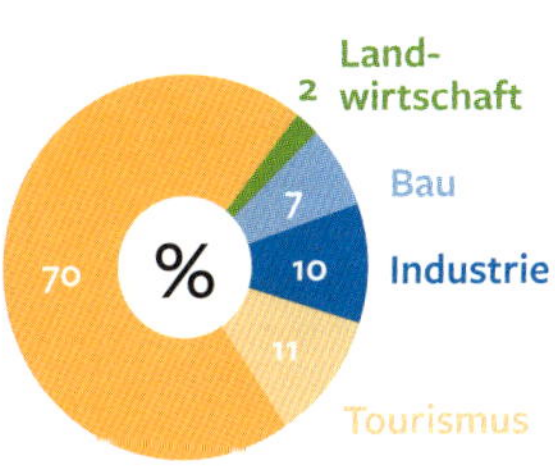

Arbeitslose: **8,9%**

Erwerbstätige: **2,1 Mio.**

Durchschnittliches Haushaltseinkomen: **21 590 €**

Klimastation Marseille

Durchschnittstemperaturen

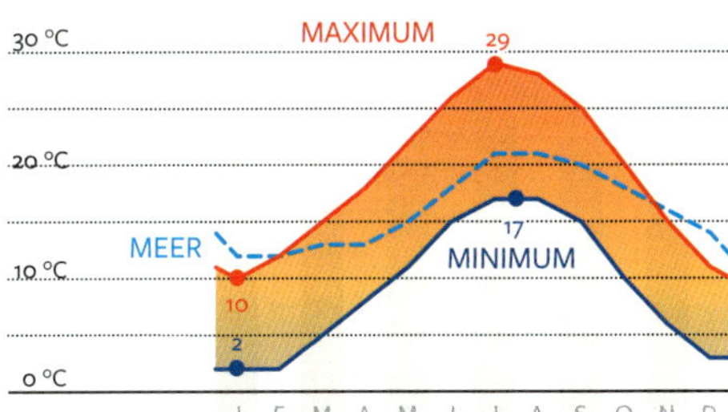

Niederschlag

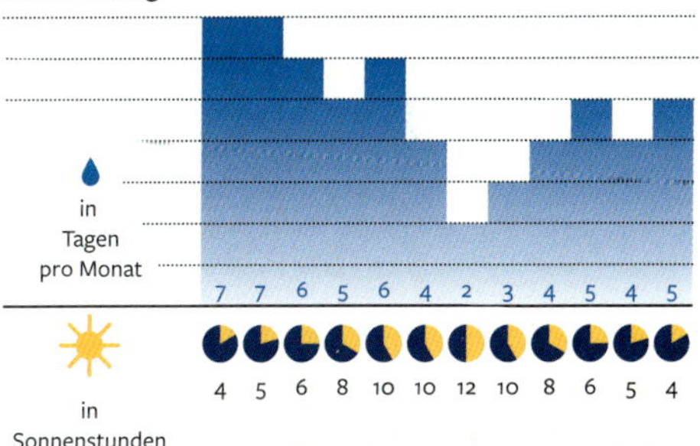

Hochburg der Rechten

Regelmäßig sorgen die Ergebnisse von Präsidentschafts-, Parlaments- und Kommunalwahlen der Region Provence-Alpes-Côte d'Azur für Diskussionen in Frankreich: Der rechtsradikale Front National bzw. Rassemblement National erfährt hier überdurchschnittliche Zustimmung.

Provence-Alpes-Côte d'Azur   Frankreich

Präsidentschaftswahlen 1. Wahlgang

- Front National (FN)/ Rassemblemennt National (RN)
- RPR / UMP
- Parti socialiste (PS)
- En Marche
- La France insoumise (LFI)

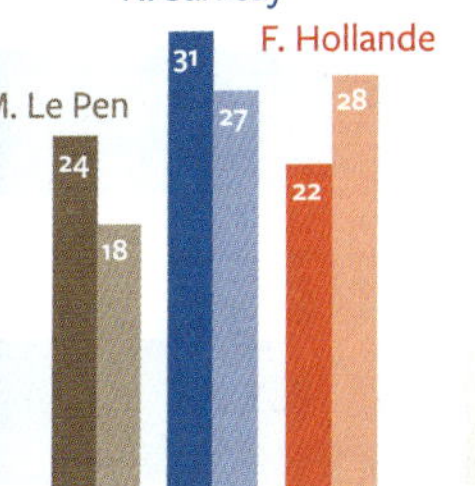

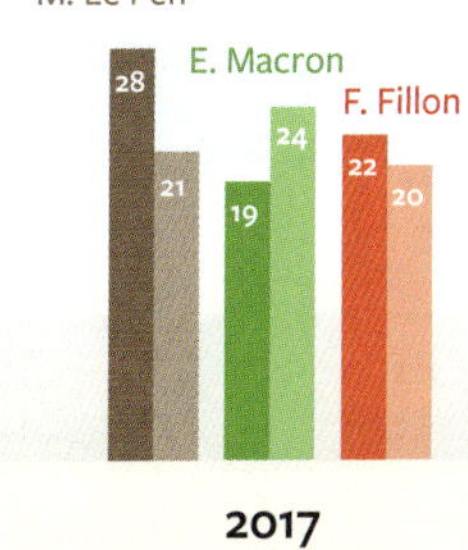

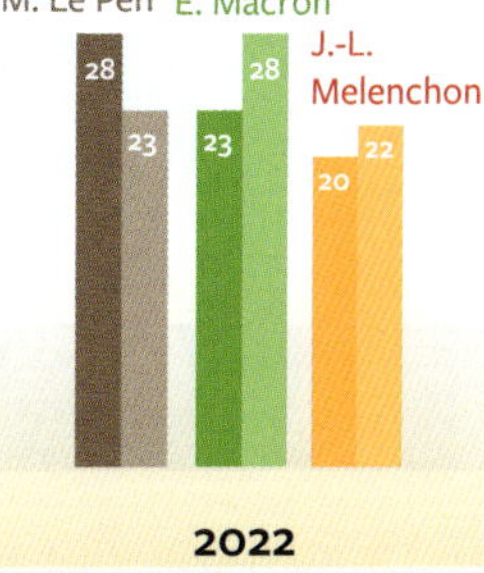

Wirtschaft

Wirtschaftszentren

Durch seine Lage als Tor nach Afrika und zum Orient hat sich **Marseille** zu einem Handelsplatz und Industriestandort ersten Ranges entwickelt, wobei sich die Zone um den Étang de Berre für den Ausbau zum »Europort« anbot. Mit einem Umschlag von ca. 80 Mio. t pro Jahr – ca. 55 % der Einfuhr sind Erdöl und -produkte – gehört der Hafen Marseille-Fos zu den größten in Europa, der Industrieraum zählt als zweitwichtigster in Frankreich. Neben Erdölverarbeitung (ca. 30 Mio. t jährlich) und chemischer Industrie sind die Metallgewinnung und -verarbeitung wichtig: Aluminium (ca. 80 % der französischen Produktion), Eisen und Stahl (4 Mio. t/Jahr), Flugzeug- und Maschinenbau, Schiffswerften. Neben Marseille ist auch **Toulon** mit seinem natürlichen Hafen, den Militär und Industrie nutzen, ein Wirtschaftszentrum. Der Niedergang der Werften und der Schwerindustrie In jüngerer Zeit hat viele Arbeitsplätze gekostet. Dafür boomt an der **Côte d'Azur** die »schornsteinlose« Technik, dem Ziel, gegenüber Paris ein zweites Wirtschaftszentrum zu etablieren, kommt man schon recht nahe, u. a. mit der Anlage von Technologieparks wie Sophia Antipolis bei Antibes und Château-Gombert bei Marseille. Der Umsatz der Dienstleistungs-, Elektronik- und Computerunternehmen, der chemischen und biotechnischen Firmen und Forschungsstätten übertrifft die Erlöse des Touristikgewerbes. Mit ca. 14,5 Mio. Passagieren jährlich ist der **Flughafen von Nizza** der drittgrößte Frankreichs; über 50-mal pro Tag wird von hier aus Paris angeflogen, Direktflüge verbinden ihn mit aller Welt.

In Reih und Glied liegen die Fähren und Kreuzfahrtschiffe im Marseiller Hafen Euroméditerranée. Dahinter ragt der Büroturm der Reederei CMA CGM auf.

Parfümindustrie

Der Schwerpunkt der traditionsreichen, hoch entwickelten Parfümindustrie ist die Stadt Grasse mit ihrem Umland. Hier verarbeiten über 30 größere Betriebe – trotz der übermächtigen Konkurrenz der synthetischen Duftstoffe – jährlich mehrere tausend Tonnen Blüten, die allerdings großenteils aus dem Ausland bezogen werden: Orangen, Rosen, Jasmin, Thymian, Rosmarin, Reseda, Veilchen und viele andere. Die Lavendeldestillation ist im Einzugsbereich des Flusses Verdon heimisch, von dort kommen 70 % des weltweit gewonnenen Lavendelöls (▶S. 322, Baedeker Wissen S. 164).

Energie

Schon im 16. Jh. wurde der Grundstein für das große Kanalnetz der Provence gelegt. Diese Kanäle und die Staustufen (Stauseen) an den Flüssen dienen der Wasserregulierung, der Bewässerung der Felder sowie der Trinkwasserversorgung, darüber hinaus auch zur Stromgewinnung. Die Rhône wird zur Kühlung der Reaktoren in den Kernkraftwerken Cruas und Tricastin genutzt. Ihre acht Reaktoren können im Jahr 50 Mrd. Kilowattstunden produzieren und stellen damit ca. 10 % der französischen Kapazität. Am Standort Tricastin betreibt Eurodif eine Anreicherungsanlage für Uran, die ca. 40 Stromerzeuger in aller Welt versorgt; ihr Kühlwasser wird auch für eine Krokodilzucht genützt. Der **Kernfusions-Versuchsreaktor Iter**, an dem seit 2007 in Cadarache südlich von Manosque gebaut wird, könnte um 2036 in Betrieb gehen; die Baukosten werden heute auf ca. 20 Mrd. € geschätzt, eine kommerzielle Nutzung steht in den Sternen.

Landwirtschaft

Der Teil der Bevölkerung, der in der Landwirtschaft arbeitet, ist mit knapp 2 % sehr gering; dennoch ist die Region stark landwirtschaftlich geprägt. In den fruchtbaren Tallandschaften dehnen sich große **Gemüse- und Obstkulturen** aus. Zwischen den Schotterebenen der Rhône und den Sandflächen der Camargue, zwischen dem Mont Ventoux und dem Massif des Maures nützen die zahlreichen **Weinberge** ein buntes Mosaik an unterschiedlichen geologischen und klimatischen Bedingungen – ein Dorado für köstliche Entdeckungen in Sachen Wein. Auf bewässerten Feldern in der Camargue und der Crau werden Reis (Riz de Camargue IGP) und Mais angebaut sowie Heu (Foin de Crau AOP) gewonnen, das bei den Viehzüchtern der Region begehrt ist. Vorzügliches Öl, 60 % der französischen Produktion, liefern die ca. 3,5 Mio. **Olivenbäume**. Zwischen Toulon und Menton züchten 8000 Betriebe Blumen, aus deren Blüten ätherische Öle und Parfüm hergestellt werden, außerdem etwa die Hälfte des Exports an Schnittblumen. Für die Bauern auf den Hochebenen zwischen der Durance und der Küste ist der **Lavendel** die Haupteinnahmequelle. Auf 20 000 ha bauen 2000 Produzenten (mit ca. 25 000 Arbeitsplätzen) die Duftpflanzen an, die in 120 Destillerien verarbeitet werden. Der Lavendel ermöglicht es, die armen, trockenen Böden des Berglands in 600–1200 m Höhe zu nützen.

Transhumanz

Schafherden weiden überall zwischen der Crau und den Seealpen. Der alte Brauch der Transhumanz (frz. transhumance) – der **Wechsel der Weidegebiete** mit den Jahreszeiten – ist stark zurückgegangen. Im Frühsommer, wenn das Gras in den Ebenen vertrocknet, wurden die Schafherden auf den »drailles« oder »carraires« in die Höhen der Cevennen, des Zentralmassivs und der Alpen getrieben, wobei Entfernungen von 100 km und mehr üblich waren. Heute zählt man etwa 500 000 Tiere (davon in der Crau 150 000), ein Bruchteil des früheren Bestands, und der Transport geht meist per Güterzug oder Lkw vonstatten. Soweit noch anzutreffen, bietet der Zug der Schafherden ein archaisches Schauspiel, wenn die bunt markierten und geschmückten Tiere unter lautem Blöken und Schellengeläut übers Land und durch die Orte ziehen (www.transhumance.org).

Tourismus

Anfänge

Der landschaftliche Reiz und das milde Klima der Côte d'Azur sprachen sich schon in der zweiten Hälfte des 18. Jh.s in Kreisen herum, die sich Vergnügungsreisen und Erholungsaufenthalte leisten konnten. In erster Linie waren es Engländer und Russen, die den ungemütlichen Winter lieber in Nizza oder in Cannes verbrachten oder sich gleich ganz hier niederließen. Nach den Napoleonischen Kriegen erlebte die Côte d'Azur im 19. Jh. einen vehementen Aufschwung, der durch den Bau von Bahnlinien und Straßen gefördert wurde. Cannes, Nizza, Monaco und Menton waren die von der Aristokratie und den Großbürgern bevorzugten Orte. Schon in den 1820er-Jahren lebten in Nizza über 100 britische Familien, weshalb Alexandre Dumas d. Ä. 1851 Nizza als britische Stadt bezeichnete, in der man auch einige Niçois antreffen könne. Heute sind es v. a. russische und chinesische Milliardäre, die sich die schönsten und teuersten Plätze sichern.

Der Weg zum Massentourismus

Nach dem Ersten Weltkrieg brachten eine geschickte Werbung und die Mundpropaganda der heimgekehrten US-Soldaten wieder Betuchte, Künstler und Schriftsteller aus aller Welt als Gäste; als 1926 über 8000 Gäste aus den USA den Juli hier verbrachten, war der moderne Massentourismus eingeläutet. Doch noch einige Zeit waren die Einnahmen in den Wintermonaten deutlich höher als in der Sommersaison. Nach 1930 entstanden als Dependancen hinter der Küste gelegener Bergdörfer Strandsiedlungen, die die alten Kurzentren entlasteten und vermehrt Sommergäste anzogen. Aus dem Winterkurgebiet wurde ein ganzjährig besuchter Erholungsraum, dessen Hochsaison sich auf den Sommer verschob, vor allem ab 1936, als in Frankreich der **bezahlte Urlaub** eingeführt wurde. Für den Massentourismus wurde die Küste massiv mit Hotels, Zweitwohnungen, Jachthäfen, Campingplätzen und Freizeiteinrichtungen ausgebaut.

Das Hotel Carlton in Cannes, seit 1911 ein Synonym für Luxus und Eleganz

Wirtschaftliche Bedeutung

Das für Menschen des Nordens paradiesische Klima und die Schönheit der Landschaft, an der Küste wie im Hinterland, haben die Region nach dem Zweiten Weltkrieg zu einer Reisedestination par excellence gemacht, und zwar für den Massentourismus ebenso wie für Gäste, die ein individuelles, luxuriöses Ambiente schätzen. Mit ca. **34 Mio. Besuchern** jährlich, davon 20 % aus dem Ausland, ist die Region Provence – Alpes – Côte d'Azur nach Paris/Île-de-France das bedeutendste französische Tourismusziel. Der Fremdenverkehr sichert ca. 13 % des Bruttosozialprodukts sowie 80 000 Arbeitsplätze im Winter und 160 000 im Sommer. Unter den ausländischen Gästen nehmen die deutschen mit gut 10 % den dritten Platz ein (nach Italien und Großbritannien mit je 15 %), gefolgt von den USA (6 %).

Wirtschaftstourismus

In jüngerer Zeit wurde der Geschäfts- und Kongresstourismus zu einem wichtigen Faktor des Fremdenverkehrs. So werben vor allem die weltbekannten, glamourösen Destinationen Cannes, Nizza und Monaco mit ihrer riesigen Palette von Veranstaltungen, Messen, Festivals und Kongressen um die Gunst eines zahlungskräftigen Publikums, wobei die schnelle Erreichbarkeit des Raums durch den TGV (von Paris ca. 3 Std.) und die internationalen Flughäfen Nice-Côte d'Azur und Marseille-Marignane ein wichtiges Plus darstellen.

GESCHICHTE

Griechen ließen sich als Kaufleute nieder, sie brachten den Weinbau und den Olivenbaum mit. Später gaben die Römer dem Land seinen Namen, im Mittelalter residierten in Avignon Päpste, Napoleon verzeichnete hier wichtige Erfolge – die Provence blickt auf eine bewegte Geschichte zurück.

Vor- und Frühgeschichte

Spuren früher Besiedlung

Die Provence gehört zu den alten Siedlungsgebieten in der Menschheitsgeschichte. Knochenfunde reichen bis in die Altsteinzeit zurück. In der **Grotte du Vallonet** in der Nähe von Roquebrune fand man etwa 900 000 Jahre alte Knochen und Werkzeuge aus Stein. Etwa 600 000 Jahre alt sind die ersten kulturellen Zeugnisse (Terra Amata bei Nizza). In der letzten Eiszeit wird der Neandertaler, der in der Provence zahlreiche Siedlungsplätze hatte, vom direkten Vorfahren des Homo sapiens, einem Jäger und Sammler, verdrängt. Ca. 6500 Jahre alt sind die **ersten bäuerlichen Ansiedlungen** in der Provence, das älteste bekannte Dorf in Frankreich liegt bei Courtezan im Rhône-Tal zwischen Avignon und Orange.

Ligurer, Kelten, Griechen und Römer

Griechische Handelsniederlassungen

Ab 1000 v. Chr. siedeln sich **Ligurer** an der Küste an, 400 Jahre später gelangen die ersten **Griechen** aus der kleinasiatischen Stadt Phokaia in die Region. Sie gründen den **Handelsplatz Massalia** (Marseille), weitere Niederlassungen wie Nikaia Polis (Nizza) und Antipolis (Antibes) folgen. Den Griechen verdankt die Provence u. a. den Weinbau und den Olivenbaum. Ab etwa 400 v. Chr. dringen keltische Stämme in den südfranzösischen Raum vor. Zusammen mit den Ligurern bilden sie das Volk der **Saluvier**, ihr Hauptort war das Oppidum Entremont bei Aix-en-Provence.

Eine römische Provinz entsteht

Im 2. Jh. v. Chr. bitten die Griechen, bedrängt von der keltischen Bevölkerung, die Römer um Unterstützung. Diese nützen die Möglichkeit zur Gewinnung neuen Landes und zur Sicherung der Verbindungen in die spanischen Provinzen. 124 v. Chr. zerstören sie den Hauptort der Saluvier und gründen **Aquae Sextiae** (Aix-en-Provence). Um 120 v. Chr. beginnt der Konsul Domitius Ahenobarbus mit dem Bau der Via Domitia zwischen Italien und Spanien; Narbonne wird Hauptstadt der **Provincia Narbonensis** (daher der Name »Provence«), der ersten römischen Provinz jenseits der Alpen, die bis zu den Pyrenäen reicht. Es entstehen die Städte Apt, Arles, Avignon, Carpentras, Cavaillon, Nîmes, Orange und Vaison-la-Romaine.

Festigung der Macht

102 v. Chr. besiegt Marius nahe Aix die Teutonen und festigt so die römische Macht. Die Montagne Sainte-Victoire ist zu Ehren der siegreichen Römer so benannt. 58 – 52 v. Chr. erobert **Julius Caesar** die Provence, Arles dient ihm als Stützpunkt und wird zum wichtigen Handelsplatz. Als Marseille Caesars Gegner Pompejus unterstützt, zerstört er im Jahr 49 v. Chr. die Stadt. Arles und Fréjus werden als **Veteranenkolonien** gegründet, später kommen u. a. Orange und Avignon hinzu. Kaiser Augustus unterwirft 27 – 22 v. Chr. rebellierende Kelten und festigt die gallorömische Kultur in der Provence. Das 2. Jh. ist die Blütezeit der »Pax Romana«. Unter Kaiser Antoninus Pius (138 – 161), im Goldenen Zeitalter des Imperiums, erlebt die Provence eine Phase des Friedens und Wohlstands. Antoninus Pius lässt das Straßennetz erweitern und baut Tempel und Theater.

Spätzeit

Im 3. Jh. beginnt eine unruhige Zeit. Von 235 bis 285 herrschen insgesamt 15 römische Kaiser über die Region. 259 sowie zwischen 270 und 280 verzeichnet man Einfälle der Germanen; das Christentum verbreitet sich und gewinnt an Einfluss. Im 4. Jh. erlebt **Arles** eine Blüte, 308 ernennt Konstantin der Große die Stadt – in die sein Hof geflohen war – zur **Hauptstadt der römischen Provence**. Im Jahr

PROVENCE IM ALTERTUM

● Griechische Gründungen
• Römische Städte und Orte
– – – Heutige Staatsgrenze

Griechisch: Massalia
Lateinisch: Massilia
Heute: Marseille

Hauptstraßen
Nebenstraßen
vermutlicher Verlauf

EPOCHEN

VOR- UND FRÜHGESCHICHTE

900 000 v. Chr.	Früheste Spuren menschlichen Lebens
40 000 v. Chr.	Der Cro-Magnon-Mensch siedelt in der Provence.
um 620 v. Chr.	Griechen aus Kleinasien lassen sich nieder.

RÖMISCHE ZEIT UND SPÄTANTIKE

2. Jh. v. Chr.	Römer dringen in die Provence vor.
118 v. Chr.	Einrichtung der »Provincia« mit Narbonne als Hauptstadt
58 – 52 v. Chr.	Julius Caesar erobert die Provence.
ab dem 3. Jh.	Ausbreitung des Christentums
Ende 4. Jh.	In der Völkerwanderung erreichen Germanen die Region.

MITTELALTER

1033	Die Provence kommt zum Heiligen Römischen Reich.
1125	Teilung der Provence in das Marquisat de Provence, die Grafschaft Provence und die Grafschaft Forcalquier
1245	Das Haus Anjou erhält die Hoheit über die Provence.
1309 –1403	Avignon ist Papstresidenz.
1482	Nach dem Tod 1480 des »Guten Königs« René, des letzten Anjou-Grafen, fällt die Provence an Frankreich.

NEUZEIT

1545	Massaker unter den Waldensern im Luberon. In der Folge Bürgerkrieg zwischen Katholiken und Protestanten.
17. Jh.	Ludwig XIV. festigt seine Macht in der Provence. Toulon wird zum größten Kriegshafen am Mittelmeer.
ab 1789	Französische Revolution. Nizza und Monaco werden 1793 annektiert und 1814/1815 zurückgegeben.
1814	Napoleon landet, von Elba kommend, in Golfe-Juan.
ab ca. 1850	Boom des Nobel-Tourismus an der Côte d'Azur
1860/61	Piemont tritt Savoyen, Nizza, Menton und Roquebrune an Frankreich ab.

20. JAHRHUNDERT

1942	Deutsche Truppen besetzen Südfrankreich. Die französische Flotte versenkt sich in Toulon.
1944	Landung der Alliierten an der südfranzösischen Küste
1946	Erstes Filmfestival in Cannes nach dem Krieg
1947	La Brigue und Tende werden französisch.
ab 1950	Aufschwung durch Industrialisierung und Tourismus. Bau von Ferienzentren wie Port-Grimaud, Marina Baie des Anges und Isola 2000
1964	Bildung der Région Provence-Alpes-Côte d'Azur (PACA)
1974	Statt Draguignan wird Toulon Sitz des Départements Var.
2016	Terroranschlag in Nizza

Glanum bei Saint-Rémy, von Griechen gegründet und von Römern ausgebaut.

395 wird diese Rolle auf alle gallischen Provinzen ausgeweitet, einschließlich Spaniens und Britanniens. Mit der **Einwanderung germanischer Völker** geht der Zerfall der römischen Herrschaft einher.

Goten, Burgunder und Franken

Nach dem **Zusammenbruch des Weströmischen Reichs** 476 gelangt die Provence in den Machtbereich der **Westgoten**, die Arles einnehmen und das Gebiet südlich der Durance besetzen, nördlich der Durance lassen sich Burgunder nieder. 507 werden sie von den Franken besiegt und nach Spanien abgedrängt. Die Herrschaft übernehmen jedoch zunächst die **Ostgoten unter Theoderich**; nach seinem Tod im Jahr 526 bemächtigen sich die **Franken** der Provence, die sich, obwohl nun ein Teil des fränkischen Großreichs, eine relative Unabhängigkeit erhält.

Mittelalter

Abwehr der Sarazenen

In der ersten Hälfte des 8. Jh.s (736 – 739) dringen wiederholt Sarazenen (Araber) nach Südfrankreich vor, die vom fränkischen Hausmeier Karl Martell unterworfen werden. 768 – 814 »befriedet« sein Enkel Karl der Große das Gebiet. 838 zerstören die Araber Marseille. Erst 972 werden sie vertrieben und ihr Hauptstützpunkt, die **Festung Fraxinetum** im Hinterland von Saint-Tropez, zerstört.

Die Provence fällt an Burgund

Das Fränkische Reich wird im Vertrag von Verdun (834) zunächst von den Enkeln Karls des Großen aufgeteilt; **Lothar** erhält die Provence. Der provenzalische Adel nützt die Schwäche im Karolingerreich, um einen eigenen Staat zu gründen, und wählt **Boso**, einen Schwager Karls des Kahlen, 879 zum Herrscher von Arelate (Niederburgund). Zwei Jahrzehnte später geht die Provence durch Erbfolge an das Königreich Burgund. 1033 stirbt Rudolf III. von Burgund, und die Provence wird Teil des Heiligen Römischen Reichs. Trotzdem bewahrt sie weitgehend ihre **Unabhängigkeit**; die Krönung des deutschen Kaisers Friedrich I. Barbarossa 1178 sowie die Karls IV. rund 200 Jahre später zum König von Arelate bleiben ein nomineller Vorgang, ihre Oberhoheit bleibt praktisch ohne Wirkung.

Wirtschaftlicher und kultureller Aufschwung

Das 12. Jh. ist für die Provence eine **große Blütezeit**. Die Wirtschaft erfährt durch den Mittelmeerhandel einen Aufschwung, ebenso das Kunst- und Kulturleben an den Adelshöfen. In den Städten entsteht ein **aktives Bürgertum**, das nach Selbstverwaltung strebt. Auch die Pilger – für die die Provence Etappe oder Ziel ist – stellen einen erheblichen wirtschaftlichen Faktor dar. 1125 wird die Provence geteilt: Das Gebiet zwischen Rhône und Alpen sowie Mittelmeer und Durance geht an die Grafen der Provence, dasjenige nördlich und westlich der Durance an die Grafen von Toulouse. Zahlreiche Klöster und Kirchen werden gegründet, die zivilisatorische Impulse geben. In der zweiten Hälfte des 12. Jh.s entstehen die drei berühmten **Zisterzienserklöster** Sénanque, Le Thoronet und Silvacane.

Verfolgung der »Ketzer«

Im 13. Jh. sind die ersten grausamen Kreuzzüge gegen die »Ketzer« zu verzeichnen, die Katharer (Albigenser) und die Waldenser, die eine radikale christliche Lebensweise fordern und sich von der römischen Kirche abwenden. Verbreitet sind sie in ganz Südfrankreich.

Unter französischer Krone

1246 wird Karl I. von Anjou, der Bruder König Ludwigs des Heiligen, durch Heirat zum Grafen der Provence, nach der Eroberung des Königreichs Neapel 1266 auch König.

Päpste in Avignon

Im 14. Jh. residieren in Avignon – im **Babylonischen Exil der Kirche** (1309–1377) – sieben Päpste, die alle aus Frankreich stammen, hinzu kommen von 1378 bis 1403 zwei Gegenpäpste (Clemens VII., Benedikt XIII.), die von einem Teil der Kirche nicht anerkannt werden. 1348 verkauft Gräfin Johanna von Anjou, Königin von Neapel, Avignon an den Papst. 1382 wird Johanna ermordet; im folgenden Krieg kommen 1388 **Nizza und sein Hinterland zu Savoyen**, bei dem (mit Unterbrechnung 1793–1815) es bis 1860 bleibt. Unter dem letzten Grafen aus dem Haus Anjou, dem **Guten König René** (»Le Bon Roi«), erlebt die Provence wirtschaftlich und kulturell einen erneuten Höhepunkt. 1480 stirbt René ohne Nachkommen. Karl III., sein Neffe und Nachfolger, stirbt bereits im folgenden Jahr, wodurch die Provence wieder an die französische Krone fällt. Aufgrund der **zentralen Verwaltung Frankreichs** verlagert sich das kulturelle Leben nach Paris, das politische und das wirtschaftliche Leben stagnieren; lediglich Aix ist eine Ausnahme.

Neuzeit

Glaubenskriege und Absolutismus

Das 16. Jh. ist das Zeitalter der **Religionskriege**. Im Luberon und im Tal der Durance sind seit dem späten 12. Jh. Waldenser ansässig, eine protestantische Bewegung lange vor der Reformation. 1545 werden im Luberon mehrere tausend von ihnen ermordet; 1685 widerruft Ludwig XIV. das Edikt von Nantes, worauf die Hugenotten erneut verfolgt werden und in Massen auswandern. Gegen Ende des 16. Jh.s entwickelt sich **Marseille** zu einem wichtigen Handelsplatz des Königreichs. Mit König Ludwig XIV. erreicht der Absolutismus den Höhepunkt, wobei den Städten und regionalen Parlamenten viele Rechte genommen werden. 1635 verlegt Ludwig die Kriegsflotte zur Bestrafung des rebellierenden Marseille nach Toulon; nach Aufständen 1648–1652 wird Marseille endgültig der Zentralgewalt unterworfen. 1720–1722 wird die Stadt von einer der letzten schweren Pestepidemien in Europa heimgesucht.

Französische Revolution

Der Ausbruch der Revolution 1789 bringt auch in die Provence Terror und Blutvergießen; außerhalb von Marseille, Aix und Avignon ist die ländliche Provence konservativ und königstreu gesinnt. 1790 wird Frankreich **in Departements aufgeteilt**: Bouches-du-Rhône, Basses-Alpes, Var; damit verschwindet die alte Provence. 1792 bringen Marseiller Freiwillige das Lied der Rheinarmee nach Paris, 1879 wird es als **Marseillaise** Nationalhymne. In den Machtkämpfen zwischen den Parteien bricht 1793 in Marseille, Toulon und Avignon eine Rebellion aus; Toulon, den Hafen der französischen Kriegsflotte, übergeben die Royalisten den Engländern. Die Rückeroberung gelingt durch die Taktik eines jungen korsischen Leutnants namens **Napoleon Bonaparte**, der erste große Erfolg seiner militärischen Karriere.

Avignon um 1700 – Gemälde von Robert Bonnard im Musée Calvet in Avignon

In den 1860er-Jahren übernahm der Neue Hafen in Marseille die Hauptrolle.

Napoleon und danach

Mit seinen Kriegen macht Napoleon sich keine Freunde. Die britische Flotte blockiert **Toulon** über viele Jahre, was die Region massiv beeinträchtigt. Napoleons Niederlage 1814 wird freudig begrüßt, doch schon ein Jahr später kehrt er aus dem Exil auf Elba zurück und landet am 1. März in Golfe-Juan. Auf einer Route außerhalb der damaligen Provence – heute als »Route Napoléon« bekannt – marschiert er nach Norden und zieht am 20. März in Paris ein. Die Entstehung des französischen Kolonialreichs ab 1830 macht **Marseille** erneut zum wichtigen Hafenplatz, insbesondere nach der Eröffnung des Suezkanals 1869. Im italienischen Risorgimento unterstützt Napoleon III. das benachbarte Königreich Piemont beim Unabhängigkeitskampf gegen Österreich; nach der Schlacht von Solferino tritt Piemont dafür **Savoyen und Nizza an Frankreich** ab (1860), ein Jahr später auch Menton und Roquebrune.

20. und 21. Jahrhundert

Exil in Südfrankreich

Das 20. Jh. bringt der Provence einen erneuten Umbruch seiner wirtschaftlichen und sozialen Strukturen. Der Erste Weltkrieg lässt die Provence unberührt. Während der Naziherrschaft in Deutschland suchen ab 1933 zahlreiche **deutschsprachige Intellektuelle** wie Thomas Mann und Lion Feuchtwanger in Südfrankreich Sicherheit. Als Reaktion auf die Landung der Alliierten am 8. November 1942 in Nordafrika besetzen erst die Italiener und Ende des Jahres deutsche Truppen das von der Vichy-Regierung kontrollierte Südfrankreich. Am 15. August 1944 landen die **alliierten Truppen** zwischen Saint-Raphaël und Cavalaire.

Industrialisierung

Nach dem Zweiten Weltkrieg setzt in den 1950er-Jahren auch in der ländlich geprägten Provence eine **Industrialisierung** ein; aus abgelegenen, benachteiligten Gebieten wie der Haute-Provence wandern Bewohner verstärkt ab. 1956 wird in Marcoule an der Rhône der erste französische **Kernreaktor** in Betrieb genommen. Ab 1965 entsteht in **Fos-sur-Mer** zwischen Camargue und Marseille ein riesiges Industriegebiet, das für die Wirtschaft der Region lebenswichtig ist. Ab 1972 wird im Hinterland von Antibes der Technologiepark Sophia Antipolis aufgebaut, ein europäisches »Silicon Valley«.

Verstärkte Einwanderung

Im Algerienkrieg und besonders nach der Unabhängigkeit Algeriens 1962 kommen über 1,5 Mio. Algerienfranzosen, die **Pieds noirs**, zurück nach Frankreich; ein Großteil siedelt sich in der Provence an, vor allem um Marseille und Toulon. Die zunehmende Einwanderung, v. a. aus Afrika und den ehemaligen Kolonien, trägt zu den erheblichen sozialen Veränderungen und Problemen in der Region bei.

Stärkung der Region

Unter Präsident Mitterrand beginnt 1981 eine **Dezentralisierungspolitik**, die den politischen Regionen mehr Selbständigkeit bringen soll. 1982 werden die Départements Bouches-du-Rhône, Var, Vaucluse, Hautes-Alpes, Alpes-Maritimes und Alpes-de-Haute-Provence zur **Region Provence - Alpes - Côte d'Azur** (PACA) zusammengefasst. Während die Autobahn bis Marseille 1970 eröffnet wird, dauert es bis 2001, dass die TGV-Trasse bis Marseille dem Verkehr übergeben werden kann. Mit 3 – 3.30 Std. Fahrzeit ist Marseille jetzt nur noch »einen Steinwurf« von Paris entfernt, was die Provence als Wirtschaftsstandort ebenso stärkt wie als Urlaubsdestination. In Standorten wie Sophia Antipolis und Château-Gombert bei Marseille siedeln sich Hunderte Firmen für neue Technologien an. Ab 2007 wird in Cadarache bei Manosque am internationalen Kernfusions-Forschungsreaktor ITER gebaut. Im Jahr 2013 ist Marseille europäische Kulturhauptstadt.

Starke Rechte

Die 1990er-Jahre sind geprägt von wachsenden Arbeitslosenzahlen und Krisen in Industrie und Landwirtschaft. Ganz unterschiedliche Gründe – Angst vor muslimischen oder farbigen Immigranten, Korruption, Amtsmissbrauch und mafiöse Politiker, die Interessen der konservativen reichen und mächtigen Schichten – nähren die Ressentiments gegen die liberalen bis linken Parteien. Seit den Erfolgen des rechtsradikalen Front National (FN) in den Kommunalwahlen 1995 teilen sich in der Region die rechtsbürgerlichen (v. a. Les Républicains, früher UMP) und die rechten Gruppen weitgehend die Macht. Bei den Präsidentschaftswahlen 2012 bekommt Marine Le Pen (RN, früher FN) in der Region im ersten Wahlgang etwas mehr Stimmen als der Wahlsieger François Hollande; 2017 und 2022 versammelt sie in der Region erneut mehr Stimmen auf sich als der in beiden Wahljahren zum Präsident gewählte Emmanuel Macron.

KUNST UND KULTUR

Welche Bedeutung hatte die Anwesenheit der Päpste in Avignon? Warum gibt es in der Provence »italienischen« Barock, und was machte die Riviera für viele Künstler so attraktiv? Ein kleiner Streifzug durch die Kulturlandschaft Provence.

Vor- und Frühgeschichte

Frühe Zeugnisse

Nennenswerte kulturelle Zeugnisse besitzt man schon aus vor- und frühgeschichtlicher Zeit, so die Funde von Terra Amata (Nizza), im Heiligtum von Roquepertuse bei Velaux, im Oppidum von Entremont bei Aix-en-Provence und in Cavaillon.

Griechische Kolonien

Die griechischen Phokäer bringen um 600 v. Chr. mit der Gründung von Marseille aus Kleinasien einen Hauch vorklassischer Mittelmeerkultur an die Riviera. Reste griechischer Siedlungen gibt es u. a. auch in Antibes (Antipolis) und Nizza (Nikaia).

Römerzeit

Aus der Römerzeit sind viele eindruckvolle Reste erhalten, so Arena und Theater in Arles, die Stadt Glanum bei Saint-Rémy, zwei Stadtviertel in Vaison-la-Romaine, das riesige Theater in Orange, Arena und Thermen in Cimiez (Nizza), Arena und Theater von Fréjus, das Siegesmonument von La Turbie, die Triumphbögen in Orange und Cavaillon sowie der Tempel von Vernègues bei Salon.

Christliche Antike

Aus der Spätantike und der Karolingerzeit stammen bemerkenswerte Rundbauten (Baptisterien) in Fréjus, Aix-en-Provence und Riez. Die Krypta von Saint-Maximin birgt u. a. die Sarkophage der »provenzalischen« Heiligen Maria Magdalena, Sidonius und Maximin; weitere prachtvolle Sarkophage sind im Musée de l'Arles Antique in Arles zu bewundern. Eines der beeindruckendsten Baudenkmäler dieser Epoche ist die Basilique Saint-Victor in Marseille.

Romanik und Gotik

Romanik

Im 12. Jh. erfährt die Architektur in dieser Region einen beachtlichen Aufschwung, der vor allem im Sakralbau einen eigenen provenzalischen Stil hervorbringt. Unter zisterziensischer Ägide entstehen drei Klöster in äußerst schlichten, strengen Formen: die Abteien **Sénanque, Le Thoronet** und **Silvacane**. Daneben sind die Kathedralen von Aix-en-Provence und Avignon sowie die Kirche Saint-Trophime in Arles die bedeutendsten Bauwerke aus dieser Zeit; großartige Bild-

OBEN: Mit der »Krönung der Jungfrau Maria« (1453) schuf der aus Nordfrankreich stammende Enguerrand Quarton, der bedeutendste Vertreter der Malerschule von Avignon, ein Meisterwerk der spätmittelalterlichen Kunst.

UNTEN: Für Vincent van Gogh wurde die Provence mit ihrem Licht und ihren Farben zu einer Offenbarung. 1888 malte er in Arles die »Caféterrasse am Abend« – sein erstes Werk, in dem er die mächtig funkelnden Sterne in Szene setzte; noch eindrücklicher tat er dies in seiner »Sternennacht über der Rhône« aus demselben Jahr.

hauerkunst schuf die Fassaden Letzterer und von Saint-Gilles am Rand der Camargue. Die alpinen Regionen des Mercantour und der Ubaye besitzen romanische Kirchen des 11.–14. Jh.s, die von lombardischen Baumeistern errichtet wurden.

Gotik

Die von der Mystik beeinflusste französische Gotik kann als Baustil, anders als im Norden Frankreichs, in der Provence kaum Fuß fassen, nur einige wenige Bauwerke sind zu nennen. Der bedeutsamste Ort ist Avignon mit der Kirche Saint-Pierre und dem berühmten **Papstpalast**. Weitere hervorragende Bauten aus dieser Zeit sind die Kirche von **Saint-Maximin-la-Sainte-Baume** – auch diese keine »große« Gotik – und der Kreuzgang von Fréjus.

Renaissance

Bedeutende Malerschulen

Die Renaissance hinterließ nur wenige Baudenkmäler, dafür umso mehr Werke der bildenden Kunst. Viele alte Kirchen im Osten der Region besitzen hervorragende sakrale Werke aus dem 15./16. Jh., deren Urheber als **Malerschule von Nizza** bezeichnet werden. Sie kommen v. a. aus der Familie Brea: als bedeutendster Ludovico bzw. Louis Bréa (*um 1450, †1522/23 jeweils in Nizza), dann auch sein

Klassizistisch-barocke Pracht: Pavillon de Vendôme in Aix-en-Provence

Bruder Antonio und dessen Sohn Francesco; weiter gehören Jacopo Durandi (1410–1469) und Giovanni Canavesio (ca. 1450–1500) dazu. In Ludovico Breas Schaffen wird der Übergang vom Mittelalter zur Renaissance deutlich, von teils noch goldgrundigen Polyptychen, deren strenge, statuarische Figuren von schlichter Lauterkeit und ruhiger Andacht geprägt sind, hin zu fein ausgearbeiteten, eleganten Madonnen und Szenen in idealer Landschaft. Werke sind in Kirchen v. a. in Monaco, Nizza, Biot, Antibes, Fréjus und Lucéram zu finden, außerdem im Musée du Petit Palais in Avignon. Die **Schule von Avignon** entwickelte sich im Anschluss an den Toskaner Simone Martini am Papsthof und vereinigte Künstler aus verschiedenen Ländern. Die wichtigsten: Enguerrand Quarton mit der »Krönung der Jungfrau Maria« (1453, im Museum in Villeneuve-lès-Avignon; Abb. S. 339) und Nicolas Froment mit dem Triptychon »Maria im brennenden Dornbusch« (1485, in der Kathedrale von Aix-en-Provence).

Klassizismus und Historismus

Italienischer Einfluss

Parallel zum vorwiegend in Italien und Deutschland entstehenden Barock entwickelt sich in Frankreich der Klassizismus, der sich mit seiner formalen Strenge bewusst davon absetzt. Im Südosten Frankreichs ist der Einfluss italienischer Kunst jedoch größer, so dass man hier auch von barocker Kunst sprechen kann. Die hervorragendsten Zeugnisse dieses Stils finden sich in der Altstadt von Aix-en-Provence. Auch die guten Keramiken von Moustiers-Sainte-Marie gehören dieser Epoche an. Entscheidend vom Barock beeinflusst wurde der Marseiller Maler **Pierre Puget** (1620–1694), der wohl bedeutendste französische Bildhauer des 17. Jh.s; er schuf neben vielen anderen kraftvollen Skulpturen die Portalkaryatiden des alten Rathauses von Toulon (heute an der Mairie d'Honneur). Der Klassizismus des 18. Jh.s spiegelt sich in den Werken von Joseph Parrocel, Charles André van Loo und **Jean-Honoré Fragonard** wider; Letzterer, 1732 in Grasse geboren, war der Maler der Pariser Aristokratie und ist vor allem für galante Boudoir- und Schäferszenen berühmt.

Historismus des 19. Jh.s

In der großen Zeit des Nobeltourismus erhält die Côte d'Azur ihre prachtvollen Paläste: Casinos, Hotels, private Villen. Die urbanen Zentren schmücken sich, dem Beispiel von Paris nacheifernd, mit repräsentativen bzw. großspurigen Bauten, die sich an historischen Vorbildern orientieren. In **Marseille** werden die Rue de la République angelegt und die Canebière neu gestaltet; in diversen Stilen zwischen byzantinisch und barock entstehen der Hauptbahnhof Saint-Charles, das Palais Longchamp, die Kirche Notre-Dame-de-la-Garde und die Cathédrale de la Major. Ein gutes Beispiel ist auch die Kirche Notre-Dame-de-la-Victoire in Saint-Raphaël.

Moderne und Gegenwart

Anziehungskraft des Lichts

Ab Ende des 19. Jh.s zog die Riviera viele Künstler an, die im provenzalischen Licht eine neue Seh- und Malweise entwickelten. Als Vertreter des Impressionismus, als dessen Altmeister und Überwinder der aus Aix-en-Provence stammende **Paul Cézanne** gilt, ließen sich Moriot in Nizza, Monet in Antibes und Renoir in Cagnes nieder. Der Pointillist **Paul Signac** wählte 1892 Saint-Tropez zum Aufenthaltsort, ihm folgten u. a. Bonnard und Matisse. Die Reaktion in Form des **Fauvismus** wurde hauptsächlich von Dufy und Matisse vertreten, die in Nizza ansässig wurden. **Vincent van Gogh** verbrachte höchst produktive Monate in Arles und Saint-Rémy; kein anderer Künstler hat das Bild von Südfrankreich mit seinen Sujets so geprägt wie er. Vallauris, Antibes, Cannes und Mougins sind die wichtigsten Stationen von **Pablo Picasso**, der an der Côte d'Azur das Land seiner Seele fand. Der Kubist **Fernand Léger** war in Biot tätig, der Surrealist **Marc Chagall** fand in Vence Motive für seine farbintensiven Traumbilder. Auch andere berühmte Künstler arbeiteten an der Riviera, so Braque in Saint-Paul-de-Vence, Kandinsky in La Napoule, Cocteau in Menton und van Dongen in Cannes. Museen und noch erhaltene Ateliers der Künstler bewahren in den jeweiligen Orten ihr Andenken.

Moderne Architektur

Ein Highlight der Zwischenkriegszeit ist die Villa Noailles in Hyères, entworfen von R. Mallet-Stevens (1929). Zur selben Zeit bezog die irische Designerin Eileen Gray ihre Villa »E 1027« in Cap-Martin; 1952 stellte Le Corbusier nebenan seine spartanische Ferienhütte »Cabanon« auf. Er schuf auch die große Ikone der Nachkriegsarchitektur in der Region, die Unité d'Habitation in Marseille (1947–1952). Der Tourismusboom zeitigte Sporthafen-, Freizeit- und Wohnanlagen wie Port-Grimaud und die Marina Baie des Anges. Das Gebäude der **Fondation Maeght** in Saint-Paul-de-Vence (Josep Lluís Sert, 1964) ist für sich schon ein Kunstwerk. In jüngerer Zeit profilieren sich besonders Aix, Marseille, Nizza und Menton als Zentren avantgardistischer Architektur: in Aix das Quartier Sextius-Mirabeau mit Kulturtempeln von Vittorio Gregotti, Rudy Ricciotti und Kengo Kuma; in Marseille die große Stadterneuerung des Projekts Euroméditerranée mit spektakulären Bürotürmen (Zaha Hadid, Jean Nouvel u. a.) und Museumsbauten (Ricciotti, Kuma). Ricciottis ungewöhnliche, an organischen Formen orientierte Gestaltungsideen machen auch das Musée Jean Cocteau in Menton zu einem »starken Stück«.

Villages perchés

»Adlernester«

Unter den vielen malerische Orten an der Küste mit ihrer einzigartigen Atmosphäre sind die »Villages perchés« besonders interessant,

Die starke Formensprache von Rudy Ricciotti: Musée Jean Cocteau in Menton

die auch als »Nids d'aigle« (»Adlernest«) bezeichnet werden. An küstennahen, aber schwer zugänglichen Stellen wurden die Siedlungen zum Schutz vor Piraten und Sarazenen am Hang oder auf einem Hügel angelegt. Der Platzmangel zwang zum Bau auf kleinster Fläche in dichter Verschachtelung. **Typische Beispiele** sind Castellar, Èze, Gorbio, Gourdon, Peillon, Roquebrune, Tourrettes-sur-Loup und Vence. Noch bis in die 1970er-Jahre hinein waren diese Orte wegen der ungünstigen Wirtschafts- und Verkehrssituation teilweise verlassen worden. Heute, wo Geld und Technik ein angenehmes Leben überall möglich machen, wurden sie als Zweitwohnsitze und Urlaubsorte wiederbelebt und restauriert, somit vor dem Verfall bewahrt, öfter aber auch ihrer Ursprünglichkeit beraubt; in Gordes und in Lacoste im Luberon z. B. kann man sich das Ergebnis ansehen.

BAEDEKER WISSEN

LAND DES LICHTS

Das wunderbare klare Licht und die herrlichen Farben der Landschaft haben viele Maler der klassischen Moderne in den Süden Frankreichs gezogen. Künstler wie van Gogh und der aus Aix-en-Provence gebürtige Cézanne ließen sich in ihrer Motivwahl von der Provence inspirieren und schufen hier einige ihrer wichtigsten Werke.

3 St-Rémy-de-Provence
2 Arles
1 Aix-en-Provence
Nizza 4
Cannes 5

2 3 Vincent van Gogh (1853 – 1890)

Van Gogh kam am 21. Februar 1888 nach Arles und erlebte dort seine fruchtbarste Schaffensperiode und zugleich eine große persönliche Tragik:

Am 8. Mai 1889 Einlieferung in die Nervenheilanstalt St-Paul-de-Mausole bei St-Rémy:

2 Paul Gauguin (1848 – 1903)

Gauguin traf am 23. Oktober bei van Gogh in Arles ein. Zunehmende Streitereien, in deren Verlauf van Gogh sich ein Ohrläppchen abschnitt, führten zu seiner Abreise am 23. Dezember 1888:

1 Paul Cézanne (1839 – 1906)

Cézanne lebte nach längerem Aufenthalt in Paris von 1883 bis zu seinem Tod wieder in seiner Geburtsstadt Aix-en-Provence:

1840 | 1860 | 1880

NEUZEIT (seit 1450)

ROMANTIK (seit 1800) | REALISMUS | IMPRESSIONISMUS

Maler in der Provence
Aufenthalt und wichtige Werke

5 Pablo Picasso (1881 – 1973)

Picasso lebte von 1948 bis 1955 in Vallauris bei Cannes, 1955 bis 1961 in Cannes selbst und von 1961 bis zu seinem Tod in Mougins oberhalb von Cannes. In seinem Werk taucht die Provence nicht auf, aber in Cannes entstand sein gesamtes Spätwerk und auch eines seiner berühmtesten Motive, die **»Friedenstaube«** für den Weltfriedenskongress in Paris 1949.

4 Raoul Dufy (1877 – 1953)

Dufy lebte zwar in Paris, hielt sich aber sehr oft in Nizza, der Geburtsstadt seiner Frau, und an der Côte d'Azur auf:
»Promenade in Nizza« (mehrfach), **»Baie des Anges«**, **»Casino in Nizza«** (1950)

4 Henri Matisse (1869 – 1954)

Matisse lebte von 1916 bis zu seinem Tod überwiegend in Nizza-Cimiez. Als Motiv taucht die Provence nicht in seinem Werk auf, wohl aber haben ihn die Farben der Landschaft inspiriert: **»Dekorative Figur vor ornamentalem Hintergrund«** (1925/26), **»Odalisken«** (zahlreich), **»La Musique«** (1939), Illustrationen zu **»Jazz«** (1943/44)

▶ **Farben der Provence**

»Brücke von Langlois« (mehrfach), **»Caféterrasse am Abend«** (Sept. 1888), **»Der Sämann«** (Okt. 1888), **»Selbstbildnis mit dem abgeschnittenen Ohr«** (Jan. 1889), **»Sonnenblumen«** (mehrfach)

»Schwertlilien« (Mai 1889), **»Sternennacht«** (Juni 1889), **»Kornfeld«** (Okt. 1889)

»Van Gogh, Sonnenblumen malend«, **»Les Alyscamps«** (gemeinsam mit van Gogh)

»Der Golf von Marseille von L'Estaque« (1878/79), **»Mont Ste-Victoire«** (mehrfach), **»Knabe mit der roten Weste«** (1888 – 90), **»Kartenspieler«** (mehrfach), **»Les Grandes Baigneuses«** (1898 – 1905)

1900 1920 1940

1. WK 2. WK

KLASSISCHE MODERNE

EXPRESSIONISMUS

SYMBOLISMUS

ABSTRAKTE KUNST

JUGENDSTIL

SURREALISMUS

FAUVISMUS

KUBISMUS

Provenzalische Sprache

Entstehung

Im Südosten Frankreichs wird noch das Provenzalische gesprochen, das sich vom Französisch erheblich unterscheidet. Es gehört zur **»Langue d'Oc«** bzw. dem »Okzitanischen«, die nach dem südfranzösischen Wort »oc« für »ja« benannt sind. Wie alle romanischen Sprachen ist es aus dem Vulgärlatein hervorgegangen, das mit der römischen Kolonisation Einzug hielt. Gegen Ende des 1. Jahrtausends entwickelte sich die Sprache der Troubadoure und die höfische Dichtung, die später im deutschen Sprachraum mit dem Minnesang eine Parallele fand. Wie das Schriftdeutsch war dieses »Altprovenzalisch« im Grund eine Kunstsprache. Ab dem 13. Jh. bürgerte sich für das früher »Lenga Romana« genannte Idiom der Begriff »Proensal« ein. In späteren Jahrhunderten wurde das Provenzalische zwar noch immer gesprochen, im schriftlichen und besonders im literarischen Bereich aber vom klassischen Französisch abgelöst, das sich aus dem Nordfranzösischen gebildet hatte, der sog. Langue d'Oil. Wie in allen Provinzen wurde die angestammte Regionalsprache jahrhundertelang von der Pariser Zentralgewalt unterdrückt.

Eine Renaissance

In der ersten Hälfte des 19. Jh.s , als sich in ganz Europa mit viel Begeisterung die Nationalstaaten zu formieren begannen, verzeichnet auch die Provence eine Rückbesinnung auf ihre Historie und Sprache. 1854 wurde der **Bund der Félibres** gegründet, eine Gruppe von Dichtern mit Frédéric Mistral als bedeutendstem Kopf. Eines der Hauptverdienste der provenzalischen Renaissance war die umfassende Bestandsaufnahme des Sprachguts. Die Pflege des Okzitanischen und der Stolz, diesem Sprachraum anzugehören, ist auch heute durchaus im Schwang (z. B. Ortsschilder auf Provenzalisch). Dessen ungeachtet ist das Okzitanische als Muttersprache so gut wie verloren; heute beherrschen nicht einmal 1 % der Bevölkerung neben dem Französischen Okzitanisch.

Besonderheiten

Was die provenzalische Sprache wesentlich von der Hochsprache unterscheidet, ist der Reichtum an Vokalen. Während im Französischen unbetonte Vokale verschliffen bzw. eliminiert werden, verfügt das Provenzalische noch über ihre ganze Skala. Wichtigste Kennzeichen sind die Erhaltung des a in offener Silbe (provenzalisch pra = französisch pré), die Unterscheidung von vier Auslautvokalen (a, e, i, o; prov. a, e; frz. e), die o-Endung der 1. Person beim Verb, die Unterscheidung von Nominativ und Akkusativ und besondere Laute. Viele Besonderheiten gibt es natürlich auch in der Lexik, d. h. im Wortbestand und in der Wortbedeutung. Die Aussprache der Ortsnamen weicht in vielem von der französischen ab; so bleiben oft die Endkonsonanten erhalten (z. B. Fréjus als »freschüs«, Aups als »ops«).

NEUES LICHT, NEUES SEHEN

Maler haben unser Bild von diesem »Land des Lichts« nachhaltiger geprägt, als millionenteure Werbekampagnen es je könnten. Henri Matisse war begeistert: »Als ich verstanden hatte, dass ich dieses Licht jeden Morgen wieder sehen würde, konnte ich mein Glück nicht fassen ... Ich beschloss, Nizza nicht mehr zu verlassen.«

Matisse war nicht der einzige: Picasso, Chagall, van Gogh, Miró, Renoir, Signac, Ernst – alle sind sie gekommen, die Maler der frühen Moderne im späten 19. und frühen 20. Jahrhundert.
»Im Midi geraten die Sinne in Begeisterung, wird die Hand flinker, das Auge lebhafter, das Gehirn klarer«, schrieb **Vincent van Gogh**. Die Symphonie der Farben hat sie überwältigt; das reine, tiefe Blau des Meeres, die Pastelltöne der Mauern, die vom Mistral blanke, kristallklare Luft, in der die Blumen in allen Farben dieser Welt leuchten, hat ihre Werke bunt und unbeschwert gemacht. Der Blick von seinem Atelier in der Festung von Antibes auf Meer und Berge hat **Pablo Picasso** in einen kreativen Rausch gestürzt. Die Ergebnisse hängen in dem zum Museum umgestalteten Atelier. »Nizza ist Dekor, zerbrechlich, schön, keine Stadt mit Tiefsinn«, befand **Henri Matisse**.
Die Provence hat ihre Künstler in eine ganz eigene Symbiose aufgenommen. Das Land schenkt das Licht, die Farben; die Künstler hinterließen ihre Werke. Und immer noch zieht der Traum von der Leichtigkeit des Seins im warmen mediterranen Licht Künstler in das größte Atelier Europas.

Paul Cézanne, Montagne Sainte-Victoire von Südwesten (um 1880)

INTERESSANTE MENSCHEN

Malen in freier Natur: Paul Cézanne

1839 – 1906
Maler

Der Sohn eines wohlhabenden Bankiers in Aix-en-Provence sollte Jurist werden, wandte sich aber bald der Malerei zu. Zunächst schulte er sich an klassischen Meistern wie Michelangelo, Delacroix, Tintoretto; sein Schulfreund Émile Zola machte ihn mit den Impressionisten bekannt, vor allem beeinflusste ihn Camille Pissarro. Mit ihm ging er 1873 nach Auvers-sur-Oise und arbeitete – das war neu – unter freiem Himmel. Mit hellen Farben gab er Stimmungen in Licht, Luft und Natur differenziert wieder. Als er sich 1874 an der ersten Ausstellung der Impressionisten beteiligte und nur Hohn erntete, zog er sich nach Aix zurück und arbeitete dort 27 Jahre in strenger Abgeschiedenheit. Er gilt als Hauptmeister der nachimpressionistischen Kunst; sein Wort »La réflection modifie la vision« (»Das Denken verändert das Sehen«) weist ihn als Vater der modernen Malerei aus. Durch die Rückkehr zur klassischen Ästhetik gab er der modernen gegenständlichen Kunst (Fauvismus, Kubismus) Impulse. Cézanne starb 1906 in seiner Geburtsstadt.

Schöpfer des Tartarin: Alphonse Daudet

1840 – 1897
Schriftsteller

Alphonse Daudet, in Nîmes geboren, gilt mit seinen großenteils heiter-ironischen Erzählungen als der bedeutendste **Humorist** seiner Zeit, was einen kritischen Blick auf Menschen und Gesellschaft nicht ausschließt. Durch Frédéric Mistral gewann die Provence eine große Rolle in seinem Schaffen; die Mühle in der Nähe von Arles, die er zum Entstehungsort seiner »Lettres de mon moulin« machte (geschrieben wurden die Erzählungen in Paris), ist für Franzosen so etwas wie ein Wallfahrtsort. Berühmt ist Daudets liebevoll-ironisch gezeichnete Gestalt des Tartarin von Tarascon, des typischen Südfranzosen, dem die Diskrepanz zwischen Fantasie und Realität so manchen Streich spielt. Daudet starb 1897 in Paris.

Vater der modernen Kochkunst: Auguste Escoffier

1846 – 1935
Koch

Auguste Escoffier ging bei seinem Onkel in Nizza in die Lehre, dann arbeitete er in Paris, Luzern und Monte-Carlo, bevor er in England Karriere machte und zum »**König der Köche und Koch der Könige**« avancierte. Von 1898 bis 1921 war er Küchenchef des Londoner Carlton. Sein umfangreiches Werk ist immer noch Grundlage des professionellen Kochens, insbesondere »Le guide culinaire« (1903), »Livre des menus« (1912), »Ma cuisine« (1934). Er entwickelte nicht nur viele heute klassische Rezepte (»Pfirsich Melba« ist wohl das bekannteste), er reformierte und rationalisierte auch die Arbeit in der Brigade und führte einen bis heute gültigen Verhaltenskodex ein: Der Koch arbeitet sauber und penibel, er raucht und trinkt nicht bei der Arbeit, er schreit nicht. Er modernisierte viele Zubereitungsverfahren, so ersetzte er die schweren spanischen und deutschen Saucen durch leichte Reduktionen. In seinem Geburtshaus in Villeneuve-Loubet (▶S. 312) erfährt man mehr über sein Leben und sein Werk.

»Homer der Insekten«: Jean-Henri Fabre

1823 – 1915
Naturwissenschaftler

Fabre war ein genialer Naturwissenschaftler und gilt – was außerhalb Frankreichs kaum bekannt ist – als Vater der modernen Verhaltensforschung. Der Sohn eines armen Bauern entdeckte früh seine Liebe zur Natur. Mit 18 Jahren erhielt er ein Stipendium am Lehrerseminar in Avignon, anschließend unterrichtete er in Carpentras, Ajaccio und Avignon. Seine erste und größte Entdeckung, das Beuteverhalten der Grabwespen, trug ihm die Bewunderung Darwins ein, mit dem er dann viele Jahrzehnte in Briefwechsel stand. Er war schon über 60, als er mit einem Darlehen des britischen Philosophen John Stuart Mill bei Sérignan-du-Comtat ein Anwesen erwerben konnte, den »Harmas« (»Brachland«), wo er seine Forschungen fortsetzte. Mit seinem zehnbändigen Hauptwerk, den »**Souvenirs entomologiques**« (1879 – 1907), wurde er einem größeren Publikum bekannt. Furore machte auch die deutsche Übersetzung (»Erinnerungen eines Insektenforschers«) von Friedrich Koch, einem pensionierten fränkischen Pfarrer. Fabre starb in Sérignan; in seinem Harmas kann man dem liebevollen Ethos seiner Arbeit nachspüren.

Malen als Existenzkampf: Vincent van Gogh

1853 – 1890
Maler

Vincent van Gogh wurde als Sohn eines Pfarrers in Zundert bei Breda (Niederlande) geboren. Nach einem gescheiterten Theologiestudium begann er um 1880 zu malen; in schweren, dunklen Farben stellte er die Bauern und Grubenarbeiter seiner Heimat dar. 1886 ging er nach Paris und kam mit Künstlern wie Paul Gauguin in Kontakt. Er arbeitete impressionistisch, die Farben wurden heller und kräftiger. Als er 1888 nach Arles übersiedelte, war er von der Intensität des Lichts und der Farben der Provence völlig überwältigt; er schuf einen völlig neuen Stil, mit dem er Landschafts- und Stadtbilder, Stillleben und Porträts in ausdrucksstarken Farben und seinem charakteristischen groben, kräftigen Pinselstrich malte. Nach wiederholten seelischen Krisen ging er 1889 in die psychiatrische Anstalt nach Saint-Rémy-de-Provence, anschließend nach Auvers-sur-Oise; immer jedoch arbeitete er unter Hochdruck und **mit dem Mut des Verzweifelten** weiter bis zu seinem Selbstmord im Alter von 37 Jahren. Erst Jahrzehnte später fand van Gogh Anerkennung, entdeckte man in ihm den Überwinder des Impressionismus; sein Werk inspirierte die Expressionisten.

Ein »Wilder«: Henri Matisse

1869 – 1954
Maler

Henri Matisse, im nordfranzösischen Le Cateau-Cambresis geboren, malte zunächst impressionistisch. Unter dem Einfluss von Gauguin, Cézanne und Monet wandelte er sich um 1900 zu einem der maßgebenden Überwinder dieser Stilrichtung; seine Bilder wurden flächenhafter und farbintensiver. »Fauves« (»Wilde«), so wurden Matisse und die Maler seines Kreises abschätzig genannt. Der Fauvismus setzt alles Körperliche und Räumliche in Flächen und Farben um, er verzichtet auf die feine Nuancierung des Impressionismus; seine Bilder leben aus den Effekten von Farbe und Farbkontrast. Als letztes großes Werk gestaltete er 1947–1951 die Rosenkranzkapelle in Vence. Matisse starb in Nizza-Cimiez.

Retter des Provenzalischen: Frédéric Mistral

1830 – 1914
Schriftsteller

Frédéric Mistral – der Name ist kein Pseudonym! – wurde als Sohn eines Bauern in Maillane in der Nähe von Saint-Rémy-de-Provence geboren. Der Anstoß zu seinem literarischen Schaffen und die Begeisterung für die provenzalische Sprache kam von dem älteren Joseph Roumanille. 1859 erschien sein erstes Werk, der Roman »Mirèio« (frz. »Mireille«). Mistral war der bedeutendste Erneuerer der provenzalischen Dichtung. Mit Théodore Aubanel und J. Roumanille gründete er 1854 die Gruppe der »Félibres«, die sich dieser Erneuerung widmete und deren Wirken noch heute hoch geachtet wird. 1904 erhielt er den Literatur-Nobelpreis.

Ein Linker aus Marseille: Yves Montand

1921 – 1991
Schauspieler

In der Camargue und in der Schlucht des Gardon in der Nähe von Nîmes entstanden Teile des atemberaubenden, existenzialistisch geprägten Thrillers »**Lohn der Angst**« (1953), in dem Montand die Hauptrolle spielte: einen großspurigen, von sich mehr als überzeugten Leichtfuß mit großem Herz, der seinem Schicksal nicht entrinnen kann. Als Ivo Livi in der Toskana geboren, kam Montand mit den Eltern, die in die USA auswandern wollten, nach Marseille. In jungen Jahren musste er arbeiten, etwa in einer Seifenfabrik und im Hafen; sein Herz schlug sein Leben lang links, was sich auch in Filmen wie »**Z**« (1969) niederschlug. Mit 17 begann er in Clubs zu singen, so auch im legendären Alcazar in Marseille. Nach dem Krieg ging er nach Paris, wo er von Edith Piaf entdeckt wurde (auch privat). Etwa 50 Filme drehte er, darunter Klassiker wie »Vier im rotem Kreis«, »Mord im Fahrpreis inbegriffen« und »Let's make love« mit Marilyn Monroe, mit der er – wen wundert's – ein Techtelmechtel hatte. Wie der Künstlername zustande kam? Seine Mutter rief den Buben mit »Ivo komm rauf« nach Hause: auf Italienisch hieß das »Ivo monta«.

Nachhaltige Wirkung: Nostradamus

1503 – 1566
Arzt und Seher

Er hat den Sturz Helmut Kohls vorhergesagt und auch den aktuellen US-Präsidenten Donald Trump ... nun ja. Michel de Nostre-Dame wurde in Saint-Rémy-de-Provence als Sohn einer konvertierten jüdischen Familie geboren. Nach dem Studium der Freien Künste und der Medizin wurde er Leibarzt Katharinas von Medici und Karls IX. von Frankreich. Beachtliche Erfolge bei mehreren Epidemien, vor allem durch desinfizierende Mittel und Hygienevorschriften, trugen ihm die Missgunst seiner Kollegen ein, und er musste sich verborgen halten. In dieser Zeit begann seine Beschäftigung mit astrologischen und kosmologischen Themen. Aus den Sternkonstellationen zog er Schlüsse, die er in düsteren, geheimnisvollen Versen niederlegte. Diese »**Centuries astrologiques**«, 1555 in Lyon erschienen, erregten ungeheures Aufsehen – der Vatikan setzte sie auf den Index, da sie auch den Untergang des Papsttums voraussagten – und haben bis heute ein ebenso intensives wie missbräuchliches Nachleben. Nostradamus starb in Salon-de-Provence, wo er ab 1547 gelebt hatte.

Der »erste moderne Mensch«: Francesco Petrarca

1304–1374
Literat

Im italienischen Arezzo geboren, kam Petrarca 1311 mit seiner Familie nach Avignon, ab 1317 studierte er in Montpellier und ab 1323 in Bologna die Rechte. Nach Frankreich zurückgekehrt, traf er 1327 auf die Frau, die er als »Laura« unsterblich machte. Nach ausgedehnten Reisen durch Frankreich, die Niederlande und Deutschland, wo er in Bibliotheken nach antiken Handschriften forschte, zog er sich 1337 nach Fontaine-de-Vaucluse bei Avignon zurück, ab 1362 lebte er überwiegend in Venedig. Petrarca war der Wegbereiter des Humanismus. In seinen lateinischen Schriften belebte er die Antike neu; seine italienischen Gedichte mit ihrer Gestaltung der leidenden und reflektierenden Seele und ihrem Ideal der schönen Frau wurden zum Vorbild der europäischen Liebesdichtung. Er wird als »erster moderner Mensch« apostrophiert, wofür auch die (angeblich) erste zweckfreie Besteigung eines Bergs steht, sein Gang auf den Mont Ventoux am 24. April 1336.

In allen Stilen zu Hause: Pablo Ruiz Picasso

1881–1973
Maler

Der **im spanischen Málaga** geborene Maler, Bildhauer, Grafiker und Keramiker gilt als der bedeutendste Künstler der klassischen Moderne. Sein Werk zeigt eine einzigartige Souveränität im Umgang mit der Tradition, mit seiner Geschichte und mit den unterschiedlichsten künstlerischen Mitteln und Techniken. Nach Lehrjahren bei seinem Vater studierte er an den Akademien von Barcelona und Madrid, und nach einigen Parisaufenthalten zog er 1904 nach Frankreich. Seine eigentliche Heimat wurde die Côte d'Azur, an der er sich 1936 endgültig niederließ – »Damals begriff ich, dass diese Landschaft meine Landschaft war«. Wesentliche Orte seines Schaffens waren Mougins, Golfe-Juan, Antibes, Vallauris, Cannes und Vauvenargues. Seine über 70 Jahre dauernde künstlerische Tätigkeit sah ganz unterschiedliche Phasen: von den melancholischen Bildern der Blauen und Rosa Periode zum Kubismus (bahnbrechend die »**Demoiselles d'Avignon**« 1907), von der abstrahierend-figürlichen Darstellung zur surrealistischen Skulptur, von Illustrationszyklen nach antiken Texten zu Stierkampfdarstellungen, Porträts und Variationen zum Thema »Künstler und Modell«. Nach dem Zweiten Weltkrieg beschäftigte sich Picasso, inspiriert von der Werkstatt Ramié in Vallauris, intensiv mit der Keramik und schuf auch ein großes grafisches Œuvre. Picasso, der auch für seine ausbeuterischen Beziehungen zu mehreren Frauen bekannt war, starb in Mougins; bestattet ist er am Schloss Vauvenargues, in dem er 1958 drei Monate lebte und arbeitete.

Der Erfinder des Reiseführers: Karl Baedeker

1801 – 1859
Verleger

Als Buchhändler kam Karl Baedeker viel herum, und überall ärgerte er sich über die »Lohnbedienten«, die die Neuankömmlinge gegen Trinkgeld in den erstbesten Gasthof schleppten. Nur: Wie sollte man wissen, wo man übernachten könnte und was es anzuschauen gäbe? In seiner Buchhandlung hatte er zwar Fahrpläne, Reiseberichte und gelehrte Abhandlungen über Kunstsammlungen. Aber wollte man das mit sich herumschleppen? Wie wäre es denn, wenn man all das zusammenfasste? Gedacht, getan. Zwar schrieb er sein erstes Reisebuch, die 1832 erschienene »Rheinreise«, nicht selbst. Aber er entwickelte es von Auflage zu Auflage weiter. Mit der Einteilung in »Allgemein Wissenswertes«, »Praktisches« und »Beschreibung der Merk-(Sehens-)würdigkeiten« fand er die klassische Gliederung des Reiseführers, die bis heute ihre Gültigkeit hat. Bald waren immer mehr Menschen unterwegs mit seinen »**Handbüchlein für Reisende, die sich selbst leicht und schnell zurechtfinden wollen**«. Die Reisenden hatten sich befreit, und sie verdanken es bis heute Karl Baedeker. Den Süden Frankreichs beschrieb er erstmals in der 8. Auflage des 1876 erschienenen »Baedekers Ober-Italien«.

»
Von den abgelenkten, den Küstenrand bestreichenden Winden ist der Mistral der verrufenste. Am störendsten ist er bekanntlich im Rhonetal, wo er Avignon in hohem Grade belästigt
«

Baedekers »Riviera und Südostfrankreich«, 1. Auflage 1898

E

ERLEBEN & GENIESSEN

Überraschend, stimulierend, bereichernd

Erleben und genießen Sie die Provence
mit unseren Ideen.

Auftakt zum Dîner in Bonnieux ▶

Restaurant
LE FOURNIL
UTA

BEWEGEN UND ENTSPANNEN

Am Meer oder in den Bergen, die Provence ist ein Paradies für Sport- und Outdoorfans. Die Palette ist fast unübersehbar groß: Kajakfahren in Canyons oder an der Küste, Klettern an kühnen Klippen am Meer oder über den Weinbergen, schweißtreibende MTB-Touren oder gemütliches Radeln auf autofreien Voies Vertes, Wanderungen zu Fuß oder mit dem Pferd durch abwechslungsreiche Landschaften – und nicht zuletzt Vergnügungen am und auf dem Meer.

Meer & Strand

Strände Ein Urlaub an der Côte d'Azur ist natürlich vor allem ein Badeurlaub, insgesamt über 400 km lang sind ihre Strände. Ein Großteil davon ist öffentlich und wird in puncto **Wasserqualität und Sicherheit** überwacht. Im Westen, bis Antibes, bestimmen Sandstrände das Bild, im Osten, vom Fort Carré in Antibes bis Menton, herrschen Kiesstrände vor. Zwischen den großen Stränden gibt es immer wieder kleine, von weißen oder roten Felsen eingefasste Buchten; sonst wird die Küste meist von scharfkantigen Felsen gebildet. Die **Privatstrände** bieten unterschiedlichen Service und Komfort zu unterschiedlichen Preisen; viele höherklassige Hotels der Côte d'Azur haben einen Strandabschnitt gepachtet. **Bewegung** wird überall großgeschrieben: Beachvolleyball, Pétanque, Bungeetrampoline u. a. m.; am Wasser werden Meereskajaks, Jetskis, Body- und Surfboards und anderes Sportgerät verliehen.

FKK An allen Stränden ist »oben ohne« verbreitet, FKK (naturisme) ist jedoch auf offiziell zugelassene Strandabschnitte und Buchten beschränkt. Informationen dazu und zu den beliebten FKK-Zentren (domaines naturistes) geben Atout France und die Fédération Française du Naturisme.
www.ffn-naturisme.com

Temperaturen und Wasserqualität Baden ist das ganze Jahr über möglich – im Prinzip. Im Winter hat man sehr frische Wassertemperaturen von 13–15 °C: im Sommer bewegen sie sich um 25 °C. Die Wasserqualität ist sehr gut, selbst an den Stränden von Marseille. Im Bereich der Industriezonen wie Fos verzichtet man natürlich auf ein Bad. Das französische Umweltministerium lässt die Wasserqualität prüfen, die aktuellen Ergebnisse müssen am Rathaus sowie an den offiziellen Badestränden aushängen.

Strände gibt es für jeden Geschmack – da und dort, wie in Cassis, wird es voll.

Windsurfen

Zu den internationalen Top-Plätzen gehören die Halbinsel von Giens, die Plage de la Bouillabaisse bei Cavalaire-sur-Mer, Cap Couronne bei Carro westlich von Marseille sowie Six-Fours und Cap Nègre. Auch an der Plage de Piemanson im Osten der Camargue und in Stes-Maries-de-la-Mer treffen sich Funboarder und Kitesurfer. Info ▶ S. 360.

Tauchen

Die Felsküsten, etwa an der Corniche de l'Esterel und der Corniche des Maures, bieten gute Tauchgründe. Auch das Schnorcheln erfreut sich großer Beliebtheit. An die hundert Tauchclubs und -zentren gibt es, bei denen man Kurse und Ausflüge buchen kann; Qualität garantiert das PADI-Siegel. Der Küstenbereich von Monaco ist Unterwasserreservat. Adressen und weitere Info unter www.divazur.com und https://ffessm.fr.

Fahrradtouren

Die Provence lässt sich mit dem Rad – ob Trekkingrad, Moutainbike (vélo tout-terrain, VTT) oder Rennrad – intensiv »erfahren«. Jedoch macht die meist hügelige bis gebirgige Topografie, die schon im Frühjahr intensive Sonne und der – besonders im Rhônetal – oft starke Wind Touren recht anstrengend. Auf den kleineren Landstraßen ist der Verkehr meist spärlich, hoch frequentiert sind die Küstenstraßen. Da und dort stehen Radwege zur Verfügung. Als **Voies Vertes** (www.voiesvertes.com) entsteht ein Netz von Fernradwegen, unter www.af3v.org findet man die interaktive Übersichtskarte »Voies Vertes et Véloroutes de France«. Die Tourismusbüros erarbeiten Touren, die Hotellerie hat sich auf Radurlauber eingestellt. **Achtung:** Außerhalb geschlossener Ortschaften müssen Radfahrer tagsüber

Die Alpilles hautnah »erfahren«: bei Les Baux-de-Provence

bei schlechter Sicht sowie nachts eine reflektierende **Sicherheitsweste** tragen. Gute Quellen für Informationen rund um den Radurlaub sind die Websites des ADFC und der FUBicy.

Interessante Strecken

Im Département **Var** wurde die Bahnstrecke zwischen Six-Fours und Saint-Raphaël entlang der Küste zum Radweg umfunktioniert (Parcours cyclable du littoral, 120 km; www.var.fr). Auch im Département **Bouches du Rhône** findet man entlang der Küste Radwege. Eine Tour durch die topfebene, im Sommer allerdings mörderische Camargue ist im Reiseteil beschrieben. Die **Vaucluse** wartet mit ruhigen, abwechslungsreichen Strecken auf: im Westteil nur mäßig hügelig, verlangt sie im Osten, etwa im Luberon, ein gerüttelt Maß an Kondition. Für MTB- und Rennradfahrer ist die ganze Region mit ihren wenig befahrenen Sträßchen und Wegen überaus attraktiv; besondere Herausforderungen finden sie an den Bergen – am berühmtesten der 1912 m hohe Mont Ventoux – und in den Alpen. Die **Alpes de Haute-Provence** verfügen über ein markiertes Netz für Mountainbiker. Für die **Route des Grandes Alpes** mit berühmten Pässen bis hin zum Col de la Bonette (2715 m) findet man Info auf www.moveyouralps.com/fr und www.quaeldich.de.

Organisierte Radreisen

Deutsche und französische Veranstalter bieten unterschiedlich konzipierte Reisen an, von individueller Anfahrt und eigenem Rad bis zum Komplettpaket. Informationen geben die Reisebüros und Atout France (►S. 398). Auf der Website des ADFC sind viele Veranstalter mit Adressen und Links verzeichnet.

Etwas umständlich, insgesamt aber problemlos ist die Mitnahme des Fahrrads im Zug (auch im TGV, ►S. 395, 415) und im Flugzeug. In den letzteren beiden muss das Rad zusammengelegt in einem Transportsack (max. 120 × 90 cm) verstaut werden. **Anreise**

Spaß auf dem Wasser

Sportboote An der Côte d'Azur zählt man über 30 Jachthäfen. Segel- und Motorboote können mit oder ohne Skipper gemietet werden. Spektakulär ist eine Fahrt entlang der Calanques östlich von Marseille, in den engen Fjorden ragen die Felswände bis zu 300 m hoch auf. Verschiedene Firmen offerieren Bootsausflüge von Arles durch die Camargue.

Hausboote Die Camargue ist das einzige Hausbootrevier der Provence; nur zwei Schleusen sind bei der Fahrt auf dem Canal du Rhone à Sète zu passieren. Über den Canal du Rhone à Sète und den Canal de la Robine kann man auch den Canal du Midi ansteuern. Die besten Zeiten sind spätes Frühjahr und Herbst, außerhalb der Sommerhitze. Ein Bootsführerschein ist nicht erforderlich. Boote können in Beaucaire, Saint-Gilles, Bellegarde, Carnon und Lattes gemietet werden.

Wandern & Klettern

Ob auf den alten Zöllnerwegen (Chemins des douaniers) entlang der Küste, durch die Calanques, auf den Fernwanderwegen (Grandes Randonnées) durch die Regional- und Nationalparks, die Alpilles, den Luberon oder den Esterel, die Möglichkeiten zum Wandern und Klettern sind attraktiv und zahlreich. Ein hoch attraktives Revier für Bergfreunde sind die Alpes Maritimes mit ca. 5000 km Wanderwegen und dem größten Teil des Nationalparks Mercantour, der nur zu Fuß zugänglich ist und eine einmalige Flora und Fauna besitzt. Etwas Besonderes sind Wandertouren mit einem freundlichen, manchmal aber auch eigenwilligen Packesel. Die Tourismus- und Nationalparkbüros halten Infomaterial bereit (Wandervorschläge, Karten etc.).

Wanderführer Die Fédération Française de la Randonnée Pédestre kümmert sich um die Pflege des Wegenetzes. Sie gibt ausgezeichnete Wanderführer heraus (»Topo Guides«, frz.): »Grande Randonnée« (GR mit Anreise-, Übernachtungs- und Einkaufsmöglichkeiten), »Promenade et randonnée« für kurze Touren, »Sentiers des patrimoines« (für Kulturinteressierte) u. a. Ihre Website (auf Frz.) enthält wertvolle Tipps und Wandervorschläge. Auf der Website www.gr-infos.com (auch in Dt.) sind die Fernwanderwege mit Karte und Übernachtungsmöglichkeiten skizziert.

ADRESSEN

RADFAHREN

ALLGEMEINER DEUTSCHER FAHRRADCLUB (ADFC)
Am Wall 128–134, 28195 Bremen
Tel. 0421 346 29-3, www.adfc.de

FÉDÉRATION FRANÇAISE DES USAGERS DE LA BICYCLETTE (FUBICY)
12 Rue des Bouchers, 67000 Strasbourg, www.fub.fr

SEGELN & WINDSURFEN

FÉDERATION FRANÇAISE DE VOILE
www.ffvoile.fr

FÉDERATION FRANÇAISE DE SURF
Tel. 05 58 43 55 88
www.surfingfrance.com

WANDERN & KLETTERN

FÉDÉRATION FRANÇAISE DE LA RANDONNÉE PÉDESTRE
www.ffrandonnee.fr
www.gr-infos.com

FÉDÉRATION DES CLUBS ALPINS ET DE MONTAGNE
www.ffcam.fr

FÉDÉRATION FRANÇAISE DE LA MONTAGNE ET DE L'ESCALADE
www.ffme.fr

INSTITUT GÉOGRAPHIQUE NATIONAL (IGN)
www.ign.fr

WANDERN MIT ESEL

FÉDÉRATION NATIONALE DE ANES ET RANDONNÉES
www.ane-et-rando.com

ITINERANCE VILLEPLANE
Guillaumes (Mercantour)
www.itinerance.net

PROVENC'ÂNES
Rians (nordöstlich von Aix)
www.provencanes83.com

NATIONALPARKS

PARC NATIONAL DES CALANQUES
www.calanques-parcnational.fr
Kernzone: 85 km² Land, 435 km² Meer. Schmale, tief einschnittene Meeresbuchten westlich von Cassis mit senkrechten Kalkwänden.

PARC NATIONAL DES ECRINS
www.ecrins-parcnational.fr
Kernzone: 918 km²
Départements Isère und Hautes-Alpes, 800 - 4102 m Höhe.

PARC NATIONAL DU MERCANTOUR
www.mercantour.eu
Kernzone: 685 km²
Nördlich von Saint-Martin-Vésubie, in den Hochalpen entlang der italienischen Grenze, bis in 3143 m Höhe.

PARC NATIONAL DE PORT-CROS
www.portcrosparcnational.fr
7 km² Land, 13 km² Meer
Île de Port-Cros mit dem umgebenden Meeresboden.

Das französische Institut Géographique National (ign.fr) hat hervorragende Kartenwerke im Programm, u. a.:
Cartes Tourisme et Découverte TOP 100: Straßen- und Wanderkarten 1 : 100 000 mit touristischen Informationen
TOP 25/Serie Bleue 1 : 25 000: Wanderkarten als Sonderausgaben der Topografischen Karten für touristische Gebiete.
Französische Landkarten können zu Hause über jede Buchhandlung bezogen werden, sind in Frankreich jedoch billiger.

Wanderkarten

Einige Fernwanderwege (»Sentiers de Grande Randonnée«; Abkürzung: GR + Nummer) seien näher vorgestellt. Sie sind weiß-rot markiert und z. T. auch in Straßenkarten verzeichnet. Der **GR 9** tritt – aus Richtung Grenoble – bei Dieulefit in das Gebiet dieses Führers. Über Nyons, am Mont Ventoux entlang und über den Luberon (Mourre Nègre) führt er zur Montagne Sainte-Victoire (Croix de Provence), zum Massif de la Sainte-Baume (Saint-Pilon) und zum Massif des Maures; bei Port-Grimaud erreicht er das Meer. Der **GR 4** überschreitet bei Pont-Saint-Esprit die Rhône und führt über Vaison-la-Romaine zum Mont Ventoux (wie GR 9), zum Ostteil des Luberon und nach Manosque. Den Gorges du Verdon folgt er bis Castellane; in großem Bogen berührt er Entrevaux, wendet sich südwestlich und gelangt über die Plaine des Rochers nach Grasse. Der **GR 5** führt von Nizza über den Mont Chauve zu den Gorges de la Vésubie, steigt nach Utelle auf, überschreitet den Mont Tournairet und erreicht das Gebiet des Mont Mounier. Im Weiteren führt er nach Norden in den Parc Régional du Queyras und nach Briançon. **GR 98/90/51:** Diese Fernwanderwege erschließen das unmittelbare Hinterland der Mittelmeerküste von Marseille bis Cap-Martin/Menton.

Fernwanderwege

Ein »berauschendes« Erlebnis: Wandern in blühendem Lavendel

Klettern Hervorragend klettern kann man natürlich in den Südalpen, aber auch in den Schluchten von Cians, Daluis und Verdon, in den Alpilles, den Dentelles de Montmirail, den Calanques, in der Chaîne de la Sainte-Baume, der Montagne de Sainte-Victoire und im Esterel-Massiv. Infos über Reviere, Schulen etc. bei den Tourismusbüros und bei der Fédération des Clubs Alpins et de Montagne.

Sport & Spaß

Fliegen Im Alpenvorland bieten sich beste Möglichkeiten für Flugsport aller Art. International bekannte Segelflugzentren sind Fayence-Tourrettes, Sisteron und Château-Arnoux. Zu den Hotspots der Paraglider und Drachenflieger (www.paragliding365.com) gehören die Montagne de Chabre, der Gourdon bei Grasse und Roquebrune-Cap Martin. In allen Sparten werden auch **Passagierflüge** angeboten.

Golf Von mehr als zwei Dutzend Golfplätzen an der Côte d'Azur und in der Provence sind einige auch ganzjährig geöffnet. Der **Golf Pass Provence-Alpes-Côte d'Azur** (www.laroutedesgolfs.com/golfpass) eröffnet den Zugang zu 31 Plätzen, daneben gibt es »kleinere« Pässe wie den Pass Pays de Grasse. Atout France (►S. 398) hat weitere Informationen.

Pétanque Großer Beliebtheit erfreut sich, bei Zuschauern wie bei den Spielern, die **provenzalische Version des Boule** (► S. 314 ff.). Ein von Rheuma geplagter Spieler schlug vor, dass der Spieler mit beiden Füßen wie festgenagelt (»pieds tanqués«) stehen muss, wenn er die Kugel wirft. Zuerst wird eine kleine Kugel (»cochonet«, »Schweinchen«) geworfen, der die großen Metallkugeln möglichst nahe kommen sollen; die Kugeln des Gegners dürfen weggeschossen werden.

Reiten Von der Camargue mit ihren weißen Pferden bis zu den Bergen des Queyras und den Alpes Maritimes werden reizvolle Reittouren unterschiedlicher Länge und Anforderungen angeboten, so in den Alpilles, an der Montagne Sainte-Victoire, im Luberon und im Bereich des Verdon. Näheres bei den regionalen und lokalen Tourismusbüros.

Wildwasserfahren Die großen Wildwasserreviere der Provence sind der Verdon und die Ubaye, die etwa 100 km befahrbare Strecken aller Schwierigkeitsgrade bieten; dazu kommen kleinere Flüsse wie Var, Vésubie und Tinée. Im Norden, in den Hautes-Alpes, kann man zwischen L'Argentière la Bessée und Embrun, bevor die Durance im Lac de Serre-Ponçon aufgestaut wird, auf 40 km Kajak und Kanu fahren. Diverse Veranstalter haben Kajak, Rafting und Hydrospeed im Programm. Info geben die regionalen Tourismusbüros.

Wintersport

In den Alpen bietet die Provence auch Wintersportlern beste Bedingungen. Nur 50 bis 100 km, d. h. 1–2 Autostunden von Nizza entfernt, sind die Alpes Maritimes der Trumpf der Region: die Kombination von guten Schneebedingungen und südlich warmer Sonne. Wegen der Höhenlage (1400 – 2450 m) heißt es bis in den März hinein »Ski und Rodel gut«. Zu nennen sind v. a. Barcelonnette mit Pra-Loup, La Sauze und La Foux d'Allos sowie Auron – der größte Skizirkus –, Valberg (für Familienfreundlichkeit ausgezeichnet) und Isola 2000. Selbst am Mont Ventoux kann man Ski fahren: Schon in den 1930ern wurde die Anlage am Nordhang in Betrieb genommen.
www.stationdumontserein.com.

Französisch lernen, malen, kochen

Sprachkurse

Eine Reihe deutscher und französischer Veranstalter bietet Sprachkurse an, teils mit Unterbringung bei Familien. Neben Ferienkursen von zwei bis vier Wochen gibt es wenige Tage dauernde Intensivkurse und Langzeitaufenthalte. Spezielle Angebote wenden sich an Schüler und Jugendliche. Info geben **Atout France** (►S. 398) und die französischen Kulturinstitute.
in Deutschland: www.institutfrancais.de.

Malkurse

In einem Land, das so viele Künstler angezogen hat, greifen auch Urlauber gerne zum Pinsel, z. B. im **Atelier Elaia** in Vaison-la-Romaine, beim **Kunstverein in Cassis** oder im **Atelier Hoffmann** in Boulbon in der Nähe von Avignon. Überhaupt kann man in der Provence und der Côte d'Azur bei deutsch(sprachig)en Veranstaltern den unterschiedlichsten kreativen Tätigkeiten nachgehen.
www.hotel-villaelaia.fr, www.peindre acassis.com, www.kreativurlaub.com

Kochen

Was wäre schöner, als an Ort und Stelle in die Aromen und Düfte der Provence einzutauchen, sie in verlockende Gerichte zu verwandeln? In Marseille kann man sich bei **Gérald Passedat** vervollkommnen, ebenfalls ein Drei-Sterne-Koch; auch der Ort ist besonders: im Fort Saint-Jean. Auf dem Programm stehen unterschiedliche Kurse, von den Grundlagen über die Gourmetküche bis zur Pâtisserie. Im noblen Hotel **La Mirande** in Avignon, in einer herrlich nostalgischen Küche aus dem 19. Jh., weisen Kochkünstler aus der ganzen Region in die verschiedensten Gerichte und Rezepturen ein. Auch das berühmte, erstklassige **Oustau de Baumanière** in Les Baux zieht viele wissbegierige Schüler an.
www. la-mirande.fr, www.passedat.fr, www.oustau debaumaniere.com | Weitere »courses de cuisine«: www.provenceguide.com und www.pacaloisirs.com (Suche unter »cours de cuisine«).

ESSEN UND TRINKEN

Jede Menge Sonne und uralte Traditionen in Landwirtschaft und Küche: Aus diesen Ingredienzien werden die Delikatessen der provenzalischen Küche gemacht.

Leichte Küche

Die Küche der Provence ist eine leichte Küche: viel Gemüse und Obst, Kräuter, Knoblauch, Tomaten, Oliven und Olivenöl aus der Region, Fisch aus dem Meer, zartes Lamm aus Sisteron und der Crau, Rind und Reis aus der Camargue, Ziegen- und Schafskäse. Kein Wunder, dass sie hoch in Kurs steht, kann sie doch als **Muster für moderne Ernährung** gelten – und sie schmeckt einfach großartig. Entstanden sind die meisten Spezialitäten des sonnenverwöhnten Landstrichs aus der Kost der armen Leute: die Bouillabaisse aus dem Fisch, den die Fischer als unverkäuflich vom Markt nach Hause brachten, Pissaladière und Socca in Nizza als dünne Fladen aus Weizen- oder Kichererbsenmehl, die man mit dem belegte, was gerade billig zu bekommen war, oder die Ratatouille als dicker Eintopf.

Kulinarische Feste

Die heimischen Produkte werden in Festen geehrt, die dem Rhythmus des bäuerlichen Jahres folgen. Auf Wallfahrten wird um Regen oder schönes Wetter gebetet oder für die Getreideernte, das Einbringen des Lavendels und die Weinlese gedankt. Je nach Jahreszeit stehen andere Erzeugnisse im Mittelpunkt: Melonen in Cavaillon, Trüffel in Richerenches, Kastanien in Collobrières usw.

Meilensteine der Küche

Als die Bibeln der provenzalischen Küche gelten zwei Klassiker der Kochliteratur: »Le Cuisinier Durand« von **Charles Durand** (1830) und »La Cuisinière Provençale« von **Jean-Baptiste Reboul** (1897, mit 1120 Rezepten). Im Dörfchen Villeneuve-Loubet bei Nizza erblickte 1846 Auguste Escoffier das Licht der Welt, der die Haute Cuisine von Grund auf erneuerte (▶S. 349). Schon mit 13 Jahren stand er am Herd seines Onkels. Gut 130 Jahre später, 1987, wurde ein Bauernjunge aus Castel-Sarrazin im Südwesten zum Küchenstar von Monaco: Alain Ducasse schwingt den Kochlöffel im »Hôtel de Paris« (Restaurant »Louis XV«) und setzt der klassischen Haute Cuisine regional inspirierte Gerichte entgegen – der Michelin honorierte die Revolution am Herd 1990 mit drei Sternen. Bis 2008 blieb Ducasse der einzige Dreisternekoch in der Region Provence-Alpes-Côte d'Azur, dann kam Gérald Passedat hinzu (Le Petit Nice in Marseille). Gegenwärtig zählt man fünf weitere Spitzen-Etablissements: Arnaud Donckele (Cheval Blanc in Saint-Tropez), Mauro Colagreco (Mirazur in Menton), Glenn Viel (L'Oustaù de Baumanière in Les Baux), Alexandre Mazzia (AM in Marseille) und Dimitri Droisneau (La Villa Madie in Cassis).

Spezialitäten der Provence

Suppen

Unter den Suppen (soupes) nehmen die Fischsuppen eine besondere Stellung ein. Berühmt und teuer ist die **Bouillabaisse**, ursprünglich ein einfaches Essen der Fischer. 1980 riefen die Marseiller Köche eine Charta der »echten« Bouillabaisse ins Leben. Ähnlich ist die **Bourride**, die neben Fisch grüne Bohnen, Karotten und Kartoffeln enthält und mit Aïoli (Knoblauchmayonnaise) gereicht wird. Aigo-Saou ist eine Suppe aus weißem Fisch und Kartoffeln. Die **Soupe au pistou** besteht v. a. aus weißen Bohnen und Gemüse und wird mit »pistou« serviert, einer Paste aus Knoblauch, Olivenöl und Basilikum.

Fleisch

Eine typisch provenzalische Fleischzubereitung sind Ragoûts wie die **Daube** (► S. 367). Das Lamm der Haute-Provence – das **Agneau de Sisteron** IGP – schmeckt geschmort oder gebraten ebenso gut wie vom Holzkohlengrill. Kenner schätzen die **Pieds et paquets**, mit Tomaten, Wein, Olivenöl und Kräutern geschmorte Lammfüße und Lammkuttel-Päckchen. Das Originalrezept der renommierten **Saucisson d'Arles** schreibt Schweine- und Eselsfleisch vor.

Obst und Gemüse

Die Täler der Rhône und der Durance gehören zu den großen Gemüse- und Obstgärten Frankreichs. Gemüse und Salat (légumes, salades) gibt es in großer Vielfalt. In aller Welt bekannt ist die **Salade niçoise** (►S. 367). **Tomates à la provençale** heißen die mit Olivenöl, Knoblauch und Petersilie gegarten Tomaten; ähnlich werden auch Auberginen (aubergines) und Zucchini (courgettes) geschmort. Etwas exotischer sind **gefüllte Zucchiniblüten** (fleurs de courge farcies). Zwiebeln, Zucchini, Auberginen, Tomaten, Paprika und Knoblauch, in Olivenöl gedünstet, ergeben die **Ratatouille**. Artischocken, Fenchel und Mangold sind sehr beliebt. Im der Region Nizza steht der Mangold hoch im Kurs; eine beliebte süße (!) Variante ist die **Tourta de blea**, eine Tarte mit Mangold, Rosinen und Pinienkernen. Für die **Bagna cauda** wird rohes Gemüse in ein heißes Gemisch aus Olivenöl, zerstoßenen Sardellen und Knoblauch getaucht. Berühmt sind die Départements Drôme und Vaucluse für ihre **Trüffeln**, ca. 80 % der französischen Ernte kommen von dort (► Baedeker Wissen S. 131).

Fisch und Krustentiere

Meeresfrüchte aller Art (poissons, crustacés) spielen in der Mittelmeerküche eine überragende Rolle. Geschätzt werden außer den genannten Suppen die **Brandade** aus Stockfisch, Kartoffeln und Olivenöl sowie Fisch vom Grill. Auch Tintenfisch bzw. Kalmar (calmar, seiche), Muscheln (moules, coquilles), Austern (huîtres), Langusten (langoustes) und Garnelen (crevettes) sollte man versuchen. Der rohe Rogen vom **Seeigel** (oursin), der in schmalen roten Streifen an der Innenwand sitzt, ist ein luxuriöser feiner Imbiss.

TYPISCHE GERICHTE

Bouillabaisse: Die legendäre Fischsuppe, einst die Resteverwertung der Fischer von Marseille, ist heute eine teure Gourmandise. Außer Unmengen von Felsenfischen für die eigentliche Suppe gehören sieben Edelfischsorten dazu, aromatisiert wird sie mit Olivenöl, Knoblauch, Safran und Orangenschale. Zuerst wird die Suppe mit Weißbrot und »Rouille« – eine Art scharfer Knoblauchmayonnaise – verspeist, dann das Fischfleisch mit einer großen Kartoffel. Eingeweihte schwören darauf, dass die Rouille auf der Basis einer gekochten Kartoffel gerührt wird.

Fougasse: Perfekt zum Picknick oder zum Apéritif passt der provenzalische Fladen mit jeder Menge Olivenöl im Teig, den es in vielen Variationen gibt: meist mit Oliven, dazu zum Beispiel getrocknete Tomaten, Ziegenkäse, Tapenade oder Sardellen. Oder auch nur feingehackte Kräuter der Garrigue. Am besten frisch vom Blech und noch warm genießen!

Pissaladière: Die provenzalische Version der italienischen Pizza, vom großen Blech, belegt mit Zwiebeln, Sardellen und Oliven. Außer der Teigqualität und der richtigen Ofentemperatur ist ausschlaggebend, dass die Zwiebeln (in rauen Mengen!) vor dem Backen sehr langsam ganz weich geschmort werden. Manche machen sie mit etwas Zucker noch süßer.

Lamm: Ob als Kotelett vom Grill mit vielen Kräutern, als 5 bis 6 Stunden sanft geschmorte Keule oder als umwerfend duftende Daube (s. u.): Das zarte Lammfleisch der Provence ist legendär. Im bergigen Hinterland nähren sich die Schafe (für das Agneau de Sisteron IGP) von vielfältiger Flora, in der steinigen Crau (für das Agneau de Crau AOP) vom salzhaltigen Heu, das als »foin de Crau AOP« begehrt ist.

Daube: Etwas für Liebhaber herzhafter Ragouts. Eine Daube – in der Provence sagt man »üne dobe« – macht man aus Fleisch vom Rind oder Stier bzw. Lamm, das in kleinere oder größere Würfel geschnitten mit Zwiebeln, Speck und Aromaten wie gelbe Rüben, Knoblauch und Kräuter in Wein geschmort wird. Ergänzt wird sie, überraschenderweise, mit Eiernudeln oder Kartoffelpüree.

Salade niçoise: Der in aller Welt bekannte Klassiker aus Nizza – ursprünglich war er ein Mittagessen – verlangt traditionell außer bestem Olivenöl eine Reihe frischer Zutaten: grüner Salat, Tomaten (gesalzen und gut abgetropft), Paprika und grüne Bohnen, schwarze Oliven, Artischocken und Sardellen. Hartgekochte Eier und Thunfisch dürfen sein, Kartoffeln gehen gar nicht. Dazu geröstetes, mit Knoblauch eingeriebenes Brot.

Auf dem Markt in Vaison-la-Romaine: »Saucissons« in allen Varianten

Diverses aus Mehl

Häufige Beilage – besonders zu Schmorfleisch wie der Daube – sind Nudeln (pâtes), im Gegensatz zur italienischen Pasta als Eiernudeln. Neben den verschiedenen Varianten der Pizza und dem **Pan bagnat**, einem mit Tomaten, Artischocken und Anchovis gefüllten Brot, ist die **Pissaladière** sehr beliebt (►S. 366). Besonders in Nizza und Menton mit ihrer italienischen Vergangenheit, aber auch sonst ist der Einfluss Italiens, d. h. Liguriens, erkennbar am großen Angebot an Pasta wie Ravioli, Tortellini, Lasagne und Gnocchi, außerdem an der **Socca**, dem Kichererbsenfladen aus dem Ofen.

Käse

Die zahlreichen Käsesorten (fromage) werden meist aus Schafs- oder Ziegenmilch hergestellt. Sie sind bekannt unter Namen wie Annot, Banon (im Winter aus Schaf-, im Frühjahr aus Ziegenmilch), Bossons (auch in Olivenöl mit Gewürzen eingelegt, Bossons macérés), Brousse, Cachat, Claqueret (eine Art Weißkäse, der mit gehackten Zwiebeln serviert wird), Picodon, Poivre d'Ane (mit Kräutern der Provence), Sospel.

Desserts

Eine große Nachspeisenpalette hat die Provence nicht entwickelt. So wird oft Obst aller Art aus den Plantagen der Region zu feinen Magenschließern verwendet, etwa als Salat, Tarte, Eis oder Kompott.

Süßes

Viele Orte haben ihre Spezialität wie Marseille die Navettes (trockene Schiffchen aus Mürbteig), Aix-en-Provence die **Calissons** (▶ S. 60), Avignon die Papalines (alkoholisch gefüllte Schokokugeln) und Carpentras die Berlingots (Bonbons). Beliebt ist der weiche weiße Nougat aus Montelimar, ähnlich dem »türkischen Honig«, z. T. mit Schokolade oder Likör aromatisiert oder mit kandierten Früchten verfeinert.

Wein

Das Land des Rosé

Die Güter, oft »Domaine« genannt, produzieren exzellente Weine, und zwar weit überwiegend Rosé. Das ist nicht verwunderlich, passt doch ein kühler, aromatischer Rosé perfekt in die provenzalische Landschaft. Noch bis in die 1990er-Jahre rümpften viele die Nase, wenn man ihnen einen Côtes de Provence oder gar einen Rosé vorsetzte. Das hat sich gewaltig geändert: 30 % des in Frankreich konsumierten Weins ist heute Rosé! Und vor allem die Provence liefert ihn, mit 42 % der Gesamtproduktion des Landes.

Sorten, Bereiche, Appellationen

Kaum eine Weinregion verarbeitet so viele **Rebsorten** wie die Provence: Grenache, Mourvèdre, Syrah, Cinsault, Cabernet, Sauvignon, Ugni blanc sind nur die bekannteren Namen. Weintechnisch ist die Region zweigeteilt, in »Südliche Rhône« zwischen der Ardèche und dem Luberon und »Provence« in den Départements Bouches-du-Rhône und Var. Die **Südliche Rhône** vereint außer den großen AOCs Côtes du Rhône (Villages), Côtes du Ventoux und Côtes du Luberon renommierte kleine: Châteauneuf du Pape, Gigondas, Vacqueyras, Tavel, Lirac, Rasteau und Beaumes-de-Venise. 2005 wurde der Muscat de Beaumes-de-Venise als »Cru« ausgezeichnet. Der Bereich **Provence** umfasst drei AOC-Anbaugebiete (Côtes de Provence, Coteaux Varois-en-Provence, Coteaux d'Aix-en-Provence) mit etlichen Unterappellationen. Die wichtigen Herkunftsbereiche:

Côtes du Ventoux: Jung zu trinkende Rotweine und Rosés.
Côtes du Luberon: Zu 80 % körperreiche Rotweine und feine Rosés.
Coteaux de Pierrevert: Südöstlichster Teil der Südlichen Rhône, in den Alpes de Haute-Provence (rot, weiß, rosé).
Coteaux d'Aix-en-Provence: Zweitgrößtes Anbaugebiet der Provence, v. a. Rotwein und Rosé. Der größte Teil liegt um Aix.
Les Baux-de-Provence: Kleines Gebiet im Westen der Provence.
Palette: AOC (seit 1948) südöstlich von Aix-en-Provence. Einziger Produzent ist das Château Simone (rot, weiß, rosé).
Cassis: V. a. (teurer) Weißwein, zu Fisch und Meeresfrüchten.
Coteaux Varois-en-Provence: Im Westteil des Hoch-Var, nördlich und südlich von Brignoles (rot, weiß, rosé).
Côtes de Provence: Riesiger Bereich in den Départements Var und Bouches-du-Rhône, der größte Rosélieferant Frankreichs.

DAS LAND DES ROSÉWEINS

Vor 2600 Jahren brachten die Phokäer die Rebe in die Provence. Die Region Provence-Alpes-Côte d'Azur, heute der drittgrößte Weinerzeuger Frankreichs, hat in jüngerer Zeit gewaltig an Renommee gewonnen, inbesondere durch den Rosé. Seit 1990 ist der Konsum des einst verachteten, jedoch wunderbar aromatischen Tropfens in Frankreich auf das Dreifache gestiegen, und 40 % davon kommen aus der Provence. Weiß- und Rotwein treten aber nur mengenmäßig zurück; ein roter Gigondas oder ein weißer Cassis sind ein echter Genuss.

▶ **Hauptrebsorten der Provence**

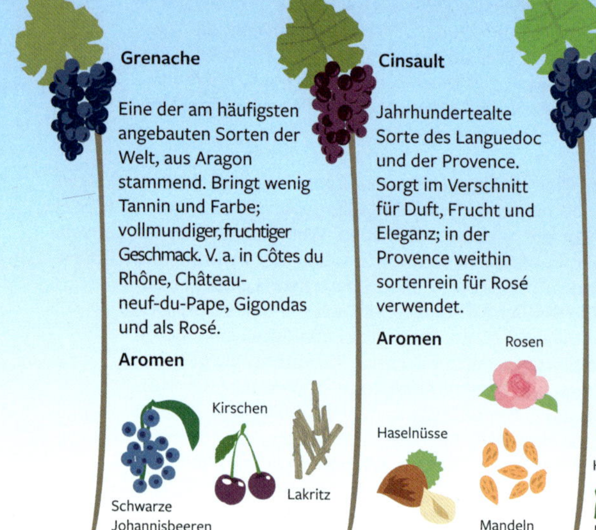

Grenache

Eine der am häufigsten angebauten Sorten der Welt, aus Aragon stammend. Bringt wenig Tannin und Farbe; vollmundiger, fruchtiger Geschmack. V. a. in Côtes du Rhône, Châteauneuf-du-Pape, Gigondas und als Rosé.

Aromen

Cinsault

Jahrhundertealte Sorte des Languedoc und der Provence. Sorgt im Verschnitt für Duft, Frucht und Eleganz; in der Provence weithin sortenrein für Rosé verwendet.

Aromen

Syrah

Eine der großen Sorten der Welt und des Rhône-Tals. Ergibt dunkle, farbintensive Weine mit viel Tannin, die mit dem Alter weicher werden. V. a. im Verschnitt, u. a. im Châteauneuf-du-Pape.

Aromen

▶ **Das Etikett**

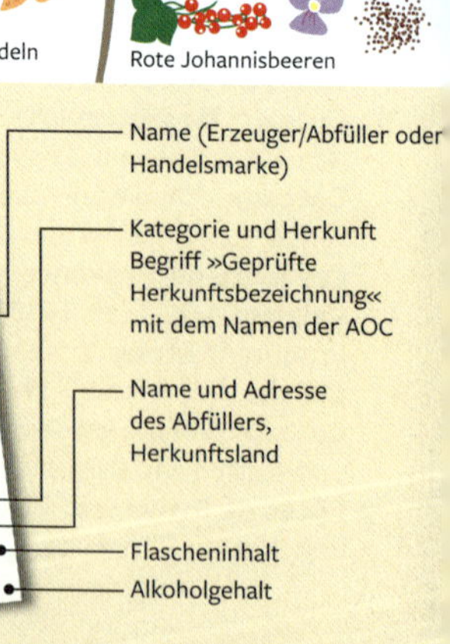

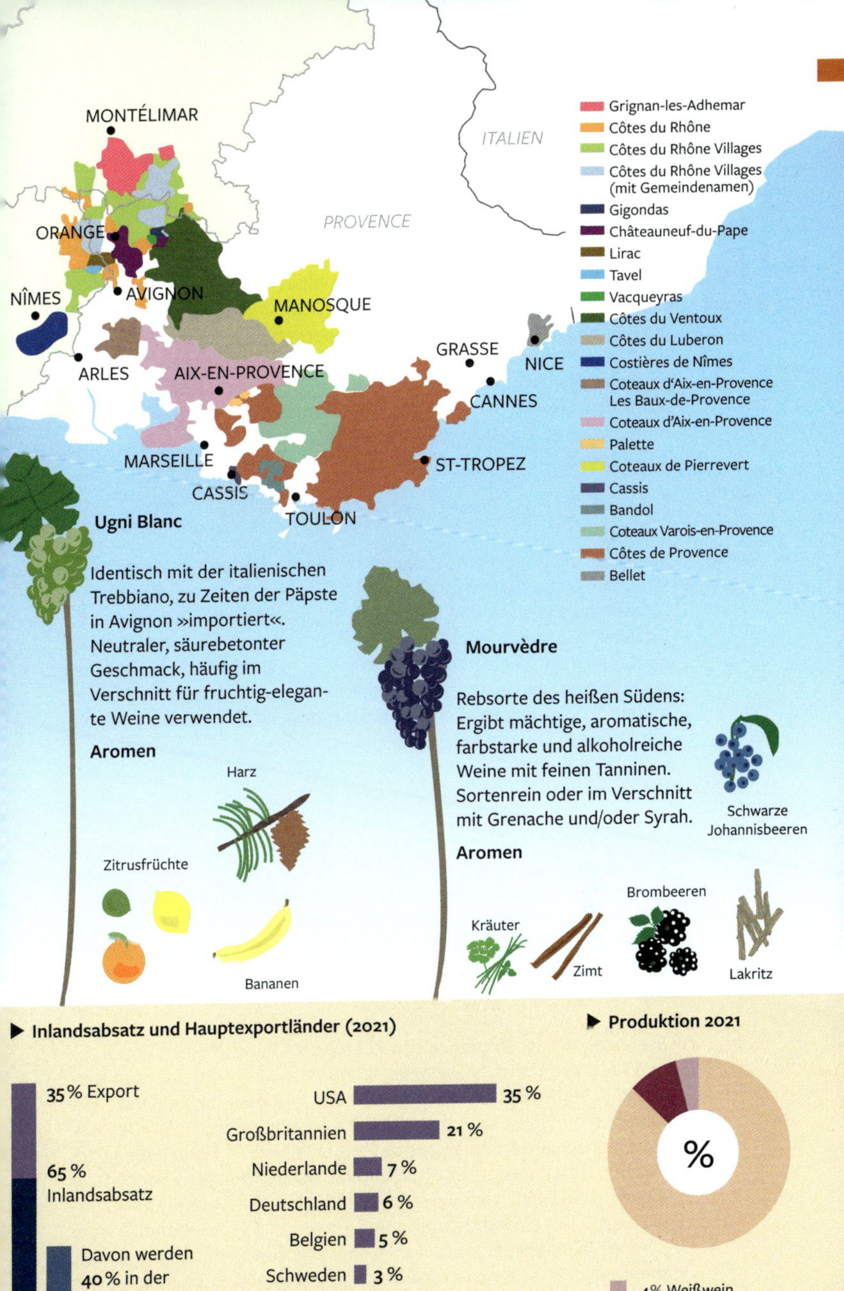

Ugni Blanc

Identisch mit der italienischen Trebbiano, zu Zeiten der Päpste in Avignon »importiert«. Neutraler, säurebetonter Geschmack, häufig im Verschnitt für fruchtig-elegante Weine verwendet.

Aromen

Mourvèdre

Rebsorte des heißen Südens: Ergibt mächtige, aromatische, farbstarke und alkoholreiche Weine mit feinen Tanninen. Sortenrein oder im Verschnitt mit Grenache und/oder Syrah.

Aromen

▶ Inlandsabsatz und Hauptexportländer (2021)

35 % Export

65 % Inlandsabsatz

Davon werden 40 % in der Provence selbst getrunken.

USA	35 %
Großbritannien	21 %
Niederlande	7 %
Deutschland	6 %
Belgien	5 %
Schweden	3 %
Schweiz	3 %
Andere	20 %

▶ Produktion 2021

%

4% Weißwein
5% Rotwein
91% Rosé

Bandol: Um Bandol wird v. a. aus der Sorte Mourvèdre ein fester, intensiver Rotwein mit dem Duft dunkler Beeren gemacht.
Bellet: 600 ha kleines Gebiet um Nizza (rot, weiß, rosé). Zwei Drittel der Produktion kommen von den Châteaux Bellet und Crémat.

Wein kennenlernen

Viele Güter bieten Verkostungen und Führungen durch ihre Keller und Weinberge an. Oder man mietet sich auf einem der z. T. jahrhundertealten Güter ein, die Gäste beherbergen (▶ S. 386). Wer mehr über den Weinbau wissen möchte, kann Weinmuseen oder Weinkurse besuchen (routedesvinsdeprovence.com). Im Luberon und am Mont Ventoux werden geführte Wanderungen und Reittouren durch die Weinberge angeboten (randocheval.com).

Essen gehen

Was gibt es wo?

Sie haben die Wahl: Tempel der Haute Cuisine finden sich ebenso wie familiäre Restaurants mit alten regionalen Spezialitäten oder die informellen Lokale mit den neuzeitlichen Standards von Pommes über Pizza bis zu Moules frites. Für kleine Mahlzeiten zu moderatem Preis geht man in ein Bistro oder eine Brasserie. Fastfood-Lokale und Pizzerien findet man wie in ganz Europa in Mengen. Marseille, Nizza und andere Städte vergeben ein werbekräftiges Label an Restaurants, die die heimische Küche pflegen.

Menüs

Die meisten Restaurants bieten zwei bis drei Menüs zu festem Preis an (Vorspeise, Hauptgericht, Dessert). Oder Sie essen à la carte, doch das ist um einiges teurer. Oft kann man zwischen einem **plat du jour** (Tagesgericht mit Nachspeise), der formule (Hauptgericht und wahlweise Vorspeise oder Dessert) oder menu du jour (drei Gänge) wählen, das üppigste ist ein **menu gastronomique** oder menu dégustation. Viele hochklassige Restaurants bieten unter der Woche mittags ein deutlich preisgünstigeres Menü an, oder sie betreiben einen »billigen«, informellen Ableger.

Getränke

Besonders in der Provence schätzt man als Apéritif einen Pastis, einen Anislikör, der mit Eiswasser verdünnt wird. In den meisten Restaurants wird **offener Wein** angeboten, von dem man ein Glas (un petit blanc/rouge), un quart (0,25 l) oder une carafe (0,5 l) bestellt. Flaschenweine werden als ganze (bouteille) oder halbe Flasche (demie bouteille) angeboten. Man unterscheidet zwischen Flaschenbier (anette) und Bier vom Fass (pression). Ein Glas vom Fass (0,25 l) wird als demi (!) bezeichnet, eine Halbe (0,5 l) als véritable oder sérieux. Mineralwasser mit Kohlensäure heißt eau minérale gazeuse, ohne solches eau naturelle/eau plate. Kostenloses Leitungswasser wird meist ohne Aufforderung gebracht, sonst bitten Sie um »une

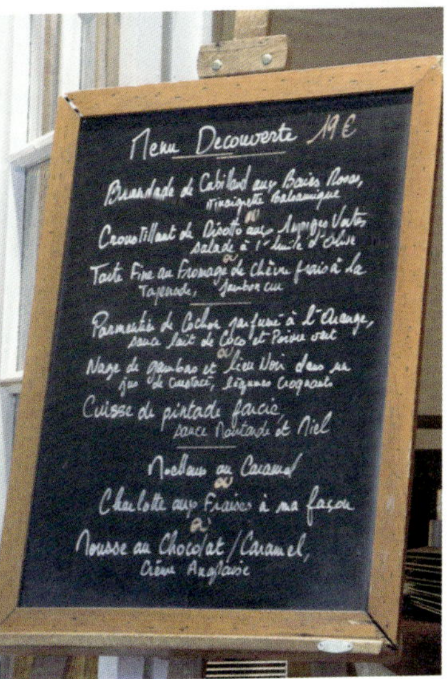

OBEN: Lauschiger Winkel in Aix-en-Provence: ein perfekter Platz, um den Tag beim Dîner ausklingen zu lassen.

UNTEN: Oft wird die kleine, feine Karte auf der Schiefertafel präsentiert.

carafe d'eau/de l'eau«. Das Essen wird gern mit einem Kaffee abgeschlossen. Wer einen café oder **petit noir** bestellt, erhält einen kleinen Espresso. Wünscht man Milchkaffee, verlangt man café crème, grand crème oder café au lait. Außer schwarzem Tee (thé) sind auch Kräutertees beliebt (tisane, infusion).

Kleiner Knigge

Mittags haben die Restaurants etwa von 12 bis 14.30 Uhr geöffnet, abends ab 19, im Sommer an der Küste bis ca. 23 Uhr, im Winter bis 21.30 Uhr. Im Süden geht man üblicherweise ab 21 Uhr zu Tisch. Will man ein bestimmtes Restaurant besuchen, ist eine Reservierung immer sinnvoll. Nach Betreten des Lokals wird der Gast normalerweise an einen Tisch geführt; Wünsche werden gern berücksichtigt. Nur in kleineren, informellen Lokalen sucht man sich selbst einen Platz. Verpönt ist es allerdings immer, sich zu anderen Gästen zu setzen. Den dienstbaren Geist ruft man nicht mit »Garçon!«, sondern mit »Monsieur!« bzw. »Madame!« oder mit »S'il vous plaît«. Zum Bezahlen bittet man um »L'addition, s'il vous plaît«. Getrennte Rechnungen sind nicht üblich, aber möglich. Das eigentliche Bedienungsgeld ist inbegriffen (service compris), als Trinkgeld hinterlässt man – wenn man denn eines gibt – bis ca. 5 % in bar, auch bei der Bezahlung mit Bank-/Kreditkarte.

FEIERN

Das rege Kulturleben spiegelt sich in der riesigen Zahl von Festivals, kleinen und großen, regionalen und international renommieren: Jazz und Pop, klassische Musik, Chanson, Theater, Kino und Folklore sind nur die wichtigsten Themen.

Zu diesen Festivals kommt eine größere Zahl von traditionellen Festen, Wein- und Gastroevents, Antiquitätenmessen etc. Informationen geben Atout France (▶ S. 398) sowie die regionalen und lokalen Tourismusbüros.

Historische Spektakel

Große Resonanz finden die aufwendig gestalteten »Spectacles Son et Lumière« (»Klang-und-Licht-Schauspiele«), die in der Sommersaison abends an besonderen Plätzen – d. h. vor allem Schlössern, Kirchen und in Altstadtvierteln – veranstaltet werden, gratis oder mit Eintritt. Grandiose Beleuchtungseffekte mit Farblaser, Musik und teils auch historisch gewandete Personen stellen dem Besucher Bilder und Szenen aus der Vergangenheit vor. Manches ist in der Tat interessant, anderes mehr oder weniger sinnfreie bis fragwürdige Unterhaltung.

VERANSTALTUNGSKALENDER

FESTE FEIERTAGE

1. Januar: Neujahr (Jour de l'An)
1. Mai: Tag der Arbeit (Fête du Travail)
8. Mai: Tag des Waffenstillstands 1945 (Fête de la Victoire 1945)
14. Juli: Nationalfeiertag (Fête Nationale, im Gedenken an den Sturm auf die Bastille 1789)
15. August: Mariä Himmelfahrt (Assomption)
1. November: Allerheiligen (Toussaint)
11. November: Tag des Waffenstillstands (Armistice) 1918
25. Dezember: 1. Weihnachtsfeiertag (Noël)

BEWEGLICHE FEIERTAGE

Ostermontag (Lundi de Pâques)
Christi Himmelfahrt (Ascension)
Pfingstmontag (Lundi de Pentecôte)

FEIERTAGE IN MONACO

25. Januar: Fest der hl. Dévote (Schutzpatronin Monacos)
Fronleichnam (Fête-Dieu)
18./19. November: Nationalfeiertag
8. Dezember: Mariä Empfängnis

JANUAR

In den **Départements Var und Vaucluse**: Trüffelmärkte und Trüffelfeste in vielen Orten (▶ S. 133). Am 3. So. wird in Richerenches die »Trüffelmesse« (Gottesdienst) gefeiert, in den Restaurants stehen Trüffelmenüs auf der Karte. **Monaco**, zweite Jan.-Hälfte: Internationales Zirkusfestival montecarlofestival.mc.

Das Fest der Gardians in Arles gilt besonders den schönen Frauen der Stadt.

FEBRUAR

Brignoles, So. um den 17. Jan.: Tripettes de Saint-Marcel.
Carpentras, 1. So.: Salon de la Truffe (Trüffel- und Weinmesse).
Martigues, Anf. Febr.: Nationale Pétanque-Meisterschaft.
Menton, 2. Febr.-Hälfte: Fête du Citron
www.fete-du-citron.com
Nizza, 2. Febr.-Hälfte: Karneval, der schönste der Cote d'Azur; Höhepunkt am Faschingsdienstag mit Feuerwerk und Blumenkorso (nicecarnaval.com). Der Karneval der Einheimischen spielt sich im Hafenviertel ab.
Massif de l'Esterel, Ende Febr.: In Bormes-les-Mimosas, Saint-Raphaël, Mandelieu-la-Napoule und anderswo feiern prächtige Umzüge die Mimosenblüte.
Tourrettes-sur-Loup, Ende Febr./Anf. März: Veilchenfest
Fos-sur-Mer, Ende Febr./Anf. März**:** Seeigelfest (▶ S. 126).

MÄRZ/APRIL

Arles, Ostern (Fr.–Mo.): Féria de Pâques mit dem ersten Stierkampf der Saison, ein riesiges Volksfest.
L'Isle-sur-la-Sorgue, Ostern: Antiquitätenmesse.

MAI

Im ganzen Land: Am 1. Mai schenkt man sich Maiglöckchen. Beachten: Am Tag der Arbeit können städtischen Verkehrsmittel ruhen!
Arles, 1. Mai: Fête des Gardians, Fest der berittenen Hirten mit schönen »Arlésiennes«. Bei der Messe auf Provenzalisch werden Pferde gesegnet, auch Stierkämpfe finden statt.
Cannes, 2. Monatshälfte: Festival International du Film, das wichtigste Filmfestival der Welt.
Stes-Maries-de-la-Mer, 24./25. Mai: Pélerinage des Gitans mit der Prozession der schwarzen Sara.
Monaco, um den 20. Mai: Grand Prix der Formel 1.
Département **Vaucluse**, Sa. nach Himmelfahrt: Fête de la Vigne et du Vin mit geöffneten Weinkellern
www.lafetedelavigneetduvin.com

JUNI

Luberon, Ende Mai/Anf. Juni: »Luberon Music Festival« bei Apt: Openair, allerlei zwischen Chanson, Rock, Weltmussik und Elektro
luberonmusicfestival.com
Saint-Rémy-de-Provence, Pfingst-Mo.: Fête de la Transhumance: Beeindruckender Zug der Schafherden.
Martigues, letzter Juni-Sa.: Fête de la Mer et de l'Étang, ein großes Fischerfest, u. a. mit Hunderten von Booten auf dem Canal Galiffet.
Im ganzen Land, 21. Juni: Fête de la Musique, 1982 eingeführt und fast so wichtig wie der Tag der Bastille: Überall wird Musik gemacht.
Valréas, 23. Juni: Nuit de Petit Saint-Jean, ein grandioses Historienspektakel. Seit 1504 wird der »Kleine hl. Jakob« für ein Jahr inthronisiert.
Tarascon, (vor-)letztes Wochenende: 4-tägiges Fest der Tarasque.

JULI

Arles, Ende Juni/Anf. Juli: Fêtes d'Arles (Trachten und Traditionen). Rencontres Internationales de la Photographie mit Ausstellungen bis ca. 20. Sept. in der ganzen Stadt. Um den 10. Juli: Les Suds (Weltmusik).
Avignon: Festival d'Art Dramatique, größtes Theater- und Tanzfestival in Frankreich, ergänzt durch das Festival Off, das Festival Provençal und das Jazzfestival (Ende Juli/Anf. Aug.).
Aix-en-Provence: Festival International d'Art Lyrique et de Musique (Musik und Oper).
Beaucaire, Ende Juli: Fêtes de la Madeleine; Encierros & Abrivados
Carpentras, Ende Juli/Anf. Aug.: Festival der jüdischen Musik & Kultur.
Im ganzen Land, 14. Juli: Der Nationalfeiertag wird mit Paraden, Tanz und Feuerwerk groß begangen.

Juan-les-Pins: Jazz à Juan, renommiertes Festival, z. T. Openair.
Orange, Mitte Juni – Anf. Aug.: Chorégies (Oper, Theater, Konzerte) im Römischen Theater.
La Roque-d'Anthéron: Hochklassiges Klavierfestival an ungewöhnlichen Plätzen (▶ S. 198).
Roquebrune-Cap-Martin: Auf dem Platz vor dem Schloss abends Musik, Theater und Tanz.
Salon-de-Provence, Ende Juli/Anf. Aug.: Kammermusik-Festival.
Sisteron: Ende Juli/Anf. Aug. Nuits de la Citadelle (Musik, Theater etc.).

AUGUST

Aigues-Mortes, um den 25. Aug.: Fête Saint-Louis (Mittelalterfest).
Isle-sur-la-Sorgue, 1. So.: Marché flottant, ein buntes Bild; mit Produkten des Landes beladene Kähne. Mitte Aug.: Antiquitätenmesse.
Grasse, Anf. Aug.: Fête de Jasmin mit blumengeschmückten Wagen und bunten Kostümen.
Marseille,14./15. Aug.: Fest Maria Himmelfahrt bei/in der Basilika Notre-Dame-de-la-Garde.
Menton, Ende Juli–Mitte Aug.: Festival de Musique mit internationalen Starkünstlern, v. a. auf dem schönen Platz vor Saint-Michel bei romantischer Illumination.
Seyne-les-Alpes, 2. Sa.: Concours Mulassier, Wettbewerb der Maultiertreiber mit großem Stadtfest.
Vaison-la-Romaine, alle 3 Jahre (wieder 2025) Anf. Aug.: Großes Chorfestival »Choralies«.
Simiane-la-Rotonde, 1. August-Hälfte: Festival de Musique Ancienne.

SEPTEMBER

Arles, Sa./So. um den 15. Sept.: Premices du Riz. Beim Fest der Reisernte putzt sich die Stadt mit Trachten zu einem großen Korso auf.
Monaco, Ende des Monats: Monaco Yacht Show im Port Hercule mit über 500 Ausstellern.
Saint-Rémy, Mitte–Ende Sept.: Jazz à Saint-Remy.
Saint-Tropez, Ende Sept.–Anf. Okt.: Voiles (Regatten mit alten und modernen Jachten, großes Programm).

OKTOBER

Collobrières und La Garde-Freinet, 2 bzw. 3 Sonntage: Fêtes de la Châtaigne. Man kann Esskastanien in allen Variationen probieren.
Département Var: Quatuors à Cordes en Pays de Fayence, Kammermusik in den romanischen Kirchen.
Département Vaucluse, um den 20. Okt., an Orten wie Oppède, Beaumes-de-Venise oder Caromb: Fête de l'Olivier et de l'Huile d'Olive.

NOVEMBER

Arles, Mitte Nov.–Mitte Jan.: Salon des Santonniers, Verkaufsmesse für die provenzalischen Krippenfiguren *(santons)*, u. a. im Kreuzgang von Saint-Trophime.
Avignon, 3. Do.: Fête des Côtes du Rhône et du Millésime, die Weinbruderschaften der Côtes du Rhône und das Volk feiern den neuen Wein.
Monaco, 19. Nov.: Am Nationalfeiertag wird der Fürst mit Fähnchen, Illumination des Altstadtfelsens und Feuerwerk gefeiert.
Aups, Carpentras, Richerenches sowie im Dép. Drôme, von Nov. bis Febr./März: Trüffelmärkte.

DEZEMBER

Auf den Weihnachtmärkten werden Santons verkauft, viele in provenzalischem Kostüm; in den Familien werden Krippen mit Santons aufgestellt. Am Weihnachtsabend geht man nach dem großen Souper zur Mitternachtsmesse mit der »pastrage« (Anbetung der Hirten); zu Hause legt man dann das Christuskind in die Krippe und delektiert sich an den »Treize Desserts«, die Jesus und die 12 Apostel symbolisieren.

DIE SCHWARZE KÖNIGIN DER PROVENCE

Aus der würzig duftenden Garrigue mit Rosmarin und Ginster, Zistrosen und Thymian ragt silbrig glänzend eine knorrige Skulptur auf: »l'olivier«, der Ölbaum. Seit 2500 Jahren ist er in der Provence heimisch. Er hat Küche und Kunsthandwerk, Brauchtum und Traditionen geprägt wie kein anderer.

In sieben Départements sorgen 30 000 Olivenbauern, 220 Ölmühlen und fünf AOP-Bezeichnungen für Vielfalt beim Olivenöl. Geschmacks- und Glaubensgrenze bei der Frage »Grün oder schwarz?« ist bis heute die Rhône. Seit dem 16. Jh. rivalisieren die Oliven des Languedoc mit denen der Provence: die grüne, leicht unsymmetrische »Picholine« mit ihrer charakteristischen Haselnussnote, die im Gard daheim ist und deren Öl das Label AOP Huile d'Olive de Nîmes trägt, und die »Tanche«, die schwarze Olive von Nyons in der Drôme, die erst geerntet wird, wenn sie überreif und runzelig ist. Die Oliven werden verlesen, nach Größe sortiert und sechs Monate in Salzlake gelagert, um die Bitterstoffe herauszulösen. Die großen Früchte werden dann zum Aperitif serviert, die kleinen zum kostbaren goldgelben Huile d'Olives de Nyons AOP verarbeitet. Ein schwerer Mühlstein zermahlt sie zu einer dicken Paste; nach der Pressung – kalt mit hydraulischer Kraft – wird das Öl vom Wasser getrennt: 100 kg Oliven liefern 25 kg feinstes Olivenöl.

Schwarz und leicht überreif werden die Oliven in Nyons geerntet.

Feste von Maussane ...

Mit dem Ende der Ernte beginnt die Reihe der Olivenfeste. Den Auftakt macht die Fête de l'Huile Nouvelle in **Maussane-les-Alpilles** Anfang Dezember, zu der Kochwettbewerbe für Amateure und Profis gehören wie der Grand Concours d'Aïoli. Am folgenden Wochenende lädt die Fête de l'Huile d'Olive in **Aix-en-Provence** auf der Place François Villon ein, Oliven, Tapenaden, Kekse und Gibassier – einen einfachen Kuchen aus dem Pays d'Aix – zu kosten und das Talent der Kunsthandwerker bestaunen, die das schön gemaserte Ölbaumholz zu Schalen, Kochlöffeln und Korkenziehern verarbeiten. So intensiv wie nirgends sonst in der Provence lässt das **Département Var** seine Ölbäume hochleben: Neun Monate dauert der Reigen, von der Fête de l'Olive in Varages (März) und der Foire de Brignoles (April) über die Fête de l'Olivier in Aups (April), die Foire de l'Olive in Draguignan (Juni)

Im September feiert man in Mouriès in den Alpilles die Fête de Olives Vertes.

bis zur Fête de l'Olivier in Tavernes am 1. September-Sonntag, der Fête de l'Olivier in Ollioules am 1. Oktober-Wochenende und der Fête de l'Olivier in Le Val (bei Brignoles) im Dezember (Info für alle: www.visitvar.fr).

Zu den Zentren des Olivenöls gehört auch **Manosque** in den Alpes-de-Haute-Provence, das am 27. Januar die Fête de l'Huile Nouvelle zu Ehren der hier angebauten Sorte Aglandau abhält. Mit dabei ist ein Einheimischer, der mit Olivenöl eine Weltfirma aufbaute: Oliver Baussan, der Gründer von L'Occitane und Oliviers & Co.; Letztere vertreibt u. a. Olivenöl aus der Provence und anderen Anbaugebieten.

... bis Nyons

Im Zeichen der schwarzen Tanche-Olive von Nyons im Norden der Provence steht die Fête de l'Alicoque am ersten Wochenende im Februar (chevaliers delolivier-nyons.com). Zu den Ritualen gehört die Degustation, bei der die **Chevaliers de l'Olivier** in Festtracht das neue Öl auf geröstetem, mit Knoblauch eingeriebenem Brot verkosten. Im Juli feiert die Bruderschaft erneut: Die Olivades inszenieren eine Woche lang die kulinarische Königin der Provence mit Wanderungen durch Olivenhaine, Mühlenbesuchen, Markt, Degustationswettbewerb und großem Aïoli-Mahl unter freiem Himmel. Der erste Ehrenvorsitzende der Bruderschaft war der Schriftsteller **Jean Giono**; der engagierte Porträtist provenzalischen Lebens produzierte auch sein eigenes Olivenöl. Allein der Duft von Olivenöl reiche aus, schrieb er, um ihn in homerische Welten zu versetzen. Für ihn war der Olivenhain wie eine Bibliothek, in der man das Leben vergessen oder besser verstehen kann: »In bestimmten Dörfern, wo es keine andere Ablenkung gibt als Einsamkeit, gehen die Männer sonntagmorgens zu den Oliven, so wie die Frauen zur Messe.«

SHOPPEN

Farbenfrohe Stoffe, schön gemaserte Olivenholzschalen, bunte Keramik, Olivenöl, duftende Seife oder bunt bemalte Santons: Traditionelle Produkte gehören zu den beliebtesten Mitbringseln. Aber auch an Luxus und Feinem herrscht wahrlich kein Mangel.

Einkaufsmöglichkeiten

Größere Städte verfügen über autofreie Einkaufsstraßen mit Kaufhäusern und Geschäften aller Art. Am Rand größerer Orte oder in den Zentren der großen Städte findet man *hypermarchés* (Supermärkte), die meist auch ein großes, ausgezeichnetes Angebot an feineren Dingen haben (und eine billige Tankstelle). Leider sind auch in der Provence die Zeiten vorbei, wo es noch im kleinsten Dorf eine *boulangerie* (Bäckerei), eine *boucherie* (Metzgerei) und eine *epicerie* oder *alimentation* gab, einen kleinen Lebensmittelladen.

Öffnungszeiten

Frankreich hat kein Ladenschlussgesetz, deshalb sind die folgenden Angaben nur Anhaltspunkte. Beachten: Haupturlaubszeit sind Juli und August, in denen – außer in den Ferienorten – viele Geschäfte schließen oder die Öffnungszeiten einschränken. Der **Einzelhandel** hat meist von 9/10 Uhr bis 19/20 Uhr geöffnet. Lebensmittelläden und Bäckereien öffnen meist sehr früh, die kleineren schließen meist mittags etwa von 12.30 bis 16 Uhr und stehen dafür abends länger zur Verfügung. Normalerweise ist der Sonntag Ruhetag; Bäckereien, Metzgereien, Weinhandlungen und Blumengeschäfte haben jedoch vormittags geöffnet. Die **Kaufhäuser** und viele größere Geschäfte haben werktags 9.30–18.30 Uhr offen, die großen **Einkaufszentren** (hypermarchés) meist Mo.–Sa. 9–20 Uhr, in größeren Orten auch 7–21 Uhr und sonntags 9–13 Uhr.

Märkte

Ein großes Vergnügen und gerade in der Provence unverzichtbar – für die Einheimischen gehören auch ein Schwätzchen und ein Kaffee unbedingt dazu – ist der Besuch der Wochenmärkte, die oft ganze Stadtviertel einnehmen: Viktualien aller Art wie Wurst und Käse, Obst, Konserven, Gemüse und Blumen werden feilgeboten, oft auch Kleidung aller Art, Stoffe, Küchenutensilien, CDs etc. Dazu kommen die Antiquitäten-, die Floh- und Buchmärkte, an der Küste die Fischmärkte. Im Winter haben die Trüffeln ihre hohe Zeit (Anf. Nov. – Ende März; ► Baedeker Wissen S. 131).

Traditionelles

Schüsseln und anderes Schöne oder Praktische aus dem charakteristischen Olivenholz sind in großer Vielfalt zu haben, desgleichen **Keramik** (u. a. aus dem Töpferort Vallauris) und handbemalte Kacheln. Originell sind die **Santons**, bemalte Krippenfiguren aus Ton oder Holz. Natürlich werden heute viele dieser Dinge speziell für Touristen

OBEN: Markt in Aix-en-Provence, ein Fest der Farben und Düfte.

LINKS: Für »Süße« ist überall gut gesorgt, kaum ein Ort ohne mindestens eine Confiserie oder Pâtisserie, wie hier in Sault-en-Vaucluse.

UNTEN: Berühmt sind die bunten Stoffe aus der Provence mit ihren typischen Farben und Mustern.

hergestellt. Mit kleinen floralen Mustern auf einfarbigem Grund sind die fröhlich-rustikalen **Baumwollstoffe** der Provence bedruckt, die besonders die Wohnungsausstattung bereichern.

Lukullisches

Aus dem Schlaraffenland Provence nimmt man sich natürlich Kulinarisches mit. An Süßem kommen da etwa die **Calissons** in Frage, das Mandelkonfekt von Aix-en-Provence (▶S. 60), weißer Nougat aus Montelimar, kandierte Früchte und Blüten aus Apt, Honig von Lavendel oder aus der Garrigue, hausgemachte Liköre und Konfitüren. Nicht billig, aber den Preis wert ist ein hervorragendes **Olivenöl** aus handwerklichen Ölmühlen. Überall angeboten wird die als **Herbes de Provence** bekannte Kräutermischung. In der Provence selbst ist sie nicht populär, hier zieht man die individuelle Kombination vor.

Luxus

Die schicken Orte an der Côte d'Azur locken mit **Luxusgeschäften**, die alles führen, was gut und/oder teuer ist, von der Haute Couture über Juwelen und Parfüm bis zur Edelkarosse. In den Malerorten wie Saint-Paul-de-Vence gibt es jede Menge **Kunstgalerien**. Als Topadresse für **Antiquitäten** gilt – neben Antibes – Nizza (im Viertel nördlich des Hafens), doch entspricht der Preis dort nur selten dem Wert; auch in L'Isle-sur-la-Sorge, dem neben Saint-Ouen bei Paris wichtigsten Antiquitätenmarkt in ganz Frankreich, sind Schnäppchen selten geworden. Ein feines Souvenir, wenn auch nicht billig, ist ein **Duftwasser** – etwa ein reines Rosenwasser – aus Grasse (▶ Baedeker Wissen S. 164 und 166).

Adressen für Preisgünstiges

Neben dem Besuch des Markts gehört zum Shopping das Stöbern in den **Dégriffes stock** oder **Déstockages**, in denen Restbestände von In-Marken wie DDP, Sinéquanone, Marlboro, Eden Park, Calvin Klein oder Thierry Mugler zu stark reduzierten Preisen verkauft werden. Eine Hochburg der Dégriffes ist natürlich **Marseille** mit vielen Läden wie Mistigriff (330 Avenue du Prado, Mo.–Sa. 10 –19.30 Uhr). Bei Porzellan und Heimtextilien hingegen dominiert der Fabrikverkauf. Bei Les Olivades in **Saint-Etienne-du-Gres** zwischen Avignon und Arles gibt die Boutique Nachlass auf Produkte des Vorjahres oder mit kleinen Mängeln (5 Av. du Dr Barberin, Mo.–Sa. 10.30–12.30, 14–18, Juni–Sept. 9.30–18.30 Uhr, www.olivades.fr). In **Varages**, wo seit 1695 das typisch provenzalische Geschirr gefertigt wird, geht die Überschussproduktion preisgünstig über den Ladentisch (28 Rue du Général de Gaulle, tgl. 9–18 Uhr, www.varages.com). Einen Fabrikationsfehler, im Glas eingeschlossene Luftblasen, machte die **Verrerie de Biot** zu ihrem Markenzeichen. Das Sortiment der 1956 eröffneten Glashütte umfasst nicht nur Gläser und Karaffen für einen schön gedeckten Tisch, sondern auch Küchenutensilien und Kunstobjekte (Chemin des Combes, tgl. geöffnet, www.verreriebiot.com).

Wein

Wer seinen heimischen Weinkeller bereichern will, lässt sich am besten von einem Winzer, in einer Cave Coopérative (Genossenschaftskellerei) oder einer Maison du Vin beraten, die es in den Hauptorten der Anbaugebiete gibt. Spirituosen sind, da hoch besteuert, nicht preisgünstiger als zu Hause, die Auswahl an qualität- und geistvollen Produkten jedoch vorzüglich. Zollbestimmungen ►S. 397.

ÜBERNACHTEN

Ob in der Stadt oder draußen auf dem Land, ob luxuriös oder preiswert, avantgardistisch oder romantisch: Eine schöne Bleibe findet sich in der Provence überall.

Hotels

Klassifizierung, Preise, Ausstattung

Klassifizierte Hotels sind durch ein rotes Schild mit weißem »H« und 1–4 Sternen gekennzeichnet bzw. mit 5 Sternen auf einem goldenen Schild. Die Preise entsprechen etwa den Klassen, über Qualität und Wohlfühlfaktor ist mit ihnen allerdings nicht viel gesagt. In Orten mit ausgeprägten Reisezeiten, v. a. an der Côte d'Azur, sind die Preise in der Hochsaison deutlich höher als in der Nebensaison. Oft wird eine **Aufenthaltssteuer** (taxe de séjour) erhoben. Sehr angenehm: Am Eingang des Hotels muss eine Preisliste aushängen. Für Juli und August sollte man mindestens ein halbes Jahr vorher buchen; v. a. an der Küste kann es in dieser Zeit schwierig sein, spontan ein Zimmer zu ergattern. Auch die großen Festivals, z. B. in Avignon und Orange, sorgen für Nachfrage, im Umkreis von Monaco verlangt man während des Formel-1-Rennens bis zum Dreifachen des Normalpreises. Viele Tourismusbüros vermitteln eine Unterkunft bzw. fragen an, ob ein Zimmer verfügbar ist. Einzelzimmer sind selten; die Benützung eines Doppelzimmers durch eine Person kostet nur manchmal etwas weniger. Zu 20–30 % Aufpreis kann oft ein drittes Bett aufgestellt werden. Die Zimmer sind mit getrennten Betten oder einem »französischen« Doppelbett mit einteiliger Matratze und gemeinsamer Bettdecke ausgestattet. Zieht man Ersteres vor, frage man nach »deux lits« oder »des lits séparés«. Das Frühstück ist im Zimmerpreis meist nicht enthalten.

Logis de France

In der Fédération Logis de France haben sich kleinere und mittlere unabhängige Hotels zusammengeschlossen, die zu moderaten Preisen persönliche Atmosphäre, zeitgemäßen Komfort und gute regionale Küche bieten. Sie sind am grünen Schild (oder braunen für ein

Da kommt Provence-Gefühl auf: Sich auf einem Bauernhof verwöhnen lassen.

»Logis d'Exception«) mit stilisiertem Kamin zu erkennen. Besonders interessant sind die hochklassigen »Logis d'Exception« und die ungewöhnlichen Nächtigungsmöglichkeiten der »Insolites«.

Im »Schloss« wohnen

Die gehobenen Häuser der »Relais & Châteaux« und der »Relais du Silence« bieten ein stilvolles Ambiente, meist verfügen sie auch über ausgezeichnete Restaurants. Etwa 50 besondere Häuser, meist in privilegierter Lage, haben sich in der »Châteaux & Hôtels Collection« zusammengeschlossen. Sehr individuelle Hotels und Privatvermieter sind unter www.iguide-hotels.com verzeichnet.

Hotelketten

Billige bis sehr preiswerte Häuser der Hotelketten – wie Campanile, F1, Fasthotel, Ibis, Novotel – sind überall zu finden, v. a. im Bereich von Autobahnausfahrten und in den Außenbezirken der Städte. Zwar unpersönlich und immer gleich, aber mit ordentlichem Standard, können sie unterwegs eine gute Lösung darstellen.

Privat wohnen · Ferien auf dem Land

Privatzimmer

Ein Aufenthalt bei Privatvermietern bietet ein persönliches Frankreich-Erlebnis, meist ist er auch um Einiges preiswerter als ein vergleichbares Hotel. Die französischen Begriffe dafür sind Chambre d'hôtes (Zimmer mit Frühstück) und Table d'hôtes (mit Abendessen). Adressen nennen Gîtes de France (▶S. 388), CléVacances und andere Agenturen sowie die örtlichen Tourismusbüros. Einige sehr schöne, gediegene Häuser hat die britische Agentur Sawday's im Portefeuille (www.sawdays.co.uk).

Ferien auf dem Land

Die **Fédération Française des Gîtes de France** bietet preiswerte Unterkunft, vom Hotel über einfache Landgasthöfe (ferme-auberge), Ferienwohnungen und -häuser (Gîte rural), Unterkünfte an Wanderwegen (Gîte d'étape) bis zum Camping auf dem Bauernhof (Camping à la ferme). Die Bauernhöfe im Netz »Bienvenu à la ferme« bieten Landerlebnisse, die sich auf der Website nach Themen aussuchen lassen. Gîtes de France gibt auch Spezialverzeichnisse wie »Chambres et tables d'hôtes«, »Chambres d'hôtes de charme« und »Gîtes de Charme« heraus. Darüber hinaus vermitteln etliche private Unternehmen Ferienhäuser und -wohnungen.

Camping und Jugendherbergen

Campingplätze

Praktisch jeder Ort von nur einigem touristischem Interesse besitzt einen, nicht selten auch mehrere kommunale oder private Campingplätze (terrain/aire de camping). Je nach Komfort werden sie mit einem bis vier Sternen klassifiziert, von einfachem Standard (z. B. nur kalte Duschen) bis zu luxuriöser Ausstattung. Zur Hauptreisezeit sind die Plätze an der Küste und in Zentren wie Avignon meist belegt, doch findet man in der Regel etwas abseits fast immer noch Platz. Wildes Zelten (camping sauvage) ist nur mit Genehmigung des Grundstückseigentümers erlaubt, an Stränden und in geschützten Gebieten ist es grundsätzlich untersagt. Sehr nahe am wilden Camping dran sind die billigen **Aires naturelles de camping**, naturbelassene Plätze auf Privatgrund meist ohne Warmwasser und Strom. Außerhalb der Saison, d. h. Okt. – Mai, sind die meisten Campingplätze geschlossen. Nützlich ist der Internationale Campingausweis, den man beim nationalen Club erhält.

Camper-Stellplätze

Auch Camper-Stellplätze gibt es in großer Zahl, von einfachen mit den notwendigsten Ver- und Entsorgungseinrichtungen bis zu komfortablen Anlagen mit Laden, Sanitärblock, Pool und Aufenthaltsraum. Sie liegen meist am Ortsrand, manchmal im Ort, und sind oft gratis, sonst kosten sie 5 – 10 € pro Nacht.

ZU GAST AUF DEM WEINGUT

Wie harmonisch sich Weinkultur und Lebenskunst in der Provence verbinden, verraten die »Séjours en vignoble«, Ferien beim Winzer, die so vielfältig sein können wie das Terroir, auf dem die Reben gedeihen.

Angeboten wird nicht nur stilvolle Unterkunft im feudalen Weinschloss oder in einer rustikal-romantischen Kate, auf den Programm stehen auch ganze Erlebnispakete von der Mitarbeit bei der Lese über Weinseminare bis hin zu Weinwanderungen. Der Ferienhausverband »Gîtes de France« hat in der Provence zehn schöne Weingüter als Mitglieder: Herrensitze wie das **Château du Petit Sonnailler**, aus dessen Gästezimmern der Blick über 45 ha Rebland zu den Bergen der Alpilles und des Luberon schweift (Aurons, Tel. 04 90 59 34 47, www.petit-sonnailler.com), traditionelle »Mas« (Höfe) oder die Landhäuser der **Domaine de Verquière** (Sablet, Tel. 04 90 46 90 11, www.domaine-de-verquiere.fr), die Romain und Thibaut Chamfort mit viel Gespür für provenzalische Farben stilvoll-edel eingerichtet haben.

Nicht zu den Gîtes de France gehört ein Weingut, das den in Frankreich berühmten Sänger Pascal Obispo zu seinem Album »Millésime« inspiriert hat: das **Château Maravenne** von Jean-Louis Gourjon (La Londe-Les-Maures, www.maravenne.com, Tel. 04 94 66 80 20). Einfach atemberaubend, wie die Bio-Weine, die mit Preisen überhäuft werden, ist die Lage dieses neoprovenzalischen Anwesens über der Bucht von Hyères; blau-silbern funkelt über dem Grün des Weinlaubs am fernen Horizont das Mittelmeer. Einzigartig wie das charmante Interieur der Gästezimmer, die den gekurvten Pool umgeben, ist auch das Musée Vivant des Automates Vignerons, das mit 50 mechanischen Figuren das Winzerdasein um 1900 dokumentiert.

Auf der Domaine **La Tour des Vidaux** verschmelzen Kunst und Wein – Volker Paul Weindel, der 1996 das Weingut mit seiner Frau übernahm, ist Winzer, Marlena Künstlerin. Sterne, Sonne und Mond auf den von ihr entworfenen Etiketten symbolisieren den biodynamischen Anbau, die Wellen zitieren das Vallée des Maures. Marlenas Liebe zu intensiven Farben ist in der großen Ferienwohnung zu erkennen. Wer mit anpacken will: Ab September sind Helfer bei der Weinlese willkommen! (Pierrefeu-du-Var, Quartier des Vidaux, Tel. 04 94 48 24 01).

Ebenfalls aus Deutschland kamen Gottfried und Lisa Latz in die Provence, nach drei Jahrzehnten in Afrika, wohin sie in den 1930er-Jahren geflohen waren. Als sie um 1960 ihre Farm im Kongo aufgegeben mussten, erwarben sie in Frankreichs erstem »Biodorf« Correns die **Domaine des Aspras** (Correns, Tel. 04 94 59 59 70, www.aspras.com) und begannen erneut bei Null, diesmal als Winzer. Heute führt ihr Sohn Michael das Bio-Weingut mit Gästezimmern, Pool und »pure home cooking«, bei dem in der Küche Schlemmermenüs nach dem Wunsch der Gäste gezaubert werden, während Letztere am Pool ihren Apéritif genießen.

Nördlich von Orange, vier Kilometer von der Autoroute du Soleil entfernt, lädt das **Château de la Croix Chabrières** zu Kellerführung, Verkostung und Übernachtung (Bollène, Route de Saint-Restitut, Tel. 04 90 40 00 89, www.gites-chateau-croixchabrieres.com). Jahrhundertealte Platanen umgeben die großzügigen Ferienhäuser; für Abkühlung an heißen Tagen sorgt ein Pool. Deutlich luxuriösere Kleinode sind die vier Cottages der **Domaine de Faverot** nordöstlich von Cavaillon (Maubec, 771 Route de Robion, www.domaine-faverot.fr, Tel. 06 08 92 86 19), geschmackvoll eingerichtete Villen mit Blick auf den Luberon und den Mont Ventoux, die zum süßen Nichtstun am »Infinity Pool« einladen, wo der Blick über schier endlose Kulturen von Wein, Kirschen und Oliven wandert. Doch auch dieses Wohlfühlidyll lässt sich toppen, scheinen Patrizia und Olivier Massart mit ihrer **Domaine des Andéols** beweisen zu wollen, die den provenzalischen Stil neu definiert (Saint-Saturnin-lès-Apt, Tel. 04 83 88 33 77, www.andeols.com). Ein modernes Hotel im Weingut, komponiert aus elf Häusern, jedes anders – ein wenig verrückt oder minimalistisch, aber immer überraschend. Am Herd der Luxusherberge steht Aurélien Egger, der mehrere Jahre bei so bekannten Kollegen wie Jamie Oliver und Pierre Gagnaire arbeitete; hier zelebriert er eine feine provenzalische Küche. Eine Übersicht über die Angebote der Winzer findet man unter routedesvinsdeprovence.com.

Ferien in ländlicher Idylle: Domaine La Tour des Vidaux

Camping à la ferme Immer beliebter wird das Campen auf dem Bauernhof (Adressen u. a. bei »Bienvenue à la Ferme«). Zur Verfügung stehen meist nur wenige Stellplätze und der Komfort ist eher einfach, dafür ist der Kontakt mit Land und Leuten besonders eng.

Informationen Die Fédération Française de Camping et de Caravaning (FFCC) gibt umfassende Verzeichnisse heraus: den »Guide Officiel Camping Caravaning« und den »Guide Officiel Aires de Services Camping-Car«. Französische Buchhandlungen und Zeitungskioske halten regionale Führer bereit. Eine große Auswahl beschreiben die diversen Camping- bzw. Stellplatzführer und der Führer » Camping France« von Michelin. Info auch bei den regionalen und lokalen Tourismusbüros.

Jugendherbergen Die Jugendherbergen (Auberges de Jeunesse) der Organisationen FUAJ und LFAJ kann man mit einem internationalen Jugendherbergsausweis nützen. Für die Hauptsaison ist frühe Anmeldung nötig; die Aufenthaltsdauer ist in dieser Zeit auf drei Nächte beschränkt.

ADRESSEN UND INFOS

HOTELS

LOGIS DE FRANCE
Tel. 01 45 84 83 84
www.logishotels.com/de

RELAIS & CHÂTEAUX
Tel. (D) 069 96 75 91 17
Tel. (A) 07 20 82 80 18
Tel. (CH) 02 25 08 30 01
Tel. (F) 01 76 49 39 39
www.relaischateaux.com

CHÂTEAUX & HÔTELS COLLECTION
Tel. +33 (0)1 72 72 92 02

BED & BREAKFAST

www.bedbreak.com
www.vrbo.com
www.bedandbreakfast.eu
www.wimdu.de

FERIEN AUF DEM BAUERNHOF

BIENVENUE À LA FERME
Tel. 01 53 57 11 50
www.bienvenue-a-la-ferme.com

FERIENHÄUSER UND FERIENWOHNUNGEN

GÎTES DE FRANCE
Tel. *0826 10 44 44
www.gites-de-france.com

CLÉVACANCES
www.clevacances.com

CASAMUNDO
Tel. (D) 040 60 94 09 00
Tel. (A) 0800 80 22 51
Tel. (CH) 0800 20 03 13
www.casamundo.de

INTERCHALET
Tel. (D) 0761 21 00 77
www.interchalet.de

INTERHOME
Tel. (D) 02421 12 2-0
www.interhome.de

CAMPING & CARAVANING

FÉDÉRATION FRANÇAISE DES CAMPEURS, CARAVANIERS ET CAMPING-CARISTES
www.ffcc.fr

LES CASTELS
www.les-castels.com

JUGENDHERBERGEN

DEUTSCHES JUGENDHERBERGSWERK
Tel. 05231 74 01 - 0, www.djh.de

ÖSTERREICHISCHER JUGENDHERBERGSVERBAND
Tel. 01 533 53 53, www.oejhv.at

SCHWEIZER JUGENDHERBERGEN
Tel. 044 360 14 14 14
www.youthhostel.ch

FÉDÉRATION UNIE DES AUBERGES DE JEUNESSE (FUAJ)
www.fuaj.org

LIGUE FRANÇAISE DES AUBERGES DE JEUNESSE (LFAJ)
www.auberges-de-jeunesse.com

BESONDERE HOTELS

Preise für ein Doppelzimmer mit Bad/Dusche, ohne Frühstück:

€€€€	über 250 €
€€€	150–250 €
€€	100–150 €
€	bis 100 €

AIGUES-MORTES

LES ARCADES €€
Zauberhaftes, ruhiges Haus aus dem 16. Jh. mitten in der Altstadt. Highlight: Dachterrasse mit Pool.
23 Boulevard Gambetta
Tel. 04 66 53 81 13

AIX-EN-PROVENCE

CÉZANNE €€–€€€
Luxuriöses »Boutique-Hotel« mit etwas ungewöhnlich gestalteten Zimmern. Persönliche, freundliche Atmosphäre, ruhig gelegen.
40 Avenue Victor Hugo
Tel. 04 42 91 11 11
boutiquehotelcezanne.com

ANTIBES

RELAIS DU POSTILLON €€
Hübsches Hotel am grünen Platz im Zentrum der Altstadt, charmant »antike« Zimmer – ein sympathisches Domizil. Und dazu ein gutes Frühstück.
8 Rue Championnet
Tel. 04 93 34 20 77
www.relaisdupostillon.com

ARLES

LE CALENDAL €€–€€€
Charmantes Hotel im provenzalischen Stil, mit Spa und zauberhaftem Garten im Hof. Im Bistro »Comptoir« kann man den kleinen Hunger rund um die Uhr mit Imbissen wie Sandwiches, Salaten oder Tartes stillen.
5 Rue Porte de Laure
Tel. 04 90 96 11 89
www.lecalendal.com

AVIGNON – VILLENEUVE

L'ATELIER €€

In Avignons Nachbarstadt jenseits der Rhône geht es ruhiger zu. Das »Atelier« ist ein wunderschönes Haus aus dem 16. Jh. mit geschmackvollen, großzügigen Zimmern und herrlichem Hof – ein Highlight ist das Frühstück dort. Im Grand Salon mit Kamin kann man relaxen, die Bibliothek hält Provence-Bücher bereit.
Villeneuve-lès-Avignon
5 Rue de la Foire
Tel. 04 90 25 01 84
www.hoteldelatelier.com

CAGNES-SUR-MER

LE VAL DUCHESSE €

Angenehme Adresse ca. 300 Meter vom Strand: gut ausgestattete Studios für 2–5 Personen mit Küche und Terrasse/Balkon, ruhig in einem Garten gelegen (mit Swimmingpool).
11 Rue de Paris
Tel. 04 92 13 40 00
www.levalduchesse.com

CANNES

CARLTON €€€€

Purer Luxus im weltberühmten, seit 1911 bestehenden Hotelpalast an der Croisette. Mit unterschiedlichen Restaurants und Privatstrand.
58 La Croisette
Tel. 04 93 06 40 06
www.carlton-cannes.com

GORGES DU VERDON

LE MUR D'ABEILLES €

Schlichte Zimmer für bis zu 4 Personen mitten in Dorf gegenüber der Crêperie. Ohne eigenes Bad, dafür mit Kochecke und herrlichem Blick in die Schlucht. Niedrigste Preise.
Rougon, Tel. 04 92 83 76 33
Geöffnet April – Anf. Nov.

GRIGNAN

LA DEMEURE DU CHÂTEAU €€

Kleines Juwel unterhalb von Saint-Sauveur: große, geschmackvoll-edel restaurierte Zimmer. Abendessen für Hausgäste, in der Saison gibt es Trüffel satt. Mit kleinem Pool.
Rue Saint-Sauveur
Tel. 04 75 51 86 16

MARSEILLE

LE CORBUSIER €€–€€€

Einer der ungewöhnlichsten Plätze zum Nächtigen: die Cité Radieuse von Le Corbusier. Spartanisch-schöne Zimmer im Originalzustand, schöner Blick ins Land oder zum Meer. Am Standard muss man leider Abstriche machen, und die Preise sind deutlich überzogen; doch besitzt das Haus eine besondere Atmosphäre. Rezeption und Frühstück im Restaurant im 3. Stock; das kleine »Ventre de l'Architecte« bietet eine gehobene Karte (tgl. geöffnet, reservieren).
280 Boulevard Michelet (Bus 21 von Metro Castellane, 22 von Metro Rond-Point Prado)
Im Aug. geschlossen
Tel. 04 28 31 39 22
www.hotellecorbusier.com

MENTON

ROYAL WESTMINSTER €€–€€€

Der stilvolle Bau aus der Belle Époque an der Strandpromenade – mit herrlichem Blick aufs Meer – strahlt ältlichen Charme aus, besitzt aber moderne, komfortable Zimmer. In den Restaurants unterschiedlichen Zuschnitts (mit Terrasse) vereinen sich italienische und provenzalische Küche, Meeresgetier dominiert.
28 Avenue Félix Faure
Tel. 04 93 28 69 69
hotel-royal-westminster.com

NIZZA

AMOUR €€-€€€

Wie die beiden Schwesterhotels in Paris ist auch das Amour in Nizza auf eine bunte und junge Schar an Gästen eingestellt. Die Zimmer schwelgen in Rosa und Hellblau, das eklektische Mobiliar im Retro-Stil stammt von Flohmärkten und Antiquitätenhändlern. Mit Bar und Restaurant, grünem Innenhof und Spa, Pool auf dem Dach (Aussicht!).
3 Avenue des Fleurs
Tel. 65 27 10 10
www.hotelamournice.fr

SAINT-DALMAS-DE-TENDE

LE PRIEURÉ €

Ein ehemaliges Kloster zwischen Breil-sur-Roya und Tende wurde zum freundlichen, familiären Hotel, hübsch über dem plätschernden Roya gelegen. Ein guter Standort für Wanderungen im Tal der Wunder, beliebt auch als Station auf der Fahrt über den Tendapass. Restaurant mit traditioneller Küche, gutes Frühstück.
Rue Jean Médecin
Tel. 04 93 04 75 70
www.leprieure.org

SAINTES-MARIES-DE-LA-MER

MAS DES RIÈGES €€€€

Das Niveau der Hotels um Saintes-Maries ist hoch, der Mas des Rièges eines der besten. Gediegene Zimmer und Appartements verteilen sich auf zwölf Häuschen im Camargue-Stil, Pool und Spa sind selbstverständlich. Absolut ruhig ca. 1,5 km nördlich des Stadtzentrums gelegen.
Route de Cacharel
Tel. 04 90 97 85 07
www.masdesrieges.fr

VAISON-LA-ROMAINE

L'ÉVÊCHÉ €€-€€€

Ein Bijou: Traumhaftes Chambres d'hôtes in der Oberstadt, in der gut 500 Jahre alten Bischofsresidenz. Freundliche, edel ausgestattete kleine Zimmer, Terrasse mit herrlichem Ausblick.
14 Rue de l'Evêché
Tel. 06 03 03 21 42
eveche.free.fr

VENCE

LA VICTOIRE €-€€

Attraktiv am Hauptplatz am Westrand der Altstadt gelegenes älteres Haus, komfortabel restaurierte Zimmer (nicht ohne Chichi) zu angenehmen Preisen. Sehr freundliche Betreuung.
4 Place du Grand Jardin
Tel. 04 93 24 15 54
www.hotel-victoire.com

THE FROGS' HOUSE €€

Ein junges Paar machte eine alte Auberge zum modern-gemütlichen Chambres d'hôtes, in herrlicher Lage 6 km nordöstlich von Vence. Diverse Aktivitäten werden angeboten, von Yoga bis zum gemeinsamen Kochen.
Saint-Jeannet
35 Rue du Saumalier
Tel. 06 28 06 80 28
www.thefrogshouse.fr

P

PRAKTISCHE INFORMATIONEN

Wichtig, hilfreich, präzise

Unsere praktischen Informationen helfen in (fast) allen Situationen in der Provence weiter.

Freundlicher Empfang in Séguret ►

Provence
des Papes
MIKO

KURZ & BÜNDIG

TELEFONVORWAHLEN

NACH FRANKREICH
+ 33
Die führende Null der zehnstelligen Teilnehmernummer entfällt.

VON FRANKREICH
nach Deutschland + 49
nach Österreich + 43
in die Schweiz + 41
Die Null der Ortsvorwahl entfällt.

NACH MONACO
+ 377
Von Monaco ist auch nach Frankreich – das kann schon die andere Straßenseite sein – die normale Ländervorwahl zu verwenden.

ELEKTRIZITÄT

Spannung 230 Volt. Flachstecker (Eurostecker) passen überall. Schukostecker müssen eine Aussparung für den Schutzkontaktstift in der Steckdose haben, sonst benötigt man einen Adapter (*adaptateur*, in Kaufhäusern und Elektroläden).

GELD

WÄHRUNG
Frankreich gehört zur Euro-Zone. Schweizer Franken: 1 € = ca. 1,10 CHF. Beachten: Da das Wort »cent« auch »hundert« bedeutet, benützt man für die Cent-Beträge meist das alte »centime(s)«.

BANKEN & GELDAUTOMATEN
Schalterstunden meist Mo.–Fr. bzw. Di.–Sa., 9–12/13, 14–16.30/17 Uhr, in Großstädten z. T. durchgehend. Gebühr am Bankautomat: mit Bankkarte 3,50–6 € pro Transaktion, mit Kreditkarte noch mehr.

BARGELDLOS BEZAHLEN
Sehr häufig, auch im Supermarkt etc. Die heimische Bankkarte (Girocard, V Pay, Maestro) wird praktisch überall akzeptiert, Gebühren fallen nicht an. Gängige Kreditkarten sind Visa und Mastercard.

KARTENSPERRUNG
Unter diesen Nummern kann man Bank- und Kreditkarten, Handys und Krankenkassenkarten sperren:
Tel. +49 116 116, +49 30 40 50 40 50 | www.sperr-notruf.de

NOTRUFE

Vom Mobiltelefon ggf. die Ländervorwahl +33 für Frankreich nicht vergessen!

ALLGEMEINER NOTRUF
Polizei, Notarzt, Feuerwehr
Tel. 112 (gebührenfrei)

AMBULANZ (SAMU)
Tel. 15 (auch in Englisch)

ACE-NOTRUFZENTRALE
Tel. +49 711 5 30 34 35 36

ADAC NOTRUFZENTRALE
Tel. +49 89 22 22 22

DRK-FLUGDIENST
Tel. +49 211 27 11 20 20

ÖAMTC
Tel. +43 1 251 20 00

TCS
Tel. +41 588 272 220

SCHWEIZERISCHE RETTUNGSFLUGWACHT
Tel. +41 333 333 333

ANREISE · REISEPLANUNG

Anreise

Mit dem Kfz

Für die Anfahrt aus Deutschland und der Schweiz nimmt man üblicherweise die **Autoroute du Soleil** A 7 (E 15), die im Rhônetal über Lyon nach Marseille führt. Für das südöstliche Deutschland, die Ostschweiz und Österreich ist die Fahrt über Italien sinnvoll, über Brenner bzw. San Bernardino und Genua an die Côte d'Azur. Sehr schöne Möglichkeiten, für die man zwei, drei Tage verwenden sollte, sind die **Route Napoléon** (von Grenoble über Gap, Sisteron, Digne, Grasse nach Cannes) und die **Route des Grandes Alpes** Thonon – Bourg-Saint-Maurice – Briançon – Barcelonnette – Nizza mit 17 Alpenpässen (Wintersperre prüfen!). Die Autobahnen in der Schweiz und Österreich (Vignette) sowie Italien und Frankreich (Mautstationen) sind gebührenpflichtig. In Italien und Frankreich bezahlt man die Maut am bequemsten mit einer Kreditkarte. Weiteres, v. a. zu den Autobahnen und zur **Umweltplakette**, ▶ S. 412.

Mit der Bahn

Zwei Fernverbindungen führen nach Südostfrankreich: über Lyon nach Avignon und Marseille bzw. über Mailand und Genua nach Nizza. Eine **TGV-Hochgeschwindigkeitstrasse** verbindet Straßburg über Lyon mit Avignon – Marseille – Ventimiglia. Ans TGV-Netz angeschlossen sind u. a. Frankfurt a. M., Stuttgart, München, Basel/Zürich, Bern, Lausanne und Genf. Der **Ouigo**, ein »TGV light«, verbindet Lyon mit Avignon – Aix – Marseille (Buchung online bis 5 Std. vor Abfahrt, www.ouigo.com; billig, aber Nebenkosten beachten!). Ausgesprochene Eisenbahnfreunde sollten die Route über den **Tenda-Pass** in Betracht ziehen (Turin – Cuneo – Col de Tende – Nizza). Das Binnenland ist kaum durch Bahnlinien erschlossen, hier steigt man in den Bus. Näheres zum Bahnfahren ▶ Verkehr, S. 414.

Mit dem Bus

Die Fernbusunternehmen haben, teils mit französischen Partnern, viele Destinationen in Programm. Die Preise sind niedrig und die Fahrzeiten lang (z. B. München – Marseille ab ca. 50 €, 10 – 15 Std.), Umsteigen ist immer nötig. Verbindungen findet man über die Internetportale, am übersichtlichsten – mit Karte für die Auswahl von Abfahrts- und Zielort – auf www.busliniensuche.de.

Mit dem Flugzeug

Die internationalen Flughäfen der Region, **Nizza Côte d'Azur** und **Marseille Provence**, sind ohne Umsteigen erreichbar. Der Flughafen **Toulon/Hyères** wird nur von Paris und Toulouse aus angeflogen..

NÜTZLICHE ADRESSEN

BAHNUNTERNEHMEN

DEUTSCHE BAHN
Tel. *0180 6 99 66 33
www.bahn.de

ÖSTERREICHISCHE BUNDESBAHNEN
Tel. *05 1717, www.oebb.at

SCHWEIZERISCHE BUNDESBAHNEN
Tel. *0900 300 300, www.sbb.ch

SNCF
Tel. *36 35, aus dem Ausland *0033 8 92 35 35 35
www.sncf-connect.com (auch auf Dt.), www.ouigo.com
Auf den Websites kann man Zugverbindungen heraussuchen, Fahrkarten buchen und ausdrucken bzw. auf das Smartphone laden. Eine ausgedruckte Fahrkarte muss vor dem Einsteigen nicht abgestempelt werden.

FERNBUSSE

INTERNETPORTALE
www.busliniensuche.de
Für Frankreich: www.busradar.fr
www.buswelt.de
www.fernbusse.de

EUROLINES/TOURING
www.eurolines.de
www.eurolines.fr

FLIXBUS
www.flixbus.de
www.flixbus.fr

FLUGHÄFEN

NICE CÔTE D'AZUR
Tel. *0820 42 33 33
vom Ausland: +33 4 89 88 98 28
www.nice.aeroport.fr
6 km westlich. Tram Linie 2 in die Innenstadt. Busverbindungen mit vielen Orten der Provence und der Côte d'Azur sowie mit Italien.

MARSEILLE PROVENCE
Tel. *0820 81 14 14
www.marseille.aeroport.fr
In Marignane ca. 30 km nordwestlich. Kostenloser Bus zum Bahnhof Vitrolles-Aéroport; von dort fahren Züge zum Bahnhof Marseille Saint-Charles und nach vielen anderen Orten der Region. Zwischen dem Flughafen und dem Bahnhof Saint-Charles verkehren auch direkte Zubringerbusse.

Ein- und Ausreisebestimmungen

Personalpapiere Zur Einreise nach Frankreich benötigen Bürger der EU und der Schweiz einen Personalausweis oder einen Reisepass. Kinder brauchen ein eigenes Dokument: bis 12 Jahre einen Kinderreisepass, danach Reisepass oder Personalausweis.

Fahrzeugpapiere Der nationale Führerschein und der Kraftfahrzeugschein sind mitzuführen. Die Mitnahme der grünen Internationalen Versicherungskarte ist ratsam. Kraftfahrzeuge ohne EU-Kennzeichen müssen das ovale Nationalitätenkennzeichen tragen.

Haustiere

Wer Haustiere mitnehmen möchte, benötigt für sie den Heimtierpass der EU. Das Tier muss eine Tätowierung oder einen Mikrochip tragen. Die letzte Tollwutimpfung muss zwischen 30 Tage und 12 Monate alt sein. Achtung: Viele Hotels nehmen keine Hunde auf, auch sind Hunde in Sehenswürdigkeiten sowie an den Stränden oft nicht zugelassen.

Dokumente sichern

Kopien aller Dokumente und Listen wichtiger Daten – von Personalausweis über Kreditkarte und PINs bis zum Flugticket – bewahre man separat auf; es ist auch sinnvoll, einen Satz Kopien bei einer Vertrauensperson zu Hause zu deponieren. Man kann die Dokumente auch scannen/fotografieren und die Daten verschlüsselt in der Cloud speichern, bei seinem Mailprovider oder bei Diensten wie Telekom Cloud, Dropbox, Google Drive und Microsoft Onedrive.

Zollbestimmungen

Innerhalb der EU, zu der Frankreich, Deutschland und Österreich gehören, ist der Warenverkehr für private Zwecke weitgehend zollfrei. Für eine private Verwendung gelten folgende Höchstmengen: 800 Zigaretten, 400 Zigarillos, 200 Zigarren, 1 kg Rauchtabak; 10 l Spirituosen, 20 l Zwischenerzeugnisse, 90 l Wein (davon max. 60 l Schaumwein) und 110 l Bier. Für Reisende aus **Nicht-EU-Ländern** (Schweizer Staatsbürger) liegen die Freigrenzen für Personen über 17 Jahre bei 200 Zigaretten oder 100 Zigarillos oder 50 Zigarren oder 250 g Rauchtabak, ferner bei 2 l Wein und 2 l Schaumwein oder 1 l Spirituosen mit mehr als 22 Vol.-% Alkoholgehalt oder 2 l Spirituosen mit weniger als 22 Vol.-% Alkoholgehalt, 500 g Kaffee oder 200 g Kaffeeauszüge, 100 g Tee oder 40 g Tee-Extrakt, 50 g Parfüm oder 0,25 l Eau de Toilette. Zollfrei sind außerdem Waren bis zu einem Wert von 300 €. Bei der **Einreise in die Schweiz** gilt: Bis zum Gesamtwert von 300 CHF ist keine MwSt. zu bezahlen. Abgabenfrei sind für Personen ab 17 Jahre 200 Zigaretten oder 250 g anderer Tabakerzeugnisse, an alkoholischen Getränken 5 l mit bis zu 18 Vol.-% Alkoholgehalt und 1 l mit über 18 Vol.-% Alkoholgehalt. Info: www.ezv.admin.ch.
Da die Schweiz nicht der EU angehört, müssen beim **Transit** Waren angemeldet werden, wenn sie die genannten Freimengen überschreiten oder wenn sie über 5000 CHF wert sind. In letzterem Fall muss eine Kaution in bar (auch in €) oder per Kreditkarte geleistet werden, die bei der Ausfuhr erstattet wird.

Krankenversicherung

Anspruch in Notfällen

Versicherte deutscher Krankenkassen haben Anspruch auf ärztliche Behandlung nach den in Frankreich gültigen Vorschriften, jedoch nur bei Notfällen und chronischen Krankheiten. Die **Europäische Krankenversicherungskarte** (EHIC) ist vorzulegen. Dennoch ist die Behandlung zu bezahlen und die Bescheinigung (feuille des soins) zur Erstattung der für den Aufenthaltsort zuständigen CPAM/CGSS oder zu Hause der Krankenkasse vorzulegen. Aus den quittierten Arzt- und Apothekenrechnungen müssen die Leistungen hervorgehen. Privat Versicherte reichen zur Kostenerstattung die französischen Unterlagen ein. Schweizer Bürger müssen ihre Krankheitskosten selbst bezahlen. Der Abschluss einer Auslandsreisekrankenversicherung ist unbedingt zu empfehlen, da sie die oft erheblichen Zuzahlungen und die Kosten für eine eventuelle Rückholung übernimmt.

AUSKUNFT

Tourismusorganisationen

Die Französische Zentrale für Tourismus **Atout France** bietet vielfältigen Service, v. a. mit Informationen zu Unterkunft, Verkehrsmittel, Sehenswürdigkeiten, Sport u. v. m. Reichhaltiges Material geben die **Tourismuszentren der Regionen** (Comité Régional de Tourisme, CRT) und der **Départements** (Comité Départemental de Tourisme, CDT) aus. Ihren Prospekten können die Adressen der **lokalen Tourismusbüros** (Office de Tourisme, OdT) entnommen werden, die in Detailfragen weiterhelfen.

NÜTZLICHE ADRESSEN

IN DEUTSCHLAND
www.france.fr/de/

IN ÖSTERREICH
info.at@france.fr, www.france.fr

IN DER SCHWEIZ
info.ch@france.fr, www.france.fr

REGIONEN

PROVENCE - ALPES - CÔTE D'AZUR
Comité Régional de Tourisme
64 La Canebière, 13001 Marseille
Tel. 04 91 56 47 00
provence-alpes-cotedazur.com

RIVIERA - CÔTE D'AZUR
Comité Régional de Tourisme
455 Promenade des Anglais
06203 Nice Cedex 03
Tel. 04 93 37 78 78
https://cotedazurfrance.fr

DÉPARTEMENTS

ALPES-DE-HAUTE PROVENCE
Maison des Alpes de Haute Provence
Immeuble F. Mitterrand, BP 80170
04990 Digne-les-Bains Cedex
Tel. 04 92 31 57 29
www.tourisme-alpes-haute-provence.com

BOUCHES-DU-RHÔNE
Bouches-du-Rhône Tourisme
13 Rue Roux de Brignoles
13006 Marseille
Tel. 04 91 13 84 13
www.myprovence.fr

DRÔME
Agence de Développement Touristique
8 Rue Baudin, CS 40531
26004 Valence Cedex
Tel. 04 75 82 19 26
www.ladrometourisme.com

VAR
Var Tourisme
1 Boulevard de Strasbourg
BP 5147, 83093 Toulon Cedex
Tel. 04 94 18 59 60
www.visitvar.com, www var.fr

VAUCLUSE
Vaucluse Provence Attractivité
12 Rue Collège de la Croix
84000 Avignon
Tel. 04 90 80 47 00
www.provenceguide.com

KONSULATE

DEUTSCHLAND
Generalkonsulat
10 Place de la Joliette
13002 Marseille
Tel. 04 91 16 75 20
allemagneenfrance.diplo.de

ÖSTERREICH
Honorarkonsulat
10 Rue Stanislas Torrents
13006 Marseille
Tel. 0642 14 85 58
consul@oehk-marseille.org

SCHWEIZ
Generalkonsulat
7 Rue d'Arcole
13006 Marseille
Tel. 04 96 10 14 10
marseille@eda.admin.ch

INTERNET

www.france.fr/de
Reichhaltige Website des französischen Tourismusbüros, auf Deutsch.

www.frankreich-info.de
Kommerzielles Online-Magazin mit Informationen und Links zu vielen praktischen, touristischen, landeskundlichen und kulturellen Themen.

www.linternaute.com
Ausgezeichnetes Infoportal: Aktuelles, Veranstaltungen, Restaurantbewertungen, Einkaufen u. v. m.

www.tripadvisor.de
Tourismus-Website mit jeder Menge Informationen, v. a. zu Hotels und Restaurants, aber auch Sehenswürdigkeiten etc. Wertvoll, aber mit Vorsicht zu genießen sind die Erfahrungsberichte.

www.provence.guideweb.com
Reichhaltiges Portal für den Urlaub in der Provence, auch auf Englisch.

www.provenceweb.fr
Alles aus der und über die Region, u. a. Veranstaltungen (auch engl.).

www.provence-netz.de
Online-Reiseführer mit Tipps für viele Aktivitäten und Unterkunftssuche.

www.cote.azur.fr
Kommerzielles Portal mit Hotelsuche und vielen Infos über die Côte d'Azur.

www.culture.gouv.fr
Interessante, reichhaltige Websites des französischen Ministeriums für Kultur zu kulturellen Stätten und Veranstaltungen.

www.concertandco.com
Aktuelle Informationen zu populärer Musik aller Art mit Konzertterminen, Ticketadressen etc.

www.laprovence.com
Website der Tageszeitung »La Provence«.

www.nicematin.com
Website der Tageszeitung »Nice Matin«.

https://www.e-rivierapress.fr/de/magazine-rivierazeit
Website der deutschsprachigen »Riviera Zeit«, mit vielen aktuellen Nachrichten und Tipps.

ETIKETTE

Gute Umgangsformen

Höfliches Verhalten und gute Umgangsformen werden in Frankreich geschätzt. Man grüßt z. B. (meistens) nicht einfach mit »Bonjour«, sondern mit »Bonjour Madame/Monsieur«. Auch bei Bitte oder Dank sollte man die Anrede nicht vergessen: »S'il vous plaît / Merci, Madame / Monsieur«. Muss man sich den Weg bahnen oder rempelt man jemanden an, entschuldigt man sich mit einem »Pardon« oder »Excusez-moi«. Männer begrüßen sich mit Handschlag, Frauen mit zwei bis vier »Luftküsschen« links und rechts. Als Kfz-Lenker lässt man Fußgängern am Zebrastreifen immer und ungefragt den Vortritt. In Kirchen und Klöstern sollte man auf angemessene Kleidung achten. Im übrigen sollte man, gerade im Süden Frankreichs, alles etwas großzügiger und freundlicher handhaben und ruhig angehen lassen.

Trinkgeld

In Hotels, Restaurants, Cafés und Bars ist das eigentliche Bedienungsgeld inklusive (*service compris*); Trinkgeld wird im Allgemeinen nicht erwartet, dennoch sind – etwa in höherklassigen Restaurants oder zum Dank für besonders gute Bedienung – etwa 5 % des Rechnungsbetrags in Ordnung. Man lässt das Trinkgeld (restliche kleine Münzen sowieso) in bar im Rechnungstellerchen zurück, egal ob man bar bezahlt oder mit einer Bank- oder Kreditkarte. Auch Taxifahrer (1 €), Fremdenführer (1 – 2 €), Toilettenfrauen und der Zimmerservice freuen sich über ein Trinkgeld.

Rauchverbot

In allen öffentlichen Gebäuden – für den Touristen sind das v. a. Restaurants, Cafés, Hotels, Museen, Kinos, Verkehrsmittel und überdachte Plätze – ist das Rauchen verboten. Auf Caféterrassen ist Rauchen im Prinzip legal, aber selbst dort und an Stränden – wie in Cannes und Nizza – kann es ein Rauchverbot geben.

Badehosen

In Frei- und Hallenbädern tragen die Herren der Schöpfung eng anliegende, kurze Badehosen (Slip oder mit Beinansatz). Locker geschnittene Bermudas und lange »Radlerhosen« sind dort tabu.

GESUNDHEIT

Ärzte

Die Adressen der Ärzte (*médecins*) und Zahnärzte (*dentistes*) findet man in den Pages Jaunes (Gelbe Seiten) des örtlichen Telefonbuchs. Die Tourismusbüros verfügen oft über Adressen von Ärzten mit Fremdsprachenkenntnissen, meist Englisch. Auch das Hotel und die Polizei helfen bei der Suche nach einem Arzt. Der Bereitschaftsdienst der Ärzte wird in der Lokalpresse veröffentlicht.

Apotheken

Apotheken (*pharmacies*) werden durch ein grünes Kreuz signalisiert. Öffnungszeiten: 9 – 12, 14 – 18.30 Uhr. Welche Apotheke nachts und am Wochenende Dienst hat, wird am Eingang der Apotheken und in der Lokalpresse angezeigt. Notrufe ► S. 394.

LESETIPPS

Dumont Bildatlas Provence/Côte d'Azur, Ostfildern 2018. Stimmungsvolle, schön bebilderte Porträts der Urlaubsregion.
Fitzgerald, F. Scott: Zärtlich ist die Nacht (1934). Roman über reiche »Exil«-Amerikaner an der Côte d'Azur nach dem Ersten Weltkrieg, zwischen Glamour, Dekadenz und seelischer Zerstörung.
Giono, Jean: Der Husar auf dem Dach (1955). Liebesgeschichte zwischen dem italienischen Husar Angelo und der Marquise von Théus, angesiedelt in der ländlichen Welt der Provence um 1832, als die Cholera wütete. Von J.-P. Rappeneau 1995 ausgezeichnet verfilmt.
Izzo, Jean-Claude: Die Marseille-Trilogie: Total Cheops, Chourmo, Solea. Berlin 2009. Ein lebensvoll dargestellter »Bulle« italienischer Abstammung kämpft gegen die Marseiller Mafia und um die Würde der Einwanderer, vor allem der jungen.
Japrisot, Sébastien: Blutiger Sommer. Reinbek 1984. Eine dramatische Geschichte – in der Gegend um Digne spielend – um eine verführerische junge Frau, die sich an den Vergewaltigern ihrer deutschen Mutter rächt. Hervorragende Verfilmung 1983 mit Isabelle Adjani (dt. »Ein mörderischer Sommer«).
Magnan, Pierre: Tod unter der Glyzinie, Laviolette auf Trüffelsuche und andere Krimis, die an markanten Orten in der Haute-Provence spielen. Die Charaktere, Plätze wie Menschen, werden treffend, poetisch und mit Tiefgang geschildert. Verlag Scherz, München
Mann, Erika & Klaus: Das Buch von der Riviera. Reinbek 2002. 1931 bereisten Klaus und Erika Mann die Côte d'Azur von Marseille bis

Monte Carlo. Auch Sanary-sur-Mer, wohin später viele Intellektuelle flohen, darunter Thomas Mann, war eine Etappe ihrer Reise.

Mayle, Peter: Mein Jahr in der Provence/Toujours Provence. München 2000. Der britische Autor beschreibt liebe- und humorvoll sein erstes Jahr im Luberon: die kleinen Missverständnisse, die Liebe der Provenzalen zum üppigen Mahl, den Wechsel der Jahreszeiten. Auch »Die Melonen des Monsieur Dumas« (engl. »Provence A – Z. A Francophile's Essential Handbook«) sind amüsant und erhellend.

Pagnol, Marcel: Marcel – Eine Kindheit in der Provence (1957). Die einfühlsame, witzige Schilderung des Lebens einer liebenswerten Chaotenfamilie in und um Aubagne, eine Hymne an die Provence. 1989 in zwei Teilen großartig verfilmt: Der Ruhm meines Vaters / Das Schloss meiner Mutter.

Süskind, Patrick: Das Parfüm. Die Geschichte eines Mörders. Zürich 2000. Ein Welterfolg wurde der Schauerroman über einen besessenen Parfumeur im 18. Jh.: Grenouille tötet 25 schöne junge Frauen, um ihren Duft zum perfekten Parfüm zu komponieren. Den Tod findet er, als er von Ausgestoßenen, die er mit seinem Parfüm verrückt gemacht hat, »aus Liebe« zerrissen und verschlungen wird.

MUSEEN & BAUDENKMÄLER

Öffnungszeiten

Städtische Museen haben meist montags geschlossen, die Nationalmuseen am Dienstag. Zur Hauptreisezeit machen wichtige Häuser meist keinen Ruhetag. Im Winter, ca. Nov.– März/April, sind manche geschlossen oder schränken ihre Öffnungszeiten stark ein. Beachten: **Letzter Zutritt** ist eine halbe bis eine ganze Stunde vor Schließung. Wichtig: Für die Maßnahmen des »Plan Vigipirate« ▶ S. 404.

Eintritt

Nationalmuseen, staatliche Baudenkmäler und viele städtische Museen sind am ersten Sonntag im Monat gratis zugänglich. Für EU-Bürger bis 26 Jahre und Studenten (mit Ausweis) ist der Eintritt meist gratis, jedenfalls in den Nationalmuseen. Häufig werden lokale und regionale Museumspässe angeboten. Nicht immer spart man mit ihnen, da man in der zur Verfügung stehenden Zeit nur einen kleinen Teil der Attraktionen besuchen kann; man vermeidet aber die Schlangen. Der **French Riviera Pass** gilt für ca. 30 Museen und andere Einrichtungen, Führungen, Bootstouren etc. in Nizza und seinem Umland sowie in Monaco, erhältlich u. a. in den Tourismusbüros und unter www.frenchrivierapass.com.

PREISE & VERGÜNSTIGUNGEN

Preisniveau

Das Preisniveau ist im Binnenland vergleichbar mit dem in Deutschland, die Côte d'Azur ist hingegen deutlich teurer; ein Gourmetmenü derselben Klasse kann je nach Ort 80 oder 150 € kosten. Als Untergrenze für das tägliche Budget – ohne Fahrtkosten, für zwei Menschen in einem Zimmer – kann man 80 € pro Nase rechnen, an der Küste 120 €. Häufige Museumsbesuche können zu Buche schlagen; bedeutende Einrichtungen verlangen für Erwachsene 8–16 €.

Möglichkeiten zum Sparen

Es ist vorteilhaft, wenn man die Reise in die Nebensaison legen kann; in der Hochsaison sind Hotelpreise an der Küste und anderen Hotspots deutlich höher. Größere Städte bieten Arrangements mit Hotel, ÖPNV, Museen, Rundfahrten etc. an, ebenso Pässe für ÖPNV, Museen und andere Attraktionen (▶ Museen, S. 402). Zum Tanken steuert man am besten einen großen Supermarkt (*hypermarché*) an. In Bars bezahlt man am wenigsten an der Bar, am Tisch sowie draußen kostet es mehr. Will man »richtig speisen«, ohne seinen Geldbeutel zu sehr zu belasten, tue man das mittags unter der Woche. Nicht nur zum Sparen, sondern weil's auch Spaß macht, kann man sich in einem Supermarkt oder bei einem *traiteur* (Feinkostgeschäft) wunderbar fürs Picknick versorgen.

REISEZEIT

Die besten Zeiten für Provence und Côte d'Azur sind April bis Juni sowie Sept./Okt. mit angenehmen, nicht zu hohen Temperaturen, zudem außerhalb der französischen Sommerferien. An der Küste ist es oft schon ab Ende Januar recht mild, die **Mimosenblüte** beginnt die Gegend zwischen Bormes-les-Mimosas und Grasse mit gelber Pracht zu überziehen – im Februar kann man an der Côte d'Azur dem ungemütlichen Winter entfliehen. Im März/April regnet es oft und ergiebig, die Nachttemperaturen sind noch niedrig; dafür blühen Wildblumen in Massen, und die Mandelbäume stehen in rosa Wolken. Für das höhergelegene bergige Hinterland sind erst das späte Frühjahr und der Frühsommer zu empfehlen. Das ganze Jahr, v. a. aber in Frühjahr und Herbst, kann der **Mistral** tagelang heftig blasen – eine Windjacke ist auch im Sommer ein Muss! Das **Meer** ist ab Juni (mit ca. 20 °C) bis in den Oktober angenehm warm. Für die **Hauptreisezeit** Juli und August sollte man Unterkunft früh buchen und sich auf Temperaturen über 35 °C sowie – vor allem an der Küste – auf überfüllte Strände, Straßen, Parkplätze und Restaurants sowie hohe Preise einstellen. Die Autobahnen sollte man am ersten und am letzten Wochenende der Monate Juli und August meiden; besonders schlimm wird es, wenn die Juli-Urlauber (»juilletistes«) nach Hause und die August-Urlauber (»aoûtiens«) in die Ferien fahren. Der Sommer ist aber auch die Zeit der großen Festivals, etwa in Aix, Avignon und Juan-les-Pins. Ein Fest für Augen und Nase ist die **Lavendelblüte** ab Ende Juni bis Anfang August; auch sind dann die Gorges und Cluses der Haute-Provence zugänglich. Besonders in der Camargue hat man von Frühsommer bis weit in den Herbst mit Stechmücken zu kämpfen. Gut ausgestattete **Wintersportorte** gibt es in den Hochlagen der Haute-Provence und in den Alpes-Maritimes. Sehr ruhig geht es Okt.–Juni zu; in Frühjahr und Herbst sollte man aber für die Wochenenden, insbesondere um die Feiertage herum, Unterkunft rechtzeitig reservieren. Von November bis März haben außer in größeren Städten viele Hotels und Restaurants geschlossen.

SICHERHEIT

Vigipirate

Seit dem Terroranschlag in Paris 2015 ist der »Plan Vigipirate« in Kraft, mit dem die Überwachung des öffentlichen Raums wesentlich verschärft wurde. Die Stufe »Vigilance« (Wachsamkeit) gilt jederzeit und überall, die Stufe »Sécurité renforcée – Risque attentat« bei erhöhter Gefahr und die Stufe »Urgence attentat« bei unmittelbarer Gefahr. Beachten: Museen etc. können größere Gepäckstücke oder – wie in Marseille – Gepäck und Kinderwagen gänzlich zurückweisen, auch sind dort die Garderoben geschlossen.

Diebstahl

In der Provence und an der Côte d'Azur, besonders in Marseille, besteht die Gefahr, bestohlen zu werden, sei es durch Taschendiebe oder Autoeinbrecher. Man sollte daher die (immer sinnvollen) Vorsichtsmaßnahmen treffen: Papiere, Bargeld, Bankkarten und dergleichen weder in der hinteren Hosentasche noch in einer Handtasche oder einem Rucksack verstauen. Wertvollen Schmuck sollte man in Marseille nicht tragen. Gegenstände aller Art, nicht nur Wertsachen, nicht im Fahrzeug lassen. Caravan- und Wohnmobilurlauber sollten nicht außerhalb von Campingplätzen oder an abgelegenen Stellen übernachten. An der Côte d'Azur sind Überfälle auf Autofahrer auf Parkplätzen und an roten Ampeln nicht selten.

Waldbrand

Während der sommerlichen Trockenzeit besteht überall große Waldbrandgefahr. Es ist daher streng verboten, im Wald und innerhalb von 200 m Abstand Feuer zu entfachen, zu rauchen oder Zigarettenkippen oder leicht entzündbare Gegenstände ins Gelände zu werfen. Wanderwege können gesperrt sein. Campen ist nur an dafür ausdrücklich vorgesehenen Plätzen erlaubt.

SPRACHE

Auch wenn an den höheren Schulen Englisch und Deutsch gelehrt werden, kann man sich nur selten in diesen Sprachen verständlich machen, am ehesten noch in Hotels und Restaurants in den wichtigen Reisezielen und Urlaubsgebieten. Es ist also sinnvoll, sich vor der Reise einige wichtige Wörter und Redewendungen einzuprägen und ggf. Wörterbuch und Sprachführer mitnehmen.

KLEINER SPRACHFÜHRER FRANZÖSISCH

DAS WICHTIGSTE

Ja / Nein	Oui / Non
Vielleicht	Peut-être
Bitte	S'il vous plaît (s. v. p.)
Danke	Merci
Gern geschehen.	De rien.
Entschuldigen Sie!	Excusez-moi! Pardon!
Wie bitte?	Comment?
Ich verstehe nicht.	Je ne comprends pas.
Ich spreche nur wenig Französisch.	Je parle un tout petit peu français.
Können Sie mir bitte helfen?	Vous pouvez m'aider, s. v. p.?
Sprechen Sie Deutsch / Englisch?	Vous parlez allemand / anglais?
Ich möchte / würde gerne ...	J'aimerais ...
Das gefällt mir nicht.	Ça ne me plaît pas.
Haben Sie ... ?	Vous avez ... ?
Wieviel kostet das?	Ça coûte combien?
Wieviel Uhr ist es?	Quelle heure est-il?

GRÜSSEN

Guten Morgen / Tag!	Bonjour!
Guten Abend!	Bonsoir!
Hallo / Grüß dich!	Salut!
Wie heißen Sie?	Comment vous appellez-vous?
Wie heißt du?	Comment t'appelles-tu?
Wie geht es Ihnen / dir?	Comment allez-vous / vas-tu?
Auf Wiedersehen! / Tschüs!	Au revoir! / Salut!

ZAHLEN

0	**zéro**	19	**dix-neuf**
1	**un**	20	**vingt**
2	**deux**	21	**vingt et un**
3	**trois**	22	**vingt-deux**
4	**quatre**	23	**vingt-trois**
5	**cinq**	30	**trente**
6	**six**	40	**quarante**
7	**sept**	50	**cinquante**
8	**huit**	60	**soixante**
9	**neuf**	70	**soixante-dix**
10	**dix**	80	**quatre-vingt**
11	**onze**	90	**quatre-vingt-dix**
12	**douze**	100	**cent**
13	**treize**	200	**deux cents**
14	**quatorze**	1000	**mille**
15	**quinze**	2000	**deux mille**
16	**seize**	10 000	**dix mille**
17	**dix-sept**	1/2	**un demi**
18	**dix-huit**	1/4	**un quart**

WOCHENTAGE UND MONATE

lundi	**Montag**	vendredi	**Freitag**
mardi	**Dienstag**	samedi	**Samstag**
mercredi	**Mittwoch**	dimanche	**Sonntag**
jeudi	**Donnerstag**		

janvier	**Januar**	juillet	**Juli**
février	**Februar**	août	**August**
mars	**März**	septembre	**September**
avril	**April**	octobre	**Oktober**
mai	**Mai**	novembre	**November**
juin	**Juni**	décembre	**Dezember**

UNTERWEGS

links / rechts	**à gauche / à droite**
geradeaus	**tout droit**
nahe / weit	**près / loin**
Verzeihung, wo ist ... ?	**Pardon, où se trouve ... ?**
Wieviele Kilometer sind das?	**C'est à combien de kilomètres d'ici?**
Was ist der kürzeste Weg nach ... ?	**Quel est le chemin le plus court pour aller à ... ?**

TANKEN

Wo ist die nächste Tankstelle?	**Où est la station-service la plus proche?**
Ich möchte bitte ... Liter ...	**Je voudrais ... litres ..., s'il vous plaît.**
... Super / Diesel	**... du super / du diesel**
Volltanken, bitte	**(Faites) Le plein, s. v. p.**

PANNE

Können Sie mir bitte helfen?	**Pourriez-vous m'aider, s. v. p.?**
Ich habe eine Panne.	**Je suis en panne.**
Können Sie mir einen Abschlepp-wagen schicken?	**Est-ce que vous pouvez m'envoyer une dépanneuse?**
Gibt es in der Nähe eine Werkstatt?	**Est-ce qu'il y a un garage près d'ici?**
... ist defekt.	**... est défectueux.**

UNFALL

Hilfe!	**Au secours!**
Achtung! Vorsicht!	**Attention!**
Rufen Sie schnell die Polizei/ einen Krankenwagen.	**Appelez vite la police/ ... une ambulance, s. v. p.**

ESSEN GEHEN

Wo gibt es hier ...	**Pourriez vous m'indiquer ...**
... ein gutes Restaurant?	**... un bon restaurant?**
... ein nicht zu teures Restaurant?	**... un restaurant pas trop cher?**
Gibt es hier ein nettes Café/Bistro?	**Y-a-t'il un café/bistrot sympa?**
Ich möchte für heute Abend einen Tisch für 4 reservieren.	**Je voudrais réserver une table pour ce soir, pour quatre personnes.**
Je suis végétarien/végétarienne.	**Ich bin Vegetarier/vegetarierin.**
Wo ist bitte die Toilette?	**Où sont les toilettes, s. v. p.?**
Auf ihr Wohl!	**A votre santé! / A la vôtre!**
Die Rechnung bitte.	**L'addition, s. v. p.**
C'etait bon?	**Hat es geschmeckt?**
Das Essen war ausgezeichnet.	**Le repas était excellent.**

ÜBERNACHTUNG

Könnten Sie mir ... empfehlen?	**Pourriez-vous m'indiquer ...**
... ein gutes (preiswertes) Hotel	**... un bon hôtel (pas cher)?**
... ein Bed & Breakfast	**... une maison d'hôtes?**
Haben Sie noch ... frei?	**Est-ce que vous avez encore ...?**
... ein Einzelzimmer	**... une chambre pour une personne**
... ein Doppelzimmer	**... une chambre pour deux personnes**
... mit Bad	**... avec salle de bains**
... für eine Nacht	**... pour une nuit**
... für eine Woche	**... pour une semaine**
Was kostet ein Zimmer ...?	**Quel est le prix de la chambre ...?**
... mit Frühstück	**... petit déjeuner compris**
... mit Halbpension	**... en demi-pension**

ARZT

Können Sie mir einen guten Arzt empfehlen?	**Pourriez-vous me recommander un bon médecin?**
Ich habe hier Schmerzen.	**J'ai mal ici.**
Où est la pharmacie la plus proche?	**Wo ist die nächste Apotheke?**

POST & TELEKOMMUNIKATION

Eine (zwei) Briefmarke(n) für einen Brief/eine Postkarte nach Deutschland / Österreich / der Schweiz, bitte.	**une/deux timbre(s) pour un lettre/une carte postale pour l'Allemagne / l'Autriche / la Suisse, s'il vous plaît.**
Gibt es hier einen (kostenlosen) Internetzugang?	**Avez-vous un accès WiFi (gratuit) ici/ le Wi-Fi (gratuit) ici?**
Wie lautet das Passwort?	**Quel est le mot de passe?**
Könnte ich hier meine E-Mails ansehen?	**Serait-il possible de consulter mon courrier électronique?**

SPEISEKARTE

Petit déjeuner	**Frühstück**
café noir	**schwarzer Kaffee**
café au lait	**Kaffee mit Milch**
café crème	**Kaffee mit Milchschaum**
confiture	**Marmelade**
décaféiné (déca)	**koffeinfreier Kaffee**
thé au lait / au citron	**Tee mit Milch / Zitrone**
tisane / infusion	**Kräutertee**
chocolat (chaud)	**(heiße) Schokolade**
sucre	**Zucker**
jus de fruit	**Fruchtsaft**
œuf à la coque	**weiches Ei**
œufs brouillés	**Rühreier**
œufs au plat (avec du lard)	**Spiegeleier (mit Speck)**
pain / petit pain / toast	**Brot / Brötchen / Toast**
croissant	**Hörnchen**
beurre	**Butter**
fromage	**Käse**
charcuterie	**Wurst und Schinken**
jambon (cru/blanc)	**Schinken (roh/gekocht)**
miel	**Honig**
yaourt	**Joghurt**
céréales	**Müsli, Getreideflocken**

Soupes & hors-d'œuvres	**Suppen & Vorspeisen**
bouchées à la reine	**Königinpastetchen**
bouillabaisse	**südfranzösische Fischsuppe**
consommé (de poulet)	**(Hühner-)Brühe**
crudités	**diverses Gemüse, roh oder blanchiert**
escargots	**Schnecken**
galette	**Crêpe aus Buchweizenmehl**
huîtres	**Austern**
pâté de campagne/de foie	**Bauernpastete/Leberpastete**
salade de fruits de mer	**Meeresfrüchtesalat**
salade niçoise	**Nizza-Salat**
saumon fumé	**Räucherlachs**
soupe à l'oignon	**Zwiebelsuppe**
soupe de poisson	**Fischsuppe**

Viandes	**Fleisch**
agneau / gigot d'agneau	**Lamm / Lammkeule**
bifteck	**Steak**
blanquette de veau	**Kalbsragout**
bœuf	**Rindfleisch**
côte (de bœuf)	**Kotelett (Ochsen-)**
escalope (de veau)	**Schnitzel (vom Kalb)**
filet de bœuf	**Rinderfilet**
foie gras d'oie / du canard	**Gänse- / Entenstopfleber**
foie	**Leber**
grillade	**Grillplatte**
porc	**Schweinenfleisch**
rôti	**Braten**
sauté de veau	**Kalbsragout**
steak tatare	**Tatar**
taureau	**Stier**
tripes	**Kutteln**
saignant / medium / bien cuit	**blutig / medium / durchgebraten**
veau	**Kalbfleisch**

Volailles & gibier	**Geflügel & Wild**
canard (à l'orange)	**Ente (mit Orangensauce)**
cerf	**Hirsch**
chevreuil	**Reh**
coq au vin	**in Rot-/Weißwein geschmorter Hahn**
dinde	**Truthahn, Pute**
faisan	**Fasan**
lapin	**Kaninchen**
magret de canard	**Entenbrust**
oie	**Gans**
poulet (rôti)	**Hähnchen (Brathähnchen)**
sanglier	**Wildschwein**

Poissons & crustacés	**Fisch & Krustentiere**
cabillaud	**Kabeljau**
calmar	**Tintenfisch**
daurade	**Goldbrasse**
friture	**frittierte Fische**
lotte	**Seeteufel**
loup de mer	**Seewolf**
maquereau	**Makrele**
morue	**Stockfisch**
omble chevalier	**Saibling**
panga	**Pangasius**
perche	**Barsch**
rouget	**Rotbarbe**
sandre	**Zander**
sardines	**Sardinen**
sole	**Seezunge**
truite	**Forelle**
turbot	**Steinbutt**

coquilles Saint-Jacques	**Jakobsmuscheln**
crevettes	**Garnelen, Shrimps**
homard	**Hummer**
huîtres	**Austern**
langoustines	**Scampi**
moules	**Miesmuscheln**
plateau de fruits de mer	**Meeresfrüchteteller**
Légumes, pâtes, riz	Gemüse, Teigwaren, Reis
artichaut	**Artischocke**
courgettes	**Zucchini**
épinards	**Spinat**
fenouil	**Fenchel**
haricots (verts)	**(grüne) Bohnen**
nouilles	**Nudeln**
oignons	**Zwiebeln**
petits pois	**Erbsen**
poivrons	**Paprikaschoten**
pommes dauphine / duchesse	**Kartoffelkroketten**
pommes de terre	**Kartoffeln**
concombre	**Gurke**
pommes de terre sautées	**Bratkartoffeln**
tomates	**Tomaten**
Desserts	Nachspeisen
charlotte	**Biskuits mit Früchten und Vanillecreme**
crème brûlée	**Sahnepudding mit Karamell**
crème Chantilly	**Schlagsahne**
gâteau	**Kuchen**
glace	**Speiseeis**
macédoine	**Obstsalat**
parfait	**Halbgefrorenes**
pâtisserie maison	**hausgemachtes Feingebäck**
profiteroles	**kleine Windbeutel mit Cremefüllung**
sabayon	**Creme aus Eigelb und Alkohol**
tarte aux pommes	**Apfelkuchen**
tarte Tatin	**gestürzter karamellisierter Apfelkuchen**
Fruits	Obst
abricots / cerises	**Aprikosen / Kirschen**
fraises / framboises	**Erdbeeren / Himbeeren**
macédoine	**Fruchtsalat**
mûres / myrtilles	**Brombeeren / Blaubeeren**
pêches	**Pfirsiche**
pommes / poires	**Äpfel / Birnen**
prunes / raisins	**Pflaumen / Trauben**
Boissons	Getränke
coca	**Cola**
eau minérale gazeuse	**Mineralwasser mit Kohlensäure**
eau minérale plate	**stilles Mineralwasser**

bière (blonde/brune)	**Bier (helles/dunkles)**
bière pression/bouteille	**Bier vom Fass/Flaschenbier**
bière sans alcool	**alkoholfreies Bier**
vin (blanc/rouge/rose)	**Wein (weiß/rot/rosé)**
vin mousseux (brut)	**Sekt (trocken)**
un (verre de vin) rouge	**ein Glas Rotwein**
un quart de vin blanc	**ein Viertel Weißwein**
café (exprès) / petit noir	**Espresso**
café au lait	**Milchkaffee**
jus de fruit	**Fruchtsaft**
jus d'orange / de pamplemousse	**Orangen- / Grapefruitsaft**
lait	**Milch**
limonade	**Limonade**
thé (au lait/citron)	**schwarzer Tee (mit Milch/Zitrone)**

TELEKOMMUNIKATION & POST

Mobiltelefon

Das Mobiltelefon – *le portable* oder *le mobile* – wählt sich automatisch in das französische Partnernetz des Providers ein. Das Mobilnetz wird von vier Betreibern versorgt: Orange, Bouygues, SFR und Free. Innerhalb der EU gilt i. A. der nationale Tarif; dennoch sollte man sich über die Bestimmungen seines Providers informieren, unter bestimmten Umständen können Gebühren anfallen. Für Vieltelefonierer kann es billiger sein, eine französische SIM-Card auf Prepaid-Basis zu kaufen, in den Filialen der Betreiber, in Supermärkten, Tabakläden, FNAC-Filialen oder bei der Post.

Internetzugang

Die Zahl der Hotspots im Land geht in die Millionen. Kostenlosen WLAN-Zugang (WiFi gratuit) hat man über WiFi-Säulen an öffentlichen Plätzen in den Städten und Dörfern, in Bahnhöfen, Flughäfen, Parks, Bibliotheken, ebenso in Privatbetrieben wie Hotels, Restaurants und Cafés. Für die Nutzung kostenpflichtiger Hotspots kann man in einer Filiale der Mobilfunkanbieter, einem FNAC oder einem Supermarkt einen Prepaid-Surfstick (Clé 3G+ oder 4G+) kaufen.

Postämter

Postämter erkennt man am gelben Schild »La Poste«, da und dort weisen noch alte »PTT«-Schilder den Weg. In größeren Städten haben sie Mo. – Fr. 8/8.30 –19/20 Uhr geöffnet, sonst 9 –12, 14 –17 Uhr, am Samstag bis 12/13 Uhr. Außer Briefe und Pakete aufgeben kann man hier telefonieren, häufig auch ins Internet gehen. Zu bestimmten Zeiten muss man lange anstehen, da auch Bankgeschäfte hier erledigt werden.

Porto Briefmarken (timbres) erhält man in Postämtern, Tabak- und Souvenirläden und manchen Bars. Postkarten und Briefe bis 20 g nach Deutschland, Österreich und in die Schweiz sind mit 1,80 € (prioritaire) zu frankieren, bis 100 g mit 3,70 €.

Briefkästen Die Briefkästen in Frankreich sind gelb und haben in der Regel zwei Einwurfschlitze: einen für das Département, in dem man sich befindet, den anderen für den Rest der Welt (*Autres destinations*).

VERKEHR

Auf der Straße

Straßen Frankreich verfügt über ein ausgezeichnetes Straßennetz mit Autobahnen (Autoroutes), Schnellstraßen (Routes Nationales, N) und Landstraßen (Routes Départementales, D). Die **Autobahnen** sind meist gebührenpflichtig (*péage*). Für Pkw und Gespanne bis 2 m Höhe und 3,5 t Gesamtgewicht sind ca. 8 €/100 km zu veranschlagen, bis 3 m und 3,5 t ca. 12 €/100 km. Einen Gebührenrechner findet man unter www.autoroutes.fr. Die Gebühren können an der Mautstation bar, am »CB«-Durchlass mit Visa/Eurocard/Mastercard oder über Bip & Go bezahlt werden. Bei Letzterem wird die Autobahnnutzung elektronisch erfasst und die Gebühr vom Bankkonto abgebucht (Anmeldung unter www.bipandgo.com/de, die Plakette wird innerhalb 48 Stunden per Post geliefert). Mit Bip & Go sind die mit »t« gekennzeichneten Liber-t-Spuren langsam zu durchfahren.

Verkehrsvorschriften Die französischen Verkehrsregeln und -schilder entsprechen denen im deutschsprachigen Raum. Am Kreisverkehr müssen in den Kreis Einfahrende warten, beim Verlassen ist rechts zu blinken. Vorfahrtsstraßen sind vor Kreuzungen durch das Schild »Passage protégé« gekennzeichnet. Das Anlegen der Sicherheitsgurte ist obligatorisch, auch für Beifahrer; Kinder unter 10 Jahren müssen hinten sitzen und gesichert sein. Telefonieren ist nur mit Freisprecheinrichtung erlaubt (Ohrhörer sind verboten). Nachts dürfen Warnsignale nur mit der Lichthupe gegeben werden. Warnweste und Warndreieck müssen griffbereit mitgeführt werden. Motorradfahrer müssen einen Sturzhelm tragen und tagsüber mit Abblendlicht fahren (Vorschriften für Radfahrer ►S. 357 f.). Vorsicht: An Ortseinfahrten und in 30-km/h-Zonen erzwingen Bodenwellen die Einhaltung der Geschwindigkeitsgrenze. Und wer eine rote Ampel missachtet, wird nicht nur zur Kasse gebeten, er erhält auch Punkte in Flensburg.

Umweltplakette

Seit 2017 führen die Städte Umweltplaketten (Crit'Air) ein, die für die Einfahrt in eine »Zone circulation restreinte« (ZCR) vorgeschrieben sind; ausländische Plaketten werden nicht anerkannt. Info auf www.certificat-air.gouv.fr/de (Achtung, die einzige offzielle Website!), wo man auch, spätestens 3 Wochen vor der Anreise, die Plakette bestellt; Bezahlung (inkl. Porto 4,61 €) nur mit Kreditkarte.

Geschwindigkeitsbeschränkungen

Höchstgeschwindigkeiten für Kfz: innerorts 50 km/h, National- und Landstraßen 80/90 km/h (bei Nässe 80 km/h), Autobahnen 130 km/h (bei Nässe 110 km/h), autobahnähnliche Schnellstraßen 110 km/h (bei Nässe 100 km/h). Schon geringe Tempoüberschreitungen sind teuer – zwischen 80 und 1500 € –, und sofort zu bezahlen, sonst kann das Fahrzeug beschlagnahmt werden. Dessen ungeachtet fährt man in Frankreich recht häufig, besonders auf Landstraßen, schnell und aggressiv. Französische Bußgelder können auch in der EU und in der Schweiz eingetrieben werden.

Alkohol am Steuer

Fahren nach dem Genuss von Alkohol (bis 0,5 Promille) ist ein Vergehen, noch größerer Alkoholkonsum auch ohne Verletzung der Straßenverkehrsordnung ein strafbares Delikt. Ein Gerät zur Messung des Atemalkohols (éthylotest) ist zwar vorgeschrieben, sein Fehlen im Kfz wird jedoch nicht geahndet.

Parken

In den Innenstädten ist das Parken meist gebührenpflichtig (meist Mo.–Sa. 9–12, 14–19 Uhr, außerhalb dieser Zeiten gratis); diese Bereiche sind auf der Straße mit »Payant« gekennzeichnet. Die Gebühr entrichtet man an **Parkscheinautomaten** (horodateur). In Einbahnstraßen darf auch auf der linken Seite geparkt werden, oft wechselt die zum Parken freigegebene Straßenseite täglich oder halbmonatlich (stationnement alterné). Gelb markierter Fahrbahnrand bedeutet Parkverbot. Viele Parkplätze, besonders in den Stadtzentren und an den Küstenstraßen, sind **für Wohnmobile gesperrt** (Schranke an der Einfahrt in 1,90–2 m Höhe).

Tanken

Die Treibstoffpreise sind sehr unterschiedlich, am billigsten tankt man bei den großen Supermärkten. Auf dem Land sind die Tankstellen nachts, am Wochenende und an Feiertagen meist geschlossen. Mit Kredit- und Bankkarten mit Mikrochip kann man rund um die Uhr an den Zapfsäulen von Tankstellen und Supermärkten tanken.

Panne und Unfall

Auf Autobahnen das Fahrzeug auf der Standspur abstellen. Warnblinker einschalten und Warnweste anlegen. Um die Pannenhilfe (dépanneur-remorqueur) und ggf. die Polizei zu rufen, auf Autobahnen und Schnellstraßen nur die orangefarbenen Notrufsäulen benützen, nicht das Mobiltelefon. Auf Landstraßen und in Orten ruft man die Polizei (▶ S. 394). Die Preise für die Hilfeleistung durch konzessionierte Unternehmen sind festgelegt und in den Einsatzfahrzeugen angeschlagen. Hilfreich bei der Abwicklung eines Unfalls ist der »Europäische Unfallbericht« (bei Versicherungen und Automobilclubs), da in Frankreich dasselbe Formular in Französisch ausgegeben wird.

Mietwagen In allen größeren Städten findet man internationale und regionale Autovermietungen. Allgemeine Bedingungen: Mindestalter 21 Jahre, eine gängige Kreditkarte, ein mindestens 1 Jahr alter Führerschein. Die Preise sind in Frankreich meist höher als zu Hause, empfehlenswert sind Pauschalen bzw. die Buchung zu Hause, auch im Paket mit Flug oder Bahnfahrt. An vielen SNCF-Bahnhöfen ist Avis vertreten, die Bahnkunden Sonderkonditionen gewährt. Bei Billiganbietern unbedingt prüfen, welche Kosten zum anscheinend günstigen Preis hinzukommen (Kilometergebühren, Versicherungen, Reinigung etc.).

Mit dem Bus

Zwischen den großen Städten und entlang der Küste fahren Linienbusse häufig, im Hinterland hingegen ist der Fahrplan deutlich dünner, da auf die Bedürfnisse von Pendlern und Schülern ausgerichtet. Gegebenenfalls liegt der Busbahnhof meist beim SNCF-Bahnhof. Die Unternehmen, die das Liniennetz der Region Provence – Côte d'Azur betreiben, sind über das Portal **www.sudmobilite.fr** zugänglich (auch auf Deutsch). Einige wichtige: Das Netz der **Lignes Express Régionales** verbindet mit den großen SNCF-Bahnhöfen und den Flughäfen. **TransVaucluse** betreibt das Netz im Département Vaucluse mit Anschlüssen in die Umgebung. Im Großraum Toulon, zwischen Sanary und Hyères, sind Bus- und Bootslinien im **Réseau Mistral** zusammengefasst. Die **Lignes d'Azur** erschließen das Département Alpes-Maritimes zwischen Cannes, Grasse, Nizza, Monaco und Menton, mit dem Hinterland bis hinauf nach Auron, Saint-Martin-Vesubie und Isola 2000. Ansonsten werden vielerlei Ausflugsfahrten angeboten, beispielsweise von Avignon zum Pont du Gard, über den Mont Ventoux oder durch die Camargue.

Mit der Bahn

Streckennetz Die wichtigste Bahnstrecke – auch für den TGV – verbindet das Rhônetal (Orange/Avignon/Aix, mit Abzweigung nach Arles und Nîmes) mit Marseille, dann weiter an der Küste entlang: Toulon, Cannes, Nizza, Monaco, Menton, Ventimiglia (Italien). Daneben sind die Strecken Avignon – Salon – Marseille und Nizza – Tende – Turin von Bedeutung, ebenso die Stichbahn Toulon – Hyères. Die Haute Provence, das bergige Hinterland, wird durch die Linie Marseille – Aix-en-Pro-

NÜTZLICHE ADRESSEN

AUTOMOBILCLUBS
ADAC
Tel. (D) 08005 10 11 12
www.adac.de
AvD
Tel. (D) 069 66 06-300
www.avd.de
ÖAMTC
Tel. (A) *0810 120 120
www.oeamtc.at
TCS
Tel. (CH) 0844 888 111
www.tcs.ch
ACF
https://automobileclubdefrance.fr

BUSLINIEN
ZOU!Lignes Express Régionales (LER)
Tel. 04 13 94 30 50
https://zou.maregionsud.fr/
TransVaucluse
Tel. 04 90 63 01 82
www.voyages-arnaud.com
Réseau Mistral
www.reseaumistral.com
Lignes d'Azur
Tel. 08 1006 1006
www.lignesdazur.com

BAHNVERKEHR
www.sncf.com/fr

vence – Sisteron – Gap – Grenoble erschlossen, allerdings mit sehr dünnem Fahrplan. Zwischen Nizza und Digne verkehrt der »Pinienzapfenzug« (▶ S. 225).

Wichtiges und Wissenswertes

Den Regionalverkehr besorgen die TER-Züge (Transport Express Régional). Fahrkarten kann man am Schalter lösen, an Automaten (Bedienung auch auf Deutsch, Bezahlung mit Bankkarte) und online (▶ S. 396). Fahrkarten müssen **vor dem Einsteigen abgestempelt** werden (gelbe Kästen am Bahnsteig mit der Bezeichnung »Compostage de billets«). Hat man es vergessen, wende man sich umgehend an das Zugpersonal. Gepäckstücke müssen einen Anhänger mit Namen und Vornamen des Reisenden tragen.
In den meisten Fern- und Regionalzügen, auch im TGV, können **Fahrräder** – zusammengelegt in einer Transporttasche – als Handgepäck kostenlos mitgenommen werden. In Zügen mit Fahrradabteil (im Fahrplan mit einem Fahrradsymbol gekennzeichnet, Gebühr 10 €) müssen die Räder selbst ein- und ausgeladen werden. Weitere Info bei der DB (Bahn & Bike), beim ADFC (▶ S. 360) sowie unter
www.sncf-connect.com/de-de/hilfe/mit-dem-fahrrad-im-zug-reisen

REGISTER

D

E

F

G

H

I

J

K

L

M

V

W

Z

BILDNACHWEIS

Dr. Bernhard Abend 216, 368, 373 unten, 393
akg-images 336
Atout France 398
Baedeker-Archiv 339 oben
Château Barbeyrolles, Gassin 30 oben & unten
Bilderberg/Grames 223
Bilderberg/Steinhilber 131
Jutta Buness 275, 340
Deuche Forever, Le Thor 46
Dumont Bildarchiv 48, 81, 158, 183, 245, 317, 357, 373 oben
Dumont Bildarchiv/Böttcher/Tiensch 40, 210, 375
Dumont Bildarchiv/Wackenhut 230
Domaine La Tour des Vidaux 387
dpa Bilderdienste 349
Festival La Roque-Anthéron/Delaflotte 198
fotolia 302, 367 oben
fotolia/Benati 108
fotolia/ChantalS 98
fotolia/cioccolatina 233
fotolia/Leridon 64
Fuhrmann 107
Roland Gerth 185, 196, 322
gettyimages/Horvat/Staff 263
gettyimages/Sioen 379
Glowimages 51, 67, 69, 134, 172, 187, 205, 218, 248, 281, 295, 308, 347, 355, 366 unten, 367 Mitte, 367 unten
Guy Hervais/pavillondegalon.com 12/13, 15
Huber Images/Banks 85
Huber Images/Belenos 75, 168, 273, 384
Huber Images/Gräfenhain 97, 305
Huber Images/Kaos01 95
Huber Images/Lawrence 381 unten links
Huber Images/Mastrorillo 313
Huber Images/Raccanello 117, 315, 319 unten
Huber Images/Ripani 292
Huber Images/Schulte-Kellin 203 unten
Burkhard Jüttner 126
laif/Bertolissio/hemis.fr 161
laif/Boisvieux 10 oben
laif/Brusaferri 366 oben
laif/Burg + Schuh/Palladium 200
laif/Cavalli/Harding 239 oben
laif/Celentano 176
laif/DEYA/GAMMA-RAPHO 311
laif/Frilet 83
laif/Gardel/hemis.fr 27, 286
laif/hemis.fr 5, 24/25, 60
laif/Hemispheres 166, 299
laif/Hughes/Harding 28/29
laif/Hughes/hemis.fr 260
Laif/Jacana/Thiriet 378
laif/Knechtel 213
laif/Krinitz 33, 171, 222, 259, 267, 381 unten rechts, Umschlagklappe hinten
laif/Lacz/VWPics/Redux 10 unten
laif/Moirenc/hemis.fr 104, 212, 278, 326, 333
laif/Rieger/hemis.fr 44, 118, 120, 226 unten
laif/Standl 130
laif/Zaorski/Gamma-Rapho 20/21
look/Frei 3
look/Johaentges 70, 132
look/Photononstop 22
look/Richter 53, 101, 192, 247, 252
look/Stankiewicz 329
look/Werner 250
look/Wohner 151
look/Wothe 283
Hilke Maunder 93
mauritius images 203 oben
mauritius images/age fotostock/Hoffmann Photography 236
mauritius images/colaimages/Alamy 351

mauritius images/Hellier/Alamy 110, 138
mauritius images/ib/Eisele-Hein 358
mauritius images/Newzulu/Alamy 82
mauritius images/niceartphoto/Alamy 226 oben
mauritius images/Photononstop/Loic 343
mauritius images/Photononstop/Thibaut 141
mauritius images/Ritschel 361
mauritius images/Ross Helen editorial/Alamy 288
mauritius images/Travel Europe/Alamy 7
mauritius images/travelstock44/Alamy 16/17
mauritius images/Zylberyng/Alamy 137
Camille Moirenc 2, 36, 179, 381 oben
Musee Calvet, Avignon 335
Sven Paustian 19
picture alliance 148, 167
picture alliance/akg-images 339 unten
picture alliance/dpa 122, 145, 154, 352
picture alliance/dpa Bildfunk 348, 350
picture alliance/Global Travel Images 8/9
picture alliance/MAXPPP 55
République Française 404
shutterstock/Altivue 319
shutterstock/kavram 107
shutterstock/ saiko3p 113
Thomas Stankiewicz 143, 239 unten
stockfood 366 Mitte
stockfood/Schliack 133
Hiroshi Sugimoto/Château La Coste/Larry Neufeld 62

Titelbild: Atlantide Phototravel/Getty Images

VERZEICHNIS DER KARTEN UND GRAFIKEN

IMPRESSUM

Ausstattung:
169 Abbildungen, 29 Karten und Grafiken, eine große Reisekarte

Text:
Dr. Bernhard Abend mit Beiträgen von Hilke Maunder und Klaus Simon

Bearbeitung:
Baedeker-Redaktion (Birgit Ulmer)

Kartografie:
Christoph Gallus, Hohberg;
Franz Huber, München;
© 2023 KOMPASS-Karten GmbH, A-6020 Innsbruck; MAIRDUMONT, D-73751 Ostfildern (Reisekarte)

3D-Illustrationen:
jangled nerves, Stuttgart

Infografiken:
Golden Section Graphics GmbH, Berlin

Gestalterisches Konzept:
RUPA GbR, München

18., aktualisierte Auflage 2023

Trotz aller Sorgfalt von Redaktion und Autoren zeigt die Erfahrung, dass Fehler und Änderungen nach Drucklegung nicht ausgeschlossen werden können. Dafür kann der Verlag leider keine Haftung übernehmen. Jede Karte wird stets nach neuesten Unterlagen und unter Berücksichtigung der aktuellen politischen De-facto-Administrationen (oder Zugehörigkeiten) überarbeitet. Dies kann dazu führen, dass die Angaben von der völkerrechtlichen Lage abweichen. Irrtümer können trotzdem nie ganz ausgeschlossen werden. Kritik, Berichtigungen und Verbesserungsvorschläge sind jederzeit willkommen. Schreiben Sie uns, mailen Sie oder rufen Sie an:

MairDumont: Baedeker Redaktion
Postfach 3162, D-73751 Ostfildern
Tel. 0711 4502-262
www.baedeker.com
Printed in Poland

BAEDEKER VERLAGSPROGRAMM

Viele Baedeker-Titel sind als E-Book erhältlich.

A
Ägypten
Algarve
Allgäu
Amsterdam
Andalusien
Australien

B
Bali
Baltikum
Barcelona

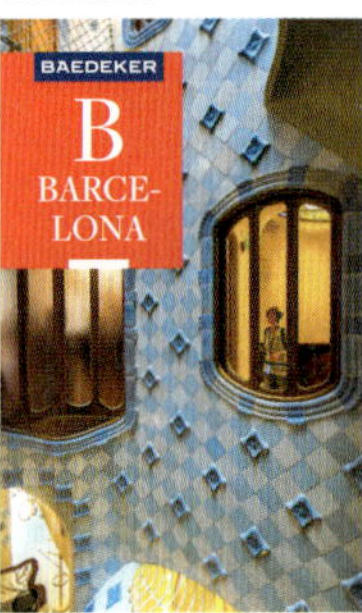

Belgien
Berlin · Potsdam
Bodensee
Böhmen
Bretagne
Brüssel
Budapest
Burgund

C
China

D
Dänemark
Deutsche Nordseeküste
Deutschland
Dresden
Dubai · VAE

E
Elba
Elsass · Vogesen
England

F
Finnland
Florenz
Florida
Frankreich
Fuerteventura

G
Gardasee

Golf von Neapel
Gomera
Gran Canaria
Griechenland

H
Hamburg
Harz
Hongkong · Macao

I
Indien
Irland
Island
Israel · Palästina
Istanbul
Istrien · Kvarner Bucht
Italien

J
Japan

K
Kalifornien
Kanada · Osten
Kanada · Westen

Kanalinseln
Kapstadt · Garden Route
Kopenhagen
Korfu · Ionische Inseln
Korsika
Kreta
Kroatische Adriaküste · Dalmatien
Kuba

L
La Palma
Lanzarote
Lissabon
London

M
Madeira
Madrid
Mallorca
Malta · Gozo · Comino
Marrokko
Mecklenburg-Vorpommern
Menorca
Mexiko
München

N
Namibia
Neuseeland
New York
Niederlande

Norwegen

O
Oberbayern
Österreich

P
Paris
Polen
Polnische Ostseeküste · Danzing · Masuren
Portugal
Prag
Provence · Côte d'Azur

R
Rhodos
Rom
Rügen · Hiddensee
Rumänien

S
Sachsen
Salzburger Land
Sankt Petersburg
Sardinien
Schottland
Schwarzwald
Schweden
Schweiz
Sizilien
Skandinavien
Slowenien
Spanien
Sri Lanka
Südafrika
Südengland
Südschweden · Stockholm
Südtirol
Sylt

T
Teneriffa
Thailand
Thüringen
Toskana

U
USA · Nordosten
USA · Südwesten

Usedom

V
Venedig
Vietnam

W
Wien

Z
Zypern

Paulhaguet
Retournac
Serrières
Beaurepaire
la Côte-Saint-André
Voiron
Saint-Rambert
Langeac
Dunières
Annonay
Hauterives
Yssingeaux
Saint-Marcellin
Le Puy-en-Velay
Romans-s.-Isère
Saugues
Saint-Agrève
Tournon
Châteaubourg
Mont Mézenc
1753
Monts du Vivarais
Le Cheylard
Valence
F R A N C
Mézilhac
Langogne
La Mure
Livron-sur-Drôme
La Chavade
Privas
Crest
Die
Aubenas
Col de Mensée
Mende
Condillac
Montélimar
Villefort
Ispagnac
Dieulefit
Florac
Les Vans
Grignan
Cévennes
Barjac
Pierrelatte
Rémuzat
Cassagnas
Valréas
Nyons
Rosans
Serres
Veyne
La Grand-Combe
Pont-Saint-Esprit
Saint-Ambroix
Bollène
Baronnies
Laragne-Montéglin
Mt. Aigoual
1565
Grottes de Trabuc
Alès
Vaison-la-Romaine
Bagnols-sur-Cèze
Seguret
Mont Ventoux
1909
Le Vigan
Anduze
Orange
Sisteron
Uzès
Carpentras
Sault
Ganges
Remoulins
Avignon
Venasque
Quissac
Pont du Gard
Pic St. Loup
658
Nîmes
l'Isle-s.-la-Sorgue
Fontaine-de-Vaucluse
Gordes
Apt
Forcalquier
Sommières
Beaucaire
Saint-Rémy-de-Prov.
Tarascon
Cavaillon
N.D. de Beauregard
Montagne du Luberon
Manosque
Languedoc
Montpellier
Saint-Gilles
Les-Baux-de-Prov.
Grottes de Calès
Lourmarin
Arles
Salon-de-Provence
Pertuis
Mirabeau
Gigean
Aigues-Mortes
Le Grau-du-Roi
Miramas
Aix-en-Provence
Rians
Frontignan
Camargue
Istres
Étang de Berre
Barjols
Sète
Saintes-Maries-de-la-Mer
Saint-Maximin-la-Sainte-Baume
Golfe du Lion
Port-Saint-Louis
Port-de-Bouc
Marignane
Gardanne
Carro
Allauch
Brignoles
Marseille
Aubagne
Cassis
Cuers
La Ciotat
Toulon
Bandol
Six-Fours-Les-Plages
la Seyne-sur-Mer
Rhône
Drôme
Isère
Allier
Cèze
Hérault
Aigues
Coulon
Durance
Verdon
Drac
A7
A9
A48
A49
A51
A54
A55
A52
A8
A50
N88
N6
N75
D906
D82
D86
N532
N85
D1075
D104
D93
N102
D806
N106
N7
D904
D610
N113
N568
D7N
D560
DN8
50 km
© BAEDEKER
Mer Méditer